KB124464

원서 3판

정서중심 부부치료

부부관계 회복

Susan M. Johnson 저
박성덕 역

THE PRACTICE OF
EMOTIONALLY
FOCUSED
COUPLE THERAPY [3rd ed.]

Creating Connection

학지사

역자 서문

이 책은 정서중심 부부치료(emotionally focused couple therapy: EFT)의 기본서
다. 정서중심 부부치료는 부부치료 분야를 활발하게 이끌고 있고, 다양한 국가
에서 급속하게 성장하고 있다. 정서중심치료는 부부치료는 물론 가족치료와 개
인치료 영역으로 확대되었고 긍정적인 임상 결과를 보여 주고 있다. EFT는 1982
년에 탄생하여 다양한 연구와 임상적인 경험을 바탕으로 가족 및 부부 치료 분
야에서 효과가 검증된 치료법으로 인정받고 있다. 한국에서도 2004년에 소개
되어 많은 치료사가 기초 및 전문가 과정을 이수했고, 다양한 부부에게 적용되
고 있다.

EFT는 핵심적인 상호작용 패턴, 그리고 과학적 연구에 의해 밝혀진 관계 만족
과 이혼을 예견하는 특정 반응에 초점을 맞추어 다양한 문화와 계층에 적용될
수 있는 성인 사랑에 대한 애착이론을 근거로 하고 있다. EFT는 일반 부부뿐 아
니라 정신적 · 신체적으로 고통을 받고 있는 부부에게도 효과적인 접근법이다.
EFT는 관계의 악화와 회복에 강력하게 작용하는 정서를 사용하며, 변화 순간과
핵심 개입과정을 치료사에게 명확하게 제시하고 있다.

EFT는 통합 모델이다. 개인의 내적 정서를 이해하고 확대하는 이론인 경험주
의, 부부의 상호작용 방식에 초점을 두는 체계이론, 부부의 사랑과 불화의 발생
과정을 이해시켜 주는 애착이론을 통합하여 개발되었다. 이 책에서는 3가지 이

론이 어떻게 유기적으로 작용하여 변화를 일으키는지에 대해서 명확하게 밝히고 있다. 개인의 내면이 상호작용에 어떻게 영향을 미치며, 관계가 개인의 정서를 어떻게 다듬게 되는지를 이 책을 통하여 통합적으로 이해하게 될 것이다. 특히 친밀한 관계에서 애착 결합은 필수적이다. 모든 부부는 이를 바라고 있고 결합이 아닌 분리가 되는 순간에 갈등이 시작된다. 이 책을 통하여 수잔 존슨(Susan Johnson)은 애착과 연관된 풍부한 연구 결과와 내용을 제시하는 데 힘을 쏟고 있다.

부부치료는 그동안 의사소통 방법, 경제문제, 분노 조절, 자녀 양육, 가족 갈등, 성격 차이 등 각각의 다양한 문제를 해결하는 데에만 초점을 두었다. 이는 깊은 변화를 일으키지 못했으며, 부정적 불화 관계에 빠지면 이러한 해결법은 작동되지 못했고 재발을 반복했다. 이는 사랑과 회복에 강력하게 작용하는 정서를 치료에 사용하지 못하고 있었기 때문이다. 즉, 각각의 증상에만 초점을 맞추었지 부부 갈등과 사랑의 핵심에 들어가지 못했기 때문이다. 성인 사랑의 이론과 연구에 토대를 둔 EFT의 개입은 이를 시원하게 해결해 주었고, 치료사가 정확한 목표를 갖도록 해 주었다. 특히 기법은 점점 발전하여 최근에는 거시 기법인 EFT 탱고가 개발되었는데, 이를 통해 매 회기에 치료사가 부부 회기를 안전하게 이끌어 갈 수 있는 토대가 마련되었다.

이번 3판은 치료사가 EFT의 다양한 거시 및 미시 기법을 적용하기 쉽게 설명하고 있다. 특히 EFT 탱고를 통하여 정서의 흐름에 접근하여 내담자가 행동, 생각, 정서에 대한 전체를 통합할 수 있게 도와준다. 3판에서 EFT는 3기 9단계로 구성되어 있으며, 치료과정, 접근방식, 치료사가 단계에서 고려해야 할 내용을 자세하고 제시하고 있다. 정서중심 개인치료와 가족치료에 대한 EFT의 적용법을 소개하며, EFT에서 특히 주목하고 있고 심각한 갈등과 회복에 어려움을 일으키는 관계외상에 대해서 다루고 있다. 이 책의 저자이자 EFT 모델을 만든 수잔 존슨 박사는 풍부한 임상경험, 활발한 연구 활동, 탁월한 교수법, 활동하는 임상가로서 EFT를 발전시키고 있다. 이러한 수잔 존슨 박사의 노력과 열정을 이 책을 통하여 깊이 느낄 수 있고, 간접적이지만 생생하게 경험하게 될 것이다. 그런 면에서 2판에 이어 3판을 번역하게 된 것은 역자에게도 아주 큰 영광이고 축복이다. 다양한 한국 부부에게 적용되어 회복을 도와주는 EFT를 발전시킨 저자에게 감사를 드린다. 2004년에 처음 만난 역자에게 저자가 했던 "한국의 부부도 이곳 캐나다의 부부와 동일한 회복을 경험할 수 있으니 적극적으로 적용해 보라"는 말이 기억난다. 그리고 실제로 그렇게 되고 있다.

이 책이 번역되기까지 늘 함께하며 격려해 준 배금란 실장, 한국정서중심치료센터(EFTKorea)와 연리지가족부부연구소에서 함께하며 노력해 준 정지연 실장, 장세영, 구효진님에게 감사를 전한다. 그리고 3판의 출간을 허락해 준 학지사 김진환 사장님과 멋있게 편집과 교정을 해 준 편집부 직원들께도 감사를 드린다. 무엇보다도 지금도 어두운 터널을 지나고 있는 불화부부에게 등불이 되어 주기 위해 EFT 교육을 받아 온 다양한 치료사에게 박수를 보낸다. 물론 인연의 줄을 놓고 싶을 정도로 힘든 상황에서도 가느다란 희망을 부여잡고 전문가를 찾아오는 한국의 부부에게도 감사를 드린다. '사람은 반드시 변화할 수 있으며, 사랑은 매일 경험하고 새로워질 수 있으며, 불화는 반드시 회복될 수 있다'는 사실을 EFT를 통해 많은 치료사가 경험할 수 있기를 바라는 마음으로 역자 서문을 마무리한다. 한 사람이 변화하는 데 있어 관계가 갖는 힘은 엄청나다. 인간은 혼자 있는 것이 상처이며, 관계를 통하여 지금보다 더욱 강해지고 자신감을 회복할 수 있다.

연리지가족부부연구소에서
역자 박성덕

저자 서문

2004년도에 2판이 발간되고 15년이 지나서 마침내 이 책을 출간하게 되었다. 지난 15년간 많은 일이 벌어졌고 개정판이 필요할 때가 되었다. 이 책에서 임상 실제의 기본 매뉴얼을 제공했던 정서중심 부부치료(EFT) 모델은 그동안 엄청난 성장을 이루었다.

기본 취약성과 욕구, 그리고 그것이 가장 친밀한 관계에서 어떻게 작동되는지에 대한 통합적인 이해를 제공하는 성인 애착이론이 확장되면서 EFT 개념은 더욱 깊어졌다. 이 모델에 기초한『날 꼬옥 안아 줘요(Hold Me Tight)』(2008)와『우리는 사랑에 대해 얼마나 알고 있을까(Love Sense)』(2013)는 애착 과학을 일반인의 사랑과 애정의 대화 속으로 가져왔다. EFT는 연구에 근거하여 의미 있게 확대되었다. 수많은 긍정적 결과연구, 변화과정 관찰, 긍정적 추적연구를 통해 이 모델은 부부치료 분야의 실증적 개입의 표준이 되고 있다.

이 책은 또한 일반화 관점에서 성장했는데, 이는 다양한 민족과 문제에 적용될 수 있다는 것이다. 임상적 우울, 불안, 외상 후 스트레스 장애(PTSD)가 있는 관계불화 처리에 흔히 사용되며, 부부와 성치료 사이의 가교 역할로서 사용된다. 동성애와 이성애 등 다양한 문화와 인종 집단, 세속과 신앙 있는 부부, 고학력과 육체노동 부부에 걸쳐서 사용된다. 최근에 이 모델에 기초한『날 꼬옥 안아 줘요: 사랑을 평생 지속하기 위한 7가지 대화법(Hold Me Tight: Seven Conversations for a Lifetime of Love)』은 심장문제를 겪는 부부를 위해서 특별히 고안되었고, 이는 또한 다른 신체건강 문제에 적용되고 있다. 안정애착의 형성에 기반을 둔 교육 프로그램은 잦은 분리와 이동으로 스트레스에 직면한 군인부부에게 매우 적합하며, 흔히 사용되고 있다. 이 접근법을 가르치는 훈련 프로그램은 체계적이고 매우 성공적으로 진행되는데, 기초과정과 다른 훈련을 받을 뿐 아니라 국제정서중심치료센터(International Center for Excellence in Emotionally Focused Therapy: ICEEFT, www.iceeft.com)로부터 공인 치료사가 되기 위해서 세계적으로 65개 이상의 협력 센터에서 학습과 연구를 지원받으면서 다양한 전문가가 배출되고 있다. 최근 연구에서 EFT는 관계불화뿐 아니라 애착지향 개인에게도 영향을 주는 것으로 밝혀졌고, 안정되고 통합된 자아감, 타인에 대한 연결과 신뢰감의 발달을 위한 풍성한 토대를 제공한다. 대부분의 나의 책(Johnson, 2019a)에서 소개했듯이 애착 과학은 EFT가 개인과 가족 치료모델로 확장되는 것을 촉진시켰다. EFT는 또한 정서 현실을 구조화하는 개인과 이러한 현실을 다듬고 반영하는 관계 드라마 등 자기와 체계 모두를 다룬다. 사회적 자아발달모델인 애착과 강렬하고 변화시키는 특성을 가진 정서에 초점을 두는 이 모델은 부부개입 분야의 발달은 물론 개인의 심리치료에도 기여할 수 있다.

이 책에서 EFT 부부 회기에서 사용되는 미시 개입과 'EFT 탱고'라고 불리는 체계적 거시접근 세트를 만나게 될 것이다. 애착이론의 개념적 기반 및 최근의 정서와 정서조절에 대한 이해는 크게 확장되었다. 당신은 회기 중 변화과정을 생생하게 만들어 줄 많은 임상 증례를 만나게 될 것이다.

하지만 늘 그렇듯이 임상가에게 열정을 불어넣어 주는 EFT의 본질과 이유는 변함없다. 그것은 교착된 지점과 건강을 지향하는 생생한 모델, 분명한 개입 세트, 치료사와 내담자 모두에게 활력을 주기 위해 내담자와 함께하는 것을 보는 강력한 방법을 제공한다. 급변하는 세상에서 이는 "좋은 의사는 질병을 치료하고, 뛰어난 의사는 질병을 가진 환자를 치료한다."라는 윌리엄 오슬러(William

Osler, 1849~1919) 경의 격언을 따른다. 로저스(Rogers)가 언급했듯이, 이는 치료사가 '경험의 질서'를 찾고 내담자와 성장하는 데 즐거움을 선사한다.

지난 몇 년간 헌신적인 임상가, 슈퍼바이저, 연구자, 훈련가의 EFT 공동체를 위한 발견 여행을 즐겁게 해 왔다. 그간의 모든 내담자, 워크숍, 연수를 통해서 계획적으로 만들어진 정서경험이 갖는 힘과 애착이론이 제공하는 인간 기능에 대한 지도(map)의 신뢰는 커져 갔다. 치료사가 변화과정을 활성화하기 위해서 연결을 향한 갈망 등의 정서와 강한 동기가 가진 본래의 힘을 붙잡을 때 치료는 한결 쉬워진다. 나는 이 책이 당신에게 정보와 영감을 제공하고, 우리를 관계적 인간으로 이해하여, 마침내 인간을 회복시키는 협동의 능력에 대해 확신을 갖게 되기를 희망한다.

차 례

부부치료 분야와 정서중심 부부치료

제1장

나는 애초에 내 주장만 강요하는 것이 변화에 영향을 끼칠 정도로 깊이 침투하지 못할 것임을 알았다. 그것이 아무런 변화를 일으키지 않았다……. 사람은 뼛속까지 깊이 이해가 될 때 비로소 그것을 수용한다. 그럴 때만 인간은 반응하고 변화한다……. 오직 당신의 삶을 설계할 수 있는 사람은 당신밖에 없다는 사실을 수용하기란 매우 어렵고 무섭기도 하다……. 치료가 깊은 정서에 다가갈 때 변화를 일으킬 강한 힘이 된다.

– 어빈 얄롬(Irvin Yalom), 『Love's Executioner』(1989)

부부치료 분야에서 많은 변화가 나타나고 있다(Johnson, 2003). 이 책의 지난 2판에서 주목했듯이 다양한 통찰과 연구가 이러한 변화를 이끌고 있다. 최근의 부부불화와 결혼만족도에 대한 연구, 긍정적 혹은 부정적 인간관계가 사람의 건강과 기능에 미치는 영향에 대한 연구, 그리고 효과적 임상개입에 대한 연구는 서로 일맥상통하는 부분이 있다. 수백 가지 모든 연구는 공통적으로 성인 사랑의 본질이 결합(bond)이라는 것을 밝히고 있다. 결국 다양한 생각과 관찰을 통해 하나로 집약되는 양상을 발견할 수 있다. 우리는 친밀한 관계의 중요성과 부부불화의 발생과정을 이해하게 되었고, 효과적 개입기법을 구체화시키고 변화과정에 대한 윤곽을 그리고, 성인 사랑이 정의되는 과정을 설명할 수 있게 되면서 이

제 서술, 예측, 설명에 근거하여 예술과 과학으로서의 부부치료를 진지하게 이야기할 수 있는 중대한 시점에 이르게 되었다. 이 과정에서 정서중심 부부치료(emotionally focused couples therapy: EFT)가 출현하였고, 이러한 혁신적인 변화에 기여하면서 하나의 치료모델로서 지속적인 성장과 발전을 거듭하고 있다.

부부치료 초심자들은 대중음악 작사가 린 마일스(Lynn Miles)의 "사랑은 따사로운 바람과도 같아서 당신 손아귀에 붙잡을 수 없다."라는 노랫말이나, 연인 관계가 회복되는 과정이 애매하고 이해하기 힘든 일이라는 견해를 더 이상 받아들이지 않아도 된다. 왜냐하면 이제 치료사에게 불화부부의 안정되고 만족스러운 관계 형성을 도와줄 경험적으로 입증된 부부불화의 패턴이 밝혀졌고, 성인을 결합시켜 줄 안내도가 있기 때문이다. 이 책은 2004년에 발간된 2판을 개정한 것이고, 최근의 저서 『애착이론과 상담: 개인, 부부, 가족을 위한 정서중심치료(Attachment Theory in Practice: Emotionally Focused Therapy with Individuals, Couples and Families)』(Johnson, 2019a)를 참고하여 개정되었고, EFT의 임상을 도울 길잡이가 될 것이다.

이번 개정판의 목적은 다음과 같다.

① 부부치료사에게 성인의 사랑과 결합 과정에 관한 명확하고 연구에 근거한 개념을 제공한다.
② EFT의 원칙, 관계 회복의 3기(stage), 그리고 9단계(step)를 이해시킨다.
③ 파트너 간의 정서 반응성의 증가에 초점을 맞추는 EFT의 핵심 거시기법(EFT 탱고), 구체적인 미시기법과 핵심적 변화사건을 밝힌다.
④ EFT가 다양한 연인과 부부뿐만 아니라 가족(EFFT)에게도 적용될 수 있다는 사실을 설명한다.
⑤ 손상 개입의 용서에 대한 개요와 같은 관계치료 과정에서 흔히 나타나는 장애물과 교착상태에서 벗어날 수 있는 해결 방안을 제공한다.

21세기에 들어와서 치료사들은 더욱 명확하게 부부불화를 이해하게 되었다. 즉, 부부불화는 부정적 정서가 지배적이며, 협소하고 제한된 상호작용을 보이는 특징이 있다는 것이다(Gottman, 1994). 치료사들은 부부치료 분야에서 경험적으로 효과가 입증되고 변화과정을 명확하게 설명할 수 있는 치료법에 대해서 밝히고 있다(Snyder & Wills, 1989; Johnson, Hunsley, Greenberg, & Schindler, 1999; Jacobson, Christensen, Prince, Cordova, & Eldridge, 2000; Burgess-Moser et al., 2015). 그리고 최근까지 부부치료 분야에서 무시되어 왔던(Roberts, 1992) 성인 사랑의 본질을 이해하게 되었다(Feeney, 1999; Johnson, 2013). 더불어 부부치료의 변화과정에서 중요한 정서의 역할(Johnson, 1998)과 변화를 유도할 수 있는 개입기법(Bradley & Furrow, 2004; Grenman & Johnson, 2013)을 밝히고 있다.

부부치료 시대가 도래하고 있다(Johnson & Lebow, 2000; Johnson, 2013). 부부치료의 적용 범위가 넓어지고, 우울증, 불안장애, 만성질환과 같은 '개별적인' 증상까지 범위가 확대되고 있다(Johnson, 2002; Dessaulles, Johnson, & Denton, 2003; Kowal, Johnson, & Lee, 2003). 이는 친밀한 관계와 사회적 지지가 면역체계의 기능, 스트레스, 정신적 충격을 효과적으로 개선시켜 개인의 신체적 및 심리적 건강에 영향을 미친다는 최근의 연구 관점에서 볼 때 당연한 일이다(Pietromonaco & Collins, 2017; Kiecolt-Glaser & Newton, 2001; Whisman, 1999). 깊은 사랑의 관계는 개인의 성장과 자기실현을 돕고, 일관되고 긍정적인 자기상을 갖게 해 준다(Ruvolo & Jobson Brennen, 1997; Mikulincer, 1995; Mikulincer & Shaver, 2007).

사실 친밀한 관계에서 제공되는 '애정 어린 위로'는 신체 및 정신 질환을 막아주며, 이러한 질환의 회복력을 증가시킨다(Taylor, 2002). 이와 같은 연구에 따르면 인간에게는 흡연보다 고립이 더 위험하며(House et al., 1998), 타인에 대한 신뢰는 심혈관계에 긍정적인 영향을 미치고 노화 방지에 효과가 있다(Uchino, Cacioppo, & Kiecolt-Glaser, 1996). 이러한 연구들은 질환으로부터 우리를 보호하는 호르몬인 옥시토신의 특정 기전을 밝히는 데 초점을 두기 시작했다(Taylor et al., 2000). 점차 고독과 사회적 지지 결여가 건강문제의 위험요인이며, 이와는 반대로 사랑하는 사람과의 안정적 유대는 혈압과 코르티솔 조절 등의 생리요인, 스트레스에 대한 반응 등의 정서요인, 그리고 건강 수칙 등의 행동요인에 영향을 주어서 신체건강을 증진시킨다는 인식이 확대되고 있다. 타인과의 정서 유대 부족을 공공의 건강 위험으로 보는 견해(Holt-Lunstad, Robles, & Sbarra, 2017)와 심장질환과 같은 질병의 회복을 위한 자원으로 삶의 파트너에게 초점을 맞추는 기법이 발전되고 시험되고 있다는 것(Tulloch, Greenman, Dimidenko, & Johnson, 2017)은 놀랄 일은 아니다.

부부치료는 점차 정신건강 분야에서 중요한 개입으로 인식되고 있다. 왜냐하면 이혼이 부부, 가족 및 지역사회에 미치는 부정적인 영향을 인식하게 되었고 (Cummings & Davis, 1994; Hetherington & Kelley, 2002), 특히 북미 지역에서 지역 공동체가 급격하게 줄어들고 있기 때문이다(Putnam, 2000). '사회활동 영역'의 상실은 우울과 불안을 가중시킨다(Twenge, 2000). 그러므로 대부분의 사람은 친밀한 배우자의 지지와 유대감에 점점 더 많이 의지하게 된다. 사실 많은 사람은 기능적으로 두 사람으로 이루어진 친밀한 관계로 살고 있다. 이런 맥락에서 인간의 삶에서 친밀한 사람과의 질적인 관계가 갖는 중요성이 부각되고 있다.

일반인들도 부부 및 가족 문제의 개선에 자문이나 전문 조언이 갖는 가치를 인정하고 있다. 성인의 사랑은 이해 가능하며, 외부에서 영향을 줄 수도 있고, 개선될 수 있는 과정으로 비춰지기 시작했다. 결혼을 통해서 맺어진 동반자 관계는 변덕스러운 연애의 감정, 운, 그리고 운명의 손아귀에 있지 않고 자신의 의지에 달려 있다(Doherty, 2001)는 인식이 확산되고 있다. 여전히 부부치료가 도전적이지만, 치료사들이 자신의 임상에서 부부를 흔하게 다룬다는 보고가 늘어 감에 따라서 특히 성인 사랑에 대한 새로운 과학적 이해에 바탕을 둔 경험이 풍부한 부부치료모델의 엄격한 훈련에 대한 욕구가 점점 시급히 요구되고 있다. 이 책은 팽창하고 있는 부부치료 분야에서 명확하고 과학적이며 효과적인 개입기법을 발전시키기 위한 움직임의 일환으로 쓰였다.

EFT의 탄생과 성장

정서중심 부부치료(EFT)는 1980년대에 나타났다(Johnson & Greenberg, 1985). EFT는 명확하게 서술되고 효과가 입증된 부부개입 기법의 부족에 대한 반응으로 탄생하였고, 보다 인본주의 접근으로서 행동주의 접근을 덜 강조했다. 상호작용이 형성되고 친밀한 관계경험을 정의하는 데 정서(emotion)와 정서적 의사소통의 중요성을 강조하기 때문에 '정서중심치료'라고 불리게 되었다. 또한 EFT는 변화를 유도하는 강력하고 필수적인 매개체인 정서에 초점을 맞추고 있으며, 정서가 단순히 부부불화 문제의 일부분이 아니라고 생각한다. 아직까지 변화를 유도하기 위해 정서와 그것의 힘을 이용하는 부부치료모델은 없었다. 사실, 부부치료 분야는 지금까지도 정서에 대해 일종의 공포심을 갖고 있었다. 지금까지는 정서를 행동이나 인지의 과정에서 나타나는 부산물로 여겼고, 치료과정에서 오히려 위험하고 파괴적으로 작용하기 때문에 변화의 매개체로 정서를 이용하는 것은 비효율적이라고 인식되어 왔다. 어떤 경우에는 부부치료사들이 관계 회복을 위해서는 정서의 변화가 핵심이라는 사실은 인정하면서도 변화는 결국 인지와 행동을 통해서 일어난다고 생각해 왔다.

그러나 최근 들어 정서가 부부불화와 부부치료에 미치는 엄청난 영향을 인정하는 분위기가 형성되었다(Gottman, 1994). 정서에 대한 연구는 지속적으로 진보하고 있다(Plutchik, 2000; Gross, 1998; Gross, Richards, & John, 2006; Lewis & Haviland-Jones, 2000; Sbarra & Coan, 2018). 부부의 행복과 불화에 정서조절과 교류가 미치는 중요한 역할(Johnson & Bradbury, 1999)과 인간 애착의 정서 특성(Bowlby, 1980, 1988; Johnson, 2003c)이 분명하게 밝혀지고 있다. 아직 많은 치료가 정서에 주목하고 있지는 않지만, EFT와 같은 치료들이 그에 초점을 두기 시작했다(Cordova, Jacobson, & Christensen, 1998; Gottman, 1999). 일반적으로 지난 10년간 관계 회복과정에서 정서를 다루어야 할 필요성이 분명해졌고, 효과적으로 적용시킬 수 있는 특별한 방법과 개입기법이 발전되어 왔다.

개입모델로서 EFT는 치료 상황에서 부부 및 부부관계의 회복과정을 체계적으로 관찰함으로써 탄생되었다. 가트맨(Gottman) 모델 등 최근의 부부불화모델은 친밀한 관계를 직접 관찰하거나 특별한 상호작용에 대한 정보에 근거를 두고 있고, 애착이론을 친밀한 성인관계에 대한 모델로 채택하고 있다. EFT가 개입모델, 불화에 대한 연구에 근거를 두고 있는 모델, 그리고 애착 등의 관계이론과 훌륭하게 조화를 이룬다는 사실은 놀랄 일이 아니다. 불화부부는 EFT의 변화를 이끄는 과정과 이러한 변화과정을 향상시키는 기법을 어떻게 기술할 것인지에 대해서 나와 초기 연구팀에게 가르쳐 주었다. EFT를 처음으로 소개한 책자는 초기 연구 결과를 근거로 썼고, 치료받지 않은 부부, 행동적 의사소통 및 기술훈련으로 치료받은 부부를 EFT와 비교했다(Johnson & Greenberg, 1985). 초기 EFT의 연구결과는 이후 30년간의 EFT 연구에 불을 붙게 할 정도로 인상적이었다.

이 시기에 EFT에 대한 일관되고 긍정적인 결과를 보인 북미 연구자들의 21가지 연구는 결혼불화를 줄여 주고 관계만족을 강화하는 EFT 모델이 가진 힘을 보여 준다[이러한 다른 연구들의 목록과 이러한 연구에 초점을 두고 요약한 위비와 존슨(Wiebe & Johnson, 2016)의 논문은 웹사이트 www.iceeft.com 참조]. 결과 연구는 EFT가 부부불화와 함께 발생한 외상 후 스트레스 장애(PTSD)와 우울 완화에 효과가 있다고 제안한다. 이 모든 결과를 4가지 메타분석(meta-analysis)을 엄밀하게 시행하여 통합했다. 최근 결과에 대한 대규모 연구에서(Burgess-Moser et al., 2015), EFT 부부치료 기법들이 유일하게 자가보고 척도와 애착에 초점을 둔 상호작용 행동 기록에서 애착 불안과 회피를 줄여서 애착안정을 향상시킨다는 결과를 보였다. 기능적 자기공명영상(fMRI) 연구에서 EFT 결합 강화 대화법을 마친 후에 파트너가 손을 잡고 있을 때 여성 파트너의 위협에 대한 뇌 반응이 변화된 것을 발견했다(Johnson et al., 2013). 파트너와의 안정애착이 갖는 의미는 안정애착 성향과 연관된 무수히 많은 긍정적 정신건강 변수를 고려하면 분명해진다(Mikulincer & Shaver, 2007). 예를 들면, 보다 애착적으로 안정된 사람은 긍정적이고 분명하고 구체적인 자아감을 갖고 타인에게 공감을 잘하고, 스트레스 상황에서 자기주장을 하고 쉽게 회복한다. 훌륭한 부부치료는 개인의 성장과 치유를 도와주는 결합을 할 수 있게 파트너를 이끈다.

애착 변화 연구의 추적자료와 다른 2개의 연구에서 치료 종결 2, 3년 후에도 EFT의 효과는 안정적으로 지속되고, 다른 연구에서 만족도는 점차 향상되었다고 발표했다. 우리는 부부치료 분야에서 재발이 중요한 문제이기 때문에 이러한 결과는 매우 고무적이고 EFT 지향 결합 대화법이 갖는 힘과 정서 유대의 긍정적 핵심 순간이 내담자의 삶에 매우 의미 있는 교정적 경험이 된다는 사실을 믿는다. 이러한 순간은 마음에 새겨지고, 동반자와 안정적으로 결합하고 싶은 타고난 갈망과 소속감의 변화 효과를 알려 주는 기준이 되는 자원을 다시 사용한다.

정확하게 어떻게 변화가 일어나는지에 관한 9가지 변화과정 연구(Greenman & Johnson, 2013)는 EFT 이론이 예측했듯이 안정적 결합을 형성하기 위해서 내담자가 깊은 정서에 참여하고, 치료사가 보다 개방, 공감, 반응적 상호작용을 만드는 요소들이 치료 종결과 추적 관찰 시의 관계 회복을 예측 가능하게 한다. 최근의 3가지 연구에서 EFT와 베스트셀러인 『날 꼬옥 안아 줘요: 사랑을 평생 지속하기 위한 7가지 대화법』에 기초를 둔 『날 꼬옥 안아 줘요: 유대감을 위한 대화법』과 같은 대중관계 교육 프로그램의 효과를 서술했다(Conradi, Digemanse, Noordhof, Finkenhauer, & Kamphuis, 2017; Kennedy, Johnson, Wiebe, & Tasca, 2018; Wong, Greenman, & Beaudoin, 2017). 또한 한 배우자가 심장질환이 있어서 건강문제를 효과적으로 다루기 위해 한 팀이 될 필요가 있는 부부에게 이 프로그램을 적용하는 것(Tulloch et al., 2017)에 대한 긍정적인 시험자료가 있다. 부부

대화법 프로그램은 불화가 심하지 않은 부부를 위해서 만들어졌으나, 관계불화
가 심각한 부부에게도 도움이 된다.

　결과연구에 대한 일반적 방법론에서 3개의 EFT의 친밀감 강화에 대한 긍정적
영향과 2개의 성적 만족에 대한 연구(Wiebe et al., 2019)가 있고, 폭식증 문제로
갈등을 겪는 가족에 대한 정서중심 가족치료(emotionally focused family therapy:
EFFT; Johnson, Maddeaux, & Blouin, 1998)의 효과를 보여 주는 1개의 소규모 연
구도 있다(전체 연구 내용을 보려면 www.iceeft.com 참조). 일반적으로 이러한 연
구들은 치료사가 EFT의 원칙을 따랐는지에 대한 철저한 검증이 필요하다. 또한
EFT 학외연수(extrenship)라는 핵심 훈련과정에서 치료사의 효능감과 자기확신,
그리고 개인의 삶에 미치는 영향에 대한 2개의 연구도 있다(Sandberg, Knestel, &
Schade, 2013; Montagno, Svatovic, & Levenson, 2011).

　이 모든 연구는 EFT가 부부치료 분야에서 최고의 위치에 있음을 실험적으
로 증명해 주고 있다. EFT는 최근 미국심리학회(APA) 위원회에서 제시한 기
준을 갖추고 있고, 최상의 범주를 통과했다. 일반적으로 부부치료 분야에서
는 모든 개입모델에서 결과를 증명할 자료가 없었다. 행동치료인 TBCT와
IBCT(Christensen et al., 2004)는 부부개입 결과에 대한 자료를 발행한 다른 유일
한 모델이다.

　실제 상담사를 위해서 EFT 연구의 가장 두드러진 결과를 다음에 제시한다.

- 초기 메타분석(Johnson et al., 1999)을 통해서 EFT는 아주 뛰어나고 고무적
인 효과 크기(effect size)를 보이는 것으로 나타났다. 부부들은 10~12회기
를 통해 부부불화에서 70~73%의 회복률과 90%의 현저한 개선을 보였다.
이는 전통적인 행동개입을 통한 부부치료가 35%의 회복률을 보이고 있는 것
과 대조를 이룬다(Jacobson et al., 1989). EFT가 반복된 검증을 실시하여 효
과가 나타났고, 이러한 결과는 시간이 경과해도 안정적이었다. 모델에 제시

된 구체적 기법과 핵심 변화사건의 조직이 긍정적인 결과를 예측한다는 사실을 알고 있는 훈련받은 EFT 치료사는 대부분의 부부와의 성공을 자신할 수 있고, 강한 확신을 갖게 하는 지침과 안내로서 이 모델을 의지하게 된다. 이러한 확신은 내담자에게도 위안이 되고 긍정적인 동맹을 형성하게 도와준다.

■ 일반적으로 EFT는 치료 종결 후 재발률이 낮은 것으로 나타났다. 잦은 재발이 전통적 행동치료에서는 중요한 문제가 된다(Jacobson & Addis, 1993). EFT 연구에 참여한 만성질환 자녀의 부모 등 재발의 고위험군에서 2년 후에도 안정된 결과가 지속되었다(Clothier, Manion, Gordon-Walker, & Johnson, 2002). 이후 치료사는 결과가 분명하고 갈등의 증상만을 단기적으로 개선시키지 않아서 내담자뿐 아니라 의뢰한 기관에게 위안을 제공할 수 있고, 과도한 불안이 없이 내담자와 치료를 종결할 수 있다.

■ EFT 결과 예측에 있어서 치료사와의 동맹이 중요하다는 명확한 증거가 있으며, 남자 파트너가 여전히 자신에게 관심을 가지고 있고 자신이 보호받고 있다는 여자 파트너의 믿음이 있으면 예후가 아주 좋게 나타났다. 흔히 심리치료 결과의 예측에서 가장 중요한 요소인 초기 불화의 정도는 EFT 종결 4개월 후의 부부만족도의 예견에서는 중요한 인자가 아닌 것으로 나타났다. 초기 갈등의 정도보다 치료 과제에 대한 적극적 참여도가 결과에 더 큰 영향을 미쳤다. EFT는 전통적인 성역할을 강조하는 부부와 쉽게 위축되고 정서의 표현을 힘들어하는 남성에게 효과적인 것으로 나타났다(Johnson & Talitman, 1997). 이러한 결과는 치료 전제 과정에서 양쪽 내담자와 안전한 유대감을 만들고 유지하는 이 모델의 초점을 강조하며, 기법 자체보다는 순간순간 내담자의 참여 수준의 중요성을 치료사에게 알려 준다. 치료사는 각 배우자가 과거에 시행했어야 했던 부분보다는 현재에 참여하고 아주 천천히 앞으로 나아가게 이끌어 줌으로써 내담자가 과정에 충분히 참여할 수 있게 한다. 이러한 연구는 EFT의 방법론에서 사람들이 정서에 접촉하고 조합

하게 도와주고, 이후 새로운 방식으로 자신과 타인을 보고, 새로운 상호작용의 춤을 추게 하는 정서의 힘을 사용하는 것이 어렵지 않음을 알려 주어 치료사에게 위안을 제공한다.

- EFT의 변화과정에 대한 연구가 활발하게 진행되었다. 특히 치료모델에서 제시한 핵심 변수들이 변화를 이끄는 활발한 매개체가 되지 않음이 연구를 통해서 밝혀졌기 때문에 치료사에게 어떻게 변화가 일어나는지는 매우 중요하다. 우울증 개선에 대한 유명한 행동연구에서 이론과 달리 내담자의 역기능적 신념을 직면하는 것은 변화와 연관성이 없었다. 사실 그것은 오히려 역기능을 지속시켰다. 하지만 회기 중 정서 심화(deepening of emotion)는 긍정적 변화를 예측하게 한다. 긍정적인 결과로 이끄는 핵심 변화사건이 EFT에서 연구되었고 핵심 기법이 밝혀졌다(Bradley & Furrow, 2004; Johnson, 2003d). 용서와 화해 과정을 통한 애착손상(attachment injury)의 해결 등 새로운 과제와 과정이 밝혀지고 검증되었다(Makinen & Johnson, 2006). EFT 치료사는 특별히 관계만족을 현저하고도 지속적으로 개선시키는 애착과 상호작용 반응모델인 정서조절을 변화시키는 필요충분조건이 무엇인지에 대해 알고 있다.

일반적으로 부부불화(Gottman, 1994)나 성인 애착(Cassidy & Shaver, 1999; Johnson, 2013)의 특성을 연구하면서 EFT 치료과정에서 초점을 맞추어야 할 것과 개입목표가 무엇인지 밝혀졌다. 체계이론가인 베르탈란피(Bertalanffy, 1968)에 따르면, 치료 성공의 열쇠는 치료사가 유기체를 정의하고 조직하는 기본 변수(key variable)에 초점을 맞추는 것이다. EFT의 경우, 치료사는 지속적으로 정서, 친밀한 사람을 춤추게 하는 음악, 단절의 패턴, 파트너 사이의 안정된 유대감의 점진적인 형성에 끊임없이 집중하는 것을 안다. 그래서 불화관계의 변화무쌍하고 강력한 드라마에서 EFT 치료사가 길을 잃지 않게 된다.

모든 개입에 대한 다음의 4가지 핵심 질문에 대해 분명하고 확실한 답이 제시되고 있다. 이 개입은 지속적이고 오랫동안 효과가 있는가? 정확하게 어떻게 효과가 일어나는가?(즉, 변화를 일으키기 위해서 회기 중에 무엇을 해야 하는가?) 변화 유발을 위해서 치료사는 무엇을 해야 하는가? 치료가 다른 치료사에게도 실제적이고 적용이 가능하며(즉, 배울 수 있고 훈련이 가능하며 효과적인가?), 증상이 다르고 다양한 문제를 가진 내담자들에게 실제적이고 적용이 가능한가?

동시에 EFT 치료 효과에 대한 최근의 연구를 통해서 성인 사랑의 관계에 대한 EFT의 이론적 개념은 확대되고, 보다 더 연구에 근거를 갖게 되었다. EFT는 전통적인 행동적 부부치료에서 하는 재협상을 유도하기보다는 언제나 정서 결합의 측면으로 부부의 관계에 초점을 맞춘다. EFT는 기술을 향상시키거나 병식을 갖도록 유도하기보다는 언제나 정서 교류(emotional engagement)와 교정적 경험(corrective experience)을 중시한다. 하지만 성인 사랑의 관계에서 애착이론(Bowlby, 1969, 1988)의 적절성은 더욱 분명해졌고, EFT의 개입과 변화과정을 설명하는 데 부합된다(Johnson, 2003b). 사회심리학자들은 성인 사랑에 대해 연구했는데, 애착이론이 현재 성인 사랑의 관계를 이해하는 데 가장 적절하다(Johnson, 2013). 일반적으로 애착이론은 "20세기 심리학 연구 중에서 가장 광범위하고 심오할 뿐 아니라 창조적"이라고 인식되고 있다(Cassidy & Shaver, 2016). 낭만적 사랑은 혼자 지내도록 창조되거나 이해가 불가능한 성(sex)과 감상(sentiment)에 도취된 상태가 아니라 친밀하고 기댈 수 있는 사람과 가까이 둘 수 있게 고안된 타고난 생존전략이다. 성인에 대한 애착이론은 기하급수적으로 성장하고 있으며, 치료사에게 성인 사랑의 관계를 이해할 지침을 제공함으로써 EFT의 핵심 부분으로 자리 잡고 있다. 이러한 지침은 사랑의 관계의 본질이 무엇이며, 그 관계에서 무엇이 문제인지, 파트너 사이의 결합의 회복과 강화를 위해서 무엇이 필요한지 알려 준다. EFT는 유아와 엄마 사이의 애착에 대한 수천 가지, 그리고 성인 사랑의 관계에 대한 최근의 수백 가지가 넘는 애착 본질에 대한 연구로 밝혀진 분명하면서도 관계결합에 대한 발달이론에 근거한 유일한 부부가족치료 접근법이다.

이 책의 목적은 주어진 모든 부부와 관계의 독특성과 복잡한 치료과정에서 어떻게 EFT를 체계적으로 적용할지를 임상가에게 가르치는 것이다.

EFT의 강점은 다음과 같이 요약될 수 있다.

- EFT는 가정, 전략, 그리고 기법을 명확하게 밝히고 제시한다. EFT는 8회기에서 20회기의 단기치료법이며, 반복 검정이 가능하고 다양한 부부치료사를 훈련시키는 데 사용되어 왔다. 대부분의 부부 및 가족 치료는 권위적 모델(guru model)로 접근의 주요소는 '마법'처럼 이루어지고, 그 마법은 다른 많은 치료사를 통해서 더 이상 반복 재현될 수 없었다. EFT 접근은 과학적 모델의 정의와 부합되며, 관계불화와 건강한 결합의 현상에 대한 구체적 서술, 각 변수들이 활발하게 작용하여 어떻게 서로에게 영향을 주고 정의하는지에 대한 예측, 현상의 논리적 전개에 대한 구체적인 개요에 대해 설명하고 있다. 동시에 이는 실제적이고 임상적인 모델로서 부부 사이의 갈등, 거리, 장애, 상처를 회기 중에 효과적으로 다룬다.

- EFT는 일반인과 만성질환을 가진 자녀의 부모 등 특별한 사람들에 대한 효과가 실험을 통하여 인정받고 있으며(Walker et al., 1996), 치료 효과가 높은 것으로 나타났다(Johnson et al., 1999). 변화과정과 핵심 변화사건, 그리고 치료 성공과 관련된 내담자의 변인에 대한 많은 연구가 시행되었는데, 이를 통하여 치료사가 특정 내담자에게 적합한 치료를 계획하고 평생 지속할 수 있는 안정적 결합의 특성인 정서 접근, 반응, 교감을 점진적으로 만들어 가는 주요 치료목표에 초점을 유지할 수 있게 해 준다.

- 부부가 경험하는 3기(stage), 9단계(step)와 반복적 개입과정인 EFT 탱고가 명확히 기술되어 모든 단계와 기에서 적용된다.

- 기법 면에서 볼 때 EFT 접근은 명확한 이론적 근거가 있다. 이는 먼저 휴머니즘에 바탕을 둔 경험주의 치료(experiential therapy)와 체계이론(systemic theory)을 통합한 변화에 대한 이론으로 구성되어 있다. 이는 자기와 관계적 체계에 초점을 맞추고, 내담자의 정서 현실을 우선적으로 다루는 기법들을 통합한 것이다. 경험주의 기법들은 실제적이고 성장하고 있는 연구에 근거를 두고 있다(Elliot, 2002).

- 앞서 기술한 장점들은 기법에 대한 것이지만 이러한 기법들은 애착이론과 과학의 틀에서 적용되며, EFT의 가장 큰 장점은 인간을 생존과 행복을 위해 의존할 수 있는 친밀한 관계를 필요로 하는 사회 유대 포유동물(social bonding mammal)로 여기는 모델에 기초를 둔다는 사실이다(Brassard & Johnson, 2016; Johnson, LaFontaine, & Dalgleish, 2015). 인간의 신경계는 유아와 아동이 안식처를 찾는 극심하고 오래 지속된 취약성과 연결되어 있고, 이러한 타인에 대한 욕구는 요람에서 무덤까지 지속된다. 그래서 낭만적인 사랑은 애착과정이고(Mikulincer & Shaver, 2007), 부부치료사는 지난 20년 동안 인간의 두려움과 갈망을 밝히고, 2가지 비난 혹은 벽 쌓기 등의 부정적 행동 및 주장과 공감적 반응 등의 긍정적 행동과 같은 구체적인 관계 행동의 영향에 대한 핵심 변수들을 이해할 수 있는 근거를 갖게 되었다. 부부와 가족 분야는 친밀한 관계를 이해할 수 있는 분명한 이론과 과학 근거가 부족했다. 이러한 지침이 없이는 개입의 목표를 설정하기 어려웠고 어떤 변화가 필요충분한지 알기 힘들었다. 애착은 추후 장에서 구체적으로 소개할 것이다.

- EFT는 다양한 내담자에게 적용할 수 있다. 다양한 연인과 부부에게 광범위하게 사용된다. 즉, 문화와 사회적 배경이 다른 부부(Denton, Burleson, Clarke, Rodriguez, & Hobbs, 2000; Parra-Cardona, Cordova, & Holtrop, 2009), 동성애 부부(Josephson, 2003; Hardtke, Amstrong, & Johnson, 2010; Allan & Johnson, 2016), 성문제가 있는 부부(Wiebe et al., 2019; Johnson, 2017a), 노

인 부부(Bradley & Palmer, 2003), 만성질환으로 고통받고 있는 부부(Kowal et al., 2003), 우울증, 그리고 외상 후 스트레스 장애(PTSD)와 같은 불안장애를 겪고 있는 부부(Johnson, 2002; Priest, 2013)가 여기에 포함된다. EFT는 부부의 우울증을 감소시키는 것으로 밝혀졌으며(Dessaulles et al., 2003; Denton, Wittenborn, & Golden, 2012), 애착 불안과 회피 파트너 모두에서 애착불안이 효과적으로 감소했다(Burgess−Moser et al., 2015).

- EFT는 부부치료에 국한되지 않는다. 앞에서 언급했듯이 크리스천 부부(Johnson & Sanderfer, 2016; 유대감 강화), 심장질환자와 배우자(Tulloch et al., 2017; 함께하는 심장 회복)에게 적용된 집단관계 교육 및 강화 프로그램(날 꼬옥 안아 줘요: 유대감 강화 대화법)이 있으며, 이는 ICEEFT 웹사이트에서 찾아볼 수 있다. 이 프로그램은 이제 온라인으로 하는 프로그램(holdmetightonline.com)으로 참여할 수 있다. EFT는 또한 개인, 가족에게도 사용되며, 이는 『애착이론과 상담: 개인, 부부, 가족을 위한 정서중심치료』(Johnson, 2019a)에 소개되어 있다. 정서를 다루고, 정서로 변화를 이끌고, 실제 상호작용을 통해서건 소중한 인물과의 정신적 표상과의 대화를 통해서건 간에 소중한 타인과의 변화된 만남을 이끄는 기술은 책과 치료법에 기술되어 있다.

- EFT가 기초를 두고 있는 애착의 관점에 동조함으로써 이 모델의 종사자는 북미와 전 세계 주요 도시에 계획적으로 지지적인 학습 EFT 공동체를 만들었다(www.iceeft.com의 목록 참조). 현재 전문가를 지지하고 지도하고 훈련시키고 있는 공동체는 65개다. 4일 동안 진행되는 EFT 기초교육과정(externship)은 이들 공동체에서 이끌고 있고, 치료사들은 기술을 향상시키고 국제정서중심치료센터(ICEEFT)에서 자격을 받기 위해서 훈련을 받을 뿐 아니라 이 모델의 슈퍼바이저로 등록되고 있다. 기초과정은 ICEEFT에 등록된 트레이너로부터 전 세계적으로 교육되고 있으며, 최근에는 두바이, 형

가리, 남아프리카 공화국, 이란에서 실시되었다. 대부분의 참석자는 이 과정을 통해 질 높은 학습을 경험하고 지속적인 훈련을 받고 있다. 자격증 취득방법은 ICEEFT 웹사이트에 수록되어 있고, 실시간 상담을 담은 DVD 등의 다양한 훈련자료를 이 사이트에서 구입할 수 있다(EFT 훈련에 대한 요약은 Johnson, 2017b 참조).

EFT 접근방식

♥ EFT는 무엇인가

EFT는 통합적이며, 개인의 내적(within) 및 관계적(between) 면을 모두 고려한다. 개인이 애착과 연관된 정서반응을 통해서 자신의 경험을 처리하는 방식에 초점을 맞추는 정신내적(intrapsychic)인 면과 부부의 상호작용 패턴과 고리(cycle)가 형성되는 방식을 고려하는 대인관계적(interpersonal)인 면을 통합했다. EFT는 체계적 패턴, 내적 경험, 그리고 자기와 타인의 정신모델이 어떻게 서로를 자극하고 영향을 주는지를 고려한다.

경험 처리 및 상호작용 형성과정을 통하여 불화부부는 부정적이고 경직된 정신 내외적 반응에서 벗어나서 친밀한 사이의 안정결합 형성에 기초가 되는 융통성 있고 민감한 반응을 할 수 있게 된다. 각 부부가 취하는 상호작용 태도는 2가지, 즉 각 배우자의 개인의 정서경험뿐 아니라 경험의 조절방식, 그리고 상호작용이 조직되는 방식, 즉 정신내적 현실과 부부 상호작용 춤에서의 습관적 움직임에 의해 유지된다고 생각한다. 이러한 현실과 움직임은 상호적으로 서로를 결정하며 지속적으로 서로를 재현시킨다. 부부가 긍정적인 정서결합을 이루면, 이들은 재처리되고 재구조화되어야 한다. 이렇게 안정적인 결합 형성이 EFT의 궁극적인 목표다.

EFT는 경험과 상호작용을 확대시킨다. 치료의 일차 목표는 부부의 제한되고 경직된 상호작용 태도에 내재된 정서반응에 접근하여 이것을 다시 처리함으로써 안정결합 형성에 중요한 접근(accessibility)과 반응(responsiveness)을 유도하는 것이다. 이차 목표는 부부관계를 안정과 평안의 원천으로 재정의할 수 있는 새로운 상호작용의 계기를 만드는 것이다. 내적 경험을 재처리해서 대인관계 맥락으로 확장시켜 준다(부인이 악하기보다는 고통을 겪는다는 것을 알게 된다). 이렇게 되면 새로운 상호작용 구조가 확장되어 서로의 내적 경험을 재정의하게 된다(남편이 부인에게 그녀가 필요하다고 표현하면, 부인은 그동안 남편이 도움이 되지 못했던 부분보다는 자신의 반응에 대한 두려움을 경험한다).

EFT가 성공적으로 끝나면 부부는 안정, 보호, 그리고 접촉을 통한 위로를 배우자로부터 받으려 한다. 부부는 상대방이 부정적인 정서를 조절할 수 있게 도와주고, 긍정적이고 강한 자기상을 만들어 간다. EFT 치료사는 치료 상황에서 결합의 계기를 만들어 관계를 재정의할 수 있게 한다.

이러한 과정은 다음과 같다.

- 소원감에서 정서적인 교류로
- 경계적 방어와 자기보호에서 개방과 위험을 감수하는 방향으로
- 관계에서 뼈저리게 경험했던 소극적 무력감에서 적극적으로 행동을 주도하는 것으로
- 절망적인 상대방에 대한 비난에서 상대방에게 적절한 반응과 관심을 보이지 못한 책임을 인식하는 것으로
- 상대의 단점에 초점을 두었던 것에서 자신의 두려움과 갈망을 발견하는 것으로
- 하지만 무엇보다도 고립에서 유대로(경험이 풍부한 치료사라 할지라도 대부분의 부부에게 이를 달성하게 하는 것은 쉽지 않다)

EFT 치료사가 각자의 내적 경험과 이러한 경험의 표현을 확대하고 재조직할 수 있도록 도와주어서 새로운 자기표상을 갖거나 배우자와의 관계에서 새로운 태도를 보이면, 부부는 새롭게 반응하게 된다. 다른 말로 하면, 새로운 경험은 새로운 대화를 유발하고, 이를 통해 새로운 상호작용의 계기를 만든다. 이렇게 되면 부부 상호작용이 발전하고 상호작용 패턴이 변화한다.

EFT는 다른 접근들과 어떻게 다른가

♥ 치료사의 역할

EFT 치료사는 부부에게 의사소통 기술과 협상법을 가르치지 않는다. EFT 치료사는 과거에 대한 병식과 원가족의 결혼에 영향을 미친 방식에 대해서는 크게 관심을 갖지 않는다. 또한 EFT 치료사는 역설과 문제 처방을 하는 전략적 치료사도 아니며, 근본적으로 결혼과 관계에 대한 비현실적 기대와 믿음을 개선시키는 교사도 아니다.

EFT 치료사는 무엇보다 부부관계를 통해서 정서경험의 재처리를 도와주는 과정자문가(process consultant)이고, 관계상의 춤의 재조직을 돕는 안무가(choreographer)다. 치료 상황에서 치료사는 관계의 방향을 알려 주는 전문가가 아니라 때로는 좇아가고 때로는 안내 역할을 맡은 협력자(collaborator)다. 치료과정을 통하여 서로에게 새로운 방식을 실험할 기회를 주고, 부부가 만들고 싶은 관계방식을 의식적으로 선택하게 해 준다.

♥ 일차 초점은 현재

EFT 치료사는 부부의 지금-여기(here-and-now)에서의 반응에 초점을 두고,

점차 내적 경험과 상호작용 움직임, 그리고 이에 대한 상대 배우자의 움직임을 따라가고 확대시킨다. 치료 상황에서 부부가 자신을 이전과 다르게 경험하고 새롭게 상호작용하면서 변화가 일어난다. 현재 원가족의 문제가 예민하게 드러나거나 지금-여기의 상호작용에 영향을 미친다고 판단될 때에만 그 문제에 주의를 기울인다. 이러한 점은 대상관계 및 분석적 부부치료, 보웬(Bowen)의 체계적 부부치료에서 구조화된 가계도에 초점을 두고 있는 것과는 대조적이다. 그리고 행동주의 전통의 핵심 기법인 과제나 연습문제를 제시하는 미래지향 개입은 그다지 많이 사용하지 않는다.

♥ 치료목표-안정결합

EFT의 목표는 부부 사이에 안정결합, 즉 안정적 유대감을 만들기 위해서 경험을 재처리하고 상호작용을 재조직하는 것이다. 안정감을 만들기 위한 요소는 서로의 정서 접근, 반응, 교감이다. 여기서는 항상 애착, 안전, 신뢰와 접촉, 이것의 방해요소에 초점을 맞춘다. EFT의 관점에서는 부부가 서로 안정된 관계를 유지할 때 비로소 적절한 의사소통 기술을 사용할 수 있지만 부부간에 불화가 있고 취약할 때는 이러한 기술의 사용이 어렵다고 보기 때문에 의사소통 기술을 가르치지는 않는다. 또한 EFT는 부부문제가 인격의 결함으로 유발된다고 생각하지 않으며, 무의식적 정신갈등에 대한 병식을 강조하지 않는다. 사실 통찰만으로 정서와 결부되어 있는 상호작용 패턴의 변화를 오랫동안 지속시키기는 충분하지 않다고 생각한다. 또한 무엇보다 관계는 합리적 협상이기보다는 결합이라고 생각하기 때문에 새로운 거래를 통한 재협상을 돕거나 새로운 계약이나 합의를 통한 문제해결을 도와주려는 시도를 하지 않는다. 부부가 보다 안전하게 결합하면, 그들이 본래 가지고 있던 협상기술을 사용하고, 애착갈등과 불안정으로 드러나지 않게 될 때 문제들이 명확해지고 성가시지 않게 된다.

♥ 정서 초점

모든 단기치료의 핵심은 집중이다. EFT에서는 정서가 관계갈등의 드라마와 그런 갈등을 변화시키는 주된 장치라고 본다. 정서를 통해 애착행동이 구조화되고, 타인에 대한 반응을 유발하거나 타인에게 반응할 수 있는 동기를 제공하며, 각자의 욕구와 소망을 전달할 수 있다. EFT에서는 정서를 단순하거나 가볍다고 여기지 않으며 지속적으로 발전되고 분화된다고 본다. 흔히 우리는 이것을 내담자의 정서현실의 전개(unfolding) 혹은 정서조합 과정(process of assembling emotion)이라고 서술한다. 비경험주의 치료법과 달리 정서의 경험과 표현은 광범위한 변화 유도의 최종 목표이자 변화를 이끌 매개체다. 새로운 정서경험과 무시되었던 부분의 확대와 명료화는 일차적 치료 과제이고 배우자와의 새로운 교정적 정서경험은 EFT에서 변화를 이끌 핵심 부분이다. 중요한 정서를 전개하고 치료과정에서 타인의 새로운 반응을 유도하기 위해 정서를 사용하는 것이 EFT에서 변화 유발의 핵심이라 할 수 있다.

♥ 인간을 있는 그대로 수용

EFT는 불화부부를 결핍, 발달지연, 기술의 부족으로 생각하지 않는다. 관계의 문제를 특정 발달지연의 반영으로 생각하는 것은 적절하지 않다(Gurman & Fraenkel, 2002). 배우자의 욕구, 소망, 그리고 일차 정서반응은 일반적으로 건강하고 적응적이다. 취약성(vulnerability)과 문제를 일으키는 지각된 위협(perceived threat)의 맥락에서 이러한 욕구와 반응을 어떻게 재연하는가가 중요하다. 프로이트(Freud, 1930)는 "우리가 사랑을 할 때와 마찬가지로 고통을 받을 때도 방어를 계속한다."라고 했다. 두려움 때문에 정서반응을 보이지 못하고 억제하고 무시하거나 왜곡시키면 역기능이 발생한다. 치료사는 다르게 행동하라고 교육하기보다는 배우자의 경험과 반응을 인정해 주어야 한다.

부부가 결함이 있어서가 아니라 특별히 정서적 몰입상태(absorbing state)와 자기강화적 상호작용 고리(self-reinforcing interaction cycle)에 빠질 때 부부불화가 생긴다. 부부가 정서경험을 특정 방식으로 처리하고 구조화하고 조절할 때 몰입상태에 빠져든다. 부부관계 역시 특정 방식에 갇히게 된다. EFT에서는 부부들이 자신의 경험에 비추어 배우자와의 정서처리 과정과 상호작용이 경직될 수밖에 없는 합당하고 적절한 이유가 있다고 가정한다. 이러한 파괴적이고 비합리적인 반응 이면에 있는 '숨겨진 이유'를 찾는 것이 치료사의 과업이다(Wile, 1981).

변화에 대한 EFT 이론의 출처는 어디인가

EFT는 경험주의적 치료사인 칼 로저스(Carl Rogers, 1951)와 구조적 체계치료사인 미누친(Minuchin & Fishman, 1981)이 차를 마시면서 관계불화 사례에 대한 의견을 나눈 대화의 반영으로 볼 수 있다. 경험주의나 체계이론에서는 정서가 표출되면 타인의 특정 반응이 유발되며, 이는 말하는 사람에게 되먹임으로 영향을 다시 일으킨다고 본다(Johnson, 1998). 앞에서 언급했듯이 정서는 부부를 춤추게 만드는 음악이며, 그래서 중요한 상호작용을 이끈다. EFT는 정서와 그에 따른 내담자의 견해에 대한 공감적 이해를 강조하는 전통적 휴머니즘적 접근방식(Johnson & Boisvert, 2002; Cain & Seeman, 2002)에 바탕을 두고 있다.

EFT는 다음과 같은 경험주의 관점에 초점을 맞춘다.

- 인간의 현실에서 환경과 적극적으로 상호작용하여 경험을 처리하고 형성하는 과정
- 가장 긍정적인 맥락에서 탐구하고 새롭게 경험하기 위해 치료사의 공감(empathy)과 인정(validation)이 갖는 강한 영향력. 치료사의 수용과 진실 어린 태도로 형성된 안전한 분위기가 내담자의 자가치유 성향(self-healing

tendency)을 강화시켜 준다. 치료동맹(therapeutic alliance)이란 평등과 상호
협동적 관계를 말한다.

■ 인간이 성장하며 정서반응과 욕구에 긍정적으로 적응할 수 있는 역량·EFT
가 다루는 관계에 대한 애착 견해를 제공한 칼 로저스와 존 볼비(John
Bowlby, 1969)는 내담자를 병적으로 간주하지 않는다. 볼비는 외부 세계에
반응하는 모든 방식은 적응적이라 하였고 로저스도 같은 견해를 가졌는데,
반응방식이 완고하여 새로운 맥락에서 반응을 보일 수 없을 때 문제를 일으
킨다고 했다. 로저스는 우선적으로 내담자의 경험과 관계 태도의 구조를 치
료사가 설명할 수 있고 인정해야 한다고 했다.

■ 내적/외적 현실이 서로를 정의하는 방식. 정서는 자신의 세계에 다가가고,
자신의 욕구와 두려움을 알려 주기 때문에 중요하다.

■ 관계 정의에 중요한 정서반응 유발을 위해 타인과 정서적으로 의사소통하
는 방식. 정서는 자신과 체계, 그리고 무용수와 춤을 연결시켜 준다. EFT 치
료사와 애착이론가는 개인의 정체성과 관계의 상호작용 패턴이 서로 피드
백 고리를 만들어 가는 과정에 초점을 맞춘다(Mikulincer, 1995).

■ 지금-여기의 치료과정에서 새로운 교정적 정서경험의 지지 및 강조. 경험
주의 치료사는 이러한 경험이 궁극적으로 의미가 있으며 지속적인 변화를
이끌 수 있다고 본다.

EFT는 다음과 같은 체계 관점에 초점을 맞춘다.

■ 관계가 가진 힘. 부부의 행동은 상대 배우자의 행동에 대한 반응이며, 관계
의 맥락에서 파악되어야 한다. 부부는 전혀 자각하지 못하는 가운데 상대방
의 반응을 유발하고 있다. 전형적 불화관계에서 위축과 무반응이 비판과 과
도한 요구를 조장하고, 그 역으로도 작용하기도 한다.

- 상호작용을 형성하는 방식, 행동 패턴을 유지하는 방식, 그리고 상호작용을 조직하고 처리하는 과정. 소원감과 친밀감, 지배와 순종의 정도를 평가하고 명확하게 밝힌다.
- 부부불화에서 보이는 경직된 부정적 상호작용 고리는 자기유지적 속성이 있으며, 관계 악화의 일차 요인이다.
- 선형적 인과론(linear causality)보다 순환적 인과론(circular causality) 강조. 이는 패턴과 전후 관계를 중시하며, 상호작용 패턴을 보이는 부부가 서로를 어떻게 정의하고 있는가에 초점을 둔다. "당신이 비난해서 내가 위축되고, 내가 위축해서 당신은 비난하게 된다."

EFT는 경험주의와 체계 접근을 통합하여 개인 내적 및 대인관계적 면을 함께 다룬다. EFT 치료사는 부부의 정서경험을 다시 처리하도록 도와주고 정서를 표현해서 상호관계 태도를 변화시킨다. EFT 치료사는 새로운 상호작용을 연출하고 안무하는데, 이것이 배우자의 새로운 정서반응을 유발한다. 앞에서 이야기했듯이 새로운 정서경험은 부부의 행동방식에 영향을 미치고, 새로운 행동은 부부의 정서경험 조직방식에 영향을 미친다. '정서(emotion)'는 '움직인다'는 뜻의 라틴어에서 유래되었다. 새롭게 조직된 정서는 배우자가 관계의 춤에서 새로운 태도로 움직이게 만든다. 이 태도가 안전한 결합을 강화시킨다.

EFT는 어떻게 보이는가

EFT는 8회기에서 20회기 정도로 실시된다. 부부와의 긍정적 치료동맹 형성이 EFT 성공의 전제조건이다. EFT는 폭력적이거나 이별과정에 있는 부부는 배제시킨다. 배우자 한 사람이 비난하고 상대 배우자가 철수하는 부정적 상호작용 고리로 인해 현재 관계가 소원해졌지만 부부가 친밀한 결합을 희망하는 경우 성공률이 가장 높다. EFT는 관계불화가 있는 다양한 부부에게 적용될 수 있다. 예를 들어, 외상 후 스트레스 장애나 우울증 등 대개 부부가 복잡한 문제를 가지고 내원하는 대도시의 대형병원에서도 보편적으로 사용될 수 있다. 단축형은 친밀감의 부족이나 한 배우자가 최근에 생명을 위협받는 질병으로 인한 스트레스로 고통을 받고 있어서 부부관계의 변화가 필요하지만 임상적으로 그다지 심각하지 않은 부부에게도 시행될 수 있다. EFT는 또한 동성애 부부나 만성질환이 있고 투병 중인 부부에게도 사용될 수 있다(Kowal et al., 2003). EFT 회기를 살펴보면, 치료사가 정서와 상호작용을 추적하고 반영하는 것을 보게 된다. 치료사는 부부의 정서경험을 구체화하여 정리하고, 특정 과제(예: "당신은 그에게 ……라 말할 수 있겠습니까?")를 통하여 상호작용 과정을 준비시킨다. 치료사는 내담자의 정서경험을 조합하여 새롭게 재연하게 도와준다.

부부 변화의 과정은 다음과 같이 3기 및 9단계로 분류된다.

♥ 제1기: 부정적 상호작용 고리의 단계적 약화(The De-escalation of Negative Cycles of Interaction)

- 1단계: 치료동맹을 형성하고 핵심 애착투쟁에서 갈등하는 문제를 밝힌다.
- 2단계: 이러한 문제가 표현되는 부정적 상호작용 고리를 규명한다.
- 3단계: 상호작용 태도의 이면에 숨겨져 있는 정서에 접근한다.
- 4단계: 문제를 부정적 고리, 내재된 정서, 그리고 애착욕구의 관점으로 재구성한다. 부정적인 고리가 공공의 적인 동시에 부부의 정서적 박탈과 불화의 원인이라고 개념화한다.

♥ 제2기: 상호작용 태도를 변화시키기(Changing Interactional Position)

- 5단계: 감춰진 애착정서, 욕구, 그리고 자신의 이면을 드러내도록 돕고, 이

러한 부분을 관계 상호작용에 통합한다.

- 6단계: 상대 배우자가 배우자의 경험과 새로운 상호작용 반응을 수용하도록 격려한다.
- 7단계: 욕구와 소망을 표현하고 정서 교류를 유도하며, 부부가 결합할 수 있 는 계기를 만들어 애착을 재정의할 수 있게 돕는다.

♥ 제3기: 강화와 통합(Consolidation and Integration)

- 8단계: 과거 관계의 문제에 대한 새로운 해결책을 촉진한다.
- 9단계: 애착행동의 새로운 태도와 고리를 강화한다.

EFT 기와 단계

1기: 단계적 약화

- 1단계: 동맹과 평가
- 2단계: 부정적 고리/애착문제 규명
- 3단계: 내재된 애착정서에 접근
- 4단계: 문제를 고리, 애착욕구/두려움으로 재구성

2기: 결합의 재구조화

- 5단계: 내재된 욕구, 두려움, 자기상에 접근
- 6단계: 수용을 촉진하여 춤 확대
- 7단계: 접근과 반응 구조화, 애착욕구 표현, 결합적 상호작용 형성

3기: 강화

- 8단계: 새로운 해결책 촉진
- 9단계: 새로운 태도, 고리, 안정애착 이야기 강화

변화과정

변화과정에는 다음과 같은 3가지 주요한 전환점이 있다.

① 제1기의 마지막에 나타나는 부정적 고리의 단계적 약화(de-escalation)

② 제2기의 위축자 개입(withdrawer engagement), 애착 재구조화

③ 제2기의 비난자 순화(blamer softening), 애착 재구조화

첫 전환점인 고리의 단계적 약화는 일차 수준의 변화(first order change)로 상호작용 방식은 변하지 않았지만 고리의 요소는 어느 정도 수정되었다. 예를 들면, 위축된 배우자를 참여하게 하기 위해 위험을 감수하고, 적대적이던 배우자는 반발과 분노가 줄어든다. 부부는 성관계와 같은 친밀한 접촉을 보이기 시작하고, 치료 상황에서 위안을 찾는 교류가 늘어나며, 관계에 희망을 갖는다.

다른 두 전환점은 이차 수준의 변화(second order change)로 관계구조의 변화를 만들어 간다.

위축된 배우자가 관계에서 적극적이고 교류가 늘어날 때 두 번째 전환점이 된다. 이러한 전환점을 계기로 접촉을 위한 통제와 접근 등 상호작용 태도가 변한다. 위축된 배우자가 상대 배우자에게 냉담한 태도를 취하거나 피하지 않고 자신의 욕구와 소망을 주장하며 치료과정에서 정서 교류가 점차 늘어난다.

세 번째 전환점은 적대적이고 적극적이었던 배우자가 자신의 애착욕구와 약점을 표현하여 관계에서 신뢰할 수 있는 수준까지 상호작용을 할 때 일어난다. 이 책에서는 이러한 전환점을 이해할 수 있게, 각각을 분리하여 독립적으로 설명하고 있다. 하지만 이들은 서로 얽혀서 영향을 미치게 된다. 점점 분노가 줄어들면 위축되었던 배우자의 참여가 늘어난다. 이렇게 참여가 늘어나면, 비판적이던 배우자는 자신의 욕구와 소망을 공개적으로 표현하게 된다. 이를 통해 위축자의 반응이 더욱 증가한다. 이러한 변화의 계기를 통해 부부의 상호작용이 재조직되

면, 부부가 서로에게 접근하고 반응하는 전형적인 결합이 가능해진다. 부부는 자신의 욕구와 두려움을 서로 개방하고, 이로써 두 사람의 유대감이 새로워진다.

다음에 3가지 전환점에 대해서 요약했다.

전형적인 변화과정: 개요

부부 사이에 친밀감이 결여되어 있으며 관계에 소홀한 남편에 대해 부인이 불평을 늘어놓으면서 치료가 시작되었다. 남편은 부인이 충동적이며 논리적이지 못하다고 불평하였고, 그래서 자신이 물러날 수밖에 없었다고 했다. 성관계 횟수를 늘리는 것이 남편이 제시한 해결책이라고 했다. 치료사는 부부와 치료동맹을 형성하고, 그들의 관계에 다가가서 추적/비난(pursue/blame)과 철수/회유(withdraw/placate) 유형을 밝혀내며, 부부가 같이 이러한 고리의 창조자이자 희생자라고 설명했다. 변화과정에서 가장 중요한 점은 다음과 같다.

♥ 고리의 단계적 약화

① 게일(추적형 부인): 나는 너무 화가 나요. 그리고 지금 나는 아주 실망스러워요. 이렇게 외롭다고 느낀 적이 없었어요. 남편이 나에게 이렇게 해서는 안 된다는 것을 보여 주고 싶었어요.

② 벤(위축형 남편): 내가 무엇을 하든 나한테 돌아오는 메시지는 실망스럽다는 것이었어요. 도대체 무슨 말을 해야 하고 어떻게 해야 할지 모르겠어요. 내가 도망치고 있다는 것도 알고 있어요. 하지만 나는 무엇을 해야 할지 몰라서 숨어 버렸어요.

③ 게일: 내 잔소리가 남편을 멀리 밀어내고 있는 것은 알고 있어요. (남편을 향해) 하지만 당신이 곁에 없어서 얼마나 힘들었는지 몰라.

④ 벤: 숨는 방법을 나 스스로 터득했어. 당신이 나를 찾고 있으리라곤 전혀 생각하지 못했어. 우리 둘 다 여기서 갇히게 된 것 같아. 나는 어떻게 해야 할지 몰라서 숨어 버렸고, 당신은 외로워하며 점점 감정이 쌓이다가 폭발할 지경이 되었지. 우리는 둘 다 상처를 입고 말았어, 그렇지?

이 내용은 부정적 고리를 인식하고 각자가 그것에 미친 영향을 책임지고 서로 비난하거나 피하지 않고 내재된 정서를 밝히고 있다. 이 시점에서 부부는 전형적으로 다음과 같은 말을 한다. "나는 지금 치료과정을 통해 당신이 누군지 새롭게 알게 되었어." "각자의 행동이 어떻게 우리의 관계를 해치고 결국에는 서로에게 상처를 입혔는지 알게 되었어."

♥ 위축자 개입

벤: 나는 결코 파티에서 중심인물이 될 수 없어. 그건 너무 부담스러워. 그렇게 되어 달라고 몰아세우지 말았으면 좋겠어. 내가 위험을 감수하면서 다가가면 제발 받아 주었으면 좋겠어. 만약 당신이 내 행동에 대해 일일이 점수를 매기려 들면 나는 아무것도 하고 싶지 않고 뒤로 물러날 수밖에 없어. 내가 항상 섹스를 원하지는 않아. 가끔 당신에게 부부관계를 갖자고 할 때 내 자신이 너무 조심스럽고 소심해진다는 생각을 갖지 않게 해 주었으면 좋겠어. 나는 지금 당신의 도움이 필요해.

이 진술에서 보듯이, 그동안 자기보호적 거리두기에서 적극적 교류를 주장하는 식으로 변했다. 그는 자신의 애착욕구와 부인과의 관계에서 느끼는 자아상에 대해서 언급하고 있다. 그는 부인에 대한 접근과 교감을 늘리고 있다.

♥ 비난자 순화

게일: 이렇게 치료하는 것이 과연 효과가 있을지 확신이 없어. 두렵기도 해. 내
　　　가 당신에게 의지하려 하면 당신은 늘 등을 돌렸어. 당신이 편안하게 느껴
　　　지지 않은 지 오래되었어.

게일: 당신에게 내가 최우선이라는 말을 들었으면 정말 좋겠어. 내가 당신에게
　　　소중한 존재라는 사실을 알고 싶어. 내가 당신과 가까워지고 싶듯이 당신
　　　도 나와 가까워지고 싶은지 알고 싶어. 내가 당신에게 소중한 사람인지 알
　　　고 싶었어.

　여기서 그녀는 자신의 약점을 드러내고 타인의 관점에서 자신을 살피고 있다.
남편이 다가가서 위로하는 반응을 보이면, 회복과 결합의 계기가 되어 친밀과
신뢰를 향한 새로운 고리가 시작된다.

　이 장의 목적은 독자들이 EFT에 대한 개념을 갖고, 이것을 부부치료의 맥락에
서 바라보게 하는 것이다. 앞으로 EFT 이면에 있는 철학을 알아보고, EFT의 친
밀한 관계에 대한 관점으로 시작해서 치료적 변화에 대한 철학을 밝히려고 한다.

제2장 사랑에 대한 애착이론의 관점: EFT 접근

모든 인간은 요람에서 무덤까지 애착대상이 제공하는 안전기지로부터 길고 짧은 여행을 반복할 때 가장 행복하다.

– 존 볼비(John Bowlby), 『A Secure Base』(1988)

　　내담자가 치료받기 위해 가져오는 문제를 평가하는 모든 치료사는 다음의 3가지 기본적인 질문에 답할 수 있어야 한다. 이러한 질문의 해답은 다양한 현상을 이해할 수 있는 토대가 되며, 치료사가 초점을 두어야 할 부분과 치료전략이 무엇인지 알려 준다. 3가지 질문은 다음과 같다.

① 지금 무엇이 일어나고 있는가? 문제가 무엇이고 개입의 목표가 무엇인가?
② 지금 무엇이 일어나야 하는가? 건강한 기능이란 무엇이며, 치료목표는 무엇인가?
③ 문제를 변화시키고 건강한 관계를 만들기 위해 부부는 무엇을 해야 하는가? 변화를 위해 치료사는 무엇을 도와주어야 하는가?

치료사에게는 어떻게 문제가 발생하며, 기능이 와해되어 가는지를 설명해 줄 수 있는 건강한 기능에 대한 이론(theory of healthy functioning)과 함께 치료적 변화에 대한 이론(theory of therapeutic change)이 필요하다. 부부치료에서 내담자는 바로 관계다. 그러므로 치료사는 성인의 친밀감에 대한 이론과 성인 사랑의 본질에 대한 이해가 필요하다. 이것이 바로 이 장에서 다룰 내용이다.

성인 사랑에 대한 EFT 관점

오랫동안 행복한 관계를 유지하기 위해서 가장 필요한 것이 무엇인지 내담자들에게 질문하면 그들은 한마디로 **사랑**(love)이라 대답할 것이다. 하지만 지금까지 가족 및 부부 치료 전문 분야에서 사랑은 빠져 있었고 간과되어 왔다(Roberts, 1992). 부부 및 가족 치료는 일반적으로 권력, 통제, 자율성, 그리고 갈등 중재에 초점이 맞춰져 있었고, 애정 어린 배려와 사랑은 배제되어 왔다(Mackay, 1996). 애착이론이 성인관계에 적용되면서 부부치료 분야에 혁명이 일어났다. 왜냐하면 애착이론은 성인의 사랑을 이해하고 개입할 수 있는 일관성 있고 타당하며 연구를 기반으로 한 토대를 부부치료사에게 제공하기 때문이다(Brasaad & Johnson, 2016; Johnson, Lafontaine, & Dalgleish, 2015). 이 부분이 바로 과학이 "인간관계의 핵심 비밀"을 다루기 시작한 거대한 혁명이라 할 수 있다(Berscheid, 1999, p. 206).

훌륭한 이론은 매우 실제적이다. 그러한 이론은 치료사가 친밀한 관계에서 보이는 복잡하고 다양하고 극적인 갈등 양상을 정의할 수 있게 해 준다. 또한 이론은 각 내담자의 경험을 깨닫고 인정할 수 있는 언어를 치료사에게 제공해 준다. 관계의 윤곽을 알면, 전체 그림을 그릴 수 있고 앞으로 나아가기 쉬워진다. 그래서 멀고 먼 목적지에 쉽게 도착할 수 있다. 사랑에 대한 이론은 불화부부의 문제가 무엇인지 알려 주며, 적절하고 의미 있는 치료목표를 세워서 달성할 수 있게 한다. 훌륭한 이론은 개입의 정확한 '목표'를 정할 수 있게 하고 문제의 핵심에 다가가게 해 준다.

애착이론의 기본 입장은 존 볼비(John Bowlby, 1969, 1988)에 의해 발표되었고 사회심리학자(Mikulincer & Shaver, 2007)와 다양한 임상가(Costello, 2013; Magnavita & Anchin, 2014)에 의해 발전되고 성인에게 적용되었다.

♥ 애착이론의 기본 입장

애착이론에 대한 10가지 중요한 내용은 다음과 같다.

① **애착은 동기를 부여하는 타고난 힘이다.** 중요한 사람과의 접촉을 찾고 유지하는 것은 인간의 타고난 기본 법칙으로 일평생 지속된다. 우리 문화에서 병이라고 인식하고 있는 의존은 나이가 들면 사라져 버리는 아동기만의 특성이 아니라 인간의 타고난 본성이다. 애착과 그와 연관된 정서는 친밀한 관계의 핵심이며, 부부치료사의 '주관심사'다. 이러한 이론적 관점은 모든 문화에서 보이는 보편적 현상이다(van Ijzendoorn & Sagi, 1999). 애착이론은 또한 사회적 동물인 인간의 발달과 연관이 있고, 전 인류에 적용될 수 있는 관점을 제공한다. 이는 불어오는 바람이 모든 사람의 눈을 자극하는 이치와 같다. 인간은 소외와 상실에 대한 두려움을 갖고 있다.

② **안전한 의존은 자율성을 보완해 준다.** 애착이론에 따르면, 완전한 독립과 과잉 의존이란 있을 수 없다. 단지 효과적인 의존과 비효과적인 의존만 있다(Bretherton & Munholland, 1999). 안전한 의존은 자율성과 자기확신을 갖게 한다. 안전한 의존과 자율성은 동전의 양면과 같아서 서로 떼어 놓고 생각할 수 없다. 연구에 따르면, 안정애착이 형성되었을 때 적절하고 분명하고 긍정적인 자기상을 갖게 된다(Mikulincer, 1995). 소속감은 성장을 가능케 한다. 안전하게 연결되어야 분리와 분화가 가능해진다. 이

모델에서 건강이란 자부심을 갖거나 타인과 분리되는 것이 아니라 상호 의존성을 유지하는 것이다.

③ **애착은 중요한 안식처(safe haven)를 제공한다.** 애착대상과의 접촉은 타고난 생존방법이다. 부모, 자녀, 배우자, 연인 등의 애착대상을 통해 위로와 안정을 얻게 되는 반면, 이러한 대상에게 접근할 수 없으면 고통이 유발된다. 사랑하는 대상에게 접근하는 것은 신경계를 안정시킨다(Schore, 1994). 이는 피할 수 없는 불안과 삶의 취약성에 대한 타고난 해독제다. 나이를 불문하고 긍정애착은 안식처를 제공하여 스트레스와 불확실성에 대한 완충 역할을 하며(Mikullincer, Florian, & Weller, 1993), 지속적인 인격 발달에 필요한 최상의 조건을 제공한다.

④ **애착은 안전기지(secure base)를 제공한다.** 안정애착은 안전기지를 제공하여 세상을 탐험하고 환경에 적응하게 도와준다. 안전기지는 새로운 정보를 탐색하고, 인지적 개방을 하게 해 준다(Mikulincer, 1997). 이것은 위험을 감수하고 학습하고 자신, 타인, 세상에 대한 생각의 개선에 필요한 자기확신을 높여서 새로운 환경에 대한 적응력을 높여 준다. 안정애착은 돌아볼 수 있는 힘을 강화시켜 주고, 자신과 자신의 행동, 그리고 정신상태를 돌아볼 수 있게 한다(Fonagy & Target, 1997). 관계를 통해 안전이 확보되면, 개인은 타인에게 접근하여 지지해 주고 갈등과 스트레스를 긍정적으로 다룰 수 있다. 이러한 관계를 통하여 보다 행복하고, 안정되고, 만족을 느낀다. 배우자와의 안정된 정서적 연결은 안식처와 안전기지가 되며, 부부불화의 핵심 주제이며, 효과적인 관계 회복과정이다.

⑤ **정서 접근과 반응은 결합을 형성한다.** 일반적으로 정서는 애착행동을 유발하고 조직한다. 구체적으로 말하면, 안전한 결합의 기본 요소는 접근과 반응이다. 애착대상은 신체적으로는 가까이 있지만 정서적으로 부재할 수 있다. 분리 고통은 애착대상에게 접근할 수 없다고 평가될 때 나타난

다. 정서 교감이 중요하며, 특히 필요할 때 정서 교류가 가능하다는 신뢰가 중요하다. 애착의 관점에서 보면 어떤 반응(분노조차)도 무반응보다는 낫다. 애착대상이 교감과 반응을 하지 않으면, "당신이 보내는 신호는 가치가 없고, 우리 사이에 연결감이 없다."라는 메시지로 해석된다. 애착에서 정서는 매우 중요한 역할을 하며, 애착이론은 불화에서 유발되는 강한 정서를 이해하고, 이를 정상이라고 여기게 해 준다. 가장 강한 정서들이 유발되는 애착관계는 정서가 가장 영향을 많이 미치는 곳이다. 정서를 통하여 동기와 욕구를 알게 되고, 타인과 의사소통하게 된다. 정서는 애착 춤(attachment dance)의 음악(music)과 같다(Johnson, 1996, 2013). 볼비는 "정서에 대한 심리학과 정신병리학은…… 일반적으로 보면 정서결합에 대한 심리학과 정신병리학이라 볼 수 있다."라고 제안했다(Bowlby, 1979, p. 130).

⑥ **두려움과 불확실성은 애착욕구를 활성화시킨다.** 충격적인 사건, 스트레스와 질병으로 인한 부정적인 일상, 그리고 안전한 애착결합이 위협을 받아서 개인 생활에 위협이 따르면, 강한 정서가 나타나고 위로받고 연결되기 위해 애착욕구가 증가하고 강해진다. 이때 애착대상과 근접성을 유지하려는 애착행동이 활성화된다. 사랑하는 사람과 연결되고 싶은 정서는 인간 본연의 기본적인 정서조절 장치다. 중요한 사람과의 애착은 인간의 "무력감과 무가치감에 대한 일차적인 자기보호다"(McFarlane & van der Kolk, 1996). 이 이론은 부부치료사가 파티 장소에서 배우자가 다른 사람을 희롱하거나 필요할 때 잠깐의 거리를 두는 행동과 같은 특정 사건이 어떻게 관계를 위협할 수 있고 불화를 악화시킬 수 있는지를 이해할 수 있게 도와준다.

⑦ **분리 고통의 과정은 예측 가능하다.** 애착행동을 하고 있음에도 불구하고 애착대상이 반응과 접촉을 보이지 않으면, 분노, 항의, 매달림, 우울, 절망

을 거쳐서 결국 분리되는 전형적 과정이 나타난다. 우울은 유대감이 상실되면 나타나는 자연스러운 반응이다. 볼비는 친밀한 관계에서 보이는 분노는 접근 불가능한 애착대상에게 접촉하려는 시도이며, 이러한 희망적인 분노와 필사적이고 강압적인 절망적인 분노는 구별되어야 한다고 했다. 안정된 관계에서는 접근 불가에 대한 항의는 인정되고 수용된다. 정서중심 치료사는 요구-철수와 같은 불화의 기본 드라마를 분리 고통의 시각에서 바라본다.

⑧ 몇 가지 교감에 대한 불안정 유형은 알 수 있다. 애착대상이 반응하지 않을 때 이것을 처리하는 몇 가지 방식이 있다. '당신이 필요할 때 내가 당신을 의지할 수 있는가?'라는 질문에 부정적으로 반응할 때 나타나는 몇 가지 대응방식이 있다. 애착반응은 크게 불안(anxiety)과 회피(avoidance)의 두 방향으로 형성된다(Fraley & Waller, 1998).

중요한 사람과의 관계가 위협을 받고 나서 회복되지 않았을 때, 애착체계가 지나치게 활성화되거나 과열된다. 사랑하는 사람을 통제하고 반응을 얻기 위해 불안해하며 매달리는 행동과 추적, 그리고 과격한 공격 등의 애착행동이 강조되고 강렬해진다. 이런 관점에서 보면 불화관계에서 보이고 있는 강한 비판, 비난, 그리고 감정이 실린 요구는 애착손상과 두려움을 처리하고 해결하기 위한 시도라고 볼 수 있다.

관계가 정서적으로 안전하지 않다고 판단될 때, 특히 상대방이 반응을 보여 줄 것이라는 희망이 없을 때 나타나는 두 번째 전략은 애착체계를 비활성화하여 애착욕구를 억누르는 것이다. 이를 보여 주는 가장 흔한 예는 강박적으로 일에 집착하거나 애착대상과의 정서결합을 회피하는 행동이다. 이러한 2가지 불안과 회피 행동전략은 친밀한 대상과의 관계에서 습관적으로 반응하는 패턴으로 발전된다. 애착의 관점에서 보면 화를 내며 비난하는 행동은 상대방에게 접근하기 어려운 상황을 개선하려는 시도이며, 배우자로부터 멀어지고 버림받을 것이라고 지각될 때 나타나는 항의반응으로 볼 수 있다. 회피적인 철수는 상호작용을 막으려는 시도이며, 거절되고 사랑스럽지 못한 자신의 일면이 확인될 것에 대한 두려움을 조절하려는 시도다. 세 번째의 불안정 전략은 친밀감을 원하지만 막상 그것이 허락되면, 회피반응을 동시에 보이는 것이다. 이 전략은 유아기에는 혼돈형(disorganized)이라 하며, 성인에서는 공포회피형(fearful avoidance)이라고 한다(Bartholomew & Horowitz, 1991). 이러한 전략은 애착대상이 한때는 두려움의 원천인 동시에 두려움을 해결해 주는 혼란스러운 외상적인 애착경험과 관련이 있다(Johnson, 2002; Alexander, 1993).

실험적으로 어머니와 유아 사이의 이별과 재결합을 시행하여 불안과 회피 전략이 발견되었다(Ainsworth, Blehar, Waters, & Wall, 1978). 어떤 유아는 이별의 고통을 조절할 수 있으며, 어머니가 다시 돌아오면 지지받으려는 노력을 분명하게 보인다. 이러한 유아들은 명확한 신호를 보내어 어머니와의 접촉이 이루어지면 위안을 얻고, 필요로 할 때 어머니가 반응할 것이라는 확신을 갖게 되어 탐구와 놀이를 지속할 수 있다. 이러한 유아들을 안정애착형(securely attached)으로 보았다. 어떤 아이는 이별을 극도로 고통스러워하고 어머니가 되돌아올 것이라는 확신이 없어 매달리고 그녀가 되돌아오면 분노한다. 달래기 힘들고 어머니와 접촉하기 위해 매달리는 이러한 유형을 불안애착형(anxiously attached)이라 한다. 또 다른 집단은 현저하게 신체적 고통을 호소하고 이별과 재결합 과정에서 감정을 거의 드러내지 않는다. 이들은 과제와 활동에만 관심을 보이는데, 이러한 유형을 회피애착형(avoidantly attached)이라 한다. 이들은 "사회적 상호작용과 정서조절 전략의 자기관리 패턴(self maintaining pattern)"을 보인다(Shaver & Clarke, 1994, p. 119). 이는 우리가 두려움보다는 분노에 초점을 맞출 때처럼 하나의 정서를 다른 것으로 과장-대치(exaggerating-substituting)하고, 축소(minimizing)시키는 에크먼과 프리슨(Ekman & Friesen, 1975)의 정서표출 법칙을 반영하고 있다.

최근의 성인 애착 연구를 통하여 성인 애착유형을 이해하게 되었다. 예를 들면, 애착대상과 이별 시 불안애착형의 성인은 죽음과 맞먹는 정도의 고통을 경험하는 반면, 안정애착형은 새로운 정보를 개방하고 관계에 대한 믿음을 개선할 수 있을 뿐 아니라 효율적으로 위로를 받을 수 있다. 불안형은 강한 분노를 표현하는 경향이 있고, 회피형은 강한 적개심을 경험하고 자신의 분노를 배우자의 탓으로 돌린다. 더군다나 회피형은 상대방이 고통을 표현하거나 지지를 요구하면 적개심을 느끼는 경향이 있다. 회피형은 전반적으로 사회적 기술은 있으나 막상 애착이 필요할 때 지지를 요구하거나 제공하지 못하고 피한다. 회피형은 난잡한 성행위를 보이는 경향이 많다(Brennen & Shaver, 1995; Shaver & Mikulincer, 2002). 불안형과 회피형은 새로움과 불확실성에 경직된 과각성을 보이고, 절망감에 빠져 자신을 방어하지 못한다. 모든 부부치료사는 이러한 요소들을 상호작용 패턴이 좁아지고 경직되며, 친밀감과 유대 형성에 필요한 융통성 있는 개방이 제한을 받게 되는 전조라고 인식한다.

이러한 불안형의 습관적 관계 태도는 새로운 관계를 통해 변화할 수는 있지만, 현재의 관계에 영향을 주어서 쉽게 자기영속화(self-perpetuating)된다. 이 유형은 정서를 조절하고 거부되거나 버림받지 않기 위하여 독특한 행동 반응 및 자기와 타인의 인지 도식(schema)이나 실용모델(working model)을 형성한다. 애착분야에서 애착유형(attachment style)은 개인의 성향을 반영하며, 특정 상황에서 보이는 행동인 애착전략과 같은 의미로 사용될 수 있다. 세 번째 습관적 교감 유형(habitual forms of engagement; Sroufe, 1996)이라는 용어는 상호작용적 면을 강조한 것이다. 관계가 변할 때 습관적 관계유형은 변화할 수 있고, 이는 지속적이라 생각되지만 절대적이지 않다(즉, 사람들은 보다 더 안정될 수도 있고 덜 안정될 수도 있다). 따라서 애착의 춤에서 보이는 이러한 관계유형에 대한 문헌을 통해서 부부치료사는 부부의 행동 및 태도와 관련된 과거의 의미 있는 사건과 극적 내용을 이해할 수 있다. 이러한 전략과 유형의 서술은 부부불화의 이해에 도움이 된다. 예를 들어, 비난-추적(blame-pursue) 이후에 나타나는 방어-소원(defend-distance) 유형은 관계파괴의 전조라고 할 수 있다.

애착유형이 관계만족도에 영향을 미친다는 연구 결과는 놀랄 일이 아니다. 불안애착형은 부부만족도가 낮으며, 부부 모두 안정애착형의 경우 한 사람 혹은 부부 모두가 불안정애착형인 경우보다 상대에게 적응하는 성향이 높은 것으로 나타났다(Feeney, 1994; Lussier, Sabourin, & Turgeon, 1997). 습관적 반응과 상호 작용의 자기영속성을 고려하면 애착은 체계이론이며(Johnson & Best, 2002), 단순히 현실 반영 체계가 아니라 현실 조절 및 현실 창조 체계와 연관이 있음을 알 수 있다(Bretherton & Munholland, 1999, p. 98).

⑨ **애착은 자기와 타인의 실용모델에 관여한다.** 인간은 가장 친밀한 사람과의 관계를 통해 자신을 정의한다. 앞에서 언급했듯이, 애착전략은 정서를 처리하고 다루는 방법을 반영한다. 거절감을 느끼면 파국으로 치닫고 불평하는 사람들도 있고, 며칠 동안 조용해지는 사람들도 있다. 볼비는 이러한 반응을 유도하는 자기와 타인의 표상이 의미하는 인지적 내용에 대해서 언급했다. 안정애착형은 자신이 사랑과 보살핌을 받을 가치가 있고, 자신감이 넘치고 능력이 있다는 실용모델을 가지고 있다. 연구 결과에 따르면, 안정애착형이 자신의 가치를 높게 여기는 것으로 나타났다(Mikulincer, 1995). 안정애착형은 필요할 때 상대방이 반응할 것이라고 믿으며, 타인을 의존하고 신뢰할 가치가 있다고 생각한다. 이러한 자기와 타인에 대한 태도는 수많은 관계를 통해 형성되어, 새로운 관계를 형성할 때 기대와 선입관을 갖게 한다. 이는 단순한 인지 도식이 아니라 절차적 각본(procedural script) 역할을 해서 관계를 형성하고 애착정보를 처리하는 방식을 만든다. 이러한 실용모델은 목표, 신념, 그리고 애착전략을 포함하며 강한 정서를 유발한다. 실용모델은 형성되고 다듬어지고 유지되며,

부부 및 가족 치료사에게 무엇보다 중요한 것은 실용모델과 관계방식이 정서적 의사소통을 통해 변화된다는 점이다. 부부치료사는 사랑하는 사람과의 정서적 자기개방을 통한 상호작용 과정에서 자연스럽게 드러나는 자신과 타인에 대한 태도를 인식할 수 있다. 예를 들어, 불화부부가 화를 내면서 분노감을 표현하고 나면, 자신의 사랑스러움과 가치감에 대한 두려움을 개방하기 시작한다.

⑩ **고립과 상실은 마음의 상처가 된다.** 마지막으로, 애착이 외상이론(theory of trauma)이라는 것이 중요하다. 볼비는 모성박탈과 이별이 자녀에게 미치는 영향을 연구하면서 정신보건 전문가가 되었다. 애착이론은 가장 필요한 사람으로부터 박탈, 상실, 거부, 버림받음으로써 입은 상처와 그것이 미치는 영향을 설명하고 묘사하고 있다. 볼비는 이러한 상처로 인한 스트레스와 이에 따른 고립감이 성격 형성에 크게 영향을 주며, 일생 동안 스트레스를 다루는 개인의 능력에 영향을 미친다고 보았다. 그는 "사랑하는 사람이 필요할 때 옆에 있을 것이라는 확신이 있는 사람은 그렇지 않은 사람에 비해 강하고 만성적 두려움이 없다."라고 믿었다(Bowlby, 1973, p. 406). 부부 및 가족 치료사는 박탈과 이별로 인한 스트레스에 대해 잘 알고 있다. 이는 '일상의' 관계불화 드라마의 핵심 부분이다. 사실 내담자는 종종 외상, 그리고 삶과 죽음이라는 말로 이러한 불화를 표현한다. 외상이론으로서의 애착이론은 특히 사랑하는 사람이 주는 거절과 버림이라는 정서적 상처의 이면에 숨겨진 고통을 이해할 수 있게 해 준다. 고립과 상실로 인한 외상적 무력감을 겪고 있는 불화부부는 외상적 스트레스 반응의 특징인 투쟁 혹은 후퇴나 냉담한 태도를 취한다. 무력감과 두려움의 위력에 초점을 두는 외상의 관점은 부부치료사가 불화부부를 깊이 이해하고 현실의 문제를 건설적으로 다룰 수 있도록 도와준다.

♥ 성인 애착-단신

개인과 자기가치를 강조하는 문화의 영향으로 인하여 치료사와 부부들이 성인 관계를 애착 용어로 생각하기란 무척 어려웠다. 존 볼비는 애착이 전 생애에 걸쳐서 나타나며, 유아/아동과 양육자의 관계, 그리고 성인 사랑의 관계는 유사성이 있다고 믿었다(Shaver, Hazen, & Bradshaw, 1988).

앞서 언급한 2가지 관계에서는 배려, 정서반응, 그리고 호혜적 관심을 받고 싶은 강한 욕구가 있다. 다른 사람을 쉽게 도움을 받을 수 있고 의지할 수 있는 대상으로 느끼며 애착대상과 안정된 관계를 유지하는 유아나 연인들은 자기확신과 안정감을 갖기 때문에 스트레스 상황을 쉽게 극복할 수 있다. 이들 관계는 공히 타인에게 쉽게 접근하고 반응을 받을 수 있다는 확신이 있으면, 행복감은 증가하고 우호적으로 변하고 불화가 줄어들며, 애매하고 부정적인 관계 상황을 인내할 수 있게 된다. 애착대상이 멀어지거나 거부감을 보이면, 유아나 연인들은 불안해지고 집착하는 태도를 보이며 주변 환경에 집중하고 탐구하기 힘들어진다. 앞서 제시한 두 관계에서 접촉을 찾게 되고 달래기, 껴안기, 붙잡기, 입맞춤과 같은 높은 수준의 신체 접촉이 나타난다. 두렵고 아프고 고통스러울 때, 성인과 아동은 사랑하는 사람과 접촉하여 위로받으려 한다. 나이를 불문하고 애착대상을 잃거나 이별하는 과정은 고통이 따르고 상실에 대한 두려움을 갖게 된다. 재결합은 서로 다가가고 환영하면서 즐거움과 위로를 받을 수 있는 계기가 되며, 재결합에 의심이 있었을 때 특히 더 그렇다. 두 관계에서 경험과 재능은 공유되고 신뢰를 가치 있게 여기며, 배우자나 사랑하는 사람이 이벤트와 즐거운 광경을 보면 어떤 반응을 보일지 적극적으로 생각하게 된다. 이때 전형적으로 오랫동안 눈을 맞추고 응시하며 상대의 외모에 매력을 느끼고, 신체를 탐구하고 싶은 욕구를 갖는 관계가 된다. 비언어적 의사소통이 매우 중요하며 사랑하는 연인이나 부모-자녀 간에 대화와 칭찬이 늘어난다.

애착대상은 하나 이상일 수 있다. 그러나 유아나 성인 모두 가장 중요한 한 사람이 안식처와 안전기지가 될 수 있다. 나이와 상관없이 고통과 스트레스가 있으면, 타인의 필요가 커지고 애착행동이 강해진다. 공감적 조율(empathic attunement)은 사랑에 빠지거나 아이와 놀아 주는 것의 한 부분이며, 애착관계가 잘 유지되지 않으면 비호혜성(nonreciprocity)과 거부(disapproval)에 예민하게 반응한다. 사랑하는 연인과 부모-유아는 관심, 칭찬, 그리고 보살핌을 통하여 큰 기쁨을 누린다. 반대로 전 생애에 걸쳐 관계가 파괴되면, 크나큰 불행이 되고 신체·심리적 문제와 질환이 유발된다. 인간은 요람에서 무덤까지 자신을 보호하고 알아주며 가치를 인정하고 고통스럽고 힘든 시기에 위로하며 어두움 속에서 손잡아 줄 사람을 원한다.

이 모든 것을 고려해 볼 때, 성인 애착과 부모-유아 애착 간에는 다음과 같은 3가지 차이가 있다.

① 성인 사랑 관계는 표상적(representational)이다. 성인은 사랑하는 사람을 마음속에 쉽게 품을 수 있고 이러한 마음속의 표상을 위로와 위안을 얻기 위해 사용한다. 어린아이일수록 실제적 신체 접촉이 필요하다.

② 성인관계는 성적(sexual)이며 성은 결합행위다(Johnson, 2017a). 섹스는 애착행동일 뿐 아니라 오르가슴과 생식을 추구하는 것이다. 애착이론에 따르면, 포옹유발 호르몬(cuddling hormone)인 옥시토신(oxytocin)은 수유와 오르가슴을 느낄 때 분비된다. 이런 맥락에서 매매로 이성적 성행위를 하는 매춘부는 키스, 포옹, 그리고 대면 접촉을 거절한다는 흥미로운 보고가 있다.

③ 성인관계는 본질적으로 호혜적(reciprocal)이다. 부모-유아 애착의 경우 부모가 주로 이끌어 가면서 유아와 애착관계를 만들어 간다. 성인 파트너는 서로 주고받는 과정을 기대한다.

성인이 우정에서 애착적 정서결합으로 발전하는 데는 오랜 기간이 걸린다. 어떤 이론가는 성인이 2년간의 관계를 통해 애착으로 발전한다고 했다(Hazen & Zeifman, 1999). 이 이론가들은 유아와 성인이 중요한 관계에서 정서와 신체적 안정감을 제공해 주던 애착대상의 일시적 '상실'에 대해 보이는 불안과 항의 반응은 뛰어난 적응적 태도를 의미한다고 강조한다. 이러한 불안과 항의는 부부치료 과정에서는 '의사소통장애'나 '친밀감 부족'으로 나타난다.

앞에서 밝혔듯이 부부불화나 이혼에 대해서 가장 지지를 받고 있는 모델에서 언급하는 부정적 정서, 갈등, 부정적 상호작용이 사랑, 신뢰, 애정과 같은 긍정적 정서를 감소시킨다는 견해는 잘못된 것이다(Roberts & Greenberg, 2002; Huston, Caughlin, Houts, Smith, & George, 2001). 새로운 애착 기반 모델은 개방과 반응적 상호작용 부족이 관계불화 과정의 시작이라고 생각한다. 그러면 개인의 애착욕구는 충족받지 못하고, 결국 갈등과 불화의 유발 원인은 바로 이러한 박탈과 거리감이다. 일단 관계에서 부부가 애착 신호에 대해 반응하고 안정적으로 결합되면, 부부의 오래된 논쟁거리 다수가 해결되고, 관계를 위협하던 불일치 없이 논쟁할 수 있게 된다.

♥ 통합적 관점으로서의 애착이론

부부치료는 점차 통합을 향해서 나아가며, 애착이론은 통합적 관점을 갖는다. 애착이론은 의사소통의 맥락과 패턴 등 행동에 초점을 두고 있는 체계이론이다(Kobak & Duemmler, 1994; Erdman & Caffery, 2002). 애착이론은 진화론적 관점을 가지고 있으며 일차 양육자-자녀는 물론 자녀 양육을 위해 협조해야 하는 부부가 서로 접근과 관심을 유지할 수 있게 고안된 고도의 통제체계를 갖는다. 또한 애착이론은 정서조절과 타인의 지각방식에 초점을 두고 있는 개인역동이론이라 할 수 있다(Holmes, 1996). 일부 애착이론가는 오직 마음의 내적 상태에만 초점을 두지만(Main, Kaplan, & Cassidy, 1985), 또 다른 이론가와 부부 및 가족 치료사들은 타협의 관점(transactional perspective)에서 애착과 애착유형이 사랑하는 사람과의 상호작용을 통해 지속적으로 형성되고 변화된다고 보았다. 개인은 보살피는 사람이 누군가에 따라서 질적으로 다양한 관계를 맺으며, 사람이 관계에 대해 배우고 성장하면서 애착유형은 변화될 수 있다(Davailla, Karney, & Bradbury, 1999). 최선의 경우에는 부부 및 가족 치료과정과 마찬가지로 애착을 통해 자기와 체계를 통합한다. 최근에는 애착이론이 돌봄의 요구, 보살핌, 그리고 성적 행동을 통합한다는 견해를 갖는다(Feeney, 1999).

정서와 의존 욕구의 인정에 초점을 둔 애착이론은 베이커 밀러와 피어스 스타이버(Baker Miller & Pierce Stiver, 1997), 피시베인(Fishbane, 2001)의 여성주의 관점과 조화를 이루고 이와 쉽게 통합된다. 애착이론가는 친밀한 관계의 영향력과 타인에게 연결되고 싶은 소망을 병으로 보는 것의 위험성을 강조하는 여성주의 관점에 동의한다(Vatcher & Bogo, 2001). 여성주의와 애착이론 모델은 건강한 관계에 대해서 일치된 관점을 갖고 있다. 이들은 모두 건강한 관계란 '평등한 상호관계, 호혜성, 친밀감과 상호의존성' 등의 특성이 있다고 본다(Haddock, Schinddler, Zimmerman, & MacPhee, 2000). 무엇보다도 애착은 신비로운 성인 사랑을 다루고 극적인 불화의 이면에 있는 내용을 알려 주어 이것을 효과적으로 되돌릴 수 있는 임상이론이다.

애착이론과 연구는 부부가 정서를 다루고, 자기와 타인에 대한 정보를 처리하고 조직하고, 사랑하는 사람과 의사소통하는 방식을 통합한 것이다. 예를 들면, 이 관점은 불안애착형이 정서반응을 보이고, 회피적 배우자가 자신과 배우자가 약점과 욕구를 경험하는 중요한 순간에 갑자기 정서개입을 철회하는 특성을 부부치료사가 이해할 수 있도록 도와준다(Simpson, Rholes, & Nelligan, 1992). 안정애착은 새로운 증거와 대안적 견해를 수용하고 협력적으로 문제를 해결하게 해준다. 그러므로 부부치료사는 단편적으로 문제해결이나 상호작용 기술을 가르치기보다는 정서적 안전감과 애착안정을 형성하도록 격려해야 한다. 부부가 일단 불확실성을 어느 정도 처리하면, 요구-철수(demand-withdraw)의 상호작용 피드백 고리에서 벗어나고 대화과정에서 나타나는 다양한 견해를 수용할 수 있게 된다. 안전하게 애착이 형성되면 개방적이고 일관되고 적절한 의사소통이 가능해진다. 골먼은 정서지능에 관한 책에서 "다른 사람과의 조화를 위해서는 자신의 평온을 먼저 회복해야 한다."라고 했다(Goleman, 1995, p. 112). 최근 연구들은 부부치료사의 관심을 끌고 있는 독특한 행동과 애착안정을 연결시키고 있다. 안정애착은 균형 있게 자기주장을 하게 해 주며 언어적 공격을 줄여 준다. 안정된 부부는 서로 지지하고 거부를 적게 한다. 이 점은 이 책의 다른 부분에서 자세하게 설명하고 있다(Johnson, 2002, 2013).

마지막으로, 최근에 부부치료 분야에서 이론, 연구, 그리고 임상에서 일반적으로 합치되는 부분이 있는데, 애착이론이 그 중심에 있다. 요구-철수 고리가 지닌 파괴적인 힘과 위로와 지속적인 정서 교류의 필요성(Gottman, Coan, Carrere, & Swanson, 1998)을 강조하는 불화의 본질에 관한 자료, 애착 이론과 연구에 기초한 성인 사랑의 본질, 그리고 정서중심 치료모델에 대한 치료 결과와 과정에 대한 연구자료를 보면 모두 같은 방향을 향하고 있다. 즉, 정서와 특정 상호작용 패턴에 초점을 맞추고 있으며, 부부치료는 본질적으로 안전한 애착결합을 만들어 주는 작업이라는 점을 시사해 준다.

♥ 애착에서의 변화

애착에서 변화는 행동반응이 변화하는 수준, 즉 더욱 개방적이고 공감적으로 변하고, 정서를 조절할 수 있고, 관계가 변하고, 자신과 타인에 대한 상이 바뀌며, 애착관계에 대한 정보를 통합하는 방식이 변화하는 것을 말한다. 변화는 여러 수준으로 나타날 수 있으나, 부부치료사는 일반적으로 부부관계가 안전하게 결합되도록 재조직하기 위해서 새로운 애착반응을 촉진시킨다.

볼비는 그의 저서에서 치료사가 어떻게 내담자의 병식을 갖도록 도와줄 수 있는지에 초점을 두었으며, 내담자가 일반적으로 가지고 있는 부정적 애착모델이 변화하도록 도와주어야 한다고 했다. 그러나 오늘날 애착지향 치료사들은 애착반응과 모델을 변화시키기 위해서는 내담자가 현재 맺고 있는 애착관계에서 새로운 정서를 경험해야 한다는 점을 강조한다. 이러한 새로운 정서경험을 통하여 과거의 두려움과 선입관에서 벗어날 수 있고(Collins & Read, 1994), 내적 모델이 더욱 정교해지고 확장되며, 새로운 행동이 만들어지고 통합된다(Johnson & Whiffen, 1999; Johnson, 2019a).

체계적 관점에서 애착 변화를 속박과 융통성이라는 용어로 보는 것이 좋다. 체계 용어로 건강한 상태란 융통성이 있고, 외부 세상에 대해서 내적 적응력이 있으며, 새로운 맥락에서 행동하고 반응할 수 있는 능력을 말한다. 볼비(1969)는 애착은 교정 가능하며, 항상 새롭게 변화할 수 있고, 경험이 제한적 혹은 방어적으로 처리되면 이러한 과정은 방해를 받는다고 했다. 애착지향 치료사는 내담자의 애착행동의 확대에 초점을 맞추고, 습관적이고 새로운 애착경험을 어떻게 이해하고 처리해야 할지에 관심을 둔다. 변화는 정서, 사고, 그리고 특정 상호작용에서 일어난다. 불안애착형은 안정을 찾기 위해서는 자신의 과도한 경계심과 쉽게 실망하는 성향을 알아야 하고, 사랑하는 사람과의 안전한 연결을 요구하고 이를 위해 새로운 경험을 할 수 있어야 한다. 대부분의 부부 및 가족 치료모델은 행동, 상호작용 패턴, 그리고 내적 현실을 강조한다. 애착 관점에서의 변화는 앞서 강조한 모든 것을 통합하는 것이다. 애착이론과 체계이론은 순환적 인과론(circular causality)의 개념을 사용하여 상호작용 패턴이 형성되고 유지되는 과정을 설명한다. 그러나 애착이론은 또한 특정 불안과 그것의 조절방식이 친밀한 관계에서 핵심 반응을 만든다고 본다(Johnson & Best, 2003). 어떻게 개인들이 함께 춤추며, 그 춤을 어떻게 이해하고 내적으로 조율하느냐에 따라서 애착 현실이 만들어진다.

♥ 부부치료에서 애착이론의 중요성

애착이론은 다음과 같은 인간관계에 대한 가장 기본 질문에 대한 답을 제시해 준다. 즉, 부부와 가족이 간절하게 원하던 사랑이 식어 가는 잘못된 전략을 사용하는 이유는 무엇인가? 왜 애착대상과의 갈등적 상호작용이 거리를 두는 것으로는 누그러지지 않는가? 왜 특정 사건은 다른 것보다 관계적 특성이 강한가? 부부치료사의 가장 근본 질문으로서, 어떻게 하면 관계 회복에 초점을 잘 맞추어 사랑하는 사람과의 소중한 결합을 촉진시킬 수 있을 것인가?

애착이론, 특히 성인 애착에 대한 최근의 개념화와 연구 결과는 상호작용을 이해하고 형성시킬 수 있는 방법을 부부치료사들에게 제공해 준다. 엄밀히 말하면, 애착이론은 다음과 같은 것을 부부치료사에게 제공한다.

- 친밀한 관계에서의 건강에 대한 명확한 개념과 건강과 역기능을 정의할 수 있는 중요한 순간을 알려 준다. 이는 자연히 부부치료사에게 치료과정의 목표와 최종 목적지를 알려 준다. 효과적인 부부치료의 중요한 목표는 애착적 관심에 주목하고, 애착불안정을 줄여서 안전한 결합을 형성하는 것이다. EFT 치료사는 신뢰와 안정된 애착을 형성시켜 주는 전형적인 결합 형성의 계기를 안무한다. 이러한 계기를 통해 안전한 결합의 매개체가 되는 상호 접근과 반응이 가능해진다. 나는 다른 모델에서는 재발이 빈번하지만 EFT로 치료받은 부부에게는 재발이 적은 이유가 이러한 변화의 영향이라고 믿고 있다.
- 불화에 대해서 비병리적인 견해를 취하기 때문에 치료사가 내담자의 상처와 괴로움을 이해하기 쉽고, 치료 회기에서 안식처를 제공하며, 학습을 가

속화시킨다. 이러한 접근은 불화관계에서 보이는 각 배우자의 반응을 강력한 방법으로 재구성할 수 있기 때문에 불신과 거리감보다 배려의 마음과 접촉을 증가시켜 준다.

■ 관계라는 드라마의 중요한 요소인 애착정서, 두려움, 갈망, 그리고 상호작용방식을 이해하고 통합하며 연마하는 방법을 제공한다. 볼비(1988, pp. 138-139)는 내담자가 "무섭고 낯설고 수용하기 힘든" 정서를 처리하게 도와주는 것의 필요성을 강조했다. 치료사는 부부들이 애착불안을 명확히 밝히고, 박탈감과 상실된 신뢰와 유대감을 건설적으로 처리할 수 있도록 돕는 데 관심을 갖는다. 모든 부부치료사는 혼돈의 드라마와 관계문제에 초점을 맞추기 위해 애쓴다.

■ 문제의 핵심에 다가가고, 오래 지속될 수 있는 관계로 바꾸는 교정적 정서경험을 이끄는 변화사건을 분명하게 이해할 방법을 제공하며, 우리의 신경체계가 동조되고 변화되는 방식(Greenman & Johnson, 2013), 교착상태와 관계상처를 이해하고 효과적으로 주목할 수 있는 새로운 방식을 제공한다. 제13장에서 용서와 화해에 대한 애착지향 EFT 접근에 대해서 자세히 다루게 된다.

오래전에 린 호프먼(Lyn Hoffman, 1981)은 부부 및 가족 치료사들이 어떻게 변화를 유도할 것인가에 대해서 많은 생각을 했지만 무엇을 변화시킬 것인가에 대해서는 분명한 개념이 없다고 했다. 그녀는 "가족치료는 무엇을 변화시킬까보다 어떻게 변화시킬까에 가깝다. 하지만 가족치료사들이 제시한 내용들은 불행하게도 이것을 만족시키지 못했다. 임상가들은 숲속을 헤매고 있지만 아무도 길을 발견하지 못했고 명확한 설명을 하지 못하고 있다."라고 말한다. 그러나 존 볼비와 성인애착 이론가들을 통해서 이러한 상황이 바뀌게 되었다. 불화관계의 드라마를 알게 되면서 개입을 위한 변화이론이 필요하게 되었다. 다음 장에서는 EFT의 근간이 되는 인본주의적인 경험주의와 체계적 접근법의 통합을 다룰 것이다.

제3장	변화에 대한 EFT 이론: 개인과 관계

애착개입은 정서의 조절과 균형을 만드는 것이 전부다. 우리는 내담자의 정서조절 방식을 바꿀 수 있게 도와주고, 사람을 '움직이고' 새로운 행동을 불러오고 만들어 주기 위해서 정서를 사용한다. 이러한 움직임은 생물학적으로 준비된 타고난 과정이다.

– 수 존슨(Sue Johnson), 『애착이론과 상담(Attachment Theory in Practice)』(2019)

EFT는 경험주의와 체계적 접근법을 통합한 치료다. EFT는 부부불화가 인간 정서를 경험하고 처리하는 태도 및 소중한 타인과 교류하는 고정된 상호작용에 의해서 유지되며, 이는 스스로 생명력을 갖고, 자기강화(self-reinforcing)된다고 본다. 불화부부는 몰입상태(absorbing state)에 빠져서 자동적 정서반응을 보이며, 이에 상응하는 고정된 상호작용을 하여 경험과 부부관계가 경직되고 제한받는다. 정서(음악)와 부부의 상호작용(춤동작)은 상처를 주고 실망감으로 순환적 고리에 빠져들고 점점 악화된다. 좁아진 몰입상태에 빠지면 모든 것이 이러한 상태를 강화시켜 벗어나기 어렵고, 정서적 접근과 반응이 불가능해진다. 연구에 따르면, 불화부부는 경직된 상호작용 패턴과 강한 부정적 정서에 빠지는 특징을 보인다. 2가지 접근, 즉 경험주의와 체계 치료가 변화를 위해 무엇을 하는가는 어떻게 부부관계를 재정의하게 도와줄 것인지에 대해 말해 준다. 인본적인 경험주의 관점은 부부의 경험을 재처리하고 확대시키며, 체계 관점은 부부의 상호작용 패턴을 수정하도록 돕는다.

경험주의적 견해-개인 내적 경험의 변화

EFT는 근본적으로 인본주의 치료법이다(Johnson & Boisvert, 2002). 인본주의 접근은 언제나 정서를 중요시하며, 다른 모델이나 접근보다 변화과정에 초점을 둔다. EFT의 실제와 관련이 있는 인본적인 경험주의 접근의 중요한 내용은 어떤 것인가?

① **과정에 초점**: 인간은 끊임없이 경험을 처리하고 생성하며, 순간순간의 경험을 상징화하여 의미체계(meaning framework)를 만든다(Cain, 2002). 자신의 경험에 대해서는 치료사보다 내담자 본인이 전문가다. 치료사의 역할은 현재의 치료과정을 통해 내담자의 경험을 폭넓게 이해하고, 의식하지 못한 부분을 통합하고, 새로운 의미체계를 만들도록 돕는 것이다. 따라서 현재의 과정(present process)이 치료의 초점이 된다. 이러한 관점에서 중요한 것은 사건과 경험에 대한 단순한 내용과 사실이 아니라 사건처리 방식이다. 치료사는 과정자문가(process consultant)다. 따라서 치료는 치료사와 내담자가 협동해서 함께 찾아가는 과정이다. 로저스가 언급했듯이, 치료과정은 치료사가 경험을 하나하나 찾아가는 과정을 기뻐하는 것이다. 이러한 순차적인 과정은 사람마다 다르다. 경험주의 관점은 개인의 차이를 존중하고 각 개인과 관계를 특별한 문화로 보고 치료사는 이를 이해하려는 관점을 유지한다. 아무것도 아는 것이 없다는 경험주의 치료사의 태도는 부부 및 가족 치료 분야에서 다양성에 초점을 두는 것과 일맥상통한다.

② **안전하고 협력적인 치료동맹의 필요에 초점**: 인본주의 치료사들은 인간이 근본적으로 소속감을 원하고 타인으로부터 가치를 인정받고 싶어 하며, 관계를 통해서 가장 잘 이해될 수 있는 사회적 존재라고 본다(Cain, 2002). 그렇기 때문에 치료사의 수용과 공감이 경험을 다시 처리하고 새로운 의미를 만들어 주며 새로운 힘을 얻게 해 주는 중요한 요소라는 사실은 결코 놀랄 만한 것이 아니다. 로저스(1951)가 말한 각 내담자에 대한 '무조건적 긍정적 관심 존중(unconditional positive regard)'을 보이는 치료사의 수용은 내담자가 새로운 방식으로 자신을 경험할 수 있게 한다. 로저스에 따르면, 내담자의 경험에 대한 공감적 반영(empathic reflection)은 단순하게 반영만 하는 것이 아니라 내적 경험의 불안정한 틈을 찾아서 처리해 주고 내담자의 경험을 정리하고 조직해 주는 '계시(revelation)'에 가깝다고 했다. 포스트모더니즘 관점(Anderson, 1997)에서 치료사는 평등, 진실, 그리고 투명한 태도로 **안식처**(safe haven)를 상담실에서 제공한다. 치료사의 정서적으로 함께함과 조화로운 조율 및 반응이 이러한 안식처 제공의 핵심 요소다. 이런 의미에서 EFT는 개입에 있어서 인간의 경험을 이해하는 방식인 애착 원칙과 인간 성장에 필요한 로저리안 원칙을 완벽하게 통합한 것이다. 안식처를 통해 부부는 그동안 자신이 스스로 상대방을 차단하고 멀리했던 관계를 볼 수 있고, 자신과 배우자에게 영향을 주고 스스로 선택해 왔던 행동에 책임지게 된다. 부부치료에서 배우자가 경험한 중요한 부분을 무시하거나 과소평가하지 않고 배우자의 경험을 인정하려는 의식적 노력을 통해 안전감이 확보된다. 부부치료의 궁극적 목표는 배우자와 안전감을 회복하고 수용적인 유대감을 형성하는 것이다.

③ **건강에 초점**: 인간은 자연스럽게 성장과 발전을 지향하고 일반적으로 건강에 대한 욕구와 소망이 있다. 이러한 욕구와 소망이 제한되거나 인정받지 못하고 부인되면 문제가 발생한다. 경험의 처리과정이 제한되고 교

착상태에 빠지면 문제가 발생한다. 이러한 견해는 제한된 상호작용 패턴의 문제에 초점을 두고 있는 체계주의 관점과 맥을 같이한다. 체계모델에서 건강이란 경험을 개방하고 융통적인 반응을 보이는 것으로 새로운 것을 익히고 선택하며 새로운 환경에 적응할 수 있는 것을 말한다. 경험주의 접근의 핵심은 비병리화(dapatholizing)다. 새로운 경험과 처리방식을 통해서 가능한 성장에 초점을 맞추며, 인간의 부족한 부분과 결함을 고치려고 하지 않는다. 이러한 접근법은 선택의 폭이 좁아진 절박한 상황에서는 사람들의 대응방식이 제한받고 긍정적인 관계와 생활방식을 만들기가 어렵다고 생각한다. 이와 같은 대응반응은 제한받았다는 맥락에 두고 보면 '타당하고', 이 새로운 관계에 대한 반응으로 발전해 가고 있다면 적응적일 수 있다(Bowlby, 1969). 로저스는 "정형외과 의사처럼 정신치료사의 직업은 자가회복이 가장 잘 일어날 수 있는 조건을 제공하는 것이다."라는 볼비의 언급(1988, p. 152)에 완전히 동의할 것이다.

④ **정서에 초점**: 애착이론과 마찬가지로 경험주의 치료는 정서를 최우선으로 여기고, 정서를 본질적으로 적응적이라 생각한다. 볼비를 비롯한 정서이론가들(Frijda, 1986)은 정서가 자신의 소망과 욕구를 알려 주고 관계반응에서 핵심 행동을 유발한다고 지적한다. 특히 최근에 경험주의 이론가들은 정서 틀(emotional frame) 혹은 청사진(blueprint)이 욕구와 목표가 좌절되거나 충족되는 상황에서 형성된다고 했다. 이러한 틀은 사람들이 경험을 구별하고 분류하며, 기대와 반응을 조직할 수 있도록 도와준다. 이러한 틀은 경험을 예측하고 해석하며, 경험에 반응하고 통제를 가한다. 정서는 저장되지 않지만 이렇게 조직된 반응의 틀을 활성화하는 상황을 평가함으로써 재구조화된다. 치료과정에서 이러한 감정의 틀은 활성화되고 탐색되고 발전될 수 있게 도와주며, 이러한 틀은 새로운 경험을 통하여 개선된다. 정서는 접근되고 발전되고 재구조화되며, 또한 순간순간의 경

험을 조직하는 방식과 다른 사람에게 반응하는 방식을 변경하기 위하여 사용된다. 정서가 변화의 목표이자 매개체다.

⑤ **교정적 정서경험에 초점**: 변화는 경험의 처리과정을 확대하거나 강력한 교정적 정서경험을 체험함으로써 일어난다. 근본적으로 통찰력, 정서 정화, 혹은 기술 습득만으로는 변화를 일으킬 수 없다. 치료사가 가장 정서적으로 충만한 경험으로 내담자를 이끌어서 처리하도록 이끌어야 변화가 일어난다. 개인이 중요한 경험을 구조화하고 자신에 대한 생각, 그리고 타인과 의사소통하는 방식을 바꾸는 힘을 가진 새로운 정서경험을 조직하고 표현해야 변화된다. 일반적으로 경험주의 치료뿐 아니라 인지행동 개입에서도 치료과정에서 경험에 대한 정서 각성과 깊이(emotional arousal and depth) 정도가 긍정적 치료 결과를 낳는다고 했다. 미국 국립정신보건원(National Institute of Mental Health: NIMH)의 우울 연구에서 카스통게이(Castonguay)와 동료들은 내담자에 대한 많은 정서 개입과 경험은 사용된 2가지 치료모델에서 긍정적 변화를 예측하게 해 준 반면(Castonguay, Goldfried, Wiser, Raue, & Hayes, 1994), 왜곡된 사고에 대한 초점은 치료 후의 높은 우울 증상을 예측하게 했다.

경험주의 접근을 사용하는 부부치료사는 다음을 다룬다.

- 각 파트너의 정서경험에 집중하고 조율하고 지속적으로 반영한다.
- 정서경험을 인정하고 수용하며, 평가 절하하거나 바꾸려고 시도하지 않는다.
- 경험에 맞추어 공감적으로 탐색하고 특정 관계에서 드러나지 않은 가장 생생하고 강한 정서에 초점을 맞춘다.
- 무엇(what) 혹은 어떻게(how)와 같은 과정 질문이나 추측, 정서조합(assembling emotion)이라 부르는 과정(나중에 언급된다)을 통해서 내담자의

경험을 확장시켜 준다. 치료사는 부드럽고 존중하는 태도로 볼비가 일컬은 '무섭고 낯설고 수용하기 힘든' 그들 정서경험의 전면에 내담자를 다가가게 한다.

■ (반응 자체보다도 자극과 계기 등) 문제반응의 새로운 요소에 주목하고 경험을 전체적으로 재조직할 수 있는 새로운 상황이 나타날 때까지 이러한 지각을 심화시키고 확대하여 새로운 방식으로 경험을 처리하도록 지지한다. 예를 들면, 치료사는 내담자가 습관적 분노반응에 숨겨진 절망과 갈망에 다가갈 수 있게 도와준다. 경험주의 개인치료에서는 이러한 과제를 수행하기 위해서 내담자가 자신의 정의에 영향을 미치는 중요한 애착대상과 상상의 대화를 하게 하여 자신의 정서반응을 살피게 해 준다. 정서를 다루는 것은 다음 장의 치료 과제에 대한 언급 부분에서 자세히 설명된다.

경험주의 치료는 본래 개인치료를 위해 고안되었다. 부부치료 과정에서 파트너는 치료사가 상대 배우자의 경험을 재처리해 도와주는 것을 관찰한다. 그러나 배우자도 함께 참여하고, 회기 중의 상호작용으로 이러한 경험에 영향을 줄 수 있다. 치료사는 상대 배우자 앞에서 개인치료를 시행하지 않는다. 개인의 내적 경험을 탐구하는 목적은 치료현장과 가정에서 부부가 새로운 방식으로 접촉할 수 있도록 만들어 주기 위해서다. 이러한 목적은 치료사가 초점을 두어야 할 경험과 개입 방식에 영향을 미친다. 부부치료에서 부부의 내적 경험을 탐색하고 서로의 다른 경험을 인정하며, 부부의 상호작용을 격려하는 과정에서 치료사는 부부에게 균형을 유지해야 한다. 치료사는 부부들이 상대 배우자에게 보이는 치료사의 개입을 목격하고 반응하며, 치료사의 의견에 대해서 상대 배우자가 어떻게 경청하고 있는지 아주 예민하게 주시하고 있다는 점을 숙지해야 한다. 예를 들면, 치료사는 한 배우자를 인정할 때 상대방의 경험을 무시하지 않아야 한다.

이 장의 앞부분에서 제기했던 인본적 경험주의 이론에 대한 질문의 해답은 다음과 같다. 부부가 서로를 속박하는 태도, 제한된 자각, 경직된 행동반응으로 그들의 경험을 조직하고 처리할 때 문제가 발생하고 유지된다. 치료목표는 내담자가 경험처리 태도를 확대하고, 자신의 욕구와 목적에 맞게 경험을 상징화하고, 배우자를 포함한 자신의 환경에 새롭게 반응할 수 있도록 돕는다. 정서반응은 개인이 욕구와 소망을 인식하게 해 주며, 이러한 욕구를 충족하기 위해 투쟁하게 해 주기 때문에 정서 자각이 건강한 기능의 핵심이다. 여기서 말하는 변화과정은 자신의 경험에 깊이 다가가고, 적응적 행동을 유도하는 새로운 경험과 의미를 만드는 것이다.

체계이론: 상호작용 패턴의 변화

EFT의 임상과 연관된 체계이론(Bertalanffy, 1968)의 중요한 내용은 무엇인가?
우선 다양한 체계이론이 있기 때문에 용어의 사용방식을 정의하는 것이 가장 중요하다. 여기에서 언급되는 체계이론은 미누친과 피시먼(Minuchin & Fishman, 1981)이 제시한 체계적 구조주의 접근을 의미한다. 체계이론은 현재의 상호작용과 개인 행동을 유발하고 경직시키는 상호작용의 영향력에 초점을 둔다. 모든 가족체계치료의 특징은 문제가 되거나 증상으로 나타나는 행동을 포함하여 반복적인 상호작용 고리를 중단시키는 것이다.

① 체계이론은 1개 혹은 2개의 요소로 분리시키지 않고 전체 맥락에서 파악하고, 이러한 관계요소들의 상호작용 방식을 살펴보아야 한다고 주장한다. 여기서는 행동 패턴과 전후 관계에 초점을 맞춘다. 부분은 전체 맥락에서 이해될 수 있으므로 한 배우자의 행동은 상대 배우자의 행동의 관점에서 바라보아야 비로소 이해할 수 있게 된다. 즉, 상호작용 패턴과 고리에 초점을 맞춘다.

② 체계 구성요소들은 서로 견고한 관계를 유지하며, 예측 가능하고 구조화
된 방식으로 상호작용한다. 이러한 구조는 안정과 일관성을 갖는다. 변화
를 위해서 체계이론 치료사는 체계를 구성하는 요소들의 상호작용 방식
의 변화에 초점을 두며, 구성원 자체에 집중하지 않는다. (한 배우자의 적
개심이 감소하는 것과 같은) 요소 한 부분의 변화는 일차 수준의 변화이며,
이것만으로는 불충분하다. 체계 조직(organization of a system)의 변화가
이차 수준의 변화이며, 의미 있고 지속적인 변화를 위해서는 이것이 필요
하다(Watzlawick, Weakland, & Fisch, 1974). 상호작용 과정과 안정된 자기
유지 패턴으로 상호작용이 조직되는지에 집중하는 것은 이러한 맥락에서
자연스럽게 나온 것이다. 이러한 상호작용 패턴이 자리를 잡으면, 예외적
이거나 틀에서 벗어난 행동에 의한 영향을 제한한다. 예를 들면, 위축자
가 개방하여 배우자에게 접근하면, 상대 배우자는 평소와 다른 이러한 반
응을 신뢰하지 못하고 지속적으로 공격을 가한다. 결국 위축되었던 배우
자는 다시 이전의 태도로 돌아간다.

③ 원인과 결과는 순환적이고 단순히 하나의 행동이 다른 행동의 원인이라
할 수 없고, 각 행동은 순환 고리를 형성하여 비난자가 위축자의 행동에
대해서 불평하면 위축자는 비난자의 불평에 반응하여 더욱 위축된다. 내
적 동기나 의도보다는 각 파트너의 행동이 상대방을 끌어들이는 것에 초점을
맞춘다. 이러한 관점은 치료사로 하여금 부부가 의도하지 않는데도 서로
에게 영향을 미치는 순환적 피드백 체계 안에서 어떻게 상대방의 부정반
응을 유발시키는지 알 수 있게 해 준다.

④ 내용보다는 행동에 있는 의사소통 부분, 표현되는 방식에 따르는 명령과
관계 정의 요소를 강조하며, 이것이 청자와 화자의 역할을 정의한다. 이
는 치료사가 친밀감과 소원함, 자율성과 통제라는 용어를 통하여 부부의
상호작용 태도에 집중할 수 있게 해 준다. 이것이 고리와 고리 속에 드러

난 행동의 이해에 매우 중요한 역할을 한다. 중요한 사람과의 의사소통 정의방식은 자기 자신을 생각하는 방식에도 영향을 미치고, 그 결과로 관계구조가 변화하면 자기에 대한 정신내적 반응도 달라진다.

⑤ 치료사는 지속적으로 진행되어 왔던 부부의 부정적이고 경직된 상호작용 고리를 변화시킨다. 변화방법은 여러 가지가 있다. 새로운 지각과 반응을 유도하기 위해 상호작용 태도를 재구성하거나 두려움 나누기 등의 과제를 주어서 상호작용 패턴을 중지시키고 새로운 대화방식을 취하도록 한다. 효율적인 치료를 위해서 치료사는 부부체계에 합류하고 동맹을 형성한다.

⑥ 구조와 체계적 개입의 목표는 (부부가 변화된 관계와 욕구에 효과적으로 적응시키기 위해서) 상호작용을 융통성 있게 재조직하여 관계 속에서 개인을 성장시키는 데 있다. 다른 말로 하면, 소속감이나 자율성을 높이고 접촉을 높이는 체계를 만들어 서로의 차이와 욕구를 수용하게 만든다. 안전하게 결합되면 개인의 차이는 더 이상 위협적이지 않으며 사실 활력을 주기도 한다. 미누친(1993, p. 286)은 "완전한 연결이 완전하게 홀로 서게 한다."라고 말했다. 그동안 체계이론가들은 애정 어린 배려와 연결보다는 배타적으로 경계와 통제라는 주제에 초점을 맞추어 왔다.

체계이론이 문제의 본질, 치료목표, 변화의 계기 등 초기에 제기했던 질문에 대한 해답을 줄 수 있는가? 체계 관점에서 보면 관계구조, 부부의 태도와 상호작용 과정에 문제가 있다. 즉, 불화관계에서 전형적인 자기강화적 반응이 반복해서 일어나는 연쇄작용이 문제인 것이다. 목표는 융통성 있는 태도를 가지고 새롭게 상호작용하여 관계에서 부부가 통제력과 소속감을 갖도록 하는 것이다. 상호작용의 자기유지적 패턴과 내적·외적 현실이 서로 어떻게 영향을 주는지에 초점을 맞추는 체계접근으로서의 애착 과학은 새로운 상호작용이 적응력을 개선하는지에 대해서 보다 상세하게 열거할 것이다.

체계와 경험주의 관점의 통합

경험주의와 체계이론의 변화 유도방식은 서로 조화를 이룬다. 즉, 두 이론을 접목시키면 서로 좋은 파트너가 될 수 있다. 두 접근법은 서로 통합되기 쉽고 상호 보완적이며 하나는 정신, 다른 하나는 대인관계의 관점을 갖는다. 또한 두 이론은 상호 유사성도 많다.

두 이론은 정신유전적 결정론(psychogenetic determinant)으로 인간이 고정된 성격 특성을 갖는다고 생각하지 않고 끊임없이 변화하는 유동적 체계라고 본다. 두 이론은 특정 행동을 이끄는 중요한 원인이 과거보다는 현재에 의해 결정된다고 생각한다. 두 이론 모두 경험과 상호작용이 구조화되는 과정에 집중한다.

2가지 접근은 사람들이 '갇혔다(stuck)'고 생각하지, 부족하거나 병적이라고 간주하지 않는다. 경험주의 접근에서는 사람들이 제한된 정보처리 방식과 반응을 보이는 부정적 정서의 몰입상태에 갇혀 있다고 한다. 체계접근에서는 상호작용 패턴 혹은 관계의 규칙에 의해서 인간이 압박을 받게 된다고 생각한다.

두 접근법에서는 치료사가 부부와 결합하거나 동맹하여 새롭고 융통성 있는 태도, 패턴, 그리고 내적 세계의 처리방식을 만들어 가도록 돕는 것이 중요하다.

EFT의 관점은 부부치료사가 정신내적 및 대인관계 면을 통합하고, 상호 보완적이고 서로를 발전시킬 수 있는 변화모델의 사용이 필요하다고 여긴다. 사실 체계이론은 비인격적 기법과 추상적 인식론, 그리고 가족관계의 경험방식에 관심을 두지 않아서 비난받아 왔다(Nichols, 1987). 체계접근에서는 의존성과 높은 결속을 지나치게 '밀착(enmeshment)'되거나 건강하지 못한 분리 부족의 의미로 잘못 사용해 왔다(Green & Werner, 1996). 체계이론가가 언급한 피드백 고리의 절반을 이루고 있는 심리 부분에 집중하고 애정 어린 보살핌과 안정된 유대감에 초점을 두는 것이 EFT의 경험주의 관점이다. EFT의 관점에서 보면 안정적인 애착 형성은 가장 높은 분화(의지하는 사람에게 안전한 연결이 될 때 완전한 자신의 모습을 갖게 된다)를 가능케 하고, 친밀감과 유대감을 높인다. 안정된 유대감은 융통성을 높이고 상황에 반응하기보다는 반영한다. 많은 체계적인 보웬 학파 치료사가 밀착으로 본 것을 체계적 EFT 치료사는 불안 혹은 공포회피 애착으로 보고 있다.

고정된 상호작용 패턴은 단순히 체계의 일관성과 피드백 고리만을 의미하는 것은 아니다. 그것은 특정 상호작용 태도가 애착정서와 연관이 있으며, 이러한 정서가 어떻게 사람을 움직이고, 관계에서 사람들의 춤동작을 만드는지와 관련이 있다. 체계이론을 만든 베르탈란피는 체계 구성요소의 작은 변화가 전체 체계의 현저한 변화를 유발할 수 있다고 했다. 만약 애착정서가 체계의 중요한 구성요소이고 친밀한 사람 간의 일차적 신호체계라고 본다면, 정서와 정서 변화과정을 체계적 관점으로 통합하는 것은 쉬운 일이다(Johnson, 1998). 사실 애착은 체계이론으로 자기와 체계, 내적인 면과 외적인 면을 일관된 전체로 통합한다.

다른 이론가들이 제안하듯이(Nichols, 1987), 망원 렌즈(개인의 경험을 관찰)와 광각 렌즈(상호작용을 관찰)를 같이 사용하는 것이 치료에 효과적이다. 사실 하나만 사용하면 현실을 오해하거나 왜곡시킬 우려가 있다. 미누친은 말기에 친밀한 타인과의 상호작용의 질적인 면을 밝히는 데 정서의 힘을 인정하고 밝히지 않는 실수를 저질렀다고 언급했다. 경험주의 모델은 치료사가 친밀한 관계 춤을 조직하는 핵심 변수인 정서 경험과 표현에 접근하여 다시 처리하게 안내해 주며, 이것에 대한 보완으로 체계모델은 치료사가 상호작용을 다시 조직해 갈 수 있도록 안내한다.

요약: EFT의 기본 가정

성인의 사랑을 이해하는 데 기초가 되는 애착이론과 치료적으로 변화를 만들기 위해 경험주의와 체계 접근을 사용하는 EFT의 기본 가정은 무엇인가?

① 성인의 친밀에 대한 가장 적절한 패러다임은 정서결합이다. 이러한 결합 안정이 부부갈등의 핵심 주제다. 배우자에게 접근 및 반응하고 정서적으로 교류함으로써 이러한 결합이 만들어진다. 결합을 통해서 우리는 안정감, 보호, 접촉과 같은 타고난 욕구를 충족한다. '접근하고 반응하고 교감하여 내가 의지할 수 있게 곁에 있어 줄 것인가?'라는 질문에 대한 부정적 대답은 차이와 연관된 갈등과 부부관계의 현저한 권력투쟁의 원인이 되고 이를 조직한다.

② 정서는 애착행동을 하고 친밀한 관계에서 자기와 타인의 경험방식을 조직하는 열쇠가 된다. 애착과 경험주의 이론은 정서의 경험과 표현을 강조한다. 정서는 지각에 의미를 부여하고, 행동하게 만들며, 타인과 의사소통하게 한다. 정서는 부부치료에서 변화의 중요한 목표이자 매개체다. 정신내적 및 대인관계적 변화를 위해 새로운 정서경험이 가장 중요하다.

③ 부부관계 문제는 상호작용의 형성방식과 부부의 두드러진 정서경험에 의해 유지된다. 상호작용과 정서경험은 서로 영향을 주고받으며, 치료과정에서 서로 미치는 영향과 재정의하는 이러한 요소를 이용한다.

④ 부부간의 애착욕구와 욕망은 본질적으로 건강하고 적응적이다. 욕구와 욕망이 불안전하다고 판단될 때 재연에서 문제가 발생한다. 애착이론과 인간기능에 대한 경험주의 관점은 강한 욕구와 욕망은 궁극적으로 적응적이며 이러한 욕구를 무시하거나 제한하면 문제가 발생된다고 했다. 욕구가 무엇인지 깨닫고 인정하는 것이 EFT의 핵심적인 부분이다.

⑤ EFT에서는 관계에서 각 배우자의 태도 이면에 있는 정서경험에 접근하여 재처리하면 변화가 유도된다. EFT에서 종종 은유를 반복함으로써 정서가 핵심 상호작용—춤—을 조직하고 이러한 춤을 변화시키는 정확한 방법은 정서 음악을 변화시키는 것이다. 사실 치료사가 부부의 이러한 음악을 의미 있게 변화하도록 돕지 못한다면, 새로운 춤동작은 꼬이게 될 것이다. 정서경험의 새로운 요소를 만들고 새로운 방식으로 경험이 표현되면, 새로운 반응을 일으켜 서로에게 취하던 태도가 개선되고 이는 새로운 상호작용을 이끌어서 부부결합이 재정의된다. 예를 들면, 취약성의 표현은 보살핌과 연결을 일으키는 반면, 비판행동은 철수와 방어적 거리를 유발한다. 변화는 단순히 통찰력, 정화, 협상을 통해 일어나지 않으며, 새로운 정서경험과 상호작용의 계기를 통해 가능하다. 아인슈타인(Einstein)은 "모든 지식은 경험이며, 그 밖의 모든 것은 단지 정보일 뿐이다."라고 말했다.

EFT는 내담자와 그들의 관계를 체계적 애착과 인본적 경험주의 틀에서 바라보고 안전과 성장을 향상시키는 방향으로 내담자와 함께하는데, 이러한 변수들은 이러한 양쪽의 틀에서 이해될 수 있다. 그것은 또한 개입의 체계적 방식으로 35년의 결과와 변화과정 연구에 근거를 두고 있다. 애착 시각은 정확한 목표에 개입하게 해 주고 친밀한 관계의 질을 정의하는 요소에 초점을 맞춘다.

이 장에서는 EFT 치료사가 사용할 수 있는 이론적 관점들에 대해 설명하고, EFT의 가정을 요약했다. 정신치료의 기초로서 애착이론에 대한 깊은 논의는『애착이론과 상담』(Johnson, 2019a)에서 볼 수 있다. 다음 장에서는 EFT의 성공적 적용을 위한 기본 기법을 설명할 것이다.

| 제**4**장 | EFT 개입의 기초: 정서와 거시 개입, EFT 탱고 |

임상적으로 가장 중요한 경험, 기억, 표상은 정서상태에 달려 있다. …… (정서상태는 가장 중요한 조직요소로 작동한다.)

– 댄 스턴(Dan Stern), 『Interpersonal World of the Infant』(1985)

경험 확장과 춤 만들기

치료사: 남편이 지금처럼 다가와서 몸을 기울이며 당신이 필요하다고 말할 때 어떠셨어요? (부인은 자신의 손을 쥐고 바닥을 응시한다.) 손을 쥐고 있는데, 받아들이기는 힘든 모양이지요?

부인: 그래요, 아주 강하게 쥐어져요. 남편을 믿을 수 없어요. 내가 반응하면……. (그녀는 쥐었던 손을 펴면서 아래로 떨어뜨린다.)

치료사: 당신이 희망과 신뢰감을 갖고, 위험을 감수하면…… 갑자기 남편이 당신 곁에서 사라지고…… 다시 갈등하는 것이 두렵고…… 그래서 참기 힘든가 봐요? (그녀가 공감하면서 고개를 끄덕인다.)

부인: (치료사에게) 선생님이 여기 없었다면 지금 당장 밖으로 나가 버렸을 거예요.

치료사: 제가 완충작용을 한 셈이군요? (그녀가 고개를 끄덕인다.) "나를 당신에게 맡기는 것과 희망을 갖는 것이 두려워."라고 남편에게 말해 보시겠

어요?

남편: (치료사에게) 아내는 위험을 감수하지 않을 겁니다.

치료사: 어렵겠지요. 당신이 좀 도와주시겠습니까? 부인을 향해 앉으시고 바라보면서 당신의 접근을 부인이 알 수 있도록 해 주시겠습니까? 부인이 두려움을 극복하도록 도와주시겠습니까? 제 기억으로는 지난 상담 때 당신이 그렇게 했던 것으로 생각되는데……

이 간단한 대화에서 EFT의 3가지 과제가 적용되었고 명확해졌다.

① 변화과정에 활발하게 참여시키기 위해 신뢰의 치료동맹을 형성한다.
② 애착 관점에서 정서반응에 접근하여 개방하고 확대시켜 나간다.
③ 긍정적 유대와 건설적으로 의존하는 방향으로 핵심 상호작용을 재조직하기 위해 순차 반응을 안무한다.

　EFT 치료사는 부부가 정서에 접근하여 이를 처리하고, 상호작용을 재조직하기 위해 안전기지가 될 수 있는 안전한 환경을 만들어야 한다. 부부 각자가 내적 경험을 융통성 있게 처리하고 상호작용을 조직해 갈 수 있어야 한다. 치료사는 초기에 경험과 상호작용을 따라가서 확대하고 지시함으로써 마침내 경험과 상호작용이 발전할 수 있게 해 준다. 치료사는 경험주의와 체계 관점의 다양한 실제를 동시에 붙잡고 침묵하는 배우자의 회피적 행동이 상대 배우자의 행동에 대한 수반된 반응이라는 사실을 알아야 한다. 이와 더불어 치료사는 파트너의 경험조직 방식, 애착전략 및 대처방식, 회피 이유, 그리고 상대 파트너의 행동 설명 방식 등을 살펴보아야 한다. 치료사는 애착이론을 통해서 내적, 그리고 상호작용적 현실에 초점을 맞출 수 있게 된다. 이러한 과정을 개념화하면 부부의 애착 춤, 즉 각 배우자의 춤동작은 정서라는 음악으로 표현되고, 반대로 정서 음악과 정서표현 방식은 부부의 춤과 스텝으로 표현될 수 있다.

앞에서 융통성에 대해서 언급했듯이, 정서경험과 상호작용의 적극적 지시하기를 편안하게 느끼는 치료사가 EFT를 쉽게 익힐 수 있다. 중요한 순간에 EFT는 강한 경험을 하게 해 주고 집중적이고 때로는 극적으로 만나게도 한다. 치료사는 친밀한 접촉을 어느 정도 편안하게 수용할 수 있어야 한다. EFT 치료사는 적극적이고 깊게 개입하고 융통성이 있어야 하며, 내담자들의 관계 속에 있는 가능성을 발견해 준다. 치료사 개인은 치료에 중요한 요소로서 각자 나름대로 일련의 기술과 개입기법을 가지고 있다. 치료사는 기술과 기법을 이용하고 각 배우자의 경험과 연결시키기 위해서 자신의 개인 스타일과 자원을 사용한다. 성공적으로 EFT를 적용시키기 위해 필요한 치료사의 3가지 기본 과제는 협동적 동맹 형성, 정서경험의 접근과 재구조화, 그리고 상호작용의 재조직이다. 다음에는 이것에 대해 언급하고자 한다.

공감의 중요한 역할

EFT의 주요 과제를 언급하기 전에 먼저 공감의 중요성과 특징을 알아보려고 한다. 일반적으로 공감은 EFT 개입과 인본주의 접근의 전제조건이며 없어서는 안 될 부분이다(Rogers, 1975).

공감(empathy)은 '들어가서 느끼다'라는 뜻의 독일어 'einfuhlung'에서 유래되었다. EFT의 모델은 로저스의 "이상적인 치료사는 무엇보다도 공감적이어야 한다."라는 태도와 일맥상통한다(1975, p. 5). 치료과정에서 치료사의 공감반응은 내담자에게 지대한 영향을 미친다. 조화롭고 적절한 정서반응은 다음과 같은 반응을 유발한다.

① 자신의 경험을 타인에게 이해받아서 내담자를 안심시킨다. 이는 "자신의

경험이 타인으로부터 무시될 것이라는 두려움"을 줄여 준다(Warner, 1997, p. 134). 명확하게 드러나지 않았던 경험의 다른 속성이 이해되고 인정하기 쉬워진다. 경험 개방이 늘어나면, 이것의 지속적인 수정이 가능해진다.

② 내담자가 자신, 그리고 사랑하는 사람의 말을 경청하도록 격려한다. 치료사의 공감반응은 부부가 배우자 경험 수용의 좋은 본보기가 되어, 이러한 경험의 새로운 요소를 인식하고 접근할 수 있게 하고, 새로운 시각을 갖게 한다. 치료사가 비판하지 않음으로써 내담자는 안전감을 느끼고, 치료 초기에 부각되었던 고통스러운 경험에 대한 방어 태도가 줄어든다. 공감은 EFT에서 중요한 개입기법의 하나인 인정(validation)의 전제조건이다. 당신이 이해하기 힘들고, 상관이 없는 무언가를 인정하는 것은 매우 어렵다.

③ 특정 경험을 처리하고 밝히고, 처리과정의 속도를 늦추어서 내담자가 자각할 수 있을 때까지 경험을 '붙잡고' 충분히 시간을 가질 수 있게 한다. 내담자는 새롭게 다가오는 경험에 깊이 개입한다.

④ 혼란스럽고 모호한 경험을 조직하고 정리하며, 이렇게 경험된 내용을 통합적이고 의미 있는 전체로 만들어 간다. EFT의 핵심 양상은 다른 정서가 드러나고 연결되지만 이와 동시에 자신을 적극적으로 내담자의 입장에 두고 내담자와 함께 이런 정서를 처리하는 치료사로부터 이는 조절되고 요구되고 정상화된다는 것이다.

⑤ 내담자를 위로하고 안심시켜 고통스러운 정서에 휩싸이지 않게 한다. 공감반응은 치료 강도를 조절하여 내담자의 개입을 극대화시킨다. 공감은 치료사가 정서로부터 '효율 거리(working distance)'를 만드는 기본 방법이다. 공감적 반영은 압도되는 경험이 나타날 때, 견디고 서로 지지하고 자제할 수 있게 해 준다. 시겔(Siegel, 1999)은 서로 나누면 견딜 수 있다고 했다.

⑥ 중요한 경험의 의미를 느끼고 살펴보고 탐색하게 하며, 구분하고 교정할

수 있게 한다.

일반적으로 적절한 공감은 내담자의 안정감을 높여 주고, 경험과 그 의미에 집중하게 하여 새로운 반응을 유발한다. 치료사는 여러 공감반응과 각 파트너의 경험을 조합하고 주문하고 심화시키는 과정의 동반자다. 자신들이 봉착하고 있는 현실에 지속적으로 개입하면서 부부는 배우자 혹은 치료사와도 연결된다.

구체적인 경험, 내담자의 즉각적인 '의미 있는 느낌(felt sense)', 그리고 정서의 형성과정에 대한 공감을 강조하는 것은 경험주의 견해다. 경험과 경험의 이해는 항상 다루어야 한다. 경험은 "말없이 아는 것으로 말보다 앞서가며, 그것을 통해서 말이 나온다"(Vanaerschot, 1997, p. 142). 건강하게 기능할 때 경험은 항상 발전하고, 그것과 함께 의미와 행동이 발전된다.

공감적 조율과 반응은 필수 과제다. EFT 치료사는 각 내담자의 경험에 접근하고 조율해야 한다. 이러한 기술은 개발시킬 수도 있지만, 한편으로 치료사가 개방적이고 솔직하며 호기심을 갖고 세심한 태도를 취해야 함을 의미한다. 치료사와 내담자는 내담자의 경험을 발견해 간다. 높은 수준의 공감으로 이해하려면, 치료사는 내담자의 세계에 빠져들어야 하고, 기준점이 되는 자신의 경험에도 접근해야 내담자가 접근해서 드러나거나 아직 모호한 경험에 조율할 수 있다. 치료사는 내담자의 경험을 토대로 자신을 살펴 가면서 경험에 압도되거나 중심을 잃지 않기 위하여 '마치 ……와 같은(as if)'의 태도를 취한다. 치료사는 내담자가 아직 떠올릴 수 없는 말을 찾아내어 중요한 경험에 숨겨진 이면을 전개해 갈 수 있도록 도와준다. 집중하고 공감적으로 개입하면서 치료사는 미숙하고 불안정한 내담자의 세계를 극복하게 도와주고, 때에 따라서는 자신의 선입관이나 이해방식을 유보할 수 있어야 한다. 치료사는 부부와 공감적으로 소통하면서 무시하는 태도를 취하지 않는다. 공감은 내담자와 관계하는 방식에서 지속적 노력, 복잡한 기술, 그리고 진정한 유대감이 요구되는 고도의 집중력과 다양한 수준의 과제가 필요한 상태다.

　EFT의 공감적 질문은 항상 정서에 초점을 맞추며, 명확하게 말하면 애착욕구와 두려움에 초점을 둔다. 치료사는 은은한 불빛처럼 조용하게 탐색하고 지시하기 위해서 경험의 특별한 순간과 요소를 선택하여 공감적 태도를 취하며 이를 치료에 이용한다. 공감적 조율은 치료사로 하여금 내담자가 순간순간의 경험을 따라가서 음미할 수 있게 도와준다. 이 과정에서 치료사가 불가피하게 내담자의 경험을 잘못 이해할 수 있으며, 공감반응의 유용성은 객관적인 정확성보다도 내담자가 경험과 탐색을 항하여 개입하고 한 걸음 전진하게 하는 힘에 있다.

과제 1: 치료적 동맹 형성과 유지

　EFT에서 동맹이란 부부가 자신의 정서반응과 만나고 관계에서 자신의 태도를 재연할 수 있도록 치료사가 각 파트너와 함께하는 것이다. 치료사는 협력자(collaborator)로서 부부가 결합하고, 경험을 처리하고, 새로운 관계행동을 할 수 있도록 도와준다. 앞에서 언급했듯이, 치료사는 과정자문가(process consultant)이며, 부부의 정신적 내용과 친밀한 관계 형성방법에 숙달된 전문가처럼 행동해서는 안 된다. 긍정적 동맹은 3가지 요소를 지닌다(Bordin, 1994). 첫째, 내담자가 치료사와 결합(bond)되어 치료사를 다정다감하고 지지적이라고 느끼며, 둘째, 치료사로부터 제시된 과제(task)를 적절하고 도움이 된다고 생각하며, 마지막으로, 치료사와 동일한 치료적 목표(goal)를 공유하는 것이다. 이들은 치료사가 자신을 수용하고 부부불화의 한 부분인 고통스러운 경험과 파괴적인 고리를 개선할 수 있을 것이라고 확신한다. EFT의 결과를 예측할 때, 과제 부분이 동맹의 가장 중요한 요소다(Johnson & Talitman, 1997). EFT 치료사는 경험을 통해 내담자의 치료 과제 참여가 치료 결과에 결정적 요소임을 알았다. EFT 치료에 대한 연구에서 치료 탈락률이 낮은 이유가 정서, 애착욕구, 그리고 애착 두려움에 집중하기 때문이라고 밝히고 있다. 내담자는 문제의 핵심이 다루어지고 자신이 수용되고 지지받는다고 느낀다. 동일한 목표 설정이 치료동맹과 첫 회기의 핵심 부분이다. 단순히 갈등을 줄이고 보다 나은 방식으로 문제를 해결하기보다는 안정된 정서 연결에 치료목표를 두면, 내담자와 가장 훌륭하게 조화되는 것으로 보인다.

　EFT 과정에 대한 연구에서는 동맹 수준이 치료 결과 변량의 20%까지 설명력을 보인다고 밝히고 있다(Johnson & Talitman, 1996). 통상적 심리치료 연구에서는 치료동맹이 결과 변량의 10%의 설명력을 보이는 데 반해, EFT에서는 이보다 훨씬 높은 수치다(Beutler, 2002). 일반적으로 치료사와 지속적으로 긍정적 동맹을 맺는 것은 치료 효과 향상에 필수적이기는 하지만 이것이 전체를 반영하지는 못하며 그 자체만으로는 불충분하다. 그러나 치료과정에서 중요한 정서 교류와 사랑하는 사람과의 힘들고 위험한 상호작용을 통해 변화가 발생한다면 긍정적이고 위안을 주는 동맹은 매우 중요하다.

　동맹 형성은 개인의 경험과 상호작용에 초점을 맞추는 EFT 초기 단계 개입의 아주 중요한 부분이다. 부부의 관계 경험과 태도를 반영하고 인정해 주면서 상호작용의 형성방식을 비판하지 않고 서술하는 것 자체가 강력한 개입이며, 강한 동맹을 맺게 해 준다. 부부는 치료사가 자신들을 공감할 수 있다고 인식하며, 부부가 그동안 사로잡혀 있었던 강한 상호작용 고리를 이해하게 된다. 이러한 개입기법은 제5, 6장에서 자세히 설명할 예정이다.

　일반적으로 동맹 형성의 가장 강력한 요소는 부부, 부부불화, 그리고 변화에 대해 취하는 치료사의 태도다. EFT의 치료사가 가져야 할 태도로는 다음과 같은 것이 있다.

① 공감적 조율(empathic attunement) : 앞에서 언급했듯이, 치료사는 각 파트너와 공감적으로 조율되고 개인적으로 깊이 연결되기 위하여 끊임없

이 노력해야 한다. 공감은 상상의 활동(act of imagination)으로서 잠시 동안 각 내담자의 세계에 사는 능력이다(Guerney, 1994). 경험주의 접근에서는 전통적으로 내담자와 함께 의사소통하는 공감적 태도 자체가 치료적이라고 보았다(Rogers, 1951). 앞에서 언급했듯이 공감은 내담자의 불안을 누그러뜨리고, 경험에 지속적으로 접근할 수 있게 한다. 치료사는 내담자의 언급을 진실, 사실, 그리고 역기능이라는 용어로 평가하지 않으면서 내담자의 세계에 접근해야 한다. 초점을 맞추어야 하는 것은 다음과 같다. 내담자가 지금의 관계에서 무엇을 원하고, 경험의 핵심은 무엇인가? 경청하고, 경청한 내용을 자신의 경험과 연결시키고, 이후 주관적인 관점을 유지할 수 있는 치료사의 능력이 이러한 질문에 해답을 줄 수 있다. 발달과 임상 연구에서 조율은 화자의 비언어적 메시지, 생리학적 신호들(physiological cues)과 그것이 내포하고 있는 정서의 모방(imitation) 혹은 반영(reflection)에 초점을 두는 것이라고 했다(Stern, 1985; Watson, 2002).

② 수용(acceptance): 무비판적 태도는 강한 동맹 형성에서 핵심이다. 이러한 태도는 어느 정도 치료사가 누구인지, 그리고 자신의 인간적 약점과 변덕을 어떻게 지각하는지에 따라 다르고, 또한 치료사가 견지하는 이론과 신념에 의해 작용된다. 치료사가 인간은 부족하고 결함이 있는 존재라는 관점을 가진 특정 치료모델을 고수한다면, 무비판적 태도를 취하기 쉽지 않다. 반대로 치료사가 인간을 긍정적으로 생각하고, 변화하고, 성장할 수 있다는 인간 본연의 능력을 신뢰하고 있으면, 무비판적 태도를 취하기가 쉽다. 경험주의 접근은 내담자를 있는 그대로 인정하고 존중하며, 내담자가 자신을 수용하지 못하고 불확실하게 생각하는 부분조차도 치료사에게 인내할 것을 강조한다. 부부는 스스로 직면하거나 상대에게 노출하지 못했던 부분을 치료사의 존중과 수용적 태도를 통해서 직면하게 된다. 가끔 치료사가 내담자의 특정 행동을 존중하기 힘들 때도 그 행동을 유발하는

정서는 존중해 주기 쉽다. 예를 들면, 상실의 두려움과 이에 따른 배우자를 통제하고 싶은 욕망은 존중해 주면서 두려움으로 행한 욕설과 이러한 행동이 부부와 관계에 미치는 부정적 영향은 반영해 나간다. 변화를 시도하고 개선하기 전에 치료사는 내담자의 진정한 모습을 조율하고 이를 수용해야 한다. 이러한 수용은 소극적이지 않고 적극적이며, 각 배우자에게 적극적으로 인정하는 태도를 취한다. 이러한 과정은 단순히 비병리화하는 것이 아니라 부정적 행동을 불가능한 상황에 대한 창조적 적응이며 용기 있고 적극적으로 배우려는 마음으로 분명하게 표현하는 것이다(Johnson, 2002, 2019a).

③ 진실성(genuineness) : 진심으로 함께하고 싶어 하는 치료사의 진실성은 동맹 형성을 위해 중요하다. 치료사가 충동적으로나 항상 자기를 개방하는 것이 아니고 내담자가 신뢰할 수 있는 방식으로 접근하여 반응을 보이는 것을 의미한다. 치료사는 실수를 인정하고, 내담자가 그들의 경험에 대해서 치료사에게 가르쳐 줄 수 있게 한다. 간단히 말해서, 치료사가 부부와 형성하는 동맹이 개인치료에서 맺는 동맹보다 강하지는 않지만 치료사는 성실한 자세로 인간적이고 진심 어린 만남을 통해 치료관계를 만든다. 부부치료는 개인의 삶에 가장 중요한 애착대상인 배우자와 함께 참여하기 때문에 치료사와의 동맹이 개인치료보다는 강하지 않다. 치료사의 진실성은 투명하게 사실을 보여 주려는 의지를 말한다. 예를 들면, EFT에서 치료사는 흔히 개입을 위해 무엇을 하고 있는지, 그리고 이러한 개입이 치료과정에 어떤 도움이 주는지 설명해 줄 수 있어야 한다. 치료사의 자기개방은 후반부에 언급된다.

④ 지속적이고 적극적으로 모니터하기(continuous active monitoring) : 동맹이 전체 치료과정에서 잘 유지된다면 치료사는 적극적이고 신중하게 동맹을 평가하고 맺어 가며 유지해야 한다. 치료사는 부부와의 교류 정도

와 치료사에 대한 반응을 적극적으로 살피고 평가한다. 만약 동맹 약화의 조짐이 나타나면, 치료사는 우선적으로 이것을 회복시켜야 한다. 치료사는 자신이 설명하고 개입한 것에 대한 내담자의 반응을 알아보고, 부부의 견해와 원하는 것을 표현하게 한다. 치료사의 공감적 질문은 동맹 파괴를 막아 주고 이를 강화시킨다. 예를 들면, 회기 종결 시 치료사는 부부가 치료에서 열심히 노력한 점을 강조하고, 특히 회기 과정과 내용 중에 부부가 관심이 생기고 염려되는 부분이 어떤 것인지 들어 본다. 이후 부부가 치료사에게 피드백할 수 있도록 격려한다.

⑤ **체계 합류**(joining the system): 부부치료사는 각 배우자뿐 아니라 관계체계에도 접근한다. 치료를 시작하면서 치료사는 구조화되어 있는 부부관계를 살피고 수용한다. 체계이론의 용어로 말하면, 치료사가 체계에 합류하는 것이다. 이는 치료사가 부부와 연결되고, 관계에서 보이는 태도, 패턴, 고리를 설명할 수 있을 뿐만 아니라 불화를 만들어 왔던 특정 패턴을 정확하게 부부에게 반영할 수 있는 것이다. 가장 일반적 패턴은 방어/거리감/완고함에 따르는 요구/비판/추적이다. 치료사는 공감과 존중의 태도로 상호작용 과정과 패턴을 반영하고, 부부가 상호작용에 대한 다양한 견해를 가질 수 있도록 도와준다. 이후 부부는 자신들이 만든 관계 패턴을 인정하고, 자신들도 이것의 피해자라는 것을 알게 된다.

치료사가 상대 배우자의 경험을 무시하지 않으면서 함께하는 자리에서 각 배우자의 부부관계, 태도, 그리고 경험을 인정해 준다. 각 부부는 치료사와 상대 배우자를 서로 연관시켜 보게 된다. 이것은 동맹과 일반적인 변화과정에서 결정적으로 중요한 요소다. 예를 들면, 배우자는 치료사와 상호작용하면서 자신을 새로운 방식으로 노출하게 된다. 치료사는 한 사람과의 접근방식이 다른 사람에게 미치는 영향에 대해 심사숙고하고 집중한다. 예를 들어, 치료사는 자신이 방금 한 배우자와 나누었던 대화에 상대 배우자가 반응하도록 요구하기도 하며, 한 배우자만 치료사가 특별히 우대한다는 생각을 상대 배우자가 가지고 있는지, 그리고 배우자가 자신에게 하지 않았던 말을 치료사에게 발설한 것에 대해서 상대 배우자가 분노하고 있는지 살펴야 한다.

이와 같은 태도는 치료사와 부부 간에 협동관계를 맺어 주며, 치료 초기 회기들에서 부부가 참여할 치료 목표와 과제를 탐색하기 위해서도 이와 같은 태도가 필요하다. EFT의 일부 평가과정은 부부의 목표를 명료화하는 것이고, 이 목표에 모순이 없는지를 확인하고 치료를 통해서 부부가 무엇을 기대하고 있는지 밝혀야 한다.

과제 2: 정서에의 접근과 재구조화

EFT의 전 과정 동안 정서경험에 초점을 맞춰야 하며, 이것을 확대, 재구조화 및 재조직해 간다. 새롭게 확대된 정서경험을 표현하면, 부부의 상호작용 태도가 재구조화된다. 예를 들어, 비판적이고 공격적인 배우자의 극심한 외로움에 접근하면, ① 이 배우자는 적개심이 갖는 새로운 의미를 알게 되고, ② 이러한 적개심이 자포자기의 심정에서 비롯된 것이라고 다시 처리되어 타인에 대한 새로운 자기표상을 갖게 되고, ③ 이 적대적 배우자의 행동에 대한 인식을 변화시켜 상대 배우자의 새로운 반응을 유도한다. 깊은 정서적 접근은 3단계, 5단계와 같은 특정 시기와 뒤에 언급될 중요한 변화의 계기를 만드는 데 결정적인 요소다.

♥ EFT에서 정서

과제 달성을 위한 기본 기법을 설명하기 전에 EFT의 정서에 대한 개념을 명료화하는 것은 중요하다. 정서반응은 부적절한 것이 아니고 높은 수준의 정보처리체계다. 사실 어떤 일의 전후 사정을 고려하면, 치료사가 이해하지 못할 정서는 없다. 정서란 당황스러움에서 실망스러운 정도까지 다양하고 광범위하기 때문에 여기서 언급되는 정서는 주요 치료사들이 제시한 몇 가지 기본적이고 보편적인 정서를 의미한다(Plutchik, 2000; Tomkins, 1991; Izard, 1977). 여기서 말하는 보편적 정서를 구체적으로 열거하면, 분노, 두려움, 놀람, 기쁨, 수치/혐오, 고통/고뇌, 슬픔/절망이다.

이러한 정서들은 전 세계에서 공통적으로 표현되는 독특한 얼굴 표정이 있고, 타고난 신경학적 근거를 가지고 있으며, 생존을 도와주고 타인에게 영향을 끼치는 사회기능과 밀접한 관계가 있고, 탄생 직후부터 나타나는 즉각적이고 자동적인 반응이다(Izard, 1992).

여기에서의 정서는 생리반응, 의미도식(meaning schemes), 행동화 경향의 통합뿐만 아니라 경험의 자기반영적 인식(self-reflexive awareness)과 같은 정보처리 용어를 의미한다. 정서를 과정(process)으로 생각한다면, 마그다 아놀드(Magda Arnold, 1960)가 제안한 순차성(sequence)을 생각할 필요가 있다. 숲속에서 길고 검은 모양의 물체와 마주쳤을 때 순간적이고 신속하게 튀어나오는 보편적인 첫 반응은 평가(appraisal)다. 이는 과연 좋은 것인가 혹은 나쁜 것인가, 위험한가 혹은 안전한가다. 이 반응의 핵심은 정확성보다도 신속성이고 대뇌 변연계, 특히 편도(amygdala)에서 일어난다. 이때 신체적 각성상태(physical arousal)가 동반되어 '뱀', 즉 '위험'으로 평가되면, 심장이 뛰고 신체는 도망갈 준비를 한다. 다음 순서로는 재평가(reappraisal)가 뒤따르고 인지과정에 돌입하며, 대뇌 신피질(neocortex)에서 반응한다. 여기서는 의미가 추가되어 "단지 나무토막에 불과해." 혹은 "큰 독사구나."라고 반응한다. 그다음은 강력한 행동화 경향(compelling action tendency)으로, 발로 차 버리고 웃으며 긴장을 풀거나 아니면 놀라서 위험한 뱀으로부터 도망가는 반응을 한다. 이를 부부치료에 적용하면 다음과 같다.

부인이 남편에게 자신을 사랑하는지 물으면, 남편은 인상을 쓰고 눈썹을 치켜

든다. 부인은 이런 애매한 반응을 부정적이고 위험한 것으로 평가하여 입과 신체는 싸울 태세를 취한다. 그리고 부인은 "바보 같은 그런 인상이 무얼 의미하지?"라고 묻는다. 남편은 물러나 버리고 이때 부인은 재평가를 하여 '역시 아무런 반응이 없군. 내가 바보같이 기대를 했어.'라고 생각한다. 그러고는 다가가서 더 심하게 공격을 가한다. "당신은 정서적으로 불구자야! 내가 도대체 왜 여기 있는지 모르겠어." 정서가 부인이 공격적 태도를 취하게 만들었고, 이러한 반응으로 인하여 남편은 강력한 방어적 태도를 보이며 뒤로 물러나게 된다. 이러한 정서의 과정지향성을 통하여 치료사는 초점을 맞추고 명료화하고 확대하고 개선시키고, 전체로 확대해야 할 정서반응이 무엇인지 깨닫는다.

정서는 풍부한 의미를 만든다. 정서는 주변 환경이 우리에게 어떤 영향을 주고 있는지에 대해서 풍성하고 강렬한 피드백을 준다. 이러한 피드백은 반응을 조절하고 행동을 조직한다. 타인과 정서적으로 의사소통하면, 사회적 상호작용이 조절되고, 정서의 사회적 기능은 차츰 명백해진다. 정서의 일차적 사회기능은 중요한 인간관계를 유지하게끔 신속히 대처시키는 것이다(Ekman, 1992). 일반적으로 정서는 내적 나침반처럼 기능하여 우리가 세상으로 나아갈 수 있게 하고, 개인에게 사건이 갖는 의미를 알 수 있는 중요한 정보를 전해 준다. 정서는 우리가 원하고 필요로 하는 것이 무엇인지 알려 준다. 사실 정서가 고려되지 않고는 행동 결정이 거의 불가능하다(Damasio, 1994). 정서는 기본적으로 분명하고 강한 동기를 갖고 있다. 분노는 싸울 힘을 실어 주고, 공격자에게 대응을 할 수 있게 해 주고, 피해를 막아 준다. 슬픔이 있으면 상실감에 대해 항의하고 타인의 관심을 유발시켜 도움을 받을 수 있다. 수치심은 타인에게 자신을 숨기고 사회집단에서 물러나게 만든다. 두려움은 투쟁심과 회피 반응을 일으키고 상대방에게 배려의 마음을 유발한다.

정서는 기본적으로 적응적이며 반응체계를 만들어 안전감, 생존 혹은 욕구 충족을 위하여 개인의 행동을 신속하게 재조직한다. 친밀한 관계에서 정서는 다음과 같은 특성이 있다.

- 부부가 자신의 욕구와 특정 환경/사회 신호에 집중하고 지향하게 한다. 슬픔은 접촉의 간절함을 알려 주며, 배우자가 거부하는 사소한 신호에 대해서도 아주 예민해지게 만든다.
- 지각과 의미 구성을 분명하게 해 준다. 자신의 분노를 통하여 타인의 행동이 자신을 모욕했음을 인식할 수 있고, 자신이 경험했던 이와 유사한 사건들을 떠올리게 한다.
- 특별히 애착행동과 같은 반응을 유발하고 조직한다. 자신이 불안해지면 위로와 위안을 받기 위해 배우자를 찾아가게 한다.
- 자기, 타인, 그리고 관계의 본질과 관련된 핵심 인지를 활성화한다. 강한 정서적 상호작용에 빠지면, 자기를 정의하는 중요한 생각이 나와서 자연스럽게 "나는 이런 대접을 받아도 싸! 나는 실패자야."라고 반응한다.
- 타인과 의사소통하게 한다. 정서는 본질적으로 사회성을 갖는다. 정서는 관계를 정의하는 상호작용에서 일차적 신호체계의 역할을 한다. 정서는 타인의 특정 반응과 상호작용의 유발에 결정적인 역할을 한다. 정서를 표현하면 타인의 보상적 정서반응이 유발된다. 애착의 맥락에서 보면 두려움과 갈등의 표현은 동정심 및 위로하고 싶은 마음을 불러온다. 이러한 보상반응은 구애, 결합, 그리고 화해의 핵심 요소다(Keltner & Haidt, 2001). 일반적으로 약점을 표현하면 배려의 마음이 생기고 상대를 무장 해제시킬 수 있지만, 분노를 표현하면 순종 혹은 거부감이 유발된다. 강한 정서는 상대방의 관심사를 무시하기도 하고, 투쟁-도피 혹은 접근-회피라는 극단적 반응을 유발한다. 이러한 반응은 억제와 통제가 힘들고, 불화관계에서는 상대의 반응을 억누르는 경향이 있다. 정서는 친밀한 성인관계라는 춤을 추게 하는 음악이다. 음악을 바꾸면 춤도 바뀔 수 있다.

정서는 특히 친밀한 관계에서 매우 강력하게 나타나며, 이러한 강한 치료도구인 정서를 치료에 이용하지 않으면, 관계는 오히려 손상을 입을 수 있다. 강한 정서반응은 신속하게 반응을 유발하고, 관점과 의미의 틀을 큰 폭으로 변화시키기 때문에 정서에의 초점은 효율성이 아주 높다. 사르트르(Sartre)는 세상이 정서에 따라 변화하며, 슬픈 사람에게 세상은 늘 비가 내리는 곳이라고 했다. 또한 정서는 세상을 새로운 가능성으로 가득 찬 긍정적인 곳으로 변화시키는 힘이 있다.

여기에서 정서가 가장 의미가 있다. 반응이 강한 정서적 영향을 미치는 애착의 불화관계에서 교정적 경험이 정서를 유발할 수 있다. 변화를 위해서는 이전과는 뭔가가 달라져야 한다. "생각은 사고를 바꾸고, 오로지 느낌만이 정서를 변화시킨다."(Guidano, 1991, p. 61) 경쟁적인 다른 정서를 유발함으로써 부부가 위협 정서를 처리하고 재구조화하게 된다. 예를 들면, 두려움은 종종 화난 태도를 취함으로써 처리된다.

정서는 핵심 혹은 일차(primary), 표면에 있는 반응 혹은 이차(secondary), 그리고 도구적(instrumental) 반응으로 나눌 수 있다. 일차 핵심 정서는 상황에서 나타나는 현재의 직접적이고 자연스러운 반응이다. 반응 혹은 표면 정서는 직접적인 반응을 극복하려고 시도하거나 이에 대한 반발로 나오는 반응으로 종종 일차 정서를 모호하게 한다. 예를 들면, 부부불화 상태에서 상처, 두려움, 혹은 다른 일차 핵심 정서를 표현하기보다는 방어적으로 분노가 표현되는 경우다. 도구적 정서는 다른 사람의 반응을 조종하기 위해서 표현되는 것이다.

정서가 다음과 같이 표현되면, 문제행동이 강화된다.

- 만약 정서가 처리되지 않은 채 남아 있으면, 정서반응은 사건의 전후 사정을 드러내지 못하고 현재 상황의 처리방식을 제한한다. 예를 들면, 학대를 받은 사람은 그로 인한 정서 때문에 현재의 관계경험을 공포로 인식할 수 있다. 고통스러운 정서는 처리되거나 통합되기보다는 주로 억압되기 쉽다.

그러나 이렇게 정서가 억압되면 상황을 어렵게 만들고 정서 고통에서 벗어나기 힘들게 한다는 보고가 있다(Gross & Levenson, 1993).

■ 조절될 수 없는 격렬한 정서는 감각기관을 과도하게 활성화시키고 시야를 좁아지게 만든다. 특히 심한 두려움은 정보처리를 엄격하게 통제하여 직접적인 탈출구가 되지 못하는 모든 지각 영역을 제거한다(Izard & Youngstrom, 1996). 극도의 두려움을 겪으면 우리는 단지 위험 신호와 탈출방법만 생각하게 된다.

■ 정서 지각과 표현이 제한받으면, 반응이 협소해지고 부정 정서와 상호작용의 소용돌이에 갇히게 된다. 불화부부는 일반적으로 이차 정서반응 수준에서 상호작용하고, 배우자의 부정적 반응을 유발시켜 부정 정서를 지속시킨다.

EFT 치료사는 주목받지 못하고 분화되지 않았거나 부인되었던 일차 핵심 정서반응에 가장 초점을 맞춘다. 하지만 치료는 먼저 불화 고리의 일부로 묘사되는 가장 생생한 표면의 정서반응을 치료사가 반영하고 인정하면서 시작된다. 그래서 일차 회기에서 치료사는 각 내담자가 처한 순간에 합류하는데, 예를 들면 표면의 분노를 드러내어 이를 구체적 맥락에 둔다. EFT를 시행하는 과정에서 정서는 이전과 달리 처리되고 조절되기 때문에 적응적 반응이 유발된다. 그동안 표현이 제한되고 압도적이고 처리되지 않은 정서반응은 안전한 치료 회기의 분위기 속에서 밝혀지고 명확해진다. 변화가 나타나면서 고통스러운 정서가 다른 방식으로 조절되고 적응적으로 표현되며, 결국 재조직화되는 양상이 부부관계에서 나타난다. 예를 들어, 배우자가 친밀한 신체 접촉을 보이면서 자신과 상대에게 고통을 표현하면, 상대 배우자의 배려와 관심이 유발되고, 현재 관계에서 고통이 감소하고 변화하는 새로운 치유 정서를 경험하게 된다.

이는 상호작용 태도에 숨겨진 일차 정서, 비판적 분노에 감춰진 상실감, 그리고 위축의 배후에 있는 절망과 실패를 경험하고 표현하는 것이고, 이들은 부부치료 과정에서 새로운 수준의 정서 교류를 하게 해 주고 문제가 되었던 상호작용 고리를 개선시켜 준다. 앞에서 언급한 여러 가지 정서 분류는 임상적으로 어렵지 않고 치료과정에서 자연스럽게 드러난다.

정서 수준과 연관된 문제와 EFT에서 그것의 사용방법을 분명하게 하는 것은 중요하며, 여기에서 이를 설명하려고 한다.

- 개입(involvement): 일반적으로 정서경험에 제한적으로 개입하면서 거리를 유지하면 상세하게 논하기가 어렵다. 정서에 꼬리표(label)를 붙이고 거리를 유지하면서 이를 논하는 것은 효과적이지 못하다. 정서는 가급적이면 생생하게 재현되고 경험되어야 한다. 정서적으로 반응하고 접근하면, 각 배우자의 정서 생활의 새로운 면을 발견하게 되고, 정서반응을 재구조화할 수 있다. 치료사는 사람들을 경험과 연결시켜 주기 위해 추상적 용어를 사용하거나 해석을 하지 않고 쉽고 구체적인 언어와 이미지를 사용해야 한다. 하지만 만약 정서가 지나치게 표현되면, 치료사는 이러한 정서경험을 반영하고 유도하면서 내담자를 진정시켜 준다. 부정적 고리와 애착불안의 관점에서 정서를 바라보면 정서를 이해하고 다루기 쉬워진다. 겐들린(Gendlin, 1996)은 경험주의 치료사는 강하게 다가가면서도 압도되지 않을 안전한 정서적 유효거리를 내담자가 유지할 수 있도록 도와주어야 한다고 했다. 이러한 개념은 정서지능(emotional intelligence)에 대한 최근의 기록들과 일맥상통한다 (Salovey, Hsee, & Mayer, 1993). 정서지능은 유발된 정서를 인식하여 압도되지 않도록 조절하면서 필요에 따라 충동 정서를 반영하고 통제하며, 의미와 행동을 유발하는 정서가 가진 장점을 사용하는 것을 말한다. 공감적 조율은 안정된 애착적 상호작용의 형성에 중요하기 때문에 치료사는 배우자가 상대방의 일차 정서에 합류하고 이를 깨닫고 반응할 수 있도록 적극적으로 도와준다.

■ **탐색**(exploration): 경험을 명명하지 않고 보다 '나은' 방식으로 자신을 표현할 수 있도록 내담자를 가르치고자 하는 것이 탐색의 목적이다. 더불어 정서를 탐색하고 발견하는 과정에서 타인과의 관계에 대한 각 배우자의 자기 경험은 확대된다. 이를 위하여 불명확하고 무시되었던 경험, 그리고 경험의 분화와 상징화에 지속적으로 초점을 맞추어야 한다. 이는 풀어놓기(unpacking)라는 용어로 생각해 볼 수 있는데, 분노라는 딱지를 격분, 쓰라림, 무력감, 두려움 등의 여러 가지 요소로 풀어가는 것이다. 또한 배우자와 무감각해지고 소원해지기 직전에 경험했던 '가슴이 철렁한 느낌'과 같은 정서의 다른 요소에 초점을 맞춘다(정서의 다른 요소들을 조합하여 구체적인 전체로 조합하는 과정에 대해서는 이후에 다룰 것이다). 이러한 요소들이 탐색되면 경험을 전체로 확대하고 재조직할 수 있는 새로운 국면이 나타난다. 예를 들어, 무력감이 충분히 처리되면, 절망감과 도전하고 싶은 마음을 갖게 된다. 이러한 정서를 경험하고 표현하면 부부는 무력감과는 다른 자기를 경험하게 된다. 자신의 무력감을 정확하게 밝히면 이러한 무기력한 상태로부터 벗어나서 배우자와 연결될 수 있는 첫걸음을 내딛게 된다. 또한 이 배우자가 그동안 느껴 왔던 거리감이 새로운 의미로 바뀌면서 새로운 방식의 대화를 만들어 간다.

정서를 다루는 다른 방식은 세분성(granularity)에 관한 리사 펠드먼 바렛(Lisa Feldman Barrett, 2004)의 저작에서 말하는 구체성(specificity)의 증가를 생각해 볼 수 있다. 그녀는 만일 우리가 강한 불화 상황에 직면하여 높은 수준의 정서적 구체성과 복합성(complexity)을 조직할 수 있을 때, 인간은 신경계 수준에서 덜 반응적이 되고 심하게 우울과 불안을 겪지 않고 자기손상이나 과한 음주 등 부정적 조절전략을 덜 사용하게 된다. 힘든 상황에 처해서 일기에 정확한 정서를 기록할 수 있는 펠드먼 바렛 연구의 참가자들은 스트레스를 덜 받고 쉽게 극복했다. 사실 정확한 처리는 EFT 개입에서 다룬다. 내가 어딘가에서 언급했듯이(Johnson, 2019a), EFT 치료사는 지속적으로 모호하고 이해하기 힘든 정서의 암시나 속삭임을 구체적이고 특이한 경험으로 파악하고 만들어 준다. 치료사는 세분성 전문가다! 나는 정서가 압도되고 위협적일 때 구체성과 특이성의 영향력이 상실된다는 것에 주목한다. 내가 비행 공포가 추락사고 자체보다는 예측된 난기류에 의한 균형감 상실과 불안에 따른 것이고, 이 공포가 아동기의 버려졌던 순간에 경험한 신체 증상과 정확히 동일함을 깨달았을 때, 나의 '비행' 공포는 색깔과 형태가 변화되고 감지할 수 있고 보다 구체적이고 효과적으로 극복할 수 있게 되었다.

■ 새로운 정서(new emotion): 정화(ventilation)를 위해서 무차별적으로 부정 정서를 분출하는 것이 EFT의 과정은 아니며, 이렇게 하는 것은 부부치료에서 해로울 수 있다. 이차 정서반응의 지속적인 표현은 불화부부가 매일 겪고 있던 문제의 상호작용을 재현하는 것이다. 이것은 부부치료에 유용한 새롭고 재구조화되지 못한 정서경험을 발견하고 발전시켜 가는 것이다. EFT에서 정서는 드러나기보다 안에서 밖으로 확대되고 개선되며 재구조화된다. EFT 치료사는 내담자가 강한 정서상태에서 벗어나라고 설득하기보다는 새롭게 관계하게 해 주고, 기존의 정서상태를 개선하기 위해 경험의 새로운 요소를 정교화시켜 간다.

초점을 두어야 할 정서는 무엇인가

EFT 치료사가 초점을 맞춰야 할 정서에 대한 3가지 일반 지침이 있다.

① 치료사는 치료과정에서 나타나는 경험의 가장 아프고 생생한 부분에 초점을 맞춘다. 예를 들면, 눈물, 극적이고 비언어적 몸짓, 강렬한 이미지 혹은

꼬리표 붙이기의 경우다. 치료사는 여기서 자신의 조율된 공감, 자신의 정서반응을 내담자의 경험으로 안내할 지침으로 사용한다. EFT 훈련 영상 안전결합의 형성에서 매우 인지적인 남자는 '허를 찔렸다'는 말을 무심코 내뱉기 전까지 아내의 분노에 대한 자신의 경험을 모호하고 지적인 용어로 묘사했다. 치료사는 남자의 경고와 무력감의 경험에 대한 문을 열어 줄 이러한 정서 핸들(emotional handle)을 반영하고 반복하고 탐색했다. 치료사는 이러한 핸들에 주목하고 기록하여 취약한 경험에 접근하기 위해서 반복해서 그것을 사용할 것이다.

② 치료사는 애착욕구나 두려움과 매우 연관되어 있는 정서에 초점을 맞춘다. 분노는 애착대상이 반응하지 않을 때 나오는 일반적인 반응이다. 이어서 슬픔과 비통함, 상실감에 따른 분노, 그리고 절망감이 뒤따르게 된다. 수치심은 내담자가 자신의 욕구를 표현하거나 친밀감에 대한 갈망을 드러내기 힘들게 만든다. 무엇보다 두려움과 약점이 애착이론의 핵심 부분이고, 불화관계를 정의하는 중요한 부정 정서다. 이러한 부드러운 감정은 많은 노력을 통해서 억압되거나 부인될 수 있다는 것을 주목하는 것이 중요하다. EFT 치료사는 모든 결합지향 포유류의 타고난 정서 영역을 알고 있으므로 지속적으로 이를 탐색할 수 있다. 예를 들면, 그는 특별히 의존하고 있는 사람의 거절은 인간의 두뇌에 구체적인 위험 신호로 저장되고 신체 통증과 비슷하게 경험된다는 것을 알고 있다(Eisenberger & Lieberman, 2004). 치료사는 고통을 견디게 도와줄 정확한 공감을 제공할 때 간단하게 자신의 손가락을 통증 부위에 얹어 놓을 수 있다.

③ 치료사는 부정적인 상호작용을 만들고, 접근과 반응을 제한하는 정서에 초점을 둔다. 그런 다음 치료사는 습관적 위축을 자극하는 위협에 초점을 맞춘다. 예를 들면, 남편이 배우자의 불평을 들으면서 이러한 회피적 파트너의 체념하는 말을 하기 전에 발생한 짧은 두려움, 혹은 가족치료에서

청소년기의 분노에 찬 반항을 일으키는 위안과 유대감에 대한 갈망의 간
절한 속삭임 등이다.

외상(trauma)으로 인하여 강렬하고 상반된 정서를 동시에 보이는 부부의 경우
어떤 정서를 따라가서 밝혀야 할지 복잡해진다(Johnson, 2002, 제6장). 전형적인
부부관계에서 EFT 치료사는 비난 뒤에 숨겨진 분노와 위축의 이면에 있는 불안
과 절망을 인식하면서 치료를 시작하고 결국 두려움, 불안, 그리고 애착불안정
을 좇아간다.

일반적으로 치료사가 초점을 맞추어 따라가서 다루어야 할 정서와 정서 수준
은 각각의 치료 단계마다 다르다. 예를 들면, 시작 회기의 과정은 지속적으로 배
우자의 실수를 열거하거나 상처가 된 사건을 언급하기보다는 자신의 분노를 직
접 인식할 수 있게 하는 등 대부분 분명한 정서를 표면에 드러나게 한 이후에 격분
하거나 심한 냉각반응과 같은 두 파트너의 표면 정서반응을 부정적 고리의 관점에 두고
이들을 인정한다. 그런 다음 치료사는 부부의 상호작용에서 흘러나오는 깊은 핵
심 애착정서에 초점을 맞추기 시작할 것이다. 치료의 중간 단계에서 치료사는 분
노반응을 가속화시키는 무력감과 같은 일차 내재 정서에 초점을 맞추고 심화시킨
다. 이러한 내재 정서는 명확하지 않으며 지금까지 분명히 구조화되거나 표현되
지 못했다. 이러한 정서는 가장 최근에 나타나는 정서로 사람들을 지배하는 특
성이 있다(Wile, 1994). 사람들은 자기가 느끼는 정서에 대해 또 다른 정서를 갖
게 되는데, 예컨대 자신의 분노감을 두려워하기도 하고, 두려움을 부끄러워하기
도 한다. 치료사는 내담자가 자신의 정서를 수용할 수 있도록 인정하고 지지해
야 한다.

치료사는 내담자의 강한 정서와 이로 인한 자신의 불안을 다룰 수 있어야 하
고, 특별히 외상을 경험한 내담자에게 힘든 정서를 느끼도록 하는 데 따르는 극
도의 두려움을 밝혀야 한다. 이러한 두려움은 그것을 명확하게 밝힐 때 쉽게 다

스릴 수 있다. 예를 들면, 정서가 촉발되면 정서와 그것과 연관된 고통이 끝없이 지속될 것이라는 두려움을 갖는다. 이러한 경험에서 빠져나올 방법이 없을 것이라고 생각한다. 우리는 이러한 정서에 압도당하고, 자신의 경험 조직 능력과 자아감이 사라져 버릴 것이라는 두려움을 느낀다. 사람들은 통제력을 잃고 이러한 충동 정서의 노예가 되어, 그것이 자신을 괴롭히고 자신과 타인에게 큰 피해를 주게 될 것이라는 두려움을 갖고 있다. 또한 이러한 정서를 견디지 못해서 결국 '정신 이상자'가 될 것이라고 두려워하기도 한다. 특정 정서를 표현하면 다른 사람들이 자신을 이상하게 여기고 수용하지 않을 것이라는 두려움을 갖기도 한다. 이러한 두려움은 변화를 위해서 정서경험을 주목하고 수용하고 밝히고 이를 이용하려는 치료사의 노력과 정서와 깊이 연결되는 내담자의 능력을 방해한다. 이러한 두려움은 치료사에 의해서 회기 중에 밝혀지고 처리되며, 위험은 다룰 수 있는 요소로 처리된다.

　개입기법에 반응하는 내담자의 준비 상태와 능력에 따라서 치료사는 집중의 강도를 조절한다. EFT 치료사는 내담자의 경험과 내담자가 있는 지금-여기에 머물러 있어야 한다. 여기에는 정서에 오랫동안 머무르면서 깊이 빠져들 수 있을 만큼 내담자가 준비되는 것이 중요하다. 때에 따라서 어떤 파트너는 혼란과 불쾌감을 경험구조에 포함시키고는 싶어 하지만 자기 경험의 특정 요소를 두려움으로 조직하려는 준비는 되어 있지 못하다. 내담자는 자신의 개성에 따라 정서의 틀을 만들고, 치료사는 이 틀을 수용해 준다. 예를 들면, 어떤 파트너는 분노(anger)라는 말 대신에 좌절(frustration)이라고 주장하면서 이러한 좌절에 대해서 탐구하고 싶어 한다. 혹은 나이 많은 남자가 속상하다(upset)라고 하였는데, 이러한 경험을 슬픔(sadness)이라는 용어로 명명하면 심하게 까발려졌다고 느낄 수 있다.

　이와 관련하여 달리 생각해 보면, EFT 치료사는 정서에 접근하여 다루기 시작할 때 다음과 같이 개입할 수 있는 다양한 순간을 고려하는 것이 필요하다. 먼저, 회기 중 파트너의 설명(comment) 혹은 추상적인 명명/이미지(abstract label/

image)에 초점을 맞추고 이를 확대함으로써 정서경험에 다가갈 수 있다(예: "이 것은 너무 힘들어." "이것 때문에 속상해." 혹은 "이것 때문에 놀랐어."라고 한 파트너 가 말한다). 치료사는 특정 상호작용에 대한 반응이나 부부의 대화 흐름(dialogue sequence)을 탐색한다(예: 치료사는 "남편에게 ……라고 말할 때, 당신은 어떤 심정이 었습니까?" 혹은 "당신 배우자가 ……라고 말할 때, 당신에게 어떤 일이 일어났습니까?" 라고 질문한다). 또한 치료사는 표현된 정서나 부부의 핵심 부정 고리의 한 예(an example of the couple's core negative cycle)에 표현되고 함축된 정서를 반영할 수 있다. 다음으로, 치료사는 부부가 표현한 이야기(narrative)에 숨어 있는 정서를 따라가고 탐구한다. 그리고 마지막으로, 회기 중이나 회기 밖에서 애착적으로 의미 있는 사건(event)으로 전개한다.

정서를 다르게 탐색하고 조절하기 위해 내담자는 우선 이러한 정서를 느껴야 한다. 그리고 정서에 교감해야 한다. 채널(channel)을 바꿀 수 있으려면, 내담자 를 정서 채널로 부드럽게 끌고 가는 것이 EFT 핵심 기술이다.

정서 채널로 들어가는 하나의 예는 다음과 같다.

한 부부가 EFT 초기 회기 중에 서로 거리를 유지하면서 어색해했다. 비난하고 따지기 좋아하는 남편이 말했다. 전날 밤 부부는 파티에 참석했다. 파티 장소로 가는 길에 남편은 부인이 지난 몇 주간 부부관계를 거부해 왔다는 생각이 들었 으나 아무 말도 않은 채 파티에 도착해서는 자신의 마음을 '가라앉히려고' 몇 잔 의 술을 마셨다. 그런 다음 부인을 찾으러 갔다가 '잡지 표지에나 나올 법한 멍청 해 보이는 모델'을 닮은 남자와 깊은 대화를 나누고 있는 부인을 발견했다. 그리 자 남편은 방을 가로질러 부인에게 다가가서는 '멍청한' 남자와 밤새도록 '시시덕 거리고 바람을 피우고' 싶은 것은 아니냐고 물었다. 부인은 지금 즐겁게 대화를 나누고 있어서 중단하기 싫다고 하면서 남편에게 언제든지 먼저 가도 좋다며 차 갑게 대답했다. 남편은 고함치면서 파티 장소에서 빠져나와 분개하면서 집을 향 해 차를 몰았다. 이 사건이 있은 이후부터 EFT 회기 전까지 부부는 대화를 나누지 않았다. 치료사는 남편이 흥분, 분노, 요구를 보이고 있고, 부인은 상처받아 절망, 위축을 나타내는 부정 패턴을 보인다고 생각했다. EFT 치료사는 전형적으로 치료 속도를 천천히 조절해 가면서(속도를 감속하는 것 이외에 정서를 처리할 수 있는 길은 없음을 주목하라) 남편과 함께 사건의 과정을 돌아보았고, 앞에서 언급된 몇 가지 정서반응에 초점을 맞추었다. 즉, 초기 자극; 곤경, 손해, 위험, 고통 등의 부정적 사건에 흔히 있는 즉각적 지각; 신체적 감각; 인지적 의미 구성; 행동과 그것에 따른 결과에 초점을 두었다. 이 경우에 치료사는 내담자의 분노를 반영하였고, 이러한 분노를 유발시켰던 신호에 초점을 두었다. 남편이 방 저편에서 대화하고 있는 부인을 보았을 때, 무슨 생각을 했는가? 무엇이 남편을 그 장면에 끼어들지 못하게 했는가? 그때 정확하게 무엇이 남편을 당황하게 만들었는가? 처음에 남편은 부인에 대해 계속해서 경멸적인 태도로 평가를 내렸으나 치료사는 점진적이고 부드럽게 앞의 질문을 반복했다. 남편은 자신의 기억에 집중하기 시작하였고, "아내가 그 남자를 쳐다보는 태도였어요."라고 대답했다. 치료사는 이 신호를 좇아서 따라갔고, 그러자 내담자는 갑자기 눈물을 보이며 "아내는 나에게 그런 눈빛을 한 번도 준 적이 없었어요."라고 말했다.

이것이 남편의 애착욕구와 두려움을 탐색하게 해 주었고, 자신의 욕구와 두려움을 부인에게 표현하도록 하였으며, 부인은 상당한 지지를 받으면서 남편의 적대적 행동 뒤에 감춰진 약점을 인식하게 되었다. 이 사건에서 남편은 상실감에 의한 분노, 두려움, 강한 심장박동을 회피하고 있었고, 대신 분노에 따르는 이차적 대처반응에 초점을 두었다. 치료사는 남편이 방 건너 장면을 보았을 때, 그리고 이 사건에 대해서 이야기할 때 몸은 어떻게 반응했는지 등의 신체반응에 초점을 두면서 내담자의 경험을 확대시켜 주었다. 또한 치료사는 남편이 방을 건너 부인에게 다가가면서 스스로에게 어떤 말을 했는지를 질문하면서 남편의 의미의 틀이나 평가과정에 접근할 수 있었고, 남편의 동기에 초점을 맞추었다. 예를 들면, "당신이 나한테 이럴 수는 없어." 등과 같이 남편이 부인에게 부가적으로 하고 싶었던 말이 무엇인지 질문했다. 이러한 요소 중 일부를 확대해서 전체 그림으로 재조직하고, 나아가서 부부 사이의 드라마로 재조직시킨다.

특히 EFT 두 번째 과제에서 치료사의 목표는 중요한 애착정서를 밝히고 확대하고 재조직하며, 의미의 틀을 넓히기 위하여 새롭게 조직되고 보다 분명한 정서를 이용하고, 내담자의 새로운 반응을 이끌기 위해서 정서를 사용하며, 부부가 서로에게 다양하게 접근할 수 있도록 확대된 정서를 이용하는 것이다.

EFT가 수년간 발전되고 변화과정이 개선되고 명료해짐에 따라서 정서를 다룰 때 다소 다른 언어가 발달하게 된 방식을 주목할 필요가 있다. 초기 치료 지침은 내면 정서를 밝히고, 정서 심화과정(deepening process)에서 내담자의 충분한 개입을 돕는 것에 대해서 언급했다. 이 과정의 초기 단계는 점점 초점이 맞춰졌고 오늘날 EFT 치료사는 정서조합(assembling emotion)을 정서 변화과정의 첫 단계라고 불렀다. 그들은 또한 일반적으로 정서조절(emotion regulation)이라고 더 많이 언급했는데, 이러한 개념을 애착이론과 과학에서 사용되는 방식과 연결시켰고, 안정애착이 주는 소중한 혜택이란 생존을 위한 두려움과 욕구를 구체적이고 분명하게 밝히고, 긍정적 적응을 도와주는 방식으로 내적 현실을 일관성 있고 확실하게 표현할 수 있는 능력이라는 인식과도 연결된다. 안정애착형은 자신의 현실을 분명하게 드러내고 신뢰할 수 있는 경향이 있다. 조합(assembling)이라는 단어의 사용은 많은 내담자에게 정서반응을 일관된 형태로 찾아내어 이를 조직적으로 조합하는 것을 인정하는 반면, 그것을 이해하고 정상적으로 볼 수 있게 해 주는 대인관계 맥락에서 이를 바라본다(이러한 조합과정은 개입 절차의 한 부분으로 뒤의 'EFT 탱고'에서 다시 언급될 것이다).

독자에게 다시 상기시켜 주기 위해서 회기 중에 치료사가 내담자와 함께 체계적으로 조합하는 정서요소는 다음과 같다.

- 자극(trigger) 혹은 신호(cue)(흔히 위험이나 고통의 부정적 정서)

- 기본 지각(basic perception)/초기 평가(initial appraisal)(보통 내재화되어 있다)
- 신체반응(body response)
- 의미 만들기(meaning making)/반영적 재평가(reflective reappraisal)(흔히 자기에 대한 사랑스러움을 포함한 애착 내용과 관련이 있다)
- 행동화 경향(action tendency) 혹은 동기적 충동(motivational impulse)

만일 치료사가 정서의 특성과 중요성, 정서경험의 요소, 우리의 내적 및 상호작용적 삶에 중요한 몇 가지 정서, 정서경험을 바꾸는 증명된 강력한 방법을 이해한다면, 유기체의 생물학적으로 준비된 방식으로 정신내적 및 대인관계적 변화를 일으키는 경험의 강렬한 근본적인 면을 분명히 사용할 것이다. 정서는 내적 세계와 타인과 춤의 내재된 조직자(built in organizer)다.

예: 치료사는 정서요소를 조합한다

부인: 당신에게 어떻게 해 볼 도리가 없어요. 당신의 태도는 참을 수 없어요.

남편: (팔을 휘저으며 창가로 눈을 돌린다.)

치료사: 부인이 "……."라고 말할 때, 당신에게 무슨 일이 일어났습니까?

남편: 아무것도 없었어요. 저는 평소에도 자주 이렇게 했어요. 아내는 늘 이런 말을 해요.

치료사: 부인이 "……."라고 말할 때 아무것도 느끼지 않았네요? (신호를 반복한다.) (치료사는 단순하게 결합의 포유동물로서 '아무것도 아닌 것'이 적절한 선택이 아니며, 정서 억압은 고통스럽고 반복되는 신호에는 이를 유지하기 불가능하다는 것을 알고 있기에 질문을 하면서 머무른다.)

남편: 항상 이런 식이에요. 저는 그러려니 하고 생각해요. 신경 쓰고 싶지 않아요. (대처방식으로 바뀐다.)

치료사: 부인이 참을 수 없다고 당신에게 말하고 있는 이 순간에 그것을 신경 쓰

고 싶지 않네요. (그가 고개를 끄덕인다.) 당신이 이것을 옆으로 제쳐 두고 부인의 말을 잊으려 했던 잠깐 동안 당신에게 무슨 일이 일어났지요? 부인이 말할 때, 매우 힘들었겠어요, 맞나요?

남편: 몰라요. 나는 지금 여기서 벗어나고 싶어요.

치료사: 지금 힘든 무언가가 있네요? 당황했나요? 당신이 받아들이기 힘들었어요. 아주 힘들었네요? (고개를 끄덕인다.) 부인이 말할 때, 무엇이 들려왔나요? (초기의 평가에 초점을 맞춘다.)

남편: (초기 지각보다 의미 구성을 제공한다―위협) 아내가 내게 희망 없다고 말하고 있어요. 우리의 관계가 어둡다고 하는군요. 실패라고요.

치료사: (신체 각성에 초점) 당신은 손을 이렇게 내저었습니다. 그것이 절망스러운 건가요? 패배를 의미하나요? (의미 구성을 반복한다.)

남편: 그렇게 생각해요. 맞아요.

치료사: 당신은 손을 휘저었고, 포기한 것 같아 보였어요. 매우 절망적인 것처럼 말이죠. (이러한 정서 현실은 위축자가 관계에서 기본적으로 보인다.)

남편: 예. (신발을 응시하며 조용한 목소리로) 내가 할 수 있는 것이 아무것도 없어요.

치료사: (교감을 증가시키기 위해서 반복적으로 의미에 초점을 둔다.) 당신은 부인이 가망이 없다고 하는 말을 들었고, 절망감을 느꼈음에도 이를 무시하려 했지만, 당신의 몸은 절망감을 표현했고, 자신에게 "내가 망쳐 버렸어. 이미 아내를 잃어버렸어."라고 말을 하고 있네요?

남편: 예. 완전히 망쳐 버렸어요. 아내에게 만회하기 위해서 노력하지 않을 거예요. 아내는 나름대로 기준이 있고, 난 결코 그것에 미치지 못해요. (눈물)

치료사: (행동화 경향에 초점) 그래서 당신은 포기했고, 자신을 보호하기 위해 위축되었군요, 고통과 무력감을 차단하려 했네요. 그러고선 (부인을 향하여) 화를 냈어요. (부인이 고개를 끄덕인다.) 이것이 관계를 지배해 온 고리이고 서로를 외롭게 했네요. (애착의 중요성) 그것 때문에 눈물이 났

지요?

남편: 아니에요. 그냥 눈물이 난 거예요.

치료사: 당신 스스로에게 "나는 망쳐 버렸어. 그녀를 잃었어. 다시는 노력하지 않을 거야."라고 말했네요? 당신의 일부에서는 손을 휘저었고, 이는 마치 "나는 아내를 결코 즐겁게 해 줄 수 없어. 그녀의 사랑을 받지 못할 거야."라는 것 같아요. '맞나요?' (의미 구성을 반복한다.)

남편: 맞아요. 내가 결혼할 때 형님은 내가 너무 어리다고 말했어요. 하지만 네가 원하면 하라고 했어요. 우리 가족은 모두 어린 나이에 결혼을 했거든요. (부수적인 주제로 빠져나간다.)

치료사: 우리 다시 돌아가 봅시다. (재초점) 그래서 당신을 밀어낸 아내의 분노와 마주치면서 당신은 잊으려고 했습니다. 부인이 뭐라고 했나요? 그래요, 부인은 그때 남편으로부터 '냉담함'을 느끼게 되었지요. (부인이 고개를 끄덕인다.) 그러나 사실 당신은 좌절감과 패배감을 강하게 느끼면서 손을 휘저었고 부인을 다시는 즐겁게 해 줄 수 없다는 두려움을 갖게 되었어요. 그래서 당신은 입을 다물고 부인을 무시했어요. 맞나요? (고리의 관점에서 정서경험의 모든 요소를 요약한다.)

남편: 네. 맞아요. 그렇게 생각해요. 맞아요. (흐느껴 운다.)

일단 정서경험이 드러나고 이것이 의미 있는 전체로 통합되거나 내담자가 정서적으로 깊게 교감하면, 일반적으로 재연을 시도한다.

치료사: (재연을 요청한다.) 부인을 보면서 "나는 희망이 없다는 말을 들었어. 당신을 이미 잃어버렸고, 그래서 고통을 잊기 위해 입을 닫을 수밖에 없었어."라고 말할 수 있겠어요?

　그런 다음 치료사는 부인이 이러한 메시지에 반응을 구성하여 전개할 수 있도록 도와준다. 이러한 드라마가 지속됨으로써 치료사의 개입은 EFT 탱고라는 최근에 고안된 패턴으로 진행된다.

　이제부터는 정서중심 개인치료(EFIT), 정서중심 부부치료(EFCT), 정서중심 가족치료(EFFT) 등 모든 EFT 치료방식에 걸쳐서 사용되는 거시 개입방식의 개요를 설명하려 한다. EFT 탱고는『애착이론과 상담: 개인, 부부, 가족을 위한 정서중심치료』(Johnson, 2019a)에서 자세하게 기록했다. 체계적으로 내담자의 교감과 핵심 정서경험의 탐색을 심화시키고 자기와 타인에 대한 모델을 바꾸는 새로운 상호작용 드라마를 안무하는 이러한 절차적 개입의 효과에 대한 증거는 EFT의 부부치료(Greenman & Johnson, 2013)에서 실시된 9개의 변화과정 연구와 EFT 부부치료가 관계갈등뿐 아니라 파트너 개인의 애착지향성에 긍정적으로 영향을 미치는 일련의 연구들(www.iceeft.com 참조)을 통해서 밝히고 있다. 로저리언과 체계 임상가인 미누친에 의해서 개발된 미시 개입들에 대해서 EFT 탱고 이후에 설명할 것이다.

EFT 탱고: 자기와 관계체계의 변화

　5가지 '움직임(move)'으로 구성된 개입방식은 단계적 약화, 애착 재구조화, 강화의 3기(stage)에서 속도와 강도가 다르게, 내담자의 다른 민감성과 욕구에 맞게 사용된다.

　탱고의 움직임은 다음과 같다.

① 현재 과정의 반영(mirroring present process): 치료사가 정서조절 고리(예: 무감각이 분노로 바뀌고 결국 수치심에 빠지고 숨는다)와 타인과의 상호작용 고리("내가 숨어 버리자 당신은 열변을 토했고, 그래서 나는 당신을 더욱 차단

하고 이건 당신의 분노를 증가시켰어.")를 조율하고 공감적으로 반영하고 밝힌다. 여기서 내담자가 인식하지 못한 채 얼마나 현재에 적극적으로 내적 정서 현실과 대인관계적 상호작용 현실을 자기영속적 고리로 구성하는지에 초점을 맞춘다.

② 정서 조합과 심화(affect assembly and deepening): 치료사는 각 내담자에게 합류하여 정서요소를 함께 발견하고 꿰뚫어 보고, 이를 대인관계의 맥락에서 둠으로써 구체적이고 '전체'로 만들어 주고 깊은 요소 혹은 정서 수준으로 인식을 확장시켜 준다.

③ 교류한 만남 안무(choreographing engaged encounter): 확장되고 깊어진 내적 현실이 치료사가 이끌어 준 구조화된 상호작용으로 개방됨으로써 새로운 내적 과정이 타인과 연관해서 새로운 상호작용 방식이 되고 새로운 행동 목록이 만들어진다. 새로운 정서 음악은 타인과의 새로운 춤과 무용수의 새로운 자아감을 형성한다.

④ 만남 처리(processing the encounter): 새로운 상호작용 반응은 탐색되고 통합된다. 부부 및 가족 치료에서 상대의 새로운 행동에 대한 교착되거나 부정적인 반응은 치료사에 의해서 억제되거나 처리된다. 새로운 만남은 점차 접근, 반응 교감하여 안정적 유대를 향하여 부부를 움직인다.

⑤ 통합과 인정(integrating and validating): 파트너의 능력과 신뢰를 높이기 위해서 새롭게 드러난 것과 긍정적 상호작용 반응을 강조하고 반영하며 인정해 준다. 이 과정에서 내적 경험과 이것이 어떻게 자기강화적으로 상호작용 패턴을 만드는지, 그리고 새로운 대인관계 유대와 이것이 개인의 내적 경험과 자아감을 호혜적으로 만드는지에 대해서 강조한다. 여기서의 중요한 메시지는 성장과 능력 및 신뢰감의 확장을 높이는 것이다. 경험은 처리될 수 있고, 관계는 이해 가능할 뿐 아니라 새롭게 만들어지고 만들 수 있다.

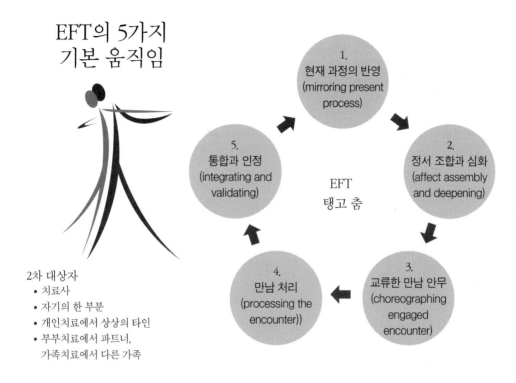

EFT의 5가지
기본 움직임

2차 대상자
- 치료사
- 자기의 한 부분
- 개인치료에서 상상의 타인
- 부부치료에서 파트너,
  가족치료에서 다른 가족

이제 이 움직임을 자세하게 알아볼 것이다. 자세한 내용은 최근의 저서 『애착 이론과 상담』에서 다루고 있다.

♥ 탱고 움직임 1: 현재 과정의 반영

좋은 치료동맹에 의해 벌어지는 첫 단계는 치료사 앞에서 현재 발생하는 과정에 대해 조율하고 단순한 서술을 제공하는 것이다. 이것을 위해서는 상담실에서 내담자의 내면과 그들 사이, 혹은 내담자와 치료사 사이에서 일어나는 경험적이고 상호작용적인 과정을 추적하고 협력적으로 이름을 붙여야 한다. 이때 교훈적이고 지적으로 말하거나 합리화하는 양식보다는 개인의 경험이나 상호작용 패턴의 이해를 교감적으로 탐색할 수 있게 (평가하는 말보다는) 서술적이고 정상화시키고 환기적인 태도가 핵심이다. (내담자가 드러낸) 표면에서 시작된 정서표현/

메시지 및 이와 연관된 생각, 감각, 행동, 상호작용 동작과 태도는 추적되고 반영되고 사려 깊게 감춰진 쪽으로 옮아간다. 회기 중에 치료사 혹은 파트너와 함께 시연된 (상상으로 떠오른 파트너의 부정적 반응과 같이) 내담자의 상상에 의한 상호작용은 단순한 언어로 서술되고 그 스스로의 극적인 순간이 있고 자기유지적 속성을 가진 것으로 구성한다. 각 내담자는 여기서 가장 단순하고 핵심 요소가 배경이 되고 녹아 있는 이 드라마의 작가이자 희생자다. 치료사는 전개되는 드라마를 붙잡고 반영하고 내담자가 한발 물러나서 거리를 두고 보게 하여, 그 자체가 생명(life)이 있다는 것으로 재구성한다.

단계적 약화 혹은 안정화기 치료 회기에서 첫 번째 탱고 움직임은 다음과 같이 전개된다.

> **치료사:** 샘, 지금 파트너에게 아주 흥분되고 화가 났지만 그녀에게 조용히 대처하려는 것처럼 들렸어요. 당신은 부당한 취급을 당하고 실패자라는 낙인을 받았다고 느꼈네요. 당신은 이것이 '우울의 어두운 안개'를 자극했다고 보았어요. 이것이 맞다면, 당신은 여기에 사로잡혀서 점점 의기소침해졌어요. 당신은 그녀가 당신을 떠나기로 작정했다고 믿었고, 그래서 침묵하다가 가끔 폭발을 했네요. 그것은 매우 힘들어요. 침묵이 가장 안전한 선택이라 여겨졌지만 가끔 조용히 있기가 힘들었어요. 하지만 사랑하는 그녀는 자신과 거리를 두고 있고 좌절과 고독을 안겨 준 당신의 '침묵의 벽'을 보았네요.

여기서 대부분 과정 내부의 추적에 초점을 맞추고 타인과의 유대와 단절의 영역으로 옮아간다.

가족치료의 단계적 약화 혹은 안정화기에서는 탱고 움직임 1 '현재 과정의 반영'이 다음과 같이 나타난다.

치료사: 샘(아빠), 여기서 잠깐 멈춰 볼까요? 아들에게 그가 말한 것은 반드시 실
시해야 한다고 말할 때 어땠나요? 논리적으로 설명을 할 때는 어떤가
요? 내가 느끼기로는 이것이 당신에게 매우 힘들어 보였어요. 당신은 아
들이 당신 말을 듣고 있다고 느끼지 못했고, 그래서 창밖을 쳐다봤어요.
그리고 메리(엄마), 당신은 남편의 말에 더해서 아들이 얼마나 성가시고
가족을 파괴하고 있는지에 대해서 지적했어요. 팀(강하게 분노하고 협조
하기를 거부하는 10대 아들), 여기서 자신의 손을 꼭 맞잡으면서 아빠의
제안을 거절했어요. 아빠에게 '아니요'라고 말했어요. 이것이 맞나요?
(팀이 고개를 끄덕인다.) 아빠는 당신을 설득하려 했지만 거리를 두고 있
었고 엄마는 애원하고 규칙을 반복해서 말했고, 당신은 화가 난 채로 앉
아서 부모가 원하는 것을 거부했어요. 아빠는 늘 그가 하던 대로 협조하
라고 했고, 엄마는 흥분해서 당신을 밀어붙였고, 당신은 점점 더 심하게
화가 났어요. 그리고 이런 상황은 모든 가족을 지배해 버렸지요?

♥ 탱고 움직임 2: 정서 조합 및 심화

어떻게 내담자가 자신의 정서경험을 분명하고 구체적으로 알 수 있게 도와줄
것인가? 우리는 정서의 핵심 요소에 초점을 맞추고 이들을 하나로 모은다. 즉,
우리는 내담자와 함께 완전성(sense of completeness), 즉 "맞아, 이거야. 내가 느
낀 것이 바로 이것이고 이제 이해가 돼."라는 경험을 하게 해 주기 위해서 이들
을 전체로 조합한다. 그런 다음 이것은 숨겨지거나 인식되지 못한 정서를 발견하
고 심화시키는 문을 열어 준다. 정서의 특성과 의미의 틀을 제공하는 명확한 맥
락에 대한 지침을 갖고 있다면 내담자의 정서 조합은 비교적 단순한 개념이지만
임상 실제에서 매우 유용한 것으로 증명되었다. 하지만 정서에 효과적이고 체계
적으로 주목하고 그것을 강조하고 축소시키거나 혼란스러울 때 그것을 주문하

는 것은 너무나 압도적인 과제로 보일 수 있다. 이 때문에 많은 치료모델에서는 직접적으로 정서를 다루는 것을 묵살하거나 외면해 왔다. 앞에서 언급했듯이, 단지 분노, 수치, 슬픔, 두려움, 기쁨, 놀람의 6가지 기본 정서를 기억하는 것이 좋다. 슬픔, 두려움, 수치와 같은 부드러운 정서는 흔히 다른 정서에 비해서 접근되지 않는다. 내담자는 반발적인 분노 혹은 감정 부재의 무감각[이는 반복적으로 지성화(intellectualization)하고 문제 혹은 경험은 얕고 무심하게 언급된다]를 드러낸다.

앞에서 간단히 주목했듯이, 우리는 정서를 구성요소(comprising component) 혹은 핵심 요소(core element)로 생각할 수 있고, 그래서 정서의 본질이 함축된 특정 정서반응을 묘사하고 밝힐 수 있다. 치료사의 과제는 이 경험을 통일된 구체적인 전체 속에 그릴 수 있게 하고, 지금까지 해 왔던 자기와 타인에 대한 습관적 대처방식에 이를 연결할 수 있게 돕는 것이다. 이러한 과정 자체가 지각을 높일 뿐 아니라 정서 균형을 개선시킨다. 관용적 표현인 "이름 붙인 것은 길들일 수 있다."라는 말이 떠오른다.

정서의 행동화 요소는 부부 춤에서 내적 정서조절 패턴을 상호작용 패턴과 연결시킨다. 정서는 자기와 체계를 서로 묶어 준다. 이는 타인을 향한 행동을 조직하고 정서 신호는 화자에 대한 타인의 행동을 만들고 제한한다. 이러한 행동은 개인의 경험을 구성하는 피드백 고리를 형성한다. 각 정서는 인식 가능한 행동화 경향과 연결될 수 있는데, 예를 들면 두려움은 도망, 마비된 듯 얼어 버림, 혹은 투쟁 반응을 일으킨다. 습관적인 정서조절 피드백과 반복되는 상호작용 드라마는 많은 내담자의 삶 가운데 닥치는 막힌 곳을 설명해 준다. 치료사에게 중요한 것은 정서가 문자 그대로 사람들을 특정 행동, 즉 자신과 타인을 보는 것과 타인과 교류하고 반응하는 새로운 방식을 이끌 수 있다는 사실이다.

정서의 5가지 핵심 요소를 이끌고 단순하고 분명히 실재하는 전체로 조합하는 과정은 내재 정서를 드러나게 하여 그것이 더욱 인정되고 밝혀지고 더해지고 심화될 수 있다. 각 요소는 먼저 환기적으로 찾아지고 구체적이 되지만 종종 분명하고 중요하지만 숨겨진 정서반응(예: 정서표현으로 단순히 전환)에 치료사가 초점을 맞추고 속도를 늦추고, 반응을 유발하는 자극(핵심 요소 1)을 반영과 환기적 반응으로 명확히 짚어 주면서 시작된다.

부부와 함께 끌어내는 과정은 다음과 같다.

치료사: 댄, 저를 좀 도와주시겠어요? 마니가 자신이 받은 상처에 대해서 말할 때, 당신은 그 순간 돌아서서 머리를 흔들었어요. 무슨 일이 있었나요? 이렇게 머리를 흔들게 만든 것이 무엇인가요?

댄:　　제 생각에는 그녀의 목소리였어요.

그는 그의 파트너로부터 습관적으로 위축되기 시작한 자극(trigger)을 밝혔다. 이전에 치료사는 만일 그녀가 댄에게 감정을 단순하게 요청하면, 댄은 질문을 묵살하거나 그가 모르겠다고 말한다는 것을 발견했다. 하지만 특정 행동의 자극에 대해서 구체적으로 치료사가 물어볼 때, 댄은 대답할 수 있었다. 그런 다음 치료사는 현재 경험에 대한 다른 요소들을 경험적 탐색(experiential search)에 참여할 수 있게 했다. 그녀는 신체반응(body response)에 집중하게 되었다.

치료사: 물러날 때 신체적으로 무엇을 느꼈고, 지금은 어떻게 느껴지는지에 대해서 얘기해 주시겠어요?

댄:　　(멍하니 있다.) 나는 차단했어요. 나는 아무 감정을 느낄 수 없었어요. 아무것도 못 느꼈어요.

치료사는 이후 종종 모호한 일반적 '견해'(general 'take') 혹은 지각(preception)을 살핀다.

치료사: 그래서 차단하기 원했고, 무언가 기분이 좋지 않았네요?

댄:　　오, 나를 밖으로 쫓아내는 것같이 기분이 나빴고, 그래서 나는 외면했어요.

댄은 지금 그의 초기 지각과 물러나는 행동화 경향을 말했다. 치료사는 앞의 요소를 요약한 이후 의미(meaning)에 초점을 유지한다.

치료사: 그래서 당신은 그녀의 말투를 들었고 무언가 나쁜 것이 일어난 것처럼 느꼈군요. 그녀의 목소리에서 어떤 것을 들었나요?

댄:　　그녀는 항상 '상처'받았다고 말했고, "당신은 다시 모든 것을 망쳤어. 당신은 늘 망치는 사람이야."라는 말이 제가 들은 것의 전부였어요.

지금 치료사는 모든 요소를 갖게 되었고, 그것을 전체로 반영하면서 댄과 함께 요소들을 모았고, 현재 그의 아내와의 애착관계와 관계의 자아감(sense of himself)의 맥락에 두었다. 치료사는 댄과 함께 그의 정서반응을 구성했고, 그녀와 했던 것처럼 구체성(specificity)과 '세분성(granularity)'을 강화했다. 댄은 이 과정에 몰입하여 자신의 경험의 순서를 발견하였고, 그의 내성의 영역(window of tolerance)을 넓혔다. 그런 다음 그는 이러한 경험을 수용하고 통합했다. 치료사는 댄의 능력과 그의 경험의 '합리성(reasonableness)'을 지지해 주었다. 자신의 경험을 붙잡고 이해하고 신뢰하게 되는 것은 긍정적 적응을 하는 토대가 된다. 일단 댄이 이렇게 할 수 있으면 탱고의 다음 단계(탱고 움직임 3)에서 아내와 나누도록 요청을 받는다.

이러한 조합과정은 정서가 유발되고 정제되는 것과 동시에 그것을 조절한다. 치료사가 집중할 정서의 핵심 세트와 어떤 정서를 이루는 명확한 구성 목록을 갖게 되면, 모든 정서 조각을 한곳에 모으고, 이들을 경험을 유발하는 대인관계적 애착 드라마의 맥락에 둔다. 이러한 새로운 정서 서술은 개인의 가장 중요한 욕구와 타인을 향한 새로운 행동 가능성에 대한 분명한 설명을 포함한 소중한 적응 정보를 제공한다. 일단 우리가 새로운 정서 음악을 듣게 되면, 자연스럽게 자신을 다르게 움직일 수 있게 된다.

하지만 조합은 전체 이야기는 아니다. 이는 핵심 정서경험에 대한 개입을 심화하는 탱고 움직임 2의 다음 파트의 전주다. 치료사는 부인이 그를 떠나겠다는 비판과 위협을 들었고 '무반응'과 '무감각'으로 반응했던 순간에 나타난 댄의 신체 반응에 집중하게 했다. 댄은 자신의 요동치는 심장에 놀랐고 숨이 막혔다. 그는 "나는 두려웠어요."라고 말했다. 그런 다음 그는 "두려웠지만 아주 터무니없었어요."라고 했다. 두려움 및 그에 수반되는 무력감, 수치심, 슬픔 등의 깊은 정서는 비교적 쉽게 접근 및 개입될 수도 있고, 혹은 많은 노력을 기울여야 드러나기도 한다. '심화'되는 속도와 수준은 내담자의 개방 정도와 익숙하지 않고 조각나고 무서운 정서를 인식하고 견디는 내담자의 능력에 달려 있다. 심화는 또한 치료의 단계와 치료동맹의 결속 정도에 달려 있다. 치료사는 단순히 '새롭고' 깊은 정서에 접촉하거나 이를 이끈 이후 내담자를 정서의 핵심을 정제[혹은 이러한 정서의 방해(block)를 이해]할 수 있게 이끈다. 이것이 이뤄지면 치료사는 내담자가 깊은 수준에서 정서에 머물러 탐색할 수 있게 격려해 준다. 목표는 정서 현실, 즉 내담자가 문제와 갈등으로 가져오는 이야기 속에 있는 두려움과 갈망의 엔진(engine)을 발견하고 밝히는 것이다.

단계적 약화기에 볼 수 있는 심화는 다음과 같다.

치료사: 그래서 폴, 당신은 지금 말을 하면서 짜증이 났네요, 맞나요? 메리가 언제나 바빴다고 설명을 하면서 점점 속이 상했어요. 자신의 입장을 증명했지만 바닥을 응시하며 한숨지었어요. 한숨이 어떤 의미인지 말해 주시겠어요? 혹시 그것이 지난주에 그녀에게 소중하지 않다고 말한 것과 같은 것인가요? 그렇다면 아주 아팠겠어요. 아무것도 할 수 있는 것이

없다는 의미인가요? (폴이 동의하며 눈물을 흘린다.)

폴: 지금 다시 외로워졌어요. 상처를 받았어요. 항상 혼자였어요. 저를 무시하는 사람, 즉 아내가 옆에 있기는 하지요. 저는 선생님 앞에 혼나는 아이처럼 물러나요. 말하고 싶은 것이 뭐냐면요, 저의 첫 번째 결혼에서 벌어진 것과 똑같은 거예요. 뭐, 사랑은 항상 이런 거니까요. (그는 사랑에 대한 수다로 빠져나간다.)

치료사: 다시 돌아가 볼까요? 분명하게 이해하고 싶어요. '자신의 증명'하는 이면에는 버려진 것과 같은 깊은 상처가 있었네요. 버림받은 느낌말이에요. 맞나요? (폴이 울면서 동의한다.)

이러한 정서 고통이 폴의 고유한 부분의 기초가 되며, 이는 그가 충족받지 못했고, 그녀는 다음에 언급될 관계를 재형성시켜 주는 교정적 만남에서 보지 못했다.

♥ 탱고 움직임 3: 교감한 만남 안무

이 단계에서 내담자의 내적 드라마는 대인관계 영역으로 옮아가서 소중한 타인과 탱고 움직임 2에서 교감한 조합되고 정제된(가끔은 심화된) 정서 현실을 나누도록 이끈다. 소중한 사람과 정서경험을 나누는 과정에서 새롭고 확대된 정서 현실이 분명히 드러나고, 내담자는 이를 인정하게 된다.

이러한 상대는 상담실 안에서 조율하는 치료사 혹은 애착대상이 될 수 있다. 이러한 애착대상이 정서적으로 접근, 반응, 교감을 하거나 깊이 교감하지 못하고 적대감을 보일 수 있다. 이 모든 경우에 내담자와 상대와의 연결은 치료사에 의해서 탐색되고 조정되고 지시된다. 만남이 긍정적이든 부정적이든 간에 새로운 정서 음악은 내담자로 하여금 상대방과 결합 수준이 다른 새로운 춤을 추게 한다. 소중한 사람과 새롭게 접근된 취약성의 나눔은 개인의 행동 레퍼토리를 확대하고 타인의 새로운 반응을 강하게 불러온다. 타인에게 정서를 주장하는 것은 정서개입을 심화시키고 통합하게 해 준다. 재연된 드라마에서 자기와 타인의 모델은 또한 개선된다.

탱고 움직임 3은 노출치료라고 볼 수 있다. 전문가의 보호와 지휘를 받는 안전한 환경에서 내담자는 과거에 상처 혹은 위협을 받았던 대인관계 만남에 도전하고, 이러한 영역에 다가가서 다른 결과를 얻게 된다. 전형적인 노출치료에서 내담자가 취할 위험을 측량하고, "아마도 이것은 아주 힘들 거예요. '이것을 당신에게 말하기 힘들고…… 지금 하기 어렵다.'라고 단순하게 말해 보시겠어요."라고 제안하면서 '위험을 세밀하게 살핀다'. 이러한 만남 역시 교정적 정서경험의 핵심 재료가 되고 중요한 삶의 드라마와 관계가 변한다.

애착의 재구조화기에서 탱고 움직임 3은 다음과 같이 나타난다.

치료사: (부드럽고 느린 목소리로) 칼, 그래서 당신이 사랑하는 아내를 지적할 때, 그녀가 당신에게 가치가 있다는 것을 증명하기 위해서 노력할 때, 어떤 일이 일어났는지를 말하고 있었어요. 이것이 당신이 느낀 버림에 대한 두려움을 다룰 수 있는 유일한 방법이었네요? 지금이 바로 우리가 일생 동안 이러한 두려움이 당신에게 있었다는 것을 깨닫게 되는 순간이었어요. 아내가 오랫동안 당신과 있었지만 그녀의 보살핌을 받고 신뢰하는 것은 매우 두려운 일이었어요. (칼이 고개를 끄덕이며 눈물을 흘린다.) 하지만 당신은 그녀가 없어서 찾아오는 극심한 외로움이 가장 큰 두려움이라고 말했는데, 맞나요? 그리고 그것은 참기 어려웠어요. (그가 고개를 끄덕이며 동의한다.) [아주 부드럽고 느린 목소리로 칼이 말하듯이 '대리 목소리(proxy voice)'를 사용한다.] 그래서 그녀에게 말해 보시겠어요? "내가 너무 재촉했어. 나는 나의 두려움이 사실이 아니기를 당신에게 증명

받기를 간절히 바랐는데, 당신이 없으니까 외로움이 찾아왔고, 이럴 때 '어두움'은 나를 찾아와서 지배했어." 이렇게 말할 수 있겠어요? 지금 말할 수 있나요? (그가 그녀를 향해서 앉았고, 말하기 시작한다.)

♥ 탱고 움직임 4: 만남 처리

네 번째 움직임에서 치료사는 새롭게 접근한 정서로 교감하며 직접 나눈 상호작용 드라마인 상호작용 과정을 반영하고 요약한다. 내담자와 함께 치료사는 이런 정서를 재연한 것이 어떤지, 상대가 듣고 통합한 반응이 어떤 것인지를 탐색한다. 상대의 경험과 반응을 듣는 데 걸림돌(block)이 무엇인지도 탐색한다. 부부치료에서 새롭게 개방하고 취약해진 배우자가 제공한 메시지를 거절한다면 치료사는 개입하여 (이후에 설명이 될) '총알받이(catch the bullet)'를 통하여 상대 배우자로부터 오는 친숙하지 않은 메시지를 받아들이고 수용하거나 반응하기 힘든 것을 다룬다. 새로운 정서경험은 새로운 상호작용 드라마가 되고, 이러한 드라마는 지금 반영·탐색되고 의미를 살피고 자기, 타인, 관계 모델로 통합시킨다. 치료사가 제공하는 안전, 구조, 반영은 변화의 계기가 되고, 내담자는 점점 이러한 드라마에서 위험을 감수하여 효과적으로 발생하는 새로운 정보와 경험을 처리하게 된다.

단계적 약화 혹은 안정기의 가족 회기에서 보이는 탱고 움직임 4는 다음과 같다.

치료사: 지금 아버지에게 손을 뻗어서 "내가 원하는 것은 아빠가 나에게 가까이 다가오는 거예요."라고 말할 때 어땠나요? 그것은 아주 용감했어요. (제이콥은 이렇게 말하는 것이 좋게 느껴진다고 하면서 활짝 웃는다.) 이것을 듣는 것은 어땠나요, 샘?

샘:　감동이었어. 제이콥, 감동이야. 하지만 마음에서 불안이 느껴져. 어떻게

아빠가 되고 어떻게 해야 할지 잘 모르겠고 약간 경직이 돼. 그리고 또 슬프고 무서워. 나는 너의 아빠가 되고 싶거든.

치료사는 이것을 다시 말하도록 지시했고, 샘이 아들에게 반응하는 것에 걸림 돌이 되는 무능감을 설명하기 위해서 그것을 추적해 갔다.

재구조화기의 부부 회기에서 탱고 움직임 4는 다음과 같다.

치료사: 폴! 메리에게 "나는 미칠 것 같고 당신이 옳아. 나는 지금 외롭고 내가 할 수 있는 것이 없어."라고 말할 때 어땠나요?

폴: 좋고 벅찬 느낌이 들었어요. 단단히 서 있는 느낌이에요. 맞아요. 저는 혼자이고 싶지 않고 아내가 그것을 볼 수 있도록 애썼어요.

치료사는 메리가 이것을 들을 때 어떤지 물어보았다.

메리: 혼란스러워요. 저는 폴이 약하다고 느끼지 못했어요. 저는 지금 들었고 이해할 수 있어요. 제 침묵이 남편의 분노를 일으켰다고 느껴지네요. 누 가 그것을 알았겠어요?

♥ 탱고 움직임 5: 통합과 인정

자신의 경험과 소중한 타인과의 새롭고 깊은 교감과정으로 들어가는 마지막 움직임에서 치료사는 메타 관점으로 이전의 4가지 전체 움직임을 반영해 주고 각 내담자의 장점과 용기를 인정하기 위해서 중요한 순간과 반응을 강조한다. 이러한 개입에서 내담자가 받는 메시지는 정서를 경험하고 다루는 방식, 자신과 타인의 이해방식, 그리고 그들의 삶을 정의하는 소중한 관계방식의 움직임이 변화할 수 있다는 것이다. 탱고 움직임 5에서 치료사는 전체 탱고 움직임의 일관성과 종결을 가져와서 지속되는 치료과정의 하나의 구성요소가 된다. 치료사는 이러한 움직임에서 표현된 긍정적 정서를 기반으로 그것을 강조하고 이미지를 발견한다. 긍정적 정서는 관심과 개념의 깊이를 확대하고 창조성을 높이고 경계심을 완화하여 접근 동기를 부여하고 행동을 탐색할 수 있게 해 준다(Fredrickson & Branigan, 2005). 이상적으로 탱고과정은 긍정적 균형(balance)과 성취(accomplish)의 순간으로 끝이 난다. 사실 신경과학자인 자크 판크셉(Jaak Panksepp, 2009)은 실제로 경험치료를 '정서균형치료'라고 불렀다. 이러한 탱고가 전개될 때마다 변화의 계기가 나타나고 내담자의 숙달감(sense of mastery)을 높여 주어 자신의 내적 삶과 관계를 이해하고 이 2가지가 서로를 형성하고 변화시킬 수 있다.

요약하면, EFT 탱고과정은 치료사를 이끌어 준다. 길을 잃거나 혼란스러울 때, 치료사는 기초 개입의 기본 조합인 메타틀(meta-framework)이 되는 이러한 핵심 과정으로 단순하게 돌아와서 자신을 이끌어 갈 수 있다. 5가지 모든 움직임이 회기 중에 항상 시연되지는 않음을 기억하라. 특히 가장 강력한 재구조화기에서 각각의 움직임은 그 자체가 전체 회기의 일부가 될 수 있다. EFT 부부치료와 가족치료의 연구에서 제시된 순화의 변화사건에서 탱고 움직임 2, 3, 4는 강화되고, 흔히 새로운 수준의 접근과 반응을 만들기 위해서 여러 차례 반복된다. 정서 심화, 타인과의 재연, 만남 처리의 반복은 새로운 안정적 결합의 각본을 만들기 위해 시행된다. ('날 꼬옥 안아 줘요' 대화라고 불리는 순화 변화사건은 특별한 관심을 집중할 필요가 있고, 이 장의 마지막 부분에서 언급된다.)

EFT 변화과정에서 치료사는 움직임의 기본 과정에 익숙해지면 이를 창조적으로 향상시켜 갈 수 있다. 정서 조합과 심화과정의 정서에 다가가서 처리하는 방법, 매우 깊은 만남으로 상호작용 패턴을 변화시키는 방법, 새롭고 건설적인 애착경험 형성방법을 아는 것은 치료사의 능력을 향상시켜서 회기에 진심으로 머무를 수 있게 함으로써 확실히 다룰 수 있다! 이 모든 과정에서 치료사와 내담자는 정서 음악을 듣고 조절하며, 새로운 대인관계 움직임을 만들고, 자기와 타인에 대한 적응적 변화를 일으키는 안정적 유대의 분명한 춤을 안무한다.

♥ EFT 탱고에서 치료사의 자세

치료사에게 탱고의 다섯 움직임은 다양한 수준을 전개하는 개입의 토대가 된다. 개입의 구조와 방향 등 다루는 전문적 인식 수준은 다양하지만 효과적인 치료 제공을 위한 도전은 완전하게 진행되고 개인의 수준까지 진심으로 교류하게 된다. 치료사와 각 내담자와의 관계에 숨겨진 메시지, 즉 관계 맥락은 모든 EFT 변화과정의 기초가 되는 발판이다.

첫째, 치료사는 회기의 정서 음악에 조율하고 다가가야 하고, 내담자와 그들의 딜레마에 공감적으로 움직이기 위해서 자기 정서가 주는 피드백을 사용한다. 치료사는 함께하고 진심으로 내담자와 교감한다.

둘째, 치료사는 자신과 각 내담자와의 동맹의 안전을 지속적으로 점검하고 적극적으로 유지한다. 예를 들면, 특히 아주 예민한 내담자는 부드럽고 수용적 태도로 문제행동을 반영해 주고, 즉시 인정하는 말을 더해 주어야 한다. 회기가 위험이 감수되고 지속적인 공감이 제공되는 안식처로 정의될 관계 메시지를 신중하게 제공한다. (이 태도는 인생의 고난에 직면할 때 안전과 위안을 제공하는 사랑하는 부모의 역할과 같다.) 치료사는 각 내담자와 접근적(Accessible), 반응적(Responsive), 교감적(Engaged)(ARE; 앞에서 언급했듯이 이들이 안정결합의 3가지 주요소임을 기억하라)일 수 있도록 하고, 이러한 안정결합의 소중한 느낌이 사라지면, 치료사는 멈추고 이러한 균열을 우선 다룬다.

셋째, 치료사는 내담자 시계에 대한 호기심 어린 탐험가(explorer)이고, 내담자와 순간순간 함께하는 과정자문가로서 흩어지고 부인되고 회피된 경험의 요소를 찾아서 이에 접촉하고 조직한다. 안전한 동맹은 지금 발생하고 뇌에 저장되었던 지금의 경험에 대해서 내담자가 새로운 수준으로 개입할 수 있게 해 준다. 신경 과학은 이러한 깊은 개입은 도전을 받음으로써 신경회로를 최적의 상태로 만들 고 재형성할 수 있게 해 준다고 밝혔다(Coan, 2008, 개인적 소통).

넷째, 치료사는 통상적으로 회기의 모든 과정을 반영하고 치료 단계와 과정 및 내담자의 치료적 목표와 연결해 준다. 치료사는 각 내담자가 가장 안전한 곳에 서 도전할 수 있게 함으로써 치료 회기를 안전기지로서 행동한다. 예를 들면, 내 담자는 힘들거나 상처가 되는 사건에 깊이 다가가거나 기본 실존의 취약성을 유 발하는 방식으로 애착대상에게 개입하도록 요청받는다.

다섯째, 치료사와 내담자 모두 전문가와 제자가 아니라 힘든 삶에 내몰렸을 때 사는 방식을 배우려고 노력하는 두 명의 인간으로서 겪는 곤경을 협력적으로 탐 색한다. 그래서 치료사는 전문가 역할로 내려놓고 내담자의 곤경이 보편적으로 겪으며, 명확한 대답은 찾기 어렵다고 여긴다. 치료사는 개입의 한 방법으로 자 기개방도 사용한다.

요약하면, EFT 변화과정은 치료사가 정서적이고 개인적으로 함께하는 특별한 치료동맹을 요구하고, 이렇게 함께하는 것은 큰 변화를 제공한다. 이 장에서 동 맹 형성의 첫 번째 과제와 두 번째 과제인 정서 다루기뿐 아니라 EFT 탱고라는 거시 개입의 개요에 초점을 맞추었다. 명확히 말해서, EFT의 3가지 과제에 주목 하기 바란다. 세 번째 과제인 상호작용의 재구조화는 다음 장의 주제로 다룰 것 이다. 하지만 개입의 거시 절차인 EFT 탱고는 정서를 다루고, 긍정결합의 문을 열어 줄 새로운 상호작용을 만들기 위해서 새로운 정서 신호를 사용하는 과제 2, 3에 통합된다.

| 제**5**장 | # 기본 EFT 미시기술: 경험과 체계 |

그래서 나는 스스로에게 물어보는 법을 배웠는데, 그런 내가 다른 사람의 내면의 소리를 듣고 느낄 수 있을까요? 나는 그가 두려워하고 소통하고 싶은 의미뿐 아니라 알고 있는 것을 알아차려서 그가 깊이 말하고 있는 것에 동조할 수 있을까요?

– 칼 로저스(Carl Rogers), 『On Becoming a Person』(1961a)

이 장에서는 변화과정에서 EFT 치료사의 가장 기본적 도구인 미시기술을 요약한다. 이러한 기술들은 칼 로저스(Carl Rogers, 1951, 1975) 및 미누친과 피시먼(Minuchin & Fishman, 1981) 등 체계이론가의 작업을 통합한 것이다.

하지만 이들은 EFT의 다양한 맥락과 내담자에게 적용된 30년간의 EFT 실제에 대한 연구 및 실제를 이끄는 애착 과학에 초점을 맞추면서 발전하고 변화했다. 예를 들면, 로저스의 회기 기록(Farber, Bring, & Raskin, 1996)과 최근의 EFT 회기 기록의 비교를 통하여 EFT의 반영(reflection)은 로저스의 그것보다는 체계적이고 구조적인 방식으로 사용되는 것으로 나타났다. 안정적 애착을 이루기 위해 정서를 조절하고 재구조화하여 새로운 상호작용을 만드는 2가지 과제에 초점을 둔 이러한 기술들은 거시 개입인 EFT 탱고과정을 이루는 재료들이다. 이러한 기술들은 항상 각 내담자와의 조화와 존중에 근거한 동맹의 바탕에서 시행된다.

동맹의 형성과 유지는 EFT의 첫 번째 과제다. 이제 두 번째, 세 번째 과제인 개입에 대해서 살펴보자.

기술과 미시 개입법-과제 2: 정서 접근, 조절, 재구조화

♥ 1. 반영

치료사는 현재의 가슴 아픈 정서를 따라가서 집중하고 반영한다. 치료사가 내담자의 경험에 대해 이해한 것을 전달하여 이들이 경험에 집중할 수 있게 한다. 반영은 단지 내담자의 말을 반복하거나 부연 설명하는 것이 아니다. 반영하기 위해서는 치료사의 강한 집중이 요구되며, 치료사가 내담자의 경험에 공감적으로 흡수되어야 한다. 치료사는 내담자의 경험과 경험의 처리과정을 추적하고, 매 순간 내담자 경험의 구조화 방식을 알아 간다. 치료사는 경험 흐름의 전환점이 되는 순간을 선택하여 명확하게 밝힌다. 예를 들면, 갑자기 내담자가 정서 교류의 수준을 바꾸거나 교착상태에 빠지고 적절한 단어를 찾지 못할 때다.

기술적으로 잘 반영되면, 내담자는 이해받고 인정받는 느낌을 갖는다. 그러면 치료 회기가 안전한 곳이 되고, 치료사를 동맹자로 생각한다. 이러한 반영은 내담자의 드러나지 않는 내적 경험에 집중하게 하고, 내담자의 경험을 적극적으로 다듬어 주며, 회기 중에 내적 정서와 상호작용 과정의 속도를 떨어뜨린다. 반영은 특정 표현의 의미를 강조하고, 치료과정에 초점을 맞추게 한다. 반영은 경험을 계속 살펴서 새로운 측면이 드러나게 한다. 반영은 그동안 모호하고 추상적인 것을 명확히 이해하게 내담자를 도와준다. 반영은 위로를 주며, 사용하기에 따라서 강조와 심화가 될 수 있다. 반영은 회기에 집중하고 지시하기 위해서 치료사가 사용하는 EFT의 기본 도구다. 적절한 반영은 내담자의 경험을 생생하고 명료하고 구체적이고 특별하고 세분화하며, 활기차게 만든다(당신에게 발생한 것보다 당신이 만든 무엇이 된다).

예

치료사: 그래요, 엘렌! 저를 이해시켜 주시겠어요. 당신이 피터에게 "당신이 나
를 원하고 그리워한다고 생각하지 않아. 내가 듣고 이해한 바로는 내가
당신에게 결코 충분하지 않다는 거야. 당신에게 실망만 안겨 주었어. 나
는 분석당하고 있고 뭔가 요구만 하는 사람 같아. 나는 바보가 되고 패
배한 사람 같아."라고 말했어요. 맞나요?

부인: 네, 맞아요. 정확해요. 저는 비난받고 있어요.

♥ 2. 인정

EFT 치료사는 부부에게 자신들의 경험과 정서반응에 대해 제목을 붙여 보라
고 한다. 필요하다면 치료사는 한 사람의 경험을 다른 사람의 의도 및 성격과 구
분한다. 즉, 어떤 사람이 상대방은 실제로는 그렇지 않은데도 자신을 싫어한다
고 느낄 수 있다. 치료사는 그들의 반응이 잘못되고 비합리적이며 모자라고 부
끄럽거나 이상한 것이 아니라는 태도를 취한다. 존중 및 배려의 마음으로 시행
된 공감적 반영은 이러한 메시지를 전달한다. 하지만 부부관계에서는 각자의 경
험을 분명하게 인정해 주는 것이 필요하다. 치료사의 지지와 수용으로 형성된 안
정감은 일반적으로 느낄 수 있는 불안, 그리고 불화부부의 특징인 무시와 자기
보호의 태도를 막는 해독제로 작용한다. 수용은 자기비판과 예상되는 상대방의
평가로 좁아진 경험과 자기표현의 해독제가 될 수 있다. 공감적 반영과 인정은
자신의 경험에 더욱 깊이 접근하게 해 주고, 이를 통해서 이러한 경험은 확대되
고 바뀐다.

예

치료사: 이해할 수 있을 것 같아요. 남편이 우울했다고 말할 때, 당신은 압도되어 약간의 두려움도 느낀 것 같았어요. 이것이 당신을 무겁게 누르고, 숨을 멈추게 했네요. 그래서 한발 물러나니 숨쉬기는 수월해졌지만, 결국 탈출구를 찾을 수 없을 것 같아서 남편에게 화를 냈군요. 그래서 당신은 위축되거나 남편을 향해 버럭 소리를 질렀습니다. 맞습니까?

♥ 3. 환기적 반응: 반영과 질문

환기적 반응은 모호하고 불확실하고 방금 드러난 경험의 부분에 집중하는 것이며, 탐색과 교류를 하게 한다. 환기적(evocative)이란 말은 '부르다'라는 뜻을 가진 라틴어 evocare에서 유래되었다. 치료사는 대화 중 표면의 내용은 무시하고 내담자의 정서를 불러낸다. 치료사는 경험의 의미 있고 명확한 요소를 생생하게 붙잡고, 환기적 이미지를 사용하여 그러한 경험을 실험적으로 확대시킨다. 이를 통해 치료사는 내담자가 이러한 경험을 더욱 생생하고 분화된 방식으로 구성하게 도와준다.

이렇게 반영을 할 때는 내담자가 음미하고, 시도하고, 고치고, 재형성하고, 도전할 수 있도록 시험적으로 시행되며, 치료사는 전문가적 견지를 취하지 않아야 한다. 신호가 지각되고 처리되는 방식, 가장 아픈 정서 혹은 신체 반응요소, 특정 반응에 의한 욕구와 욕망, 그러한 반응 사이에 존재하는 갈등요소, 혹은 정서 경험에 따르는 행동이나 의도에 초점을 맞추어 반영한다. 치료사는 내담자를 경험의 가장 강한 곳으로 이끌고 가서, 경험을 조직하고 상징화하여 새로운 걸음을 내딛을 수 있도록 도와준다. 다음의 예를 통해 이를 살펴본다.

예

① **치료사**: 그래서 지금 위협적인 태도가 사라진 메리의 목소리 톤이 어떤가요?

② **치료사**: 샘! 당신이 그렇게 말하면서 말문이 막혔는데, 당신이 메리의 욕구를 채워 주지 못했다고 말로 옮기는 것이 당신에게 상처가 되는군요.

③ **치료사**: 지금 저는 명확하게 이해하지 못했습니다. 당신이 부인의 얼굴 표정을 보았을 때 도망가서 숨고 싶은 마음이 간절했다고 말한 것 같은데, 맞습니까?

④ **치료사**: 당신은 도망가거나 숨고 싶었지요. 그러나 당신의 또 다른 부분은 그곳에 버티고 싶었을 것 같습니다, 맞습니까?

⑤ **치료사**: 그 말을 들었을 때 당신의 또 다른 부분, 특히 반항적인 면은 "나는 더 이상 당신한테 상처받지 않겠어."라고 고함을 치고 싶었군요. 맞습니까?

현재 경험에 대한 인식을 확대하기 위해 치료사는 다음과 같이 내담자에게 직접 물어본다. "당신이 ……할 때, 무슨 일이 있어났나요?" "당신이 ……를 듣고 있을 때, 어떤 느낌이 들었나요?" "당신은 ……을 어떻게 생각합니까?" 여기에서는 내적 경험과 상호행동 과정에 초점을 맞추어야 한다.

① **치료사**: 방금 당신이 언급한 절망감을 느끼기 시작했을 때, 당신에게 무슨 일이 일어났나요?

② **치료사**: 메리! 그때 도대체 무슨 일이 일어난 거죠? 짐이 자신의 장딴지를 손으로 칠 때, 당신은 움찔거렸고 이후 침묵하기 시작했습니다. 그때 도대체 당신에게 무슨 일이 일어났나요?

치료사는 내담자의 경험을 포착하기 위해 특정 요소에 집중해 줄 것을 지시한다. 내담자가 얼버무리거나 강조하지 않는 생생한 문장을 다시 반복하고, 내담자에게 그것을 반복하라고 주문할 수 있다. 예를 들면 다음과 같다.

> ① **치료사**: 메리, 당신이 나를 파괴하도록 내버려 두지 않겠다고 말한 부분을 다시 한번 말씀해 주시겠어요?

이러한 개입은 경험의 탐색과 재처리를 도와준다. 경험에 깊이 접근하고 집중하면, 경험은 새롭게 변한다. 내담자가 어떤 정서를 부인하고 다른 사람을 비난하거나 무시하면서("당신은 바보예요.") 정서를 쏟아 내는 데에서 벗어나 이차 정서를 직접 고백하고("나는 당신에게 매우 화가 났어.") 내재된 일차 정서를 명확히 인정할 수 있도록("나는 너무 무기력했어요. 그래서 당신의 반응을 얻기 위해서 한방 먹였던 거죠.") 도와주기 위해서 치료사는 환기적 반응을 사용할 수 있다.

치료사가 개인의 특정 부분이나 애착대상의 목소리를 통해 경험을 확대하고 재처리하기 위해서 사용하는 특별한 환기적 반응이 있다. 치료사는 궁지(dilemma)와 깊은 경험을 강조하기 위해 내담자의 경험과 대조되는 부분을 불러온다. 또한 치료사는 내담자의 두려움을 인정하고 극도의 공포를 감소시키기 위해서 내면의 목소리를 불러오거나 애착대상처럼 말한다.

예

> ① **치료사**: 그래서 에이미! 당신의 일부에서는 "그렇게 하지 마! 위험을 감수하지 마! 이전에도 상처를 입었잖아."라고 말하고 있군요. 하지만 한편으로는 심하게 슬픔과 외로움을 느끼고 있어요. 이러한 부분이 당신에게 남편과 당신이 간절히 소망하는 것에 다가가라고 속삭이고 있군요. 맞습니까?

> ② **치료사**: 지금 두려움이 당신에게 "입 다물고 있어! 거리를 두고 관심 끊어!"

라고 말하고 있군요. 맞나요? 두려움이 "이것은 절망적이야!"라고 말
하고 있네요.

이러한 개입은 지금 진행되는 과정에 깊이 참여하게 해 준다. 내담자가 일반적
으로 할 수 있는 자신과 타인에 대한 관계경험에 접근하게 도와주고, 내담자가
상호작용 태도 중에서 짐처럼 느껴졌던 반응의 재처리를 도와주고, 또한 어쩔
수 없이 보이던 정서반응을 자신과 타인에게 접근하고 반응할 수 있는 방식으로
발전시키고 재구조화시키는 등 다양하게 초점을 맞출 수 있다.

♥ 4. 강조

강조는 치료사가 내적, 그리고 대인관계적 과정, 즉 자신과 부부 사이를 추적
할 때 특정 반응과 상호작용을 강조하고 강화하기 위해 선택한다. 이러한 반응
과 상호작용은 부부의 파괴적인 상호작용의 유지에 결정적인 역할을 해 오고 있
다. 만일 긍정적이고 새로운 상호작용이 일어나면 이것 또한 강조한다. 치료사
는 이렇게 강조된 정서를 통해 부부가 새로운 방식으로 정서경험에 참여하고 타
인과 다른 방식으로 대화할 수 있도록 도와준다. 강조를 사용해서 배경으로 물
러나 있던 특정 반응을 관심 속으로 끌고 와서 경험과 상호작용을 재구조화시킨
다. 이러한 목표를 달성하기 위한 여러 가지 방법이 있다.

- 미친 영향을 강조하기 위해서 표현된 문구를 반복
- 표현되는 방식에 의한 경험을 강화. EFT 치료사는 부드럽고 약점을 드러내
  는 반응을 강조할 때는 전형적으로 몸을 앞으로 숙이고 목소리를 부드럽고
  천천히 하며, 강한 반응을 강조할 때는 목소리를 높인다.
- 경험을 구체화시키기 위해 명확하고 예리한 이미지나 은유를 사용

- 그들의 반응을 재연하도록 지시. 정신내적 경험을 대인관계적 메시지로 변경한다.
- 구체적으로 때로는 냉정하게 초점을 유지. 치료사는 탈출구를 차단하고 그 순간의 정서적 강도를 약화시키는 경험의 흐름을 변화시킨다.

예

앞에서 언급한 개입은 다음과 같이 치료적으로 적용한다.

치료사: 짐! 다시 한번 부인에게 "나는 당신에게 마음을 열고 헌신하기 힘들어." 라고 말씀해 주시겠어요?

짐: 아니, 할 수 없어요. 그렇게 하기 힘들어요. 그만두겠어요. 아내를 내버려 두고 싶어요.

치료사: 짐, 지금 이 말을 할 때 어떤 느낌이 들었나요?

짐: 슬프지만 그렇게 하는 것이 옳다는 생각이 들어요. 기분이 조금 나아졌어요.

치료사: 부인에게 거리를 유지하고, 차라리 내버려 두는 편이 안전하다고 느끼는 모양이군요.

짐: 그래요. 늘 이런 식이었어요. 특히 우리나라에서는…….

치료사: 당신은 부인을 그냥 두고 싶군요. 아마 문 뒤에 숨어 있는 것이 나은 모양입니다.

짐: 예.

치료사: 그래서 하는 말인데 "당신을 일정 거리만큼 그냥 내버려 두려 해. 당신이 무엇을 하든지 중요하지 않아. 난 다른 사람의 손에 나를 맡기고 싶지 않아. 당신이 나와 연결되게 하지 않을 생각이야."라고 부인에게 말할 수 있겠습니까?

내담자는 치료사가 언급한 것에 대한 자신의 견해를 밝히기 시작했고, 눈물을 보였다. 이 순간 짐의 경험은 강화되고 그의 상호관계 태도는 명확하게 재연되었다.

♥ 5. 공감적 추측/해석

EFT 치료사는 내담자의 최근 상황과 경험을 비언어, 상호관계, 그리고 전후관계 신호를 통해서 추론하여 내담자가 자신의 경험을 적절한 이야기로 채색하고, 정리하고, 전개해서 경험을 한 단계 진보할 수 있도록 돕는다. 여기서의 목표는 심리적 원인이나 패턴으로 언급하거나 내담자의 경험을 다른 방식으로 해석하지 말고 정서경험을 확대하고 명료화시켜서 새로운 의미가 자연스럽게 나올 수 있게 하는 것이다. 공감적 추측은 인지 꼬리표를 붙임으로써 경험을 개방하지 못하게 막거나 내담자에게 새로운 정보를 주는 것을 의미하지 않는다. 목표는 병식 자체를 유도하기보다는 강렬한 경험을 통해 새로운 의미가 자발적으로 창출되게 하는 것이다. 여기에서 치료사는 내담자의 경험에 공감적으로 스며들어 가서 부부의 상호관계 태도와 패턴을 추론한다. 추론은 EFT의 기초가 되는 성인 사랑의 관점인 애착이론에 근거하여 시행된다.

경험주의 관점에서 해석은 치료사가 내담자에게 강요하지 않고, 내담자가 스스로 인식하게 여유를 두어야 한다. 부부치료에서 치료사가 체계와 문제반응이 무엇인지 잘 알고 있고, 잘못된 추론은 즉각적으로 교정적 피드백이 가능하기 때문에 이러한 위험은 적다. 추론은 시험적 태도로 하고, 치료사는 부부가 회기 중에 추론에 대해 의견을 밝히고 교정할 수 있음을 분명하게 알려 준다.

EFT에서 추론은 전형적으로 방어전략, 애착욕망, 그리고 압도적인 핵심 애착 두려움 및 환상과 연관된다. 이러한 추측은 부부들이 분명히 경험한 자기보호 욕구 및 절망 섞인 한탄, 위로받고 싶은 욕망, 자신이 압도/정복되고, 거부되고, 인간의 전형적인 버림받을 두려움에 대한 애착반응 표현을 담고 있다. 부부의 대화에서 드러나지 않던 무가치하고 사랑스럽지 못한 자기정의가 이러한 방식을 통해서 명료해진다. 치료사는 부부의 경험을 상세히 설명하고, 지금까지 구조화되지 못하거나 인정할 수 없었던 경험 속의 다른 요소를 명확하게 밝혀야 한다.

예

① **치료사**: 샘! 제가 이해한 바로는 아무도 당신의 기대와 욕구에 맞춰 주지 않고 아무도 당신을 알아주지 않기 때문에 마리에게 꺼지라고 말하고 있지만, 한편으로는 부인의 분노와 거부, 그리고 그녀가 당신에게서 멀어지는 것 때문에 심한 두려움에 사로잡혀 있는 것 같습니다. 맞나요?

샘: 예, 정확해요.

② **치료사**: 캐리! 지금 어떤가요?

캐리: 모르겠어요.

치료사: 무슨 일이 있었나요?

캐리: 잘 모르겠어요. …… 평안한 마음이에요.

치료사: 마치 멀리 떨어져 있는 것처럼 보입니다.

캐리: 예, 아주 멀리요.

치료사: 아무도 상처를 주지 않는 곳, 그런가요? (캐리가 강하게 고개를 끄덕인다.) 지금 그래야만 안전감을 갖게 되는군요, 맞나요?

캐리: 예, 거리를 두고 있어요.

치료사: 거리를 두니까 어떤 느낌을 갖게 되나요?

캐리: 공허감, 하지만 이것이…… 더 좋아요. (침묵)

치료사: 모욕을 당하고 수치심을 당하는 것보다, 맞나요?

캐리: 맞아요, 제가 도움을 청하면 남편은 저를 조롱했어요. 지금도 역시 비웃고 있잖아요.

치료사: 마치 당신이 아무것도 아닌 양, 당신이 갈망하는 것에 대해서 남편은 개의치 않는 것 같네요, 맞나요?

캐리: 이제 남편이 오랫동안 기다린다 해도 저는 더 이상 간청하거나 사정하지 않을 거예요. 남편에게 제 말을 들어 달라고 싸우지 않을 거예요.

치료사: 당신은 남편이 찾을 수 없는 곳으로 떠나서 남편을 멀리하고 싶군요, 맞나요? (캐리가 동의한다.) 매우 공허하고 외롭긴 하겠지만 당신은 상처를 받지 않겠군요.

치료사가 상호작용을 재구조화하고, 위축자를 재개입시키고, 비난자를 순화하는 EFT의 제2기에서 변화의 계기를 만들기 위해 사용되는 특별한 유형의 추측이 있다. 이러한 추측을 '애착 씨뿌리기(seeding attachment)'라고 부른다. 또한 이것은 강조와 인정의 형태를 취한다. 치료사는 두려움으로 인해 막혀 있던 애착행동을 언급함으로써 내담자의 두려움을 확대시킨다. 이러한 개입은 성공적인 순화과정에서 흔히 나타난다. 이 추론은 두려움에 따른 내담자의 괴로움을 인정하고 두려움이 줄어들었을 때 어떤 일이 일어날 것인지에 대한 미래상을 제시한다. 이 개입은 항상 "그래서 당신은 결코 ……할 수 없었군요."라는 말로 시작한다. 두려움에 의해 막혀 있던 애착 욕구와 행동이 드러난다. 이 개입은 치료과정 후반부에서 치료사가 연결하도록 요구하게 될 애착 이미지를 제공하게 된다.

예

① **치료사:** (낮고 환기적인 목소리로, 남편에게 자신의 두려움을 노출하고 남편의 반응을 요청하는 부인에게) 그래서 결코 당신은 남편을 향해 "나와 함께 있어 줘. 당신이 필요하니까 나와 함께 있어 줘. 지금 당장 당신이 먼저 와 주기를 바라고 있어."라는 말을 할 수 없었군요. (그녀는 머리를 흔들었다.) 당신은 결코 그럴 수가 없었군요. 절대로 그렇게 하지 못했

네요. 많이 무서웠겠어요. 맞나요?

프루: 나는 할 수 없었어요, 그렇게 할 수 없었어요.

② 치료사: (부인과 재개입을 하려는 내담자에게) 그래서 '지속적인 평가'가 당신을 좌절시켜서 결국 위축해 버렸다는 사실을 부인에게 말할 수 없었네요. 당신은 결코 그녀에게 가까워지는 방법을 배울 기회를 달라고 직접 요청할 수 없었군요.

이 개입은 내담자를 도전하게 하여 배우자에게 다가가서 깊이 교류할 수 있는 태도가 어떤 이미지일지 깨닫게 해 주고, 지속적으로 공감하고 인정할 수 있게 해 준다.

부부가 자신의 경험 탐구에 저항하거나 앞서 언급한 기법으로도 효과가 없을 때, EFT 치료사는 비춰주기(disquisition)라고 불리는 특별하면서도 명확한 추측을 사용한다. 비춰주기는 부부와 부부의 문제에 대하여 치료사가 구성하여 들려주는 이야기다. 치료받고 있는 부부와 비슷하고 적절한 내용으로 구성해서 부부의 중요한 반응을 은유적으로 표현하고, 추측한 내재 정서를 이러한 이야기 속에 포함시킨다. 이야기는 광범위하게 위협적이지 않는 태도로 현재 파트너의 개인과 대인관계 현실에 대한 치료사의 이해를 반영하기 위해서 시행한다. 이러한 이야기는 일반적으로 부부가 치료 중에 내비친 이야기를 확대하여 구성하지만, 정서경험이라는 용어로 생생하게 묘사되고 경험과 부부 상호의 반응방식을 연결한다. 이 개입의 일반적인 효과는 한 사람 혹은 부부 이야기의 어떤 측면을 발견하여 자신의 경험과 연관시키는 것이다. 이것은 비교적 친밀한 부부와 연인의 특별한 경험을 밝히기 위한 간접적이고 위협적이지 않은 방식이다.

예

치료사는 비춰주기를 파괴적인 고리에 처한 부부의 경험을 명확히 밝히기 위해 사용한다.

> 치료사: 지금 이전에 제가 만났던 부부의 이야기가 떠오릅니다. 물론 두 분과는 완전히 다를 수 있고, 비슷하지 않을 수 있습니다. 어떤 부부의 경우 적극적이던 배우자가 상대 배우자도 자신과 같은 상처를 받기를 원하는 시점에 놓이기도 합니다. 이들은 무감각하고 자제하고 있는 상대 배우자에게 여전히 자신이 영향력을 가지고 있는 사실을 알리기 위해 집요하게 괴롭혀서 결국 자신을 무시하거나 평가 절하하지 말 것을 상대방에게 보여 주기도 하지요. 상대 배우자는 이를 자신을 압도시키는 잔인한 공격으로 경험하고, 깊게 땅을 파서 진지를 구축하고, 은신처를 만들고, 방어벽을 쌓았습니다. 이것은 '당신은 나를 찾을 수 없어.'라는 태도였지만 그것에 점점 지쳐 갔습니다. 멀리서 들려오는 총소리를 듣고 더 깊이 땅을 팔 준비를 항상 하고 있었고, 언제나 도망가서 숨을 태세로 생활했습니다. 결국 두 사람의 결과는 좋지 않았습니다. 지금의 이야기가 당신들과 관련이 없을 수도 있습니다.

치료사는 내담자가 인정하지 않는 경험을 추론하기 위해서 비춰주기 기법을 사용할 수 있다. 예를 들면, 부인의 친구와 전화 통화를 한 내용을 들은 남편이 치료 상황에서 이것을 논의하기 싫어하고, 대화를 피하려는 강한 질투를 다음과 같이 비춰주기를 통해 들려줄 수 있다.

> 치료사: (부인에게) 그래요, 당신은 테드의 행동을 이해하기 어렵다고 말한 것 같고 그도 그것에 대해 표현하기를 어려워하는 것 같군요. 저는 그것이 무엇인지 정확하게 이해가 되지 않아요. 바로 그것이 당신을 화나게 만드는 것 같습니다. 지금 이 순간에 제가 이전에 만났던 부부동반 파티에

참석하기 힘들어하던 부부가 떠오릅니다. 남편은 다른 사람들과 밝게 대화하고 있는 부인을 보고 심한 분노감과 간절한 갈망을 느낀 것을 서서히 깨달아 갔어요. 왜냐하면 예전에 부인이 자신에게 그렇게 대화했을 때, 그는 자신이 특별하고 사랑을 받는다고 느꼈기 때문입니다. 이제는 그것이 더 이상 그렇지 않고, 어느 정도 그도 그것을 잊게 되었고 그녀도 그렇게 말하고 있지 않다는 것을 상기시켜 주었습니다. 남편은 소외된 슬픈 감정에 매우 화가 나서 부인이 다른 사람과 나누었던 대화에 대해 많은 질문을 쏟아부었고, 부인은 남편의 이런 태도로 인해 침해받는 느낌이 들었어요. 하지만 이것은 다른 부부의 이야기입니다. 어쩌면 당신 부부에게 적절하거나 비슷하지 않을 수도 있습니다.

이 개입은 일차적으로 남편의 정서에 접근하기 위한 것이나 제삼자의 이야기를 부인에게 직접 들려준다.

♥ 6. 자기개방

이것은 EFT 치료사가 많이 사용하지 않는다. EFT에서 자기개방은 동맹을 형성하고, 내담자의 반응을 깊이 인정하거나 혹은 내담자가 자신의 경험요소들의 인식과 수용을 도와주기 위해 합류하는 것과 같은 특별한 목적을 위해 제한적으로 사용된다.

예

① 남편: 바보 같은 느낌이 들어요. 아내가 하는 말을 들을 수 없을 정도로 불안을 통제하기 힘들었던 것 같아요.

치료사: 음, 저도 두려울 때는 어떻게 해야 할지 모를 때가 많습니다. 두려울 때는 마음을 온통 빼앗겨 버리는 경향이 있어요.

② 남편: 저는 어떤 것도 해결할 수 있어요. 하지만 지금은 아무런 방법이 떠오르지 않습니다.

치료사: 당신은 지금 스스로 회복할 수 있다고 생각하고 있군요. (그가 동의한다.) 그래요, 두 사람이 갈등을 겪고 있는 것을 보면서 제 느낌을 나누고 싶어요. 부인은 당신에게 다가서려고 하는데, 당신은 멀리 벽 뒤에 숨어 있는 것을 보니까 저도 슬펐어요. 지금 슬픈 기분이 드네요.

이러한 개입은 내담자의 반응을 정상이라고 인정해 주거나 혹은 자신의 정서를 철회한 배우자의 활발한 정서반응을 유발하기 위해 시도된다.

♥ 요약

앞에서 제시한 치료사의 기법들은 먼저 부부를 있는 그대로 수용하고, 이러한 수용을 통해 경험을 탐색하고 명확히 밝히는 것에 바탕을 두고 있다. 특정 반응과 태도는 '기술적인 접근'에 의해 직면되거나 대체되기보다 발전되고 다듬어진다. EFT 치료사는 내담자에게 다른 반응을 제시하거나 가르쳐서는 안 되며, 배우자의 분노나 조용한 침묵 등의 강한 부정적 반응을 탐색할 수 있도록 인정해 주거나 도와준다.

내담자가 친밀한 사람의 경험에 접근하고 재처리하고, 필요하면 재구조화할 수 있도록 돕는 것은 발견과 창조의 과정이다. 그렇게 함으로써 내담자는 아직까지 구조화되지 못했으며, 옆으로 제쳐 두고 부인해 오던 경험의 새로운 요소들을 발견한다.

과제 3: 긍정적 결합을 위한 상호작용의 재구조화

정서의 접근/재조직 혹은 정서 조합과 심화, 그리고 상호작용의 재구조화라는 2가지 과제를 명확하게 구분하였으나, 실제에서는 서로 얽혀 있다. EFT 치료사는 새로운 대화를 이끌기 위해 새로운 정서경험을 사용하고, 새로운 상호작용을 만들기 위해서 이러한 대화를 사용하여 부부들의 내적 정서에 영향을 준다. 정서를 조절하고, 접근하고, 표현하는 방식과 타인에게 다가가는 방식은 동전의 양면과 같다. 자신의 약점을 표현하면 위로받고 싶은 욕구를 채울 새로운 대화 방식이 생기고, 새로운 반응이 유도된다. 반대로 취약한 배우자가 부족함에 대한 위험을 감수하여 보살핌을 받는 새로운 대화는 부부의 갈망을 확대하고 신뢰를 향한 첫발을 내딛게 한다. 자기와 체계, 그리고 무용수와 춤은 끊임없이 서로 반영하고 다듬어 간다.

치료사의 세 번째 과제는 다음과 같다.

- 상호작용의 패턴과 고리를 추적하고 반영한다.
- 문제를 고리와 애착과정의 맥락으로 재구성한다.
- 각 파트너의 상호작용 태도를 개선할 수 있는 새로운 계기를 만들어 상호작용을 재구조화한다.

♥ 1. 추적과 반영

치료사는 각 파트너의 내적 경험과정을 추적하고 반영하는 것과 비슷하게 상호작용 과정을 추적하고 반영해 간다. 치료사는 상호작용의 과정과 구조를 언급해 줌으로써 부부관계의 본질에 집중하고 명확히 밝힌다. 초기 치료과정에서 치료사는 부부가 표현하고 자신이 직접 관찰한 것을 토대로 전형적인 부부의 상호작용상의 문제를 종합한다. 이러한 상호작용의 순차적 흐름은 부부에게 다시 반영하고, 반복되는 패턴을 밝히는데, 이때 가장 흔한 유형은 비난-방어 혹은 추적-위축이다. 앞에서 언급했듯이 파트너들은 부정 고리를 만든 장본인인 동시에 피해자다.

전체 치료과정에서 부정적 상호작용 고리를 밝히고 지속적으로 다듬어 가는 과정은 문제를 외재화(externalization)하는 것인데, 이는 이야기 접근방식과 다르지 않다(White & Epston, 1990). 관계문제는 지금까지 상대 파트너가 결함이 있다는 주장에서 발생하는데, 외재화는 관계문제를 풀어 주는 해독제 역할을 하며, 결국 관계갈등의 책임소재를 따지면서 해 오던 비난과 파괴적 논쟁을 줄여 준다. 상대 파트너 혹은 개인의 결함보다는 부정 고리를 공공의 적으로 구성하면서 부부가 관계 형성방식에 자신이 기여한 부분에 대해 책임을 갖게 한다. 이러한 파괴적 상호작용 패턴은 자생력이 있으며, 부부의 접촉과 배려의 마음을 방해한다고 재구성시켜 준다. 이를 통해 비로소 부부는 서로에게 다가가고, 관계를 박탈해 왔던 적에게 함께 맞설 수 있게 된다. 이렇게 외부에 있는 공공의 적을 향해 함께 대응하는 경험은 부부의 응집력을 높여 준다.

내적 경험과 마찬가지로 상호작용 패턴은 전체 치료과정을 통해 지속적으로 언급되며, 시간이 경과함에 따라 더욱 명확해지고 분화된다. EFT 치료사는 부정적 패턴의 상호작용이 일어나는 전형적인 순간(prototypical moment)에 초점을 두고, 상호작용을 확대하기 위해서 내재 정서에 접근하거나 부부 사이의 춤을 밝히기 위해서 상호작용을 반영하고 재연시킨다. 치료사는 다음과 같은 질문을 하게 된다.

- 도대체 그때 무슨 일이 일어난 건가요? 당신이 ……라고 말했고, 그런 다음 당신은 ……라고 말했습니다.
- 남편이 이런 방식으로 이것에 대해 말할 때, 당신은 어떻게 반응하였고 어떻게 반응하고 싶었나요?

상호작용 과정과 친밀감/접촉, 권력, 통제라는 미명하에 취해 왔던 부부의 태도를 명확히 밝히고 강조하기 위해 상호작용을 재연하고 설명하고 요약한다.

예

다음의 예는 첫 회기의 파괴적 고리를 반영한 것이다.

치료사: 제가 제대로 이해하고 있는지 궁금합니다. 지금 당신은 월트와 더욱 친밀해지고 싶고 남편에게 당신의 정서와 관계를 말하고 싶었군요. 그리고 월트! 당신은 많은 활동을 하고 친구들과 시간을 보내느라 부인과 함께하기 어려웠네요. 아마도 당신은 제인이 말하는 의도를 확실히 모르고 있는 것 같기도 합니다. 그래서 제인! 남편이 당신을 배우자가 아닌 동거인으로 여기는 것 같아서 화가 났고, 그래서 남편을 비난하게 되었군요. 그리고 월트! 당신은 부인의 분노를 피하려고 많은 시간을 밖으로 나돌았고, 그래서 제인과 함께하는 시간은 점점 줄어들었네요. 맞습니까?

다음은 치료 후반부에 드러난 동일한 고리를 반영한 예다.

치료사: 제인! 지금이 당신은 외롭고 남편이 당신에게 무관심하다는 느낌을 갖게 만드는 또 하나의 순간이군요. 마치 당신이 없는 것처럼 취급받기 때문에 분노하게 되었고(없는 것처럼 취급받는 것과 분노라는 말은 이전 회기에 제인이 직접 표현한 말이다) 그래서 따지게 되었나 봅니다. 당신은 화가 나서 남편에게 정면으로 맞설 수밖에 없었나 봐요.

제인: 그래요, 하지만 남편은 늘 그래 왔듯이 '나는 여기 없다.'라는 식이었죠.

치료사: 아하!

월트:　제가 옆에 있어 봤자 소용이 없었어요.

치료사:　당신이 경험한 바로는 그때 할 수 있는 것이 아무것도 없었네요. 절망적이었겠습니다.

월트:　맞아요. 그래요, 그래서 저는 도망쳐서 친구들과 어울렸던 것이지요.

치료사:　아무도 당신을 힘들게 하지 않고, 당신에게 실망스럽다고 말하지 않는 안전한 곳으로 달려갔군요. 그런 말을 듣고 있기가 무척이나 힘들었지요?

다음으로, 치료사는 특별한 상황 혹은 고리를 재연하여 파트너의 태도를 분화시켜 간다.

치료사:　메리, 당신이 입술을 깨물고, 침묵하며 창밖을 보았던 바로 그때 무슨 일이 있었나요? 그리고 피터! "당신은 결코 내 말을 들어 주지 않았어. 아무래도 내 말을 들어 줄 사람을 찾아야겠어."라고 말했습니다. 그러자, 메리! 당신은 "좋아! 그래 그렇게 하시지."라고 대답을 했지요. 당신이 피터에게 했던 말은 마치 "난 듣고 싶지 않아. 더 이상 비난을 받고 싶지 않아. 나는 침묵하고 거리를 둘 것이고 더 이상 관계를 유지하고 싶지 않아."라는 말로 들렸습니다. (태도에 대해서 명확하고 적극적으로 밝힌다.) 피터! 당신은 화가 났고 비난조로 말했습니다. 당신이 떠나고 싶은 심정을 메리에게 알리고 싶었고, 그것은 매우 위협적이었습니다. 맞나요? 메리! 당신이 "나는 당신과 관계를 유지하고 싶지 않아."라고 말한 이유가 바로 이 때문인가요?

메리:　맞아요. 저는 그럴 수밖에 없었어요. 더 이상 비난받고 분석당하며 파괴되고 싶지 않았어요. 그래서 나는 TV에 집중하게 되었고, 조금 전에 남편이 말했던 그런 행동을 하게 되었지요. 남편과 관계하지 않기 위해서 말입니다.

치료사: 그렇게 하지 않으면 당신이 파괴되니까, 마치 자신을 보호하려는 것 같습니다.

메리:　 남편의 말을 들으면 저는 아무것도 아닌 것처럼 느껴져요. 항상 부족한 사람이었지요. 제가 그렇게 볼품없는 사람인데 남편이 저와 가까이 하려 하겠어요?

치료사: 만일 남편이 가까이 다가오게 하면 '당신은 끔찍하고 아무 쓸모도 없고, 사랑스러운 구석이 없는 사람'이라는 말을 듣게 되는군요. (메리가 동의한다.) 그래서 남편과의 관계를 멀리했나 봅니다. (메리가 동의한다.)

♥ 2. 재구성

앞에서 언급한 상호작용 고리를 추적하여 명확히 밝힘으로써 EFT 치료사는 각 파트너의 행동을 고리와 상대 파트너의 행동의 맥락에서 재구성할 수 있다. 재구성은 전략적인 의미나 독단적으로가 아니라 파트너들의 정서 현실을 통해서 구성한다. 미누친과 피시먼(1981) 등 구조적 체계 가족치료사들의 연구와 마찬가지로 각 파트너의 행동은 지속적으로 상대의 반응의 맥락에 둔다.

여기서 간절하게 표현된 타인과의 접촉욕구는 요구하는 배우자의 성격적 결함(아내는 요구가 너무 많다)이나 원가족(아내는 남편을 배려할 줄 모르는 자신의 아버지와 동일시한다) 때문에 발생한 문제가 아니라 현재 관계의 맥락에서 구성해야 한다. 간절함은 관계에서 남편이 취하고 있는 거리를 두는 현재의 태도와 부인의 박탈감을 반영한다고 재구성한다. 거리를 두는 행동은 무관심한 것이라기보다는 상대의 분노로부터 자기를 보호하는 것이라고 재구성한다. 이러한 재구성을 통하여 부부가 의도치 않게 상대의 고통과 부정적 반응을 유발했던 과정을 보게 한다.

EFT에서 각 파트너의 행동은 상대방의 행동, 상호작용 패턴, 그리고 특별히 친밀한 애착의 맥락에서 두며, 이는 EFT 치료사가 성인의 사랑을 보는 시각이다. 상호작용 반응은 내재된 애착과 연관된 취약성과 애착과정으로 재구성된다. 따라서 분노는 배우자에게 다가갈 수 없다는 지각에 대한 간절한 항의이며, 이별의 고통에 수반되는 반응이라고 재구성한다. 부부를 파국으로 이끄는 회피자의 벽 쌓기(stonewalling; Gottman, 1991)는 애착 두려움을 조절하고, 심한 부정적 상호작용으로부터 관계를 보호하려는 시도라고 재구성해 준다. 분노와 위축 반응은 애착대상인 배우자가 매우 소중하기 때문에 보이는 반응이라고 재구성해 준다. 이와 같은 재구성은 불화부부들이 그동안 앞서 제시한 반응들을 사랑과 관심의 부족이라고 이해하고 있는 것과는 상반되는 것이다. 재구성은 단순히 치료사가 상호작용적 반응에 하나의 꼬리표를 붙이는 것이 아니다. 재구성이 효과적으로 되려면, 이것이 내담자의 자기 경험의 탐색, 경험의 상징화하는 방법, 그리고 상호작용 과정으로부터 나와야 한다.

EFT에서 가장 기초가 되고 흔하게 하는 3가지 재구성은 분노를 애착 항의로, 위축을 두려움으로, 상대 배우자와 그의 '단점'이 아니라 고리를 적 혹은 문제로 두는 것이다. 위축과 방어는 무관심이나 냉담이 아니라 애착 불안정을 극복하는 방식, 즉 애착이 개인에게 얼마나 소중한지로 재구성된다.

예

치료사: 부인이 당신을 좋아하지 않고 당신에게 화가 났을 거라고 생각했을 때, 그녀에게 마음을 열고 당신이 어떤 사람인지 드러내기 힘들었겠어요.

게리: 그때는 멍해져요. 다른 모든 사람처럼 아내 역시 제 곁을 떠날 것이라는 목소리가 들렸으니까요. 저는 얼어붙는 느낌이 들었고, 아내는 점점 더 화가 나서 폭발하게 되었어요.

치료사: 그래요. 당신은 부인을 이미 잃어버린 것 같아서 얼어 버렸군요. 참으로 힘들었겠어요.

게리: 제가 침묵하면 모든 것이 멈추고, 아내도 조용해지고 냉담해져요. 제가
         가만히 있으면……

치료사: 만약 당신이 가만히 있으면 위험한 순간은 넘어가는군요? (그가 고개를
         끄덕인다.) 그녀가 떠날 것이라는 생각은 무서웠어요, 그래서 당신은 얼
         어 버리고 결국 숨어 버렸네요.

게리: 맞아요, 그것이 아마도 아내를 미치게 만든 것이었을 거라는 것도 알아요.

수: 당신은 그 어디에도 없었어.

이와 같이 반응을 상대 파트너의 행동, 상호작용 고리, 그리고 애착의 특성으
로 두는 재구성은 순간순간의 관계 구성방식에 대한 다양한 시각을 제공한다.
부부는 즉각적으로 각자가 만든 움직임이 특정 방향으로 춤추도록 어떻게 밀어
붙이고, 그뿐 아니라 안전한 애착결합을 만들기 위해서 그들이 알고 있는 최선
의 방식으로 어떻게 노력하는지 등 자신에게 주어진 과정에 참여한다.

♥ 3. 상호작용의 재조직과 형성

치료사는 관계를 재정의할 수 있는 새로운 관계사건을 만들기 위해 부부의 새
로운 상호작용을 직접 안무한다. 이것이 EFT에서 가장 지시적이고 극적인 부분
이다. 치료사는 특정 방식으로 한 배우자가 상대에게 반응할 것을 지시하고, 새
로운 정서경험을 표현하도록 격려하거나 자신의 욕구와 소망을 직접 표현하도
록 지지한다. 이 순간에 관계는 새롭고 친밀해질 수 있는 토대가 만들어지며, 각
배우자는 나아갈 방향과 치료사의 지지를 필요로 한다.

치료사는 다음을 위해서 지시한다.

① 현재의 태도를 밝히고 재연하고 확대시키기 위해서

② 새로운 정서경험을 배우자가 과거의 관계 패턴에 도전할 수 있는 새로운 반응으로 바꾸기 위해서

③ 파트너의 태도를 개선시켜 주는 새롭고 혹은 흔하지 않은 반응을 강조하기 위해서

④ 변화의 계기를 안무하기 위해서

1) 현재의 태도를 재연하여 직접 경험하고 확대시킨다

관계구조를 유지시키는 핵심 상호작용에 점차 명확하게 초점을 맞추어 강조하고 재연한다. 이는 관계상의 상호작용의 교착상태를 포착하고, 개선을 위해 접근하는 즉각적이고 강력한 방법이다.

예

남자는 과거 10년 동안 부부관계에 별다른 헌신을 하지 않았고, 자신의 아파트 소유권을 주장하였으며, 몇 주 정도만 아주 애정 어린 태도로 재결합을 시도하다가 주기적으로 도망을 갔다. 그가 말했다.

호세: 당신도 알다시피 나는 많이 노력하지 못했어. 나는 조용히 있는 것이 좋아. 우리는 몇 개월 동안 치료를 중단했고 그렇게 하는 것이 내가 할 수 있는 최선의 선택이었어. 당신은 정말 아름다워. 기분 나쁘게 받아들이지 않았으면 해.

마리: 좋아, 가까워지기 위해 노력하는 것이 당신에게 힘들다는 것은 알아.

치료사: 호세, 방금 선택이라고 했나요? 그게 무엇인지 자세히 이야기해 주시겠어요?

호세: 만일 우리가 몇 개월간 떨어져 지내면, 아마 저는 상실감을 갖게 되겠죠.

치료사: 선택은 바로 뒤로 물러난다는 건가요? (그가 고개를 끄덕인다.) 서로 떨어

지는 것 말이지요? 그래서 말입니다만 부인에게 이렇게 말씀해 보시겠습니까? "당신이 가까이 다가오게 하지 않을 거야. 지금보다 더 가까이 오는 것은 허용할 수 없어."

호세:　좋아요. 하지만…… 그렇게 말할 수 없을 것 같아요.

치료사:　이렇게 말할 수 있겠어요? "당신을 나에게 다가오지 못하게 할 거야. 그렇게 할 수 없어. 어떤 여자도 나에게 상처 주지 못하게 할 것이고 그렇게 되는 것을 원하지 않아."

호세:　(한숨) 제가 꼭 말해야만 하나요? 이것은 슬픈 일이에요.

치료사:　제가 지금 한 말이 당신 생각과 같은가요? 혹시 틀린 것은 아닌가요?

호세:　아뇨, 같아요. (오랜 침묵) 그렇게 말하기는 어렵네요. (치료사가 고개를 끄덕이면서 동의한다.)

치료사:　이것은 중요해요. 지금 두 분은 과거에도 수차례 경험했던 바로 그 지점에 와 있어요. (그들이 동의한다.)

호세:　(부인을 향해) 나는, 나는 당신이 나에게 다가오지 못하게 할 작정이야. 어느 누구도 오지 않게 할 거야. (눈물을 흘린다.) 결코…… 그렇게 하지 않을 거야.

치료사:　이 상황을 변화시키기 위해 부인이 무엇을 할 수 있을까요, 호세? 부인도 오랜 기간 동안 열심히 노력해 왔어요.

호세:　아니, 아니요…… (부인에게) 당신이 할 수 있는 것은 없어. 내가 위험을 감수해야 해.

치료사는 부정적 고리의 핵심 부분과 고리가 갇히는 순간을 붙잡기 위해서 부부에게 매우 중요한 상호작용을 재연시킨다. 치료사는 현재 대화에서 나타난 현재 관계에서 미세하게 보이는 상호작용의 작지만 의미 있는 부분을 선택한다. 예를 들면 다음과 같다.

① **치료사:** 앨리슨! 그때 무슨 일이 있었나요? 당신이 "나는 상처를 입었어."라고 말했고, 팀! 당신은 "그 말에 동의할 수 없어."라고 말했어요. 항상 이러한 패턴을 보이는 것 같은데 그렇지 않나요? 당신은 "나는 상처 입었어."라고 하고, 팀은 "아니야, 당신은 상처 입지 않았어. 나는 아무런 나쁜 짓을 하지 않았어."라고 했어요. 앨리슨! 다시 그때로 돌아가서 남편에게 당신의 상처가 무엇인지 말해 보시겠습니까?

② **치료사:** 지금 일어난 것이 당신이 언급했던 집에서 일어난 상황과 같은데, 맞나요? 크리스! 당신은 약간의 위험을 감수했어요. 어젯밤 상황이었나요? 집에서 당신은 무릎을 부인 무릎 가까이에 가져갔어요. 부인이 자신의 무릎을 당신 가까이에 붙이기를 바랐던 거죠. 하지만 부인은 피해 버렸어요, 맞나요? 메리! 지금 크리스가 약간의 위험을 감수했지만 당신은 "글쎄, 알아. 하지만 만약 내가 그의 접근을 허락할 것이라고 생각한다면 그것은 오산이야."라고 말했습니다. 이것은 마치 남편이 먼저 자신을 드러내야 한다는 것으로 보입니다. (메리가 동의한다.) 그런 다음 크리스! 당신은 포기하면서 우울감에 빠졌고, 메리! 이로 인해 당신은 절망감에 빠져 당신을 보호해야 할 필요를 느꼈네요. 새로운 변화를 만들 수도 있었던 위험을 감수한 작은 행동이 소용이 없었어요. 맞나요?

2) 새로운 정서경험을 배우자를 향한 새로운 반응으로 전환시킨다

이것은 치료사가 부부와 정서경험을 탐색하고, 경험을 새롭게 통합하도록 도와주려 할 때 일어난다. 이러한 새로운 경험은 배우자에게 직접적으로 표현된다. 이것은 새롭게 긍정적으로 대화하고 부부 태도를 개선할 수 있는 첫 단계다. EFT에서 변화는 내적 정서경험의 재처리로부터가 아니라 이러한 경험의 결과로 나타나는 새로운 대화로부터 나온다. 치료사는 가능하면 내담자가 사용한 대인관계 용어를 이용하여 경험을 상대 배우자와 명확하게 연관시켜야 하며, 이것을 표현하도록 요청한다. 일반적으로 내담자는 종종 메시지를 자신의 것으로 수정하면서 요청에 따른다. 만일 내담자가 상대에게 자신의 정서를 표현할 수 없다면, 이것에 초점을 맞추면서 탐색한다.

예

① 치료사: 지금 부인을 바라볼 수 있나요? "나는 너무 두려워. 당신에게 다가가기가 두려워. 당신이 외면할 거라는 것을 알아."라고 말할 수 있겠어요?

② 치료사: 간절히 원했네요. (내담자가 동의한다.) 사실 한 번도 이것을 표현하지 못했네요. 당신이 얼마나 관심과 위로 받기를 원하는지 남편에게 조금이라도 알려 줄 수 있겠습니까?

③ 치료사: 제가 바르게 이해하고 있나요? 화가 났지만 당신은 여전히 "나는 당신을 사랑하고 싶어. (내담자가 동의한다.) 나를 보호하기 위해서 냉담하게 되었어. 나는 안정과 친밀감을 원해."라고 말하고 있네요. (그녀가 다시 동의한다.) 이것을 남편에게 말해 보시겠어요?

3) 새로운 반응을 강조한다

치료사는 일반적으로 보이던 부정적 패턴과는 다른 반응 및 새로운 관계를 이끌 수 있는 반응을 집중하고 강조한다. 정상적으로는 가끔 이러한 반응이 일어나는데도 일상의 부부 대화 패턴에서 이러한 반응은 감춰져 있다.

예

치료사: 무슨 일이지요? 마이크! 이전과 약간 다른데요. 방금 말한 것이 당신에게 어떤 의미가 있나요?

남편: 그래요, 제 생각에도 조금 달라요……. 아마 제가 달라진 것 같아요. 그

것은 위험을 감수하고, 아니, 제가 용기를 내어서 드러낸 것 같기도 해요.

치료사: 그것을 조앤에게 말해 보시겠습니까? 제 생각에는 다음과 같이 들립니다. "내가 어떤 사람인지 말하지 마. 그렇게 말하면 나를 멀리 밀어낼 것 같아." (치료사는 언급된 내용을 요약하여 명확하게 설명하고 이 새로운 반응을 다시 한번 재연하도록 요청한다.)

4) 변화의 계기를 안무해 준다

치료 중에 새로운 정서경험과 자기의 새로운 측면이 나타나고 애착문제가 전면으로 나오면, 치료사는 서서히 자율성-통제, 친밀감-거리감이란 용어로 관계를 재정의하고 정서 교류와 안전한 결합의 기초를 만들 수 있는 상호작용을 촉진시킨다. 안무(choreograph)라는 용어는 치료사가 안무가처럼 부부의 춤을 살펴보고 단계적으로 방향과 구조를 정해 주는 것이다. 하지만 춤은 무용수 자신의 창작품이고 자기표현의 수단이다.

앞에서 언급한 모든 개입기법은 접근, 반응, 교감을 증가시키고, 강한 정서 교감과 결합의 특성을 가진 사건을 이끈다. 이러한 사건이 일어나고, 혹은 분리라는 용어로 관계가 분명하게 정의되면 새로운 춤이 시작된다. 치료 회기에서 드러난 모든 새로운 경험과 상호작용은 여기에서 상대 배우자의 태도와 결합을 재정의하기 위해 사용된다.

전형적인 비난-위축 고리의 태도가 바뀌는 2가지 전환점이 있다. 위축되었던 배우자가 점점 자신과 배우자에게 접근하여 정서적으로 교류하고, 비난하던 배우자는 분노와 강압적 태도를 버리고 약점을 표현하며 애착욕구의 충족을 요구하게 된다. 이로 인해 접촉이 가능하고 부부가 서로에게 접근하고 반응하여 결합의 사건이 일어난다. 변화사건에서 배우자는 상대에게 분명한 새로운 태도를 보이고, 이러한 새로운 태도는 상호작용을 재조직한다.

치료사는 상호작용에 초점에 두고 우회하거나 벗어나지 않고 명확한 정서표현을 지시하며, 서서히 부부의 정서 교류를 유도해 간다. 우선 EFT 치료사가 위축된 남편을 지속적으로 개입하고 난 뒤 비난적 배우자의 순화를 통한 결합사건을 안무하는 과정에 대한 간단한 일례를 들어 본다.

예

메리: 우울하다고 왜 내게 말하지 않았어? 내가 물어보면 당신은 괜찮다고 하면서 물러나 혼자 괴로워했어. 그 많은 약까지 복용해 가면서 말이야.

테드: 우울하다고 말하면 당신은 치료사에게 얘기하라고 할 것 같았고, 당신이 이해해 줄 거라고 생각하지 못했어.

치료사: 그것은 힘든 일이었고, 당신은 아주 괴로웠습니다. (남편이 동의한다.) 하지만 사실 당신이 원하는 사람은 치료사가 아닌 부인이었네요.

테드: 그럼요. 만일 제가 아내에게 다가가서 위로받을 수만 있었다면 모든 것이 바뀌었을 겁니다. 하지만 저는 그렇게 할 수 없었어요.

치료사: 부인이 당신을 거절할지도 모른다는 생각을 견딜 수 없어서 포기하게 되었군요?

테드: 예, 그리고 지금 저는 아내를 원하고……. (이때 치료사는 부인을 향해서 말을 하라는 행동을 보인다.) 당신이 더 이상 문제를 해결하고 심문하는 태도를 버리고 같이 있어 주기를 바랐어. 내가 원하는 것이 바로 이거야. (메리는 먼 곳을 주시하고 있다.)

치료사: 메리! 어떤가요?

메리: 혼란스러워요. 저는 문제해결에는 능한 사람이거든요. 하지만 뭐라 할 말이 없군요.

치료사: 테드가 당신이 필요하다고 말할 때 어떤 느낌이었나요?

메리: 좋았어요. 하지만 어떻게 해야 할지 모르겠어요. 뭐가 뭔지 모르겠어요. 당신은 회사 친구들보다 나를 더 원하고는 있는 거야? (배우자에게 질문

을 하면서 이전의 반응에서 벗어나려 한다.)

치료사: 메리! 남편에게 "나는 지금 혼란스러워."라고 말할 수 있겠어요?

메리: 예…… 여기가 몹시 덥군요……. 제가 문제를 해결하는 것 말고 그가 원하는 것이 무엇인가요? (치료사가 테드를 바라본다.)

테드: 나는 당신을 원해…… 문제해결보다도…….

메리: (울음) 좋아, 맞아…… 나는 강하게 지시하고, 불도저처럼 밀어붙이고, 뭔가 잘 관리하지 못하면 내 자신이 초라해 보여. 나를 확신할 수 없어. (자신의 손을 심하게 비비기 시작한다.)

치료사: 이것이 낯설게 다가오네요, 그렇지요? (메리가 동의한다.) 당신은 불확실하고 취약한 느낌을 갖게 되었고, 테드가 그것을 보고 있다는 것을 알았네요. 약간 색다르고, 아마도 두렵기도 하지요?

메리: 맞아요, 그래요. 저는 다른 사람들이 생각하는 것만큼 강하지 못해요.

치료사: 남편에게 "내 생각에서 빠져나오는 것과 약해지는 것이 두려워."라고 말해 보시겠어요?

메리: (테드에게) 맞아. 지금 나에 대해 확신할 수 없어. 그것을 원하고 있어? 전에는 한 번도 그런 적이 없었어.

테드: (눈물) 나는 우리가 함께하길 원해. (손을 모아서 가슴에 가져간다.) 나를 조종하는 당신을 원하는 것이 아니야. 우리는 그렇게 할 수 있을 거야. (그는 이제 정서적으로 교류하고 부인에게 자신의 욕구를 주장한다.)

메리: 나도 노력해 볼게.

여기서 치료사는 한 사람이 상대에게 새롭게 반응할 수 있도록 도울 뿐 아니라 이러한 반응에 기초하여 새롭게 대화하도록 돕는다. 앞의 예에서는 이러한 과정이 부드럽게 이루어졌으나 다른 경우에는 상대의 새로운 반응에 집중하고 처리하며 배울 수 있도록 치료사가 도와주어야 한다. 이러한 개입 이후 치료사는 서로에게 취해야 할 새로운 태도를 분명히 밝혀 주고, 관계를 위하여 새로운 태도와 대화가 갖는 의미를 명확하게 설명해야 한다.

치료적 교착상태를 극복하는 특별한 기술

어려운 교착상태(impasse)를 극복하기 위해 EFT 치료사가 사용할 수 있는 특별한 기술이 있다.

- 이러한 교착상태가 부부관계에 미치는 결과를 부부에게 명확히 설명하고 직면시키기 위하여 부부 상호작용과 태도에 대한 진단 배경과 이야기를 들려준다.
- 치료과정에서 특별한 방해요소를 탐구하기 위해 개인 회기를 갖는다. 이러한 방해요소는 애착손상(attachment injuries)의 형태로 나타난다. 애착손상은 차후에 다시 설명할 예정이다.

♥ 진단 배경 혹은 이야기

여기서 치료사는 부부의 태도와 고리의 배경을 생생하게 묘사해 주고, 현재 드러난 과정을 언급한다. 효과를 높이기 위해 치료사는 "지금 우리는 여기에 갇혀 있어요, 그렇지요? 빠져나갈 수 있는 방법이 무엇이며, 여기서 나가지 못하면 어떻게 될까요?"라고 질문한다.

치료사가 묘사한 배경은 구체적이고 명확해야 한다. 이러한 배경은 이전의 회기과정과 그 과정에 대해서 부부가 지각한 내용에 근거를 두고 있다. 이러한 현재 관계 상황을 생생하게 묘사할 때 교착상태에 대한 부부의 생각을 강조한다. 이것은 또한 미래의 관계에서 부부들이 할 수 있는 몇 가지 선택을 알려 준다.

종종 이러한 과정을 통하여 부부는 새롭게 위험을 감수하고 반응을 보여 문제를 풀어 갈 수 있게 된다.

EFT에서 가장 흔히 접하는 교착상태는 지금까지 위축자의 태도가 바뀌어 교류가 늘어났지만 상대는 여전히 이것을 믿지 못하고 정서적으로 교류하지 않는 경우다. 치료사는 먼저 지금까지의 치료 내용을 자세하게 열거하면서, 현재 상호작용 패턴의 배경을 묘사하고, 부부가 관계에서 어떻게 중립적인 태도를 취할 수 있는지 언급한다.

예

치료사: 이것이 당신에게 맞는지 모르겠네요? 테리! 우리는 지금 당신이 진정으로 사라와의 연결을 원한다는 것을 알았어요. 당신이 숨어 버리거나 강압적인 방법으로 부인을 가까이 두려고 하지 않고, 부인이 와서 함께해 줄 것을 원한다는 것을 알게 되었습니다. 하지만 여전히 타협을 거부하는 모습이군요, 그렇지요? (그가 동의한다.) 그리고 사라! 당신도 역시 알고 있지요?

사라: 네, 제가 보기에도 그렇게 보여요. 맞아요, 남편이 조금 달라진 것은 알아요.

치료사: 하지만 전에 말했듯이 당신은 벽 뒤에 숨어 그 자리에 가만히 있네요. 당신은 지금 남편을 믿어야 할지 확신하지 못하는군요, 맞습니까?

사라: 저는 단지 우리의 싸움이 멈추길 바라고 사실 그렇게 되었어요. 하지만 친밀감에 대해서는 확신할 수가 없어요. 그것은 완전히 다른 문제니까요. 아마 남편보다도 제가 거리를 더 많이 두고 싶어 하는 것 같아요.

치료사는 사라가 친밀한 관계 회복을 미루고 있는 사실을 명확히 알 수 있게 도와준다. 그녀가 언급했듯이 이것은 마치 '번지점프'를 할 때와 같이 그녀를 머못거리게 만들었다. 그런 다음 부부는 교착상태에 집중하여 그것이 가져올 결과에 대해 언급한다. 치료사의 과제는 부부가 할 수 있는 선택을 제시하는 것이다. 치료사는 그들의 선택의 적절성을 비판하거나 부부에게 가치와 선택을 강요하지 않는 것이 중요하다. 부부는 앞으로 무엇을 할 수 있고, 무엇을 하면서 함께 살아갈 것인지 결정한다. 어떤 것이 좋은 관계인지에 대해서는 치료사와 부부의 견해가 매우 다를 수 있다.

때때로 교착상태의 중요한 특징이 극적 이야기(dramatic narrative)나 비춰주기에 의해서 포착된다. 예를 들면, 외상 후 스트레스 장애로 고통을 겪는 남편이 힘든 상황을 맞아 부인에게 강압적이고 무리한 요구를 하고 있었다. 그런 그에게 관계에 대한 정서 현실과 부부의 태도를 포착하기 위해 이야기를 들려주었다. 이야기는 다음과 같이 시작된다. "옛날에 소년이 지독하게 추운 곳에 살았어요. 소년이 소녀를 만나서 자신을 안아 달라고 했어요. 그를 사랑했기 때문에 소녀는 동의했어요. 하지만 소녀의 팔은 점점 아파 와서 잠깐 소년을 내려놓겠다고 했어요. 위축된 소년은 두려웠고, 소녀가 자신을 떠날 것 같아서 계속 안아 달라고 고집을 피웠습니다. 마침내 소녀는 팔이 떨어져 나갈 듯이 아파서 소년을 놔 버렸어요. 소년은 화가 나서 소녀를 걷어찼습니다. 그러자 소녀는 내키지 않았지만 슬픈 마음을 안고 떠나 버렸습니다." 이런 식의 이야기는 부부들이 전체 배경을 볼 수 있게 하고 강박적으로 한 부분에만 초점을 맞추던 관계의 시야를 확대시켜 준다. 물론 이러한 개입은 부부가 특정 부분에 '사로잡혀' 있을 때 유용하며, 상황을 재처리하기 위해 사용하는 것이 좋다.

개인 회기

개인 회기는 경험 많은 EFT 치료사가 비교적 사용하지는 않지만, 만일 사용한다면 파트너들 사이에 형평성을 맞춰야 한다. 만일 한 배우자를 개인 회기로 만나면 상대도 시행해야 한다. 개인 회기는 부부 회기에서 정서 교류를 방해하는 특정 정서반응을 처리하거나, 부부 회기의 진행을 방해하던 문제반응에 집중적으로 초점을 맞추기 위해 경험주의 기법을 사용한다. 예를 들면, 치료사는 관계를 끊으려는 배우자의 위협에 초점을 두거나 부부치료에서 애착욕구의 요구를 막고, 위험감수를 방해하는 수치심과 같은 반응을 탐색한다.

문제의 반응을 다시 처리하기 위한 경험주의 기법과 더불어 애착구조와 애착대상과의 대화를 적극적으로 사용한다. 스스로 사랑받을 가치가 없다면서 자기를 심하게 비난하던 배우자에게 치료사는 과거의 긍정적 애착을 통해서 부정적 견해에 도전하게 한다. 이를 위해 치료사는 애착대상과 상상의 만남을 이용한다. 내담자에게 애착대상이었던 어머니가 현재 결혼 상황을 어떻게 생각할지, 그리고 어떤 말을 해 줄지를 분명히 표현하게 한다. 치료사는 내담자가 자신을 온정적이고 수용적인 모습으로 정리하게 도와준다. 이 기법은 내담자가 정서적으로 과정에 참여하고 있을 때 효과가 높다.

치료과정을 어렵게 만드는 위기가 발생했을 때 개인 회기를 갖는 것이 좋다. 예를 들면, 부모의 사망으로 갑작스럽게 부부관계가 위축되어 부부치료 과정에서 그동안의 진척과 변화를 손상시키는 경우가 이에 해당된다.

요약

EFT 치료사는 안내자, 과정자문가로서 부부관계에서 경험한 정서를 다시 처리하고 통합하며, 정서 교류와 안전한 결합을 만들고, 상호작용이 재통합될 수 있게 도와준다. 이렇게 강력한 변화가 일어나는 과정을 통해서 부부가 친밀한 사람과 습관적으로 보였던 관계방식뿐만 아니라 자신의 정서, 애착욕구, 자기의 핵심 표상을 탐색할 수 있게 된다. 이는 타인과의 관계에서 자신과 교정적으로 정서와 상호작용을 경험하고, 자신이 원하는 방식으로 관계를 맺게 하는 것이 목적이다.

EFT의 전형적 회기에서 치료사는 다음과 같은 것에 초점을 맞추어야 한다.

- **동맹 평가**: "제 생각에 이 과정이 당신에게 힘들어 보이네요. 제가 조금 더 도와줄 수 있는 방법이 있을까요?"
- **이차 정서 반영**: "이 일이 일어났을 때 아무도 이득이 되지 않는 상황이라 당신은 매우 화가 났군요. (상대 배우자에게) 제가 보기에 당신도 갑자기 분노를 느낀 것 같군요."
- **내재 정서 반영**: "그것이 어떤 느낌인가요? 남편이 등을 돌릴 때, 당신은 당황했을 텐데 맞습니까? 남편이 당신으로부터 도망가는 지금의 상황에서 이전과 똑같은 정서를 경험하겠네요."
- **현재 반응 인정**: "이제 이해할 수 있을 것 같아요. 당신이 말한 바와 같이 문제를 극복하기 위해 '물러나 버리는 것'이 당신의 자연스러운 행동이군요. 사실 지금까지 살아오면서 그런 행동이 당신을 보호해 주었고, 그래서 어떤 위험 신호가 오면 당신이 선택할 수 있는 유일한 방법이 바로 그것이었군요."
- **새롭게 경험한 내재 정서 인정**: "당신에게 실망하는 부인의 말을 듣고 나서 당신은 고통스러웠네요. 당신은 개의치 않고 넘어갔지만 사실 당신의 심장을 찌르는 것 같았을 거예요. 상처가 너무 깊어서 무감각해졌군요."
- **환기적 반응**
  ① "존, 부인이 하는 말을 들을 때, 어땠나요? 부인이 구석에 몰리고 갇혀 있는 느낌을 표현할 때 어떤가요? 부인이 이렇게 말할 때, 어떤 기분이었습니까?"
  ② "앨런, 바로 그때 어땠나요? 메리는 당신과의 관계에서 한 번도 보호받는 느낌이 들지 않았다고 말했어요. 그러자 당신은 입을 굳게 다물고 팔짱을 끼었어요."

③ "다시는 마음을 열지 않고 상처받지 않겠다고 말할 때 어떤가요? 지금 그 부분이 당신에게 무어라고 말하고 있습니까?"

- **강조**: "에반, 그것을 다시 한번 말할 수 있겠습니까? '당신은 도대체 어디에 있는 거야? 당신을 찾을 수 없어.'라고 말입니다. 부인을 바라보며 다시 한번 말씀해 보시겠어요?"

- **공감적 추측으로 개입**: "확실하지 않지만 이해할 것 같아요. 부인이 매일 당신을 원하지 않는다면, 당신은 그녀를 잃어버릴 것 같다는 말씀이지요? 부인이 곁에 있고 당신을 원해야만 안심하고 의지할 수 있는 신호군요. 맞습니까?"

- **상호작용의 추적·반영**: "남편이 ……라고 말하자 당신이 ……라고 말했는데, 그때 도대체 무슨 일이 일어난 거죠?"

- **고리의 관점에서 부부행동 재구성**: "그래서 지금 두 사람에게 이것은 위험할 수밖에 없습니다. 당신은 항의할 수밖에 없다고 느껴서 짐과 멀어진 것에 대해 말했고, 짐은 이로 인해 두려움을 느꼈어요. 그래서 당신은 숨어 버릴 생각을 하게 되었지요, 맞나요?"

- **애착욕구 관점에서 부부행동 재구성**: "당신이 '매복'이라고 표현할 때 남편이 반응해 주기를 원했고, 당신이 남편에게 영향을 주고 있는지 알고 싶었고, 아직도 남편과 연결되었는지 알고 싶었군요. 맞나요?"

- **상호작용의 재조직**: "톰! 그 말을 부인에게 해 보시겠습니까? '나는 어떻게 해야 당신과 더 가까워질 수 있는지 잘 모르겠어. 정말 모르겠어.'라고 말해 보시겠어요?"

개입방법

치료사의 비언어적 메시지와 언어적 메시지의 일치는 EFT에서 가장 중요하다. 비언어적 의사소통은 좋은 의미로 소통의 '명령' 부분을 말한다. 명령 부분은 의사소통의 내용을 꾸미고, 듣는 사람의 반응을 지시하는 부분이다. EFT 치료사는 자신의 비언어 메시지를 인식해야 한다. 훈련과정에서 치료사가 내담자를 자신의 목소리를 통하여 붙들고 현재에 집중시킬 수 있는 방법을 교육한다. 치료사의 특정 태도, 목소리, 눈 맞춤이 안정감을 주고 치료사와의 접촉을 높여 주며, 강한 동맹을 맺어 줄 뿐 아니라 EFT 치료사는 내담자가 깊은 경험 수준까지 접근할 수 있도록 유도한다. 이러한 안정과 교감은 함께 강력한 정서경험으로부터 유효거리(working distance)를 가능케 하며, 이를 통해서 정서경험은 발전되고 다듬어진다. 특히 치료사가 내담자를 고통스러운 정서에 접촉하고 교감시킬 때, 다음에 언급할 RISSSC가 유용하다. EFT 훈련과정에서 우리는 이것을 특별히 정서적인 위험(risk, RISSSC와 동음)이 나타날 때 비언어적 지각을 향상시킬 수 있는 다음의 방법을 제안한다.

- 반복(Repeat): 중요한 단어와 문장을 여러 차례 반복하는 것이 중요하다.
- 이미지(Image): 이미지를 통해서 추상적인 단어로는 표현이 불가능한 정서를 포착하고 유지시킨다.
- 단순함(Simple): 단어와 문구를 단순하고 간결하게 유지하는 것이 필수적이다.
- 느린 속도(Slow): 정서경험을 치료과정에서 드러내기 위해 속도를 늦추어야 이러한 과정이 가능해진다.
- 부드러움(Soft): 부드러운 목소리는 안정감을 주고, 깊은 정서를 드러내며, 위험을 감수하게 해 준다.
- 내담자의 언어(Client's words): EFT 치료사는 협동적이고 내담자를 인정하는 태도로 내담자가 언급한 말과 문구를 선택하여 진행한다.

이러한 태도와 목소리는 정서 조합과 심화, 그리고 고통스러운 몰입된 정서를 다룰 때 아주 중요하다. 이것은 치료사가 고리를 밝히거나 논쟁에 대해 논하는 등의 과제를 개입할 때는 중요하지 않다.

내담자의 경험을 밝히고 접근을 시도하는 과정에서 EFT 치료사는 내담자가 표현한 추상적이거나 명확하지 않은 꼬리표를 택하여 치료과정을 천천히 진행해 나가면서 앞에서 언급한 RISSSC의 태도로 '어두운, 복잡한, 불가능한, 얼어붙은'과 같은 단어 혹은 꼬리표에 초점을 맞춘다.

예

데니스: (상기된 목소리, 빠른 속도, 괴로운 태도로) 말하기 곤란해요. 별장과 경제 문제와 같은 다른 문제가 개입되어 있고…… 정말 할 말이 없어요. 우리 사이의 모든 것이 너무 복잡해요. 공허감이 밀려와요.

치료사: (천천히 낮고 부드러운 목소리로) 부인이 방금 말했듯이 그녀가 당신을 포기했고 당신과의 친밀감이 절망적이라고 말했을 때 당신은 아무런 할 말이 없었군요. 아무것도 할 수 없고 단지 공허감이 밀려왔군요? (그가 고개를 끄덕인다.) 그것이 어떤 것인가요?

데니스: (느리고 낮은 목소리로) 모르겠어요. 그래요, 단지 깜깜할 뿐이에요.

치료사: 깜깜함. 부인이 절망적이고 관계를 포기한다고 당신에게 말할 때 당신은 어두움과 공허감 속으로 빠져들었군요?

데니스: 맞아요. 그래요. 저는 얼어붙었어요. 정확히 무슨 말을 해야 할지 모르겠어요. 어떻게 관계를 좋게 만들어 가야 할지 모르겠어요.

치료사: (RISSSC를 사용한다.) 당신은 얼어붙었고, 어두움, 공허감 속으로 빠져들었고, 제 생각에는 이러한 일이 집에서 일어났다면 아마도 당신은 위축되었겠지요? 맞아요? (그가 고개를 끄덕인다.) 그러면 부인은 당신이 무관심하고 배려하지 않는다고 생각하게 되겠지요. 사실 당신이 흥분했을 때, 당신이 말했듯이 매우 복잡하고 깜깜한 느낌이 들고 어떻게 해야 할지 모

　　　르게 되네요. (그가 동의하면서 눈물을 보인다.) 어두운 곳은 끔찍하고, 우
　　　리가 흔히 어두움 속에서 길을 잃게 되듯이 당신은 몹시 두려웠겠네요?

데니스: 바로 그겁니다. (어깨를 으쓱한다.)

치료사: 하지만 당신이 할 수 있는 것은 아무것도 없었어요. 적어도 어떠한 신호
　　　와 길 안내도 없이 어두움 속에서 길을 잃은 느낌이고 두려움과 공허감
　　　이 밀려왔을 거예요. "당신이 나에게 ……라 말할 때, 나는…….''라고 부
　　　인에게 말해 보겠습니까?

　　EFT 치료사는 지속적으로 지금 이 순간에 드러난 것에 초점을 맞춘다. 이는
단순히 내담자가 개입을 강조하고 자기 경험의 깊은 수준으로 들어가도록 격려
하는 집중과 개입이 아니라 치료사가 보여 주는 태도다.

　　회기 중에 드러난 핵심 정서 현실을 내담자처럼 말하는 대리 목소리(proxy
voice)는 내담자의 정서개입을 강화시킬 수 있다. "남편이 마음을 닫을 때 두려
웠다고 말할 수 있겠어요? 그것은 당신이 벌거벗겨지고 혼자라는 느낌을 주었네
요.''라고 말하는 것과 "다음과 같이 말할 수 있겠어요? '당신은 사라졌고 나는 무
방비상태로 혼자가 되었고(당신이 조금 전에 사용한 말이지요?), 그래서 나는 혼자
벌거벗겨진 느낌이었어. 그리고 그것은 나를 공포스럽게 했어.'''라고 말하는 것
의 차이를 생각해 보라.

　　부부치료는 다양한 수준의 드라마이기 때문에 회기를 진행하면서 발전하고,
목표, 각 단계의 과제, 그리고 변화과정 단계마다 개입이 달라진다. 하지만 이
시점에서 EFT 회기마다 되풀이되는 과정에 초점을 두는 것이 유용하다.

♥ 회기 중 과정과 개입기법

　　EFT는 과정지향 접근(process-oriented approach)이다. 모든 회기에서 치료사는

부부가 자신들의 관계경험, 특히 애착정서를 조직하고 배우자에게 교감하는 과정에 초점을 두고 이를 발전시킨다. 치료사는 지속적으로 내적 반응과 상호작용 행동 및 패턴을 추적하고 반영한다. 치료사는 부부관계 경험에 점차적으로 맛과 향을 가미하여 관계경험을 상호작용 패턴의 관점에서 평가하고, 반대로 상호작용을 관계경험의 관점에서 고려한다. 치료사는 내담자의 타고난 성장 능력, 교정적 정서경험이 가진 힘, 애착욕구와 갈망이 미치는 강한 영향력을 믿는다. 일반적으로 EFT 치료사는 경험과 상호작용을 반복적으로 다루어서 빛을 향해 나아갈 수 있게 한다. 치료사는 계속해서 정서를 부부가 춤추게 하는 음악으로, 그리고 그 춤이 음악을 만드는 것으로 재개념화한다. 치료사는 다음과 같은 변화를 통해 밝은 빛으로 이끌어 낸다.

- 모호함에서 생생함으로
- 막연함에서 구체적으로
- 일반적인 것에서 특별한 것으로
- 과거에서 현재 당면한 것으로
- 전체에서 개인으로
- 소극적인 것에서 적극적인 것으로
- 추상적인 것에서 구체적인 것으로

이후 모든 회기에서 관찰자는 EFT 치료사가 다음의 과정을 통해 순환하는 것을 관찰할 수 있다.

- 정서과정을 추적하고 반영하고 인정하며 밝혀서, 애착과 상호작용 고리의 관점에서 재연하고, 재연한 드라마를 전개해 나간다.
- 상호작용의 순간을 추적하고 반영하고, 애착과 상호작용 고리의 관점에서

상호작용 순간의 정서를 나타내는 음악을 듣고, 애착적인 핵심 정서를 드러 낸다.

EFT 치료사는 항상 시시각각 발생하는 정서 순간, 상호작용 움직임과 패턴에 초점을 맞추며, 그래서 애착 현실을 만드는 데 집중한다.

다음 장에서는 서로 얽혀서 진행되는 이러한 개입기법을 통하여 특정 시기에 특정 과제를 달성하는 치료과정에 대해 언급한다.

| 제6장 | 평가: 춤을 정의하고 음악을 경청하기 |

내 자신을 내가 있는 그대로 수용할 때 내가 변화할 수 있음은 흥미로운 역설이다. 인간은 있는 그대로 내버려 두면 저녁노을처럼 아름다울 수 있다. 내가 노을을 봤을 때, 나는 자신에게 "오른쪽 모서리에 오렌지색을 부드럽게 물들여라."라고 말하지 않는다……. 나는 노을의 전개과정을 경외심을 갖고 바라볼 뿐이다.

– 칼 로저스(Carl Rogers), 『A Way of Being』(1961)

이 장에서는 EFT 치료과정 1기의 초기 두 단계인 단계적 약화 혹은 안정화에 대해 설명하려 한다. 즉, 갈등사건의 평가와 기술 및 부부불화를 지속시키고 안정결합을 방해하는 부정적 상호작용 고리를 밝힌다.

EFT와 같은 경험주의 모델에서 평가는 치료와 분리될 수 없다. EFT 치료사는 항상 내담자에 대해 알아 가고 내담자의 욕구를 평가한다. 하지만 처음에 두 차례의 EFT 부부 공동 회기(conjoint session)를 가진 후에 일반적으로 두 차례의 개인 회기를 갖는 과정을 평가라고 하는데, 이는 또한 적극적인 치료의 시작이다.

초기 회기들의 일반 목표는 다음과 같다.

- 부부와 연결한다. 부부가 안전을 느끼고 치료사에게 수용받는 느낌을 갖는

치료동맹을 형성하고 치료사가 자신들의 목표와 욕구를 이해하고 자신들을 도와줄 것이라는 확신을 갖기 시작한다.

- 일반적인 부부치료 및 특별히 EFT에 적합한지 등의 문제와 관계의 특성을 평가한다.
- 개인 과제뿐 아니라 치료사의 기술과 치료의 특징에 맞추어 각 파트너의 목표와 치료 과제 및 목표 실행 가능성의 적절성을 평가한다.
- 치료 목표와 방법에 대해 부부와 치료사 공통의 치료 동의를 만든다.

부부가 치료 일정에 대해 전반적으로 이견이 있거나 갈등하면, 치료 동의는 불가능하다. 남편이 이미 관계를 떠난 상태에서 아내가 그의 마음을 돌리려고 부부치료를 고집하는 경우에는 보통 개인적 도움을 권한다. 하지만 몇 차례의 부부치료 회기를 통해서 관계 특성을 밝혀내어 여전히 관계에 미련이 있는 배우자가 애도과정을 시작할 수 있도록 도와준다.

부부는 가끔 치료사가 개입하기 힘든 문제의 해결을 위해 방문한다. 예를 들면, 남편이 아내가 자신의 명령을 따르지 않는 것에 분노하며 치료사에게 그녀의 불순종이 정신장애라는 데 동의하고 자신의 요구에 따를 것을 설득해 주기를 바라는 경우다. 대부분의 치료개입이 부부치료에 통하지 않을 때도 있다.

보다 구체적으로 EFT에 부적합한 사례가 있다. 이에 대해서는 제11장에서 다룰 예정이다. 예를 들면, 현재 관계에서 학대와 폭력이 진행되거나, 아내가 우울증으로 자살에 대해 말할 때 조롱하는 태도를 보이고 치료과정에서 부인에게 무자비한 요구를 하는 등 언어폭력이 심각한 남편의 사례와 같이 약점 개방이 오히려 위험이 따를 수 있다고 판단되면 EFT가 적합하지 않다. 부부치료의 적합성 여부 결정에서 폭력성 평가는 보그래드와 메데로스(Bograd & Mederos, 1999)가 아주 잘 정리하고 있다.

과정목표

앞에서 언급한 문제들이 있다면, 치료사는 다음과 같이 과정목표의 평가과정에서 이를 밝혀낸다.

- 부부의 경험으로 들어가고, 자신의 관계경험 구성방식과 정서조절 방식을 이해한다. 특히 취약성을 다루는 방식을 이해한다.
- 관계에서 부부가 취하는 태도 이면의 취약성과 애착문제에 대한 가설을 세워 간다.
- 부부불화를 지속시키는 전형적인 상호작용 과정을 밝히고 추적하며, 부부의 상호작용 태도를 밝혀낸다.
- 현재 관계의 발전방식과 부부의 치료 동기를 이해한다. 부부관계 속의 부부 이야기를 듣고 이해한다.
- 개인과 관계에서 안정애착과 정서 교류를 막는 장애물에 대한 가설을 세우고 탐색해 간다. 이들 부부는 관계에서 원하는 것이 비슷한가? 두 사람이 관계에 헌신하려고 하는가?
- 치료개입에 부부가 어떻게 반응할지, 치료과정이 얼마나 쉽고 어려울지 여부를 평가한다. 각자가 관계에 어느 정도 책임을 지려고 하는가? 회기 중에 얼마나 위험을 개방하고 감수하려고 하는가? 재연 태도의 경직 수준과 반응의 반발에 주목한다.
- 부부의 강점과 관계의 긍정적 요소를 살펴본다.

평가가 끝날 무렵, 치료사가 관계의 애착 현실에 들어가고 정서 교류가 증가하면서 부부의 애착결합을 정의해 주는 전형적인 상호작용, 그리고 상호작용 태도와 패턴에 대한 전반적인 밑그림을 갖게 된다. 또한 치료사는 개인의 정서경험

정도를 감지하기 시작한다. 이때 치료사는 관계의 분위기(tone), 즉 춤을 추게 만드는 음악이 무엇인지 감지해야 한다.

평가과정의 지원을 위해 서면 질문지를 사용한다면, 최근의 EFT에서는 다양한 EFT 연구에서 사용해 왔던 CSI(Funk & Rogge, 2007) 혹은 DAS 원본(Spanier, 1976)을 이용하고 있다. 치료사들은 부부가 애착욕구와 두려움을 다루는 방식을 이해하기 위한 빠르고 인상적인 방법으로 나의 저서 『날 꼬옥 안아 줘요』(Johnson, 2008)에 실린 A.R.E.를 사용한다. 프레일리, 윌러와 브레넌(Fraley, Waller, & Brennan, 2000)이 만든 친밀한 관계 척도-개정판(Experiences in Close Relationship Scale-Revised: ECR-R)은 각 파트너의 관계의 애착안정을 이해하기 위해서 사용될 수 있다. 하지만 경험주의 관점에서 치료사는 부부 사이의 실제 상호작용에 동조하고 각 파트너와 공감적 대화를 통해서 얻어진 건강한 정보를 사용하여 회기 중에 부부와 함께 관계상태를 평가하는 데 집중한다. 만일 치료사가 부부의 개인 정신건강 문제를 보려면, 이러한 주제는 『애착이론과 상담: 개인, 부부, 가족을 위한 정서중심치료』(Johnson, 2019a)에 실렸는데, 이 책에서는 EFT의 애착지향 틀에 부합되는 데이비드 발로(David Barlow)의 UP 모델[정서장애의 통일된 프로토콜(Unified Protocol for Emotional Disorders); Barlow et al., 2011]에서 제공된 개념체계를 제안했다. 이 프로토콜은 지각된 위협에 대한 심한 통제 불능과 각성은 불안과 우울의 공통 핵심 요소라고 제안한다. 이러한 문제들은 회피와 같은 비효과적인 정서조절 전략 및 타인과의 긍정적 연결감 형성 부족으로 인하여 심각해진다.

치료과정

EFT의 초기 회기들은 어떻게 진행되는가? 치료의 처음 두 단계를 통하여 치료사가 부부를 이끌고 가는 일반 과정은 무엇인가?

초기 회기들을 진행하면서 치료사의 머릿속에 생기는 다음과 같은 질문들을 고려해 보면서 EFT의 전형적인 회기를 간단하게 이해할 수 있다.

- 이들은 어떤 사람인가? 그들 삶의 일반적인 구조는 어떤가? 치료사는 기초 정보를 수집한다.
- 각자는 정서를 어떻게 다루고 있는가? 이들은 정서를 알고 수용하고 조직하고 나눌 수 있는가?
- 이 시점에서 치료를 받기로 결심한 이유가 무엇인가?
- 관계문제를 각자 어떻게 보고 있는가? 자신의 견해에 대해 서로 대화를 유지할 수 있는가? 서로 근본적으로 다르고 자기 입장만 고수하지는 않는가?
- 자신들의 관계가 가진 장점을 인식하는가? 무엇이 서로를 유지시키고 있는가? 서로를 어떻게 묘사하고 있는가? 부부가 자신의 이야기를 할 때 어떤 상호작용 문제를 기술하고 있으며, 문제를 어떻게 다루었는가?
- 관계의 역사를 어떻게 보고 있으며, 처음 연결을 어떻게 이해하고 있는가?
- 치료사에게 자신과 자신의 과거를 어떻게 언급하고 있는가? 각자의 이야기 속에 어떤 특정한 애착 주제와 문제가 드러나고 있는가?
- 회기 중에 부부가 어떻게 상호작용하는가? 만일 특정 주제에 대해 물으면, 어떻게 대화가 전개되는가? 각 파트너의 비언어적 반응에서 전달되는 메시지는 무엇인가?

부부는 이러한 회기를 통해 일반적으로 비교적 강한 정서 교감을 경험한다. 치료사는 부부가 부부불화 이야기를 표현하고, 싸움과 문제뿐 아니라 좋았던 순간과 어려운 주제의 대화에 대해 말할 수 있도록 격려한다. 부부가 마지막 싸움에 대해서 말하고, 그들의 견해를 언급하고, 갈등에 대한 접근방식이 각 가족력에서 전형적으로 어떻게 다른지를 말하게 하면서 치료사는 애착문제, 정서경험,

그리고 상호작용 과정에 대해서 직접 질문하고 초점을 맞추어 간다.

부부 회기에서는 다양한 수준의 많은 일이 일어나기 때문에 복잡하게 엉켜 있는 사실, 정서, 사건, 그리고 상호작용 중에서 무엇을 고려하고 무엇에 초점을 맞춰야 할지에 대한 결정은 경험 많은 치료사에게도 중요한 부분이다. 단기치료의 핵심은 초점(focus)으로, 집중할 것이 무엇이고 부수적이고 축소할 것은 무엇인가다. 초기 회기에서 부부는 관계를 정의하고, 관계를 통한 자기정의 방식과 결부된 중요한 관계사건에 대해 나눈다. 부부는 때로는 치료사가 강조한 강력한 상호작용 절차를 재연하며, 이를 통해서 부부관계의 본질이 파악된다. 이 순간이 결혼생활에 대한 개인과 상호작용적 이정표가 되며, 치료사가 부부가 처한 난관을 파악할 수 있게 도와준다. 이러한 이정표는 깊은 정서경험을 향해 나아가는 특징이 있다. 이러한 사건을 재연하고 묘사할 때는 한 배우자가 상대방, 자신의 경험, 성격을 어떻게 정의하고 있는지, 그리고 상대 배우자와의 관계에서 자신을 어떻게 묘사하는지에 특별히 주목해야 한다. 독자에게 이러한 부분을 이해시키기 위해 다음의 예를 제시한다.

개인적 이정표 혹은 사건과 상처 정의하기

이러한 사건은 흔히 상대 배우자가 인식하지 못하는 애착 의미를 가지며, 특히 말다툼의 공격 수단으로 상호작용에서 지속적으로 언급된다. 이것은 잊거나 숨길 수 없으며, 관계에서 흐르는 현재의 정서 기류에서는 해결될 수 없다.

- 부인은 자신의 부모가 아들을 원했고, 그녀에게 예쁘지 않고 발달이 늦다는 말을 했다고 언급했다. 하지만 그녀는 울면서 남편이 예쁘지는 않지만 훌륭한 가족을 가진 좋은 여자라고 시댁 식구들에게 자신을 소개할 때 정말 충격을 받았다고 했다. 이 말을 하면서 그녀가 눈물을 흘리자 남편은 웃으면

서 이 사건을 축소하려 했는데, 이로 인해 그녀의 분노는 증폭되었고, 그와 더욱 멀어지게 되었다. 그녀는 남편에게 자신이 가치 있는 존재라는 느낌을 받은 적이 없다고 했다.

■ 부인은 남편이 친구 전화를 받고 만나러 나갔기 때문에 심각한 병원 진료에 자신과 함께 가지 않은 것에 대해 말했다.

■ 이성적이고 무심하고 내성적인 남편은 자신의 결혼생활에 아무런 문제가 없다고 주장했다. 그러나 부인은 그의 소극적이고 내성적 성향에 소외감을 느끼고 있었다. 이후 그는 10년 전 잠시 외도했던 여자가 자신에게 멋있고 호감 간다는 말을 했다면서 울음을 터트렸다.

이 모든 사건은 결혼의 경험으로 들어가는 창구가 된다. 이것은 부부가 겪는 고통의 본질과 배우자와의 관계에서 갖고 있는 자아상을 제공하는 단서가 된다. 이러한 사건은 애착 용어로 버림받음, 배반, 부부의 애착 상처와 갈망이라 할 수 있다. EFT 치료사는 경험에 머무르면서 이를 인정하며, 이것이 정서와 관계에서 갖는 의미를 말하게 도와준다. 치료사는 이후의 회기에서 이를 부부의 관계에 대한 정서경험의 기준점으로 활용할 수 있다.

상호작용적 이정표

첫 회기에서 상호작용이 발생하며 부부의 태도와 부정 고리가 생생하게 드러난다. 이것은 주목되고 부부에게 반영되어야 한다. 평가과정의 일부로 이는 확대하고 명백하게 밝힐 수도 있다. 치료과정상 초기 단계이고 동맹 수준이 낮기 때문에 치료사는 존중하는 태도로 사려 깊게 확대해 가야 한다. 예를 들면, 한 배우자가 지배하고 통제하려 하면 부부 사이에 상호작용이 유발된다. 치료사는 상대가 이에 어떻게 반응하고, 지배적 배우자가 언제, 그리고 어떻게 이런 행동을 하는지에 주목한다.

- 부인이 고집하는 집중적 불임치료를 지속할 수 없다며 남편은 눈물을 흘리면서 말했다. 그녀는 남편의 말을 끊고 차분히 따지는 태도로 그가 불임이면 견딜 수 없다고 했다. 그래서 남편은 지금까지 합의 절차에 따를 수밖에 없었다. 남편은 체념한 듯 보였고, 대화에서 눈에 띄게 위축되어 있었다.
- 부인은 남편이 가족 앞에서 자신을 비난할 때 무척 수치스럽다고 말했다. 그는 그녀가 행동을 개선하고 세심하게 집안일을 한다면 비난하지 않았을 것이라고 했다. 그 순간 부인은 고함쳤고, 그는 회기 상황에서조차 부인의 대화기술이 부적절하다고 지적했다. 그녀는 완벽주의자인 양 행동하지 말라고 말했다.
- 한 파트너가 비난하고 위협했고, 상대는 조용히 무심한 태도를 보였다. 그러자 파트너는 점점 비난이 강해졌고, 상대는 단호하게 자신의 파트너가 병과 결함이 있다고 말했다. 그러자 파트너는 울면서 위축되었다. 잠시 뒤 주제가 바뀐 후에도 이러한 패턴은 반복되었다.

회기과정에서 이러한 사건은 치료사가 주목하고 집중해야 한다. 예를 들면, 치료사가 부부 모두를 지지하면서 집안일에 완벽하지 않았던 부인이 남편에게 자신의 힘든 점을 말했다. 이 과제를 달성하기 위해서 부부는 현재 상호작용 패턴에서 보이는 경직성과 융통성, 그리고 서로의 반응이 상호작용 패턴에 미치는 영향을 표현해야 한다.

관계상의 접촉과 지지 수준, 그리고 접촉과 지지를 막는 방해물을 표현하면 상호작용이 일어난다. 이 경우 한 배우자가 약점을 드러내고, 치료사는 이것에 대한 상대의 반응 혹은 반응 부족을 주목한다.

- 여자가 울면서 출생한 아이가 죽어서 슬펐을 때 혼자였다고 말했다. 그런 다음 남편도 이런 감정을 느꼈는지 물었다. 남편은 천장을 바라보며 운다고 해서 아이가 다시 돌아오는 것도 아니고, 그런 것이 소용없다고 말했다. 그러자 부인은 남편의 오랜 부재가 아이들을 실망시켰다면서 그를 공격했다.
- 부인은 남편이 정서장애가 있어 감정을 느끼지 못한다고 말했다. 회기가 끝날 때 그가 울었다. 치료사는 창밖을 쳐다보는 부인에게 남편이 울 때 어떤 기분이었는지 물었다. 부인은 남편의 반응을 믿을 수 없으며, 치료사를 조종하려는 수작이라 말했다.
- 매우 이성적이고 위축된 남편이 첫 회기가 끝날 즈음에 이성을 잃고 눈물을 흘리면서 자신이 부인을 많이 사랑하고, 그녀가 행복의 근원이라는 사실을 보여 줄 길이 없다고 말했다. 부인은 남편의 사랑을 받지 못하고, 자신이 그에게 전혀 중요하지 않다고 심하게 불평하며 혼란스러워했으나 곧 화를 내며 그를 공격했고, 자신은 장식용 꽃이 아니며, 그의 말투와 비판으로 자신이 작아지는 느낌이 든다고 말했다.

대개 상호작용을 촉진하고 강조하는 치료사에게 부부는 상대에게 취하는 태도의 통제와 소속의 부분뿐 아니라 부정 고리에서 한 사람의 태도가 상대에게 어떤 영향을 미치는지 보여 준다. 상호작용 고리가 갖는 특성인 신속성, 자동성, 그리고 경직성에 주목해야 한다. 부부가 고리를 어떻게 인식하고 있는지, 고리가 얼마나 강력한지, 고리에서 벗어날 다른 방법과 다른 방식의 접촉을 다시 시작하는 방법을 가지고 있는지, 그리고 연계된 관계가 얼마나 많은지 등은 부부마다 다양하다. 때때로 부부는 고리가 급회전(spin)이라고 명확히 묘사될 때까지 치료사를 찾지 않는다. 급회전이란 매우 빠르고, 자기영속성을 갖게 되며, 부정 고리에 몰입되는 것을 말한다. 고리는 몰입하게 만들고, 부부관계의 모든 요소를 규정한다.

개인 회기

평가과정의 한 부분으로 EFT 치료사는 주로 한두 번의 공동 회기 후 개인 회기를 갖는다. 개인 회기의 목적은 다음과 같다.

① 각 파트너와 치료동맹을 강화한다.
② 상대 배우자가 없는 다른 맥락에서 각 파트너를 관찰하고 상호작용한다.
③ 상대 앞에서 탐색하기 힘든 정보를 수집하고 가설을 점검한다. 예를 들면, 치료사는 헌신 정도, 혼외관계, 현재 관계에 영향을 미치는 과거의 애착손상에 대한 정보를 수집한다. 치료사는 각 파트너가 상대방을 어떻게 지각하는지 탐색할 수 있는데, 이와 같이 검열받지 않는 상태에서 상대방을 지각하는 방식은 이후의 회기에서 매우 유용하다. 치료사는 관계에서 일어나는 폭력 등 부부치료에 부적절한지 여부도 점검한다.
④ 개인 회기는 상호작용에 영향을 미치는 개인의 내재 정서와 애착불안에 대한 치료사의 인상을 정제해 주며, 개인의 애착불안을 명백히 밝히게 된다.

치료 효율을 떨어뜨리며 치료사를 비밀(secret)에 갇히게 만드는 사건은 여기서 드러나지 않는다. 협력적 치료동맹이 맺어진 상태에서는 현재 누군가와 지속적으로 정서를 교류하고 있어 관계 개선 노력에 방해되는 정보가 나타나면, 내담자의 치료목표와 부부관계에 미칠 영향을 탐색한다. 치료사는 치료목표 달성을 위하여 상대 배우자와 이러한 정보를 나누도록 한다. 치료사는 개인의 정보개방에 대한 두려움과 꺼리는 마음을 살펴볼 수 있게 한다. 치료사는 이러한 정보를 다음 회기에서 상대와 나눌 수 있도록 도와준다. EFT 실제와 연구에서 풍부한 임상경험은 비밀과 속임은 지속하기 어렵고, 안정결합 형성에 중요한 개방을 막으며, 안정된 변화를 저해하기 때문에 이러한 정보 나눔이 비록 고통이 따르지만 가장 생산적 전략이라고 밝힌다. 당신이 몇 년 동안 당신을 보호할 희망을 갖고 집을 재건축하고 가꾸기 위해 많은 노력을 하는 맥락에서 보면, 비밀유지는 집 지하실에 숨겨 둔 시한폭탄과 같다. 다른 은유로 말하자면, 자신과 경험에 벽을 세우는 비밀을 가지고는 친밀한 포옹의 춤은 거의 불가능하다.

일전에 말했듯이 첫 회기에서 평가와 치료는 함께 진행된다. 첫 회기가 치료적이기 위한 일반적 치료의 과정과 개입은 무엇인가? 다음에 언급할 내용은 개입의 요점, EFT 탱고 개입 절차의 사용, 치료적 미시 개입과 부부의 변화과정, 그리고 이러한 과정에 EFT에서 이해되는 방식, 각 과정의 최종 상태다.

치료과정

♥ 치료 지표

부부치료의 첫 회기는 대본과 등장인물도 전혀 알지 못한 채 연극 중간에 갑자기 누군가를 마주치는 상황에 비유할 수 있다. 치료모델의 첫 단계에서는 치료사가 주목하고 반응해야 할 것이 무엇인지 명확히 밝히는 것이다. 지표(marker)는 특정 표현방식 혹은 상호작용 사건이 치료사에게 정서처리나 상호작용 문제 혹은 개입의 시점을 알려 주는 치료의 지점을 의미한다. 특별한 지표는 EFT 치료사가 특정 과제를 제시하고 개입하게 신호를 보내고, 이를 통해 내담자의 반응이나 행동이 유도되고 회기 중의 변화에 기여한다. EFT에서 치료 지표란 전형적인 반응, 즉 상대 배우자에 대한 정서반응과 관계경험, 그리고 부부의 결혼구조를 특징짓는 상호작용 사건을 말한다. 이러한 것들이 치료사가 주목하고 개입해야 할 신호다.

초기 회기에서 흔히 나타나는 정신내적 지표와 대인관계적 지표는 다음과 같다.

♥ 정신내적 지표

① 한 사람이 관계와 관계문제에 대해 이야기할 때, 강한 정서반응이 나타나 이야기의 흐름을 방해한다. 이때 울거나 얼굴을 붉히고 돌아서서 입술을 깨물거나 주먹을 세게 쥐는 등 강한 비언어적 정서 신호를 보내서 이야기나 대화의 흐름이 중단된다. 치료사의 과제는 이러한 정서 신호에 집중하고 이를 밝혀냄으로써 치료 회기를 안전기지로 만들어 경험을 표현할 수 있게 하는 것이다.

② 한 사람이 이야기를 할 때 심한 정서 결핍(lack of emotion)을 보인다. 이 경우에는 극적이고 외상(trauma)이 되는 사건이 제삼자에게 벌어진 것처럼 무심하게 표현한다. 치료사는 표현된 내용과 정서 없이 말하는 태도 사이의 불일치에 주목한다. 여기서의 과제는 개인 경험에 대한 교류 부족과 이것이 부부의 관계교류와 정의와 연관된 의미가 무엇인지 탐색하는 것이다.

③ 강한 정서가 유발되는 동안 부부는 자신, 상대 배우자, 그리고 현재 맥락에서 경직되게 조직되고 파괴적 부부관계에 대한 신념(belief)을 말한다. 이 신념은 정체성의 정의처럼 표현된다. 자기, 타인, 부부관계나 일반 관계는 특정 방식으로 정의되고 표현된다. 부부는 변화 가능성, 새로운 관점이나 정보의 발달을 막는 중요한 관계사건에 대해 자신들이 부여한 의미를 전달한다. 여기서의 과제는 신념을 반영하고 명료화시키고, 이를 부부관계를 통제하는 파괴적 고리의 한 부분으로 이해하는 것이다.

④ 특정 애착사건이 밝혀졌으나 부인되고, 혹은 사건 해결을 방해하는 방식으로 반응된다. 예를 들면, 아내가 남편을 '일중독자'라고 비난하지만 정작 자신의 유기와 상실의 정서에 초점을 맞추지 못한다. 여기서의 과제는 이러한 사건에 초점을 두면서 그것을 부부관계에서 지속시키는 문제의 핵

심으로 이해하는 것이다.

♥ 대인관계적 지표

① 첫 회기에서 치료사는 태도 지표(position marker)에 특별히 주목하는데, 이
는 관계에서 권력, 통제와 친밀-소원을 정의하는 말이나 반응이다. 이러
한 지표는 치료사와 부부 및 부부 사이의 대화, 그리고 각 파트너가 말하
는 관계 이야기 속에서 나타난다. 여기서 치료사의 과제는 부부가 관계에
서 취하는 태도와 이러한 태도에 대한 각 배우자의 지각(perception)과 정
서반응을 명확하게 알아 가는 것이다.

② 치료사는 부정 고리 지표(negative cycle marker)에 주목해야 한다. 불화부
부의 가장 흔한 고리는 추적/비판-위축/회피 패턴이다. 하지만 부부가
정서개입을 하지 않는 위축-위축 고리와 강한 공격-공격 고리도 있다.
위축-위축 고리에서 부부가 말하는 이야기는 이 고리가 추적-위축 패턴
에서 발전되며, 하지만 치료받을 시점에서는 추적자가 탈진되고 물러나
서 위축되기 시작했다. 부부는 치료사에게 각자가 취한 태도가 부정적이
고 자기강화적 패턴을 만드는 방식에 대해서 말하고 재연한다. 치료사는
이러한 고리를 추적하고 명확히 밝힌다. 여기서 과제는 부정 고리, 즉 부정적
춤을 밝히고, 이를 그들의 경험에 적절하고 사실로서 이해하게 구성하는
것이다. 이후 부부는 그것을 관계에 대한 사고방식으로 통합시켜 갈 수
있다. 개인의 반응은 고리의 확장된 맥락으로 바라본다.

③ 부부가 긍정적인 접촉과 정서 교류의 기회가 있을 때, 치료사는 부부의
상호작용 방식, 특히 이러한 접촉이 어떻게 방해를 받는지를 주목해야 한
다. 이는 각 파트너의 애착불안정이 상호작용 방식에 어떻게 작용하는지
를 설명해 준다. 여기서의 과제는 부부의 긍정적 접촉방식에 주목하고,

한 파트너가 상대에게 접근할 때 상대의 갑작스러운 거부 태도와 같이 접촉을 피하는 출구(exit)에 주목하고 탐색하는 것이다. 만약 초기 회기에 이러한 접촉이 일어나면, 그것에 초점을 맞추고 그러한 접촉을 관계의 강점의 한 부분으로 인정하는 것이 과제다.

개입

단계적 약화기의 전체 과정은 EFT 초기 네 단계, 즉 평가와 동맹 형성, 상호작용 패턴의 서술, 부부 춤의 음악의 변화를 위한 내적 정서에의 접근, 새롭게 안무된 상호작용의 통합으로 정리된다. 여기서 새로운 정서가 공유되고 새로운 상호작용을 통해 배운 것이 관계의 특정 사건을 채색하는데, 예를 들면 회기 중 부부가 고통스러운 갈등에 대해 다시 논의하고 애착 춤을 보는 새로운 방식, 그리고 안전과 연결을 만들 정서 메시지를 보내는 새로운 능력을 통해서 갈등을 다른 방식으로 처리하는 것을 돕는다. 이전 개정판의 EFT 단계라고 제시한 이런 과정은 여전히 치료의 변화과정으로 제시되지만 EFT 훈련에서 초점은 앞의 과정을 만들기 위해서 지속적으로 사용되는 절차적 개입 세트인 EFT 탱고로 전환되었다.

초기 회기의 EFT 탱고

EFT 탱고라는 개입 절차는 치료의 모든 회기에서 일어나지만 초기 회기에서는 자연적으로 약한 강도로 적용된다.

♥ 움직임 1: 현재 과정의 투영과 반영

초기 회기에서 치료사는 파트너 사이의 정서 및 상호작용 드라마를 지속적으로 반영한다. 이러한 반영은 자연스럽게 부부가 상호작용하는 기본적이고 분명한 방식과 표면 정서로 시작되지만 부부의 내성과 개방에 따라서 점차 세분화된 핵심 정서 및 불화와 단절을 조장하는 부정 고리에 대한 명확한 정의로 옮아간다. 부정 춤의 애착 의미 및 함께 추는 춤의 순환성은 서서히 밝혀지고 부부에게 명확해진다. 치료사는 춤 속에 있는 각자의 주요 움직임을 반영하고 단순하고 순환적인 피드백 고리라는 서술을 제공함으로써 이러한 움직임을 하나로 조합한다. 예를 들면, "메리, 당신이 물러나서 입을 닫을수록 짐은 차단된 느낌을 갖게 되었고, 메리의 반응을 바꾸고 관계문제에 대해서 말하려고 자동적으로 그녀를 밀어붙였어요. 하지만 메리는 자신이 말했던 '비판으로 나를 혼계하는 함정에 빠진 느낌'을 느끼면서 당신에게서 멀어졌어요. 당신이 이름 붙인 '맹렬한 춤'은 관계를 지배했고, 두 사람을 외롭게 만들었네요. 이것이 두 사람을 무너뜨렸어요. 서로 좋은 의도를 갖고 있었지만 이 춤에 갇혀 버렸어요."라고 말할 수 있다. 여기서는 춤 자체와 그것의 애착 결과를 관계에서의 문제라고 구성했다[이러한 상호작용 패턴의 다양한 예를 제시한 수잔 존슨(Susan Johnson)의 저서『날 꼬옥 안아 줘요』(2008) 참조].

이러한 서술은 사람들이 관계에 대한 확장된 시각을 가질 수 있을 때까지 간략하게 여러 차례 반복해 준다. 1기의 첫 회기에서 치료사는 다른 탱고 움직임보다는 주로 움직임 1에 머무르며 이를 실행하고 이러한 고리에 집중하는 것에 대한 심한 저항을 만나게 될 것이다. 그래서 짐은 자신의 관점을 고수하면서 "아니에요, 나는 '밀어붙이지' 않아요. 나는 단지 무엇이 옳은지와 그녀의 우울증이 문제이고, 그것을 고치라고 말했을 뿐이에요."

짐과 메리의 움직임 1은 다음과 같다.

치료사: 그래서 짐, 여기서 지금 당신은 메리에게 충고했고, 그녀의 '우울'이 당신에게 어떤 영향을 줬는지 알려 주려 했어요. (그가 끄덕인다.) 그리고

당신은 그것이 도움이 될 것이라 생각했어요. 이해해요. 하지만 그가 메리 당신에게 말하는 순간 모든 관계문제가 당신의 기분을 가라앉게 했네요. (그녀가 끄덕인다.) 그리고 제가 여기 없었다면 당신은 아마 "메리가 탈출해 버렸어."라고 말했듯이 그렇게 했을 거라 생각되네요? 그래서 짐에게 더 큰 좌절을 안겨 주었을 거예요? 아마 이런 일이 많이 벌어졌을 것 같아요.

짐: 그녀는 항상 떠나 버렸어요. 그리고 저는 이것을 그녀가 우울한 것으로 여기고 그것에 대해서 말하자고 시도할 거예요. 하지만 늘 실패하고 말았어요.

♥ 움직임 2: 정서 조합과 심화

초기 회기에서 정서 조합은 짧고 강하지 않게 진행될 것이다. 메리와 짐의 움직임 2는 다음과 같다.

치료사: 그래서 짐, 당신이 말했듯이 메리가 '조용'해지면 당신은 어떤가요? 당신의 입장에서 메리가 '의기소침해지고 슬픈 사람'이 된다고 느껴지면 어떤가요?

짐: 맞아요, 제가 그녀에게 말했듯이 약을 먹는 것이 낫겠다고…….

치료사: 맞아요, 그녀가 '탈출했고', 그것이 힘들었겠어요? 그 순간 그녀가 당신 곁에 있지 않다는 것을 깨닫게 되었네요?

짐: 정확해요. 아시다시피 우리는 좋은 때도 많았어요. (손을 이마에 가져가고는 카펫을 응시한다.) 저는 무슨 일이 있었는지 정확히 몰랐어요.

치료사: 음, 그래서 저를 좀 이해시켜 주시겠어요. 메리는 우울과 충고를 위해서 다가오는 남편에게 무척 지쳐 있었어요. 하지만 저는 지금 뭔가를 들었

어요. 그녀가 당신을 떠난다고 느끼는 순간(자극), 뭔가 당신에게 힘든 것이 생겼어요(초기 지각). 당신은 바닥을 응시했고 손을 얼굴로 가져갔고(신체반응), 여기서 상실감을 느꼈네요. 그녀가 떠나 버린 느낌이 들었고, 그때 과거에 당신이 어떻게 하면 좋았는지를 생각하게 만들었어요. 그때 어떤 감정을 느끼기 시작했네요……. 그것이 어떤 감정인가요?

짐: 슬픔, 그거예요. 그런 느낌이에요.

치료사: 맞아요. 슬픔이요. 지금까지의 강한 유대를 잃어버렸네요(의미 만들기). 그래서 당신은 메리의 반응을 변화시키기 위해서 행동했어요. (메리가 공감하면서 끄덕인다.) 그래서 그녀는 '경계'하게 되었고 도망치려 했네요. (정서 조합은 춤을 만든 핵심 정서에 대해 언급해 줌으로써 움직임 1에서 형성된 과정을 확대한다.)

치료사가 짐에게 자신의 슬픔에 대해 메리에게 말해 보라고 요청하면서 조심스럽게 탱고 움직임 3으로 들어갈지의 여부는 내담자의 개방과 치료사와의 동맹에 달려 있다. 치료사가 처음으로 이것을 제안할 때 짐은 저항할 수 있다.

짐: 저의 슬픔을 메리에게 말하는 것은 바보 같은 짓이에요. 그녀는 제가 말하는 것을 이미 들었어요. 왜 제가 그렇게 해야 하나요?

치료사: (EFT 치료사는 내담자에게 과정에 대한 자신의 견해를 협력적으로 나눈다.) 좋아요, 당신의 감정을 직접 듣는 것이 메리에게 다르게 느껴질 거예요. 지금 여기서 당신의 슬픔을 그녀에게 말하는 것이 어떨 것 같나요?

짐: 바보처럼 느껴질 것 같아요.

치료사: (위험은 세밀하게 살피고, 나누는 것에 대한 위험에 머무른다.) 그녀에게 "내가 슬픔이 있다고 수에게 말하는 것은 괜찮은데 그것을 당신에게 말하기는 어려워."라고 말할 수 있겠어요? (치료사는 짐의 대리 목소리로 말한다.)

짐은 그렇게 했고 치료사는 그것을 지켜보았다. 이것은 초기 회기에 보이는 위험에 대해서는 충분하다. 하지만 치료사는 이러한 과제가 치료 중에 자주 나타날 수 있는 부분이라고 생각했다.

이것은 물론 매우 개방적이고 협조적인 내담자와는 비록 동맹이 강하고 내담자가 깊이 개입하는 후반기의 회기보다는 표면적일지라도 치료사가 탱고의 모든 움직임으로 들어간다.

초기 회기의 미시 개입

이 시기에 EFT 치료사가 사용하는 미시기법으로는 다음과 같은 것들이 있다.

♥ 1. 반영

초기 회기에는 각 파트너의 관계경험의 공감적 반영과 부부관계를 특징짓는 긍정적 및 부정적 상호작용 절차의 공감적 반영으로 구성된다.

> **예**

치료사: 댄! 저는 정확히 알고 싶어요. 당신은 거리를 두고 조용한 스타일의 이본이 매력적이고 신비롭게 다가왔는데, 지금은 오히려 그런 모습이 당신을 좌절시키고 분노하게 만드는군요. 그리고 결국 부인에게 집요하게 질문을 던지고, 부인은 '시달리는' 감정을 갖게 되었네요. 맞나요?

♥ 2. 인정

초기 회기에서 인정은 매우 중요한 개입이다. 치료사는 부부의 정서와 반응이 적절하며 이해된다는 메시지를 전달하고, 지금까지의 반응이 관계에서 보일 수

있었던 최선의 해결책이었다는 점을 알려 준다. 이러한 각 파트너에 대한 수용
은 강한 동맹과 EFT 과정의 필수 요소다.

예

치료사: 마리! 이해가 됩니다. 남편이 당신을 어떻게 생각하고 있는지 절실하게
알고 싶었군요. 의심의 고통을 없애기 위해 약을 복용하면서까지 남편
을 위협하게 되었네요. 남편이 당신에게 더 이상 관심이 없고 벗어나고
싶어 한다는 의심이 들었으니까요. 이렇게 절실한 순간에 이것만이 일
시적으로 위안을 받는 유일한 방법이었고 당신이 힘든 것을 그에게 알
리고 이해시켜서 보살핌을 받을 수 있는 수단이었네요. 이것이 의심과
고통에 대한 아주 간단한 해결책이었네요. 롭! 당신에게는 이것이 그렇
게 이해되지 않았을 것 같아요. 메리가 당신을 계속 조종하는 것 같아서
속는 기분이 들었고 화가 났겠어요.

♥ 3. 환기적 반영과 질문

이 기법은 항상 시험적이고 내담자를 존중하는 태도로 해야 한다. 특히 이러
한 태도는 치료사가 관계에 대해 조금씩 알아 가고 동맹이 형성되지 않은 초기
회기 때 필요하다. 치료사는 불확실하게 드러난 경험의 일부에 초점을 두어, 부
부가 관계문제를 인식하고 경험하는 방식 및 상호작용 태도와 고리를 명확히 밝
혀낸다. 하지만 이러한 작업은 배려와 존중의 바탕에서 신중하게 이루어져야 한
다. 치료과정에 대한 부부의 참여, 유보적 태도, 불안, 의심 등과 연관된 모든 것
이 반영의 초점이 된다. 여기서의 과제는 경험을 활발하게 재처리하기보다는 부
부의 관계경험에 접근하는 것이다.

예

① 치료사: 이와 같이 배려하면서 메리가 말하는 것을 들으니까 마음이 어떠세요?

② 치료사: 저랑 이야기할 때 두 분은 어떤 마음이었습니까? 두 분은 아주 어렵고 괴로운 이야기를 해 주셨습니다.

치료사는 고리와 관계경험을 구체화시키기 위해서 환기적이고 극적인 태도로 파트너의 반응을 요약하지만 초기 회기에는 강조와 공감적 추측은 그다지 많이 사용하지 않는 편이 좋다. 만일 치료사의 환기적 반영과 추측이 부부가 느끼기에 자신들의 문제와 관련이 없고, 부정확하고 혹은 불편하게 다가오면, 이를 수정할 수 있고 치료사가 이해할 수 있게 도와달라고 분명히 이야기한다.

♥ 4. 상호작용을 추적하고 반영하기

이 단계에서 치료사는 관계를 정의하고 애착문제를 반영하는 전형적인 행동절차에 집중한다. 이는 상호작용을 밝혀낼 수 있는 핵심 부분이다. 상호작용 절차는 드러나는 관계나 특정 사건에 대해 묘사할 때 혹은 회기 중에 상호작용을 관찰할 때 알 수 있다.

예

치료사: 두 분의 관계를 보면 프레드는 주로 버려진 느낌과 귀찮고 성가신 느낌을 받고 있고, 부인은 스스로 말했듯이 '비난받는 것'을 거부하면서 점점 멀리 도망가는 패턴을 보이고 있는 것 같군요. 맞나요? 방금 전에 이 자리에서 일어났던 것처럼 프레드가 다가와서 당신을 자극하면, 당신은 남편을 밀쳐 내면서 의자를 뒤로 빼서 앉았습니다.

♥ 5. 재구성

재구성은 초기 몇 번의 회기에서는 비교적 피상적인 수준에서 사용될 수 있다. 예를 들면, 첫 회기에도 치료사는 한 배우자가 박탈당했다고 재구성하고, 상대 배우자는 거리를 유지하여 자신을 보호한다고 구성할 수 있다. 하지만 이것은 부부가 이러한 구성에 적절한 방식으로 경험을 표현하느냐에 달려 있다. 재구성은 고리를 표현하는 한 부분이 될 수 있다. 일반적으로 부부가 치료사와 접촉하고 질문하며 집중하는 순간에 부부문제와 사건을 재구성하는 과정이 시작된다. 어떤 재구성은 전체 치료과정에 걸쳐서 지속할 수 있다. 부부문제를 자기강화적 부정 고리와 이러한 고리가 애착안정에 미치는 영향으로 재구성하고, 문제의 반응들은 상대 배우자의 결함, 배우자에 대한 무관심이나 적개심보다는 배우자에 대한 두려움과 애착 의미로 재구성한다. 하지만 치료 초기의 중심 과제는 부부가 치료에 참여하고, 관계에서 보이는 정신내적 및 대인관계 갈등을 인식할 수 있게 해 주는 것이다.

> **예**
>
> **치료사:** 부인은 남편이 '자극'할 때 자신을 지키고 보호하기 위해 한 걸음 물러나는 방식을 택했군요. 맞나요? 그리고 남편은 상대를 자극하는 것은 "내가 여기 있으니 나를 받아 주고 관심을 가져 줘."라고 말하는 방식인 것 같네요. 맞나요?

부부과정과 초기 회기 종결

EFT 초기 회기가 바람직하게 진행되면 부부가 치료사에게 이해와 인정을 받는 느낌을 갖는다. 이렇게 되면 부부는 회기를 안전하게 느끼고, 치료사를 자신들을 존중해 주고 관계갈등을 이해해 줄 전문가로 생각한다. 치료사는 부부의 경험과 장점을 인정하고, 모든 친밀한 부부관계에서 보이는 피할 수 없는 갈등을 충분히 도와줄 수 있음을 직접 전달하면서 회기를 구조화시키고 희망을 심어 준다. 비록 해결을 위한 노력의 일환으로 치료를 결심하더라도 초기 회기를 끝낼 때는 부부가 노력 중이거나 노력해 왔던 것을 항상 요약해 준다. 초기 회기 끝에는 부부가 치료사를 사랑의 관계를 만드는 동반자로 생각할 수 있는 동맹을 맺어야 한다.

만약 일차 회기 후 치료사가 EFT를 권유하기 어렵다면, 부부 상호작용 고리와 부부의 관계를 이해하는 방식, EFT가 부적합한 이유와 진단 내용을 알려 준다. 이 경우 개인치료, 중독 집단치료, 혹은 분노 극복을 배우는 곳이나 이혼 중재 등 부부중심 개입(couple-oriented intervention)의 도움을 받을 다른 방법에 대해서 상의하고 의뢰 가능한 곳을 알려 준다.

첫 회기 과정에서 부부는 막연하게 생각하던 치료과정을 편안하게 느끼고 확신을 갖게 된다. 치료사에 대한 불안감에서 벗어나 치료사로부터 수용받는다고 느끼고 도움을 청하게 된다. 부부는 혼란하고 실망했던 관계에 대해 희망과 변화 가능성을 느낀다. 부부관계에서 비난받아야 할 사람이 누구인지를 두고 싸우면서 막다른 교착상태에 갇혀 있던 마음에서 벗어나 새로운 가능성에 눈을 뜨게 된다. 두 사람의 관계, 그리고 관계가 자기에게 미치는 영향에 대한 편협한 관점에서 벗어나 고리라는 확장된 관점을 가지며 이러한 고리에 사로잡혀 부부가 절망감에 빠지게 되었다는 것을 이해한다.

초기 회기뿐 아니라 모든 회기를 마칠 때 치료사는 회기에 대한 자신의 생각, 주제, 그리고 전개과정을 요약하고, 부부를 인정하며 희망을 심어 준다. 또한 이때 치료과정과 EFT에 대해서 내담자가 질문할 수 있는 시간을 할애하는 것이 중요하다. 협동치료에서는 이렇게 질문을 할 수 있도록 격려하고 충분히 반응을 보이는 것이 중요하다. 이때 일반 질문 혹은 특별 질문이 있을 수 있다. 예를 들면, 내담자는 치료사가 정서에 초점을 많이 두는 이유를 물어볼 수 있고, 치료사가 부부에게 어려운 문제에 대해서 직접적인 대화를 요구하는 재연기법에 대해서도 질문을 할 수 있다. EFT 치료사는 이러한 질문에 대해 가능하면 개방적이고 분명하게 설명해 주어야 한다.

  대본을 포함한 다양한 EFT 훈련 테이프는 앞에서 언급한 모든 치료전략에 대한 거시 및 미시 개입을 보여 준다. 그것들은 www.iceeft.com에서 찾아볼 수 있다.

제7장	음악 바꾸기: 단계적 약화/안정화

불행한 결혼의 피드백 고리는 4가지 위험요인(비판, 경멸, 방어, 벽 쌓기)과 회복 시도의 실패를 통해서 발달한다. 부부가 경멸하고 방어하면 할수록 홍수가 범람하고 회복을 위한 반응이 어려워진다.

– 존 가트맨(John Gottman), 『행복한 결혼을 위한 7가지 원칙

(The Seven Principles for Making Marriage Work)』(1999)

1기(단계적 약화)로 들어가는 춤의 음악은 다음에 기록된 것과 같다. 이 과정은 이전 개정판의 EFT 3, 4단계에 기술되었는데, 상호작용 태도에 내재된 부인된 정서에 접근하고 문제를 부정적 고리, 내재된 감정, 충족받지 못한 욕구로 재구성하는 것이다. 1기가 끝날 때 부부는 부정적 춤에 대해 메타 견해를 갖게 되어 춤이 어떻게 관계를 정의하고, 각 파트너가 어떻게 의도치 않는 춤을 이끄는지를 이해한다. 부부는 자신의 취약성을 인정하고 나누기 시작한다.

부인: 나는 내가 요청을 할 때 아주 작아지고 벌거벗겨진 느낌이 들었어. 그래서 나는 나를 더 크게 보이기 위해서 밀어붙였어.

남편: 그래서 당신은 나를 엄청 두렵게 만들었어. 그러면 나는 숨을 수밖에 없었어.

부인: 나는 심한 좌절을 느꼈어. 나 혼자였을 때보다도 지금이 더 외로웠어. 그

래서 나는 당신이 들을 수 있도록 더 강하고 세게 문을 두드렸던 거야. 나는 너무 외롭고 지칠 대로 지쳐 있었어.

남편: 내 생각에 나는 그냥 담을 높이 쌓았어. 나에게 쏟아지는 온갖 부정적인 말과 비난을 감당할 수가 없었어. 나는 죽을 것 같았어.

치료의 현재 과정에서 치료사의 주요 과제는 부부를 춤추게 하는 음악, 즉 개인이 인식하지 못하고 부부의 상호작용에서 확실히 주목받지 못한 핵심 혹은 일차 정서에 접근하는 것이다. 두 번째 과제는 부부문제에 대한 관점을 확대하기 위해서 정서반응과 이러한 반응으로 드러난 애착욕구를 사용하는 것이다. 문제는 부부의 상호작용 방식과 이러한 상호작용을 이끄는 정서반응으로 문제를 재구성한다. 이러한 구성이 수용되고 부부에 의해서 적극적으로 사용되면 그들은 습관적 갈등을 약화시키고 관계의 안전기지를 만들 수 있다. 부부는 갇혀 있던 춤을 이해하고 그것을 견딜 수 있게 된다.

여기서 내재된 정서에 접근할 때, 이를 각 파트너가 관계에서 취한 태도와 연결한다. 예를 들면, 추적하고 비난하던 배우자가 외로움과 배우자에게 버림받거나 소중하지 않은 느낌을 표현하기 시작하고, 위축된 배우자는 전형적으로 관계의 노력을 약화시키는 거절에 대한 두려움 및 실패와 부적절감을 표현한다. 각 파트너가 서로 다른 수준으로 진행되지만 1기에서 일반적으로 치료사는 양 파트너를 동일하게 다루고, 위축자가 자신의 목소리를 찾고 비난자가 적대감보다는 말로 표현하게 도와준다.

탱고 움직임 2(정서 조합과 심화)에 초점을 맞추는 정서 채널에 들어가기 위해서 다음과 같이 하지 않는다.

- 상대방을 비난하거나 자기를 합리화하기 위해서 과거 관계의 정서경험을 되풀이하는 것

- 표현을 억제하지 않아야 문제반응이 줄어들 것이라고 기대하면서 부정 정서를 마구 분출하는 것
- 상대방의 행동을 바꾸려고 배우자의 정서반응을 특정 단어로 명명(labeling)하는 것
- 인지적 거리(cognitive distance) 혹은 분석 용어인 관찰자아의 관점에서 정서를 토의하는 것

여기서 정서에 접근하고 조합하기 위해서는 다음과 같이 한다.

- 지금-여기에서 나타나는 정서경험에 적극 개입하고 초점을 맞춘다.
- 탱고 움직임 2에 제시된 조합과정을 사용하여 경험을 확대하여 개선하고 새로운 요소를 더한다.
- 발견과 창조의 과정에 관여하는 경험을 재처리하여 경험의 새로운 측면에 개입하고 받아들이게 한다. 이러한 심화과정은 2기에서 일어나는 정도는 아니지만 여전히 내담자의 관계, 자신, 배우자에 대한 견해를 확대해 가기 시작한다.
- 배우자에게 반응할 수 있는 적절하고 명확한 말로 이러한 경험을 말해 준다. 연결하고 싶은 간절한 욕구에 의해 자극받은 것으로 이해되는 비난은 적개심에 의해서 발생한 것으로 생각한 비난과는 다르게 재구성되고 들릴 것이다.

지표

1기가 전개되면서 치료사는 다음 순간에 개입한다.

① 한 배우자가 불화부부의 상호작용에서 흔하게 볼 수 있는 반발 정서 (reactive emotion)를 표현한다. 반발 정서는 흔히 타인을 비난하고 자기 합리화 과정에서 표현되는 분노와 좌절감 혹은 자기를 보호하기 위한 정서 차단을 말한다. 먼저, 치료사의 과제는 이러한 반응을 인식하여 인정해 주지만 이후 내담자의 구체적인 경험을 탐색하고, 축소되고 무시되거나 회피된 정서를 끌어내는 것이다. 이것은 부부가 치료사에게 자신의 관계와 불화를 이야기하거나 현재의 관계에 대한 지각방식을 알려 주는 특정 사건에 대해 자세히 말할 때 가능하다. 또한 회기 중에 치료사 앞에서 부부가 서로 상호작용하는 과정에서 유발될 수도 있다.

② 한 배우자가 상호작용에 영향을 미치는 부적절하고 강한 비언어적 행동을 상대 배우자에게 보인다. 예를 들면, 부인이 불평하고 눈물을 보이는데 남편은 발을 까딱거리며 참을 수 없다는 듯이 눈살을 찌푸린다. 이후 부인은 남편을 바라보면서 침묵에 빠져들었다. 또 다른 부부의 경우 부인이 관계를 끝내고 싶다고 말할 때, 남편은 비웃으며 여름휴가에 대해 말하기 시작했다. 여기서 치료사의 과제는 상호작용의 과정을 천천히 밟게 하면서 비언어적 행동에 숨겨져 있는 정서에 집중하는 것이다.

③ 회기 중 한 배우자가 정서반응을 탐구하기 시작하고 자신의 관계경험 방식에 대해서 새롭고 생생하게 알게 되거나 새로운 방식으로 이러한 경험을 상징화하지만, 곧바로 이러한 과정에서 벗어나서 상대방과 부정적 상호작용 고리에 갇힌다. 이렇게 되면 상대 배우자 역시 이러한 경험을 무시하고 투쟁-도피 반응을 보여서 탐색하기 어렵게 된다. 이때 치료사의 과제는 다시 방향을 되돌려서 탐색하고, 배우자와 깊이 교류할 수 있도록 도와준다.

④ 부부가 이미 밝혀지고 지속적으로 탱고 움직임 1을 드러내는 상호작용 고리를 보인다. 부부는 상호작용을 고리의 한 부분으로 인식하거나 치료사

가 이에 대해서 언급해 준다. 이때의 과제는 한 사람의 상호작용 태도, 그리고 그가 상대와 어떤 경험을 하고 상호작용 속의 자신의 압도되는 정서를 어떻게 경험하는지에 초점을 맞추는 것이다. 특정 정서 음악이 각 배우자의 움직임을 어떻게 제한하고 단절하는지에 대한 단순한 은유가 유용하다.

상호작용을 하고 관계를 경험할 때 부부마다 독특한 경험방식이 있다. 사실, 치료과정은 부부 입장에서 보면 발견의 과정, 즉 내부와 외부 세계의 특별한 부분을 발견하고 자신들의 고통과 행복을 어떻게 만들어 가는지 알아 가는 과정이다. 정서가 경험되고 처리되고 상징화되는 방식이 사람마다 다르기는 하지만, EFT 치료사는 부부의 특정 관계 태도의 이면에 숨겨져 있는 독특한 정서를 통하여 그들만의 방식을 예측할 수 있다. 이러한 예측은 EFT의 기초가 되는 관계이론, 즉 애착이론을 통해서 가능하다. 그래서 치료사가 숨겨진 정서를 탐구하도록 유도하면 상호작용 과정에서 화내고 따지고 비판적인 배우자들은 힘들어하고 불안감을 느낀다. 버림받고 거절당할 것에 대한 애착 두려움이 겉으로 드러나게 된다. 한편, 위축자는 엄청난 무력감뿐만 아니라 상대를 즐겁게 해 줄 수 없다는 데서 오는 위협감과 무능감에 접근할 수 있게 된다. 이러한 반응은 긍정적인 애착반응을 유도하고, 부정 고리를 끊게 반응하는 방법을 부부가 알고 있지 못하기 때문에 나타난다.

치료의 이 시점에서 EFT 탱고는 전형적으로 어떻게 보이는가

치료사는 여기에서도 모든 탱고 움직임을 사용하지만 2기보다는 표면적이고 특별히 움직임 2 '정서 조합과 심화'에 초점을 맞추어서 점차 핵심 정서를 나눌 수 있게 도와준다(탱고 움직임 3).

예

　안토니오와 팀은 회기 중에 위축-위축 춤에 빠졌다. 안토니오는 관계의 불가능과 우정의 중요성에 대해서 장황하면서도 이성적으로 말했다. 팀은 침묵하면서 바지의 보푸라기를 만지작거렸다. 치료사는 부부가 서로에게 의지하거나 성적 독점성에 대해서 말할 때 여지없이 나타나는 이러한 패턴을 부부에게 반영해 주었다. 치료사는 팀과 함께 탱고 움직임 2에 들어가기로 결정했다.

치료사: 팀, 안토니오가 대화를 시작하면서 우정의 합리성을 말할 때 어땠나요? 안토니오가 말한 '침묵의 장막'이 당신에게 드리워졌네요.

팀: 저는 말을 해야 할 이유를 모르겠어요. 그가 맞아요. 저의 어두운 면인 우울한 기분일 때 이렇게 오랫동안 그를 제 친구로 둔 것은 행운이었어요. 우리는 수년 동안 이런 대화를 하고 있어요.

치료사: 그래서 저를 좀 도와주시겠어요? (치료사는 이전의 탱고 움직임 1의 구성을 반영한다.) 두 사람이 서로 거리가 있다고 느낄 때, 안토니오는 클럽에 많이 갔고, 두 사람이 말했듯이 '조심'하게 되었고, 서로에게 의지하는 것이 좋지 않다고 말했어요. 그리고 그는 다른 사람과 연결했지요. 당신은 이것이 발생한 것을 알았고, 정신건강 전문가의 말을 듣고 그의 지식을 신뢰해서 당신의 항우울제에 대해 더 많이 언급하기 시작했어요, 맞나요? (팀이 고개를 끄덕였고 무표정한 얼굴로 눈을 감는다.) 우리가 이런 얘기를 하는 동안 지금 신체적으로 어떤 반응이 있었나요?

팀: 그냥 포기하고 싶고 평지풍파를 일으키고 싶지 않아요. (그는 정서반응보다는 행동화 경향을 말한다.)

치료사: 제가 지금 잘못 이해하고 있다면 알려 주세요. 방금 당신의 어깨가 축 늘어져서 금방 눈물을 흘릴 것 같았어요.

팀: 기분이 처지네요. 슬픔이 밀려와서 기분이 가라앉았어요. 오랫동안 친

구로 지내 온 것은 참 바보 같은 일이에요. 항우울제만이 이것을 견딜 수 있게 해 주었어요.

치료사: 슬픔이요. 점점 '처졌네요'. 우울 속으로 들어갔군요. (그가 동의한다.)

안토니오: 그러면 저는 이것에서 탈출을 시도해요. 그가 어둠 속에서 모두 차단했으니까요.

치료사: (안토니오에게) 맞아요. 그는 멀어지는 것 같았어요. 이것에서 연결을 찾으려고 폭발해 버렸네요. (안토니오가 끄덕인다. 치료사는 정서 조합을 마무리하기 위해서 그의 정서반응의 의미요소를 환기하고자 팀에게 되돌아온다.) 그리고 당신은 침묵하거나 팀에게 동의했고, 자기 자신에게 뭐라고 말을 했네요. 그것이 무엇인가요? 당신은 그를 친구로 둔 것이 다행이라 생각되니까 침묵하는 것이 최선이었네요? 그래서 슬픔에 대해서 나누지 않았어요.

팀: (눈물을 터트리며) 저는 슬펐어요, 저는 정말 슬펐어요. (치료사가 몸을 앞으로 숙이며 이 말을 반복하면서 느린 속도로 속삭이면서 위로하기 위해서 팀의 바깥 무릎을 터치한다.) 슬펐어요. 슬펐고, 슬펐어요. 그것이 바로 제 심정이었어요. 그래서 약이 도움이 되었어요. 어떻게 이것을 그에게 말할 수 있겠어요? 누가 감히 저 같은 슬픔에 빠진 얼간이와 가깝게 지내려 하겠어요. 기대감이 없어요. 그가 저에게 질려 할 때 저는 참아 내는 수밖에 없었어요.

치료사: (정서 인정과 균형을 제공하는 일관성 있는 태도로 팀의 정서를 요약한다.) 그래서 두 사람이 잠시 연결이 끊어졌는데, 안토니오가 그것이 괜찮았고 친구로 지내면서 의존하는 것이 최선이 아니라는 설명을 할 때 당신의 일부분은 처지고 슬픔에 잠겼네요. 당신은 울었고 고통에 빠졌어요. 하지만 당신은 침묵에 들어가서 '평지풍파를 일으키지 말라'는 그에게 동의했고, 당신은 우울에 빠져 있는 '얼간이'이기 때문에 스스로에게 이

러한 '우정'은 예상한 일이라고 말했어요. 그래서 거리를 두고 약을 복용했네요?

팀: 맞아요. 이것을 수용하지 않은 것이 최선이었어요, 하지만…… 이것은 너무 힘들었어요. (그가 운다.)

치료사: 이렇게 낙담하는 자신을 직면하고 안토니오가 다른 사람에게 관심을 보이고 그것을 느끼면 아주 힘들었을 거예요.

팀: 그건 정말 외로웠어요.

치료사: (대리 목소리로 탱고 움직임 3으로 들어간다.) 그래서 안토니오를 보면서 "우리가 이런 대화를 할 때 나는 당신에게 동의하지만 그 속에서 나는 상처를 받고 슬펐어. 나는 혼자였어. 하지만 이것을 말할 수 없었어. 나는 우울이라는 문제를 알았기 때문에 내가 말할 수 없었어. 그래서 나는 차단하고 슬픔에 혼자 빠져 체념해 버렸어."라고 말할 수 있겠어요? 이 것을 자신의 입으로 직접 말해 볼 수 있겠어요?

　　이는 팀이 자신의 정서 현실을 명명하고 인정함으로써 안토니오와의 관계로 들어가기 시작하는 것이다. 이후의 치료 중에 이것은 그로 하여금 안토니오의 사랑을 받을 가치가 없다는 두려움에 접근할 수 있게 했지만 사실 그는 그가 맺는 다른 관계에 분노했고, 그와 더 개방적이고 안전한 연결을 원했다. 그가 위안을 받기 위해서 관계로 돌아왔을 때 우울증은 줄었고, 그의 접근을 알게 된 안토니오는 지금 위험을 감수하고 자신의 의존욕구를 인정하기 시작했다.

미시 개입

　　전술한 바와 같이 치료사의 비언어적 행동은 숨겨진 정서에 접근하기 위해서 중요한 부분이다. 이러한 행동을 통하여 치료사가 부부를 수용하고 있음을 전달하고, 부부가 경험을 탐색할 수 있는 안전기지를 만들어 준다. 또한 이러한 행동이 내담자의 경험처리 능력과 집중력을 높이기도 하고 방해할 수도 있다. 비언어적 행동이 미치는 영향은 매우 중요하다. 비언어적 행동은 개입을 효율적으로 혹은 비효율적으로 유도할 수도 있고, 내담자가 경험에 참여하거나 회피하게 만들 수도 있다. EFT 치료사가 숨겨진 정서를 유도할 때, 치료사는 부부에게 가까이 다가가서 열린 태도로 제5장에서 제시한 RISSSC를 사용하여 말한다. 치료사는 파트너 경험의 특정 부분에 집중하고, 강력하게 경험을 따라가서 정서적으로 연결될 수 있도록 부부를 이끈다.

EFT 치료사가 이 단계에서 가장 많이 사용하는 개입기법은 다음과 같다.

♥ 1. 인정

인정은 이 시기에서 부부가 내면 정서와 자신의 취약성이라는 미지 영역에 들어가는 중요한 개입이다. 이러한 정서와 취약성은 정상화시키고, '이것이 바로 당신 자신'이라는 맥락, 즉 애착 맥락으로 본다. 반영은 모든 회기와 정서 조합과정의 기본 개입으로 사용되고, 환기적 반영과 질문 또한 주요 기법이지만 인정은 내담자의 새로운 경험을 타당화(legitimize)해 주는 데 특히 중요하다. 특정 정서와 의존욕구를 수용받을 수 없고 부적절하며 위험한 것이라고 만드는 자동적인 자기비판적 인지가 자신의 정서상태와의 교류를 막는 일차 방해가 될 때, 정서상태에 대한 치료사의 인정은 매우 중요하다. 특정 정서와 반응이 타인에게 수용되지 못할 것이라는 예상은 이러한 교류를 막는다. 여기서 전달되는 메시지는 치료사가 각 파트너의 정서를 타당하고 이해될 수 있는 인간의 반응으로 보는 것이다. 이것은 많은 내담자가 정서에 대해 가지고 있는 자기비판적 태도를 막는 해독제 역할을 하고, 깊은 정서 교류와 탐색을 하게 해 준다. 부부의 경험에 대한 치료사의 분명한 가치부여와 인정은 치료가 안전기지가 되어 회기 중에 부부가 자신을 개방하고, 상대 배우자의 비난에 대한 위험을 감수할 수 있게 해 준다. EFT 치료사는 부부가 그들의 경험에 깊이 들어갈 수 있게 격려하는 첫 단계로서 감정을 반영하고 인정한다.

예

① **치료사:** 엘렌이 당신을 '집요하게 심문하고 분석하는 게슈타포'라고 하는 말을 들으면서 저는 당신이 긴박하게 뭔가를 수색하고 있다는 인상을 받았습니다. 즉, 당신은 부인과 가까워지기 힘든 이유를 밝히려고 수색하는 것 같았어요. 이것은 과학자인 당신이 보여 줄 수 있는 자연스러운 반응이라 생각됩니다. 당신은 어떤 실마리를 찾으려 했고 당신을 괴롭히는 문제를 풀어 보려고 시도했네요. 당신이 관계에서 얼마나 외로운지에 대한 질문의 해답을 찾는 것 같았어요.

② **치료사:** 당신이 마크에게 위로받고 싶다고 말할 때 자존심이 상하고 당황스러웠겠어요. 이렇게까지 할 필요가 없다는 생각도 했으리라 보여요. 맞나요? 그런 말을 하기 정말 힘들지요? 우리는 어렸을 때 타인의 도움을 받지 않는 사람이 강하다고 배웠기 때문에 막상 도움이 필요할 때 그것을 인정하기가 무척 힘들었을 거예요. 그래서 그 말을 꺼내기 위해서는 대단한 용기가 필요했을 것입니다.

♥ 2. 환기적 반영과 질문

이 기법은 관계에서 각 파트너의 경험을 개방하고 확대하기 위해 고안되었다. 치료사는 내담자의 경험을 따라가서 불완전하고, 시험적이거나 '현재 처리 중인' 가슴 아프고 최근에 발생한 심각한 경험에 초점을 맞춘다. 이러한 개입은 내담자가 먼저 특정 경험에 접촉하여 머무르게 하여, 두 번째는 더욱 깊이 처리할

수 있게 한다. 이렇게 함으로써 새로운 요소가 나타나고, 이것이 경험을 재조직
한다. 치료사는 이러한 교류, 처리, 그리고 재처리의 동반자이며, 그래서 이러한
경험은 회기 중에 드러나고 발전된다. 앞에서 언급했듯이 치료사는 유기적으로
내담자와 정서요소에 집중하여 조합한다. 치료사는 또한 단순히 특정 문구를 반
복하거나, 이미지 혹은 은유를 사용하거나, 혹은 탐색적 질문을 함으로써 내담
자의 정서 교류를 심화시킨다.

> 예

① **치료사**: 짐, 당신을 어떻게 생각하고, 관계에서 얼마나 실망했는지에 대해 부
인이 하는 말을 들으면서 마음이 어땠나요?
② **치료사**: 폴! 항상 흐르는 모래 위에 있고, 조심스럽고 경계하고 긴장하며 눈
치를 보는 것이 어떤가요? 당신에게 어떤 느낌이 들게 하나요?
③ **치료사**: 지금 당신이 '완패당했다'고 표현을 할 때 기분이 어땠나요?
④ **치료사**: 당신이 손을 내저으며 "성난 황소를 달랠 방법이 없어요!"라고 말할
때 어떤 기분이었나요?

♥ 3. 강조

치료사는 정서뿐 아니라 각 파트너의 관계교류 방식을 조직하는 새로운 정서
반응을 강조하고 명확하게 해 준다. 일관성 있고 지속적인 초점을 유지하는 것
은 반응 혹은 상호작용과 메시지를 강조하는 핵심 방법이다.

> 예

치료사: 테드! 지금 많은 말을 했지만 저는 "그게 날 지치게 해요."라고 한 말이
가장 기억에 남아요. 제니가 당신을 인정해 주지 않는다는 말을 하면서
'나를 지치게 한다'고 했어요. "나를 지치게 한다……." 그녀를 즐겁게

해 주지 못해서 당신은 고통스럽고 지치게 되네요. 지치게 되면 참을 수 없는 고통이 따랐을 것 같아요. (테드가 울기 시작한다.)

♥ 4. 공감적 추측

이 기법에서 치료사는 부부 중 한 사람이 현재 경험을 확대하고, 이에 대한 치료사의 경험에서 추론한 내용을 사용하여, 부부불화와 친밀한 애착에 대해 치료사의 관점으로 조직해 주어서 자신의 경험을 한 단계 나아갈 수 있도록 격려한다. 치료사는 새로운 요소를 추가하여 경험을 조직하며, 혹은 경험을 명백히 밝히거나 새롭게 상징화하여 새로운 방식으로 요소들을 조합해 준다. 치료사가 이 사람과 더 깊이 '접촉'하고 내담자의 경험에 공감적으로 빠져들수록 이러한 추론이 내담자에게 깊고 적절하게 다가가며, 내담자는 이러한 추측을 더 많이 수용하고 사용하게 된다. EFT에서 동맹은 치료사가 회기 중에 하는 말이 유용하지 않거나 적절하지 않는 경우에 부부가 치료사를 교정해 줄 수 있고 이러한 추측을 거부할 수 있는 관계가 되는 것이다. 부부치료에서 추측은 현재 경험 중인 배우자, 상대 배우자 혹은 부부관계를 지속적으로 관찰하는 치료사로부터의 즉각적인 교정적 피드백을 받을 수 있다. 부부는 자신의 경험과 동떨어진 치료사의 추측을 거부할 수 있으며, 이런 식의 추측을 계속하면 치료사가 자신들을 이해하지 못하고 무시한다고 생각할 수 있기 때문에 동맹에 손상을 줄 수 있다. 이상적인 추측은 시험적인 자세로 해야 하며 내담자가 교정할 수 있고 내담자의 지각 범위에서 크게 벗어나지 않아야 한다.

EFT에서 추측은 배우자의 애착불안과 두려움을 구체화시키고, 애착불안을 촉발하는 부부행동의 특정 요소와 연관시킨다. 추측은 단순하고 구체적이며 환기적인 태도로 할 때 가장 좋다.

예

치료사: "내가 어린아이 같다는 생각이 들어서 싫지만 이것을 요구할 수밖에 없 었어요."라고 말하고 나서 당신은 마루를 한참 내려다보았습니다. 그때 저는 당신이 부인에게 뭔가 요구할 때 수치심을 갖는다는 느낌을 받았 어요. (내담자가 수긍한다.) 그리고 슬픈 마음도 엿볼 수 있었어요.

팀: 예, 맞아요. 저는 요구하고 또 요구하고 그러고 싶지는 않아요.

치료사: 부인이 다가와 줄 것을 요청하고 싶군요.

팀: 맞아요, 바로 그거예요. 정말 그렇게 해 주었으면 좋겠는데…….

치료사: 그래서 요구하기가 힘들었고, 요구를 꼭 해야만 할 때는 화가 났군요?

팀: 맞아요, 그래서 요구할 때 저는 막무가내였습니다. 다짜고짜 "지금 키스 해 줘!" 이런 식으로 말했어요.

치료사: 당신은 부인에게 뭔가 요구할 때 작아지는 느낌을 갖게 되고, 그래서 당 신을 커 보이게 하려고 부인을 밀어붙였군요.

♥ 5. 상호작용 패턴과 고리를 추적하고 반영하기

단계적 약화 회기에서 치료사는 접근된 각 파트너의 정서반응을 상대 파트너 의 행동과 부부 고리의 맥락에 둔다. 이것은 관계문제를 보다 더 과정지향적 견 해로 보게 만든다. 이후 고리는 내재 정서의 지각으로 통합되고, 부부는 불안을 지속시키는 불화 고리를 자신들이 만든 방식과 이러한 불안을 다루는 반응방식으로 이해하기 시작한다. 그들은 상호작용을 지배하고 관계의 핵심 방해(key block)로 회기 중에 추적되는 춤을 이해하고, 이러한 관점은 공유된다. 부부는 모두가 단절 춤의 희생자임을 이해하고 이러한 춤을 변화시킬 수 있음을 인정하기 시작한다.

EFT 4단계의 단계적 약화과정이 끝날 때, 부부는 고리와 고리가 문제라는 새 로운 관점을 명확히 수용하고 인정한다.

예

> **치료사:** 남편이 위축되어 지금같이 말이 없고 외면할 때, 당신이 말했듯이 '열받
> 게' 되는군요. (그녀가 동의한다.) 남편에게 다가가기 힘들 때는 주로 어
> 떻게 하시나요?
>
> **헬렌:** 저는 심한 말로 비난해요. 남편이 저를 무시할 수 없도록 말이지요.
>
> **글렌:** 그러면 저는 더욱 위축되죠. 이것이 우리가 늘 해 오던 의사소통 패턴이
> 죠. 여기에서 벗어나기 힘들어요.

♥ 6. 문제를 맥락과 고리로 재구성

　부부문제를 고리의 관점으로 보는 기법은 치료의 전체 과정을 통해 시행되고,
현재 치료 회기의 독특한 과정이다. 여기서 치료사는 '의사소통 문제'라며 부부
가 가져온 문제에 대한 일반적 표현이나 '우리에게 문제가 있다는 그녀의 생각이
문제'라며 부부불화를 지속시키는 구체적 표현을 부정적 상호작용 고리를 만들
고 지속시키는 애착 취약성, 두려움, 충족받지 못한 욕구라는 정신내적 초점의
통합된 틀로 옮아간다. 특히 이는 4단계의 일반적 EFT 개입기법이라 할 수 있
다. 치료사는 2, 3단계 과정을 요약하고, 상호작용 태도, 관계에서 드러난 부정
고리, 그리고 부부의 반응을 유발하는 압도적인 정서에 의해 부부문제가 발생한
다는 점을 명확하게 밝힌다. 이것은 부부에게 힘을 실어 줄 수 있는 방식으로 행
한다. 지속적으로 사용되는 탱고 거시 개입은 움직임 5로 끝이 나는데, 치료사와
함께 내담자가 자신의 내적 삶을 이해하고 관계 상호작용을 다루고 확장할 수
있는 능력에 대해 신뢰하게 되지만 이는 특히 치료의 지금 시점에서 중요하다.

예

> ① **치료사:** 그래요, 지금 흔들려서 도망치는 패턴이 보이는군요. 제 생각에 서로

점차 조금씩 멀어져 가는 것 같아요. 당신은 지금 이러한 드라마를 통
제하려 하네요.

② **치료사:** 이러한 패턴이 두 사람의 관계를 지배했네요. 이것이 친밀한 관계에
서 당신이 보이고 있는 방식인데, 이것은 혼란스러운 정서를 만들었
고, 그래서 두 사람은 예민해지고 쓰라렸어요. 맞나요?

준: 맞아요. 그것이 저를 열받게 했고 고통스럽고 힘들게 만들었어요. 문
제가 예상되니까 남편을 밀쳐 버리게 되더군요. 그러면 남편은 더 숨
어 버리죠. 하지만…… (남편에게) 당신도 미칠 지경이었을 거야.

짐: 당신이 나를 버릴 것 같은 두려움을 느낄 때 가장 화가 났어. 내 생각
에 우리 둘 다 두려워 죽을 것 같았고, 그래서 모든 것을 내팽개쳤어.

치료사: 하지만 당신은 지금 한발 물러서서 이러한 패턴을 볼 수 있게 되었어
요. 아주 인상적이에요. 모든 사람은 때때로 서로를 괴롭히는 부정적
인 곳에 빠지기도 하지만 지금 당신은 서로에게 어떤 영향을 미쳤는
지를 볼 수 있게 되었어요. 이것이 함께 모여 사랑의 관계를 통제하기
위한 시작입니다.

부부과정과 1기 종결상태

애착문제와 정서 약점에 대한 개방적 대화의 부족은 부부 상호작용뿐 아니라 자
신의 감정 경험과 처리를 제한한다. 불화부부는 자신의 약점을 상대뿐 아니라 자신
에게 감추며, 그러한 감정경험이 문제가 되고 낯설게 다가온다. 그래서 대부분
의 불화부부는 취약 정서의 교류와 나눔을 위험하고 불안이 유발되는 경험을 한
다. 이들이 직면하는 4가지 두려움은 다음과 같다.

① 자기비난(self-criticism)의 두려움: "나의 이런 면은 정말 싫어, 바보가 된

것 같아."

② 불확실하고 불편한 자신의 일면이 드러나는 과정(process of revealing aspects of self)을 시험하는 두려움: "이런 감정은 처음이야. 미칠 것만 같아."

③ 배우자의 예견된 부정반응(anticipated negative response) 직면의 두려움: "아내는 나를 비웃을 거고, 심지어 경멸할 거야. 아내는 내가 다가가는 것을 싫어할 거야."

④ 당신이 알고 있던 적이 당신이 모르는 이방인으로 대체되는 불화 속에 있지만 예측 가능한 관계(predictable relationship)에서 예측할 수 없는 변화(unpredictable change)에 대한 두려움: "나는 길을 잃을 것 같아 방황하고 있어. 당신이 낯선 사람같이 느껴져. 지금까지 수년 동안 나는 누구와 살아왔고, 지금 무엇을 해야 하지?"

경험의 다른 측면에는 부부는 정서와 관계 패턴을 처리하고 이해하면서 큰 위안을 느끼고, 부부가 의도치 않게 만든 관계 고리를 생생하게 경험하면서 효능감(sense of efficacy)을 발견하게 된다. 즉, '내가 만들었으므로 내가 고칠 수 있다.'라는 것이다. 또한 수치심이나 부족감을 유발하지 않은 맥락에서 자신의 책임을 인정하면서 위안을 받는다. 이때 부부들은 다음과 같이 언급한다. "이런 문제를 아무에게도 말하지 못했어요. 내 자신이 이런 느낌을 받은 적이 한 번도 없었어요. 하지만 나는 늘 이런 식이었어요." 상대 배우자들은 이때 당황하고, 혼란스럽고, 믿을 수 없다는 반응을 보이며 다음과 같이 말한다. "믿을 수 없어. 당신이 이렇게 말하는 것을 이전에 들어 본 적이 없어. 지금까지 내가 알고 있던 당신이 아니야."

이 과정에서 치료사의 적절한 지지와 지시는 지속적인 탐색을 위한 안전기지를 제공한다. 예를 들면, 치료사는 앞에서 언급한 불신을 표현하는 파트너의 반응을 반영하고 인정한다. 믿기 힘들고 신뢰하지 못하며, '새로워진' 배우자를 떠보는 것을 분석모델에서 말하는 공모(collusion)로 보지 않고, 배우자에 대한 새롭고 혼란스러운 지각으로 인한 자연스러운 반응으로 본다. 치료사는 한 배우자의 새로운 개방에 대해 상대 배우자가 보인 애매하고 부정적인 반응을 '총알받이(catching the bullet)'라는 방법으로 정상화하고 억제한다. 이후 개방한 파트너는 치료과정에서 위험감수를 요청받을 때 치료사가 뒤에서 지지한다는 경험을 한다.

안전기지와 총알받이를 유지하기 위해 치료사는 한 배우자의 정서접근에서 빠져나와 이러한 정서가 상대에게 미치는 영향과 그를 지지하는 방향으로 재빨리 초점을 옮겨야 하며, 한 배우자의 깊은 정서 탐구에서 빠져나와서 상대방의 부정반응을 처리하고, 이러한 과정에 부부를 함께 참여시킨다. 예를 들어, 관찰자가 회의적으로 표현하면, 치료사는 "이것이 당신에게 낯설게 들렸나 봅니다. 지금까지 경험한 남편과 다르다고 느껴지는군요. 그래서 받아들이기 힘들어 보이네요. 아마도 당신은 너무 화가 나서 남편이 하는 말을 듣고 있기 힘들겠지만 남편이 진심을 말할 수 있는 것 자체가 저에게는 중요하게 느껴집니다. 이것이 두 분이 함께하는 데 도움이 될 것 같아요(청자의 애착 갈망에 호소한다). 그래서 남편이 잠시 더 표현하게 도와주고 나서 우리는 이것을 듣는 당신의 마음을 나누고 싶어요."

이러한 회기를 통하여 많은 부부에게 각 파트너의 애착문제가 밝혀져서 부부의 대화 속에 표현된다. 부부가 처음으로 관계에 대한 메타 관점을 갖고, 그것을 순환적 · 호혜적 · 자기영속적 춤, 즉 전체로 보게 된다. 부부는 즉석에서의 정서경험에서 순환성이 드러나기 때문에 이러한 순환적 틀을 받아들이고 인정한다. 상대 배우자가 아닌 부정적 고리가 적(enemy)이 된다.

내재 정서경험은 남녀 간에 차이가 있다. 여성은 연결감 부족과 접촉 박탈, 남성은 부적절감과 무능감을 부부불화의 가장 중요한 원인으로 인식한다. 문화적으로 여성은 그들이 만든 관계를 소중하게 여기고 남성이 힘을 가진 상황에서 생존을 위해서 그와 가까이 지낼 필요가 있는 반면, 남성은 실적 및 정서와 욕구의 배제 능력을 소중하게 생각했다. 비슷하게, 관계의 정서적 거리는 여성의 건강상태와 결부되며 다툼과 강한 혐오는 남성의 건강과 연관이 있는 것으로 밝혀졌다(Fisher, Nakell, Terry Howard, & Ransom, 1992). 애착은 남녀를 초월하며, 애착욕구는 보편적이나 남녀에서 다르게 표현된다. 남녀 모두에게 정서적 고립은 상처가 된다.

애착적인 상처를 입히고, 현재 관계를 정의하는 방식에 영향을 주는 특정 외상 사건인 애착 배신과 범죄가 명료히 밝혀지고 부정 고리에 미치는 영향이 분명해졌다. 예를 들면, 최근에 한 배우자가 상대 배우자를 실망시킨 작은 사건은 아주 큰 문제가 될 수 있는데, 그것이 버림, 거절, 배신을 주었던 충격적인 과거의 중요한 사건이나 애착대상을 떠올릴 수 있기 때문이다. 상호작용 태도에 숨겨진 정서가 처리되면, 이러한 사건들이 회기 상황에서 건설적 방식으로 다루어지기 시작한다. 애착손상은 제13장에서 상세히 다룰 예정이다.

부부가 정서에 접근하여 다시 처리하기 시작하면서, 핵심 인지, 도식, 자기와 타인에 대한 지각 및 정의와 연관된 실용모델이 표면으로 드러나 생생하고 생동감 있게 다가온다. 이 과정은 EFT 2기에서 지속적이고 강하게 다룬다. 이것은 부부에게 이미 개념화하고 친숙한 관점을 드러내는 과정이 아니라 발견의 과정이다. 예를 들면, 단계적 약화과정이 관계의 안전을 높여 줌으로써 사랑스럽지 못한 자신에 대한 두려움이 다뤄진다.

1기를 마칠 때 부부는 일관성 있고 의미 있게 관계를 정의하는 그림과 이야기를 구성하고, 이러한 것을 만든 방식도 알게 된다. 이 그림은 치료사와 공동으로 만들지만, 이는 부부의 이야기이고 부부는 그것을 수용하게 된다. 타인과의 관계에서 경험하면서 자아감은 확대되고, 자기에 대한 표현은 이러한 경험과 일치하기 시작한다. 예를 들면, 위축자는 배우자의 비판으로 인한 마비상태를 밝히기 시작하며, 무감각이나 침묵으로 일관하지 않는다. 상대방은 여전히 화를 내지만 이전처럼 적극적으로 적개심을 표현하지 않으며, 자신의 상처를 표현하기 시작한다.

이것이 EFT 변화의 전환점의 하나인 단계적 약화(de-escalation)다. 이는 일차 수준의 변화(Watzlawick et al., 1974)로, 부부의 태도가 보다 유동적이지만 상호 작용의 조직방식은 근본적으로 변화하지 않았다. 또 하나의 전환점은 위축된 배우자가 재개입(re-engagement)하는 태도를 취하고 이전의 적대적 배우자가 순화(softening)되는 것으로, 이를 통해서 서로에게 접근하여 건설적 의존을 하게 된다(이것은 차후에 설명할 예정이다). 부부 모두 ARE—정서적 접근, 반응, 교감—를 하며, 이것은 '날 꼬옥 안아 줘요' 결합 대화라고 불린다.

치료의 현시점에서는 자신을 보다 많이 드러낼 경우 상대에 대한 부부의 지각이 변화하기 시작한다. 타인에 대한 각 파트너의 모델이 변하고 오래된 편견(남자는 감정적이지 않아야 하고, 여자와 이질적이고 다르다)이 약화된다. 예를 들면, 위축자는 자신이 외면당하거나 보호받지 못한다고 생각하지 않고 상대 배우자의 행동에 강한 충격을 받아서 자기를 보호하기 위해 위축된 것을 인식하게 된다. 치료사는 부정 고리가 부부 서로에게 미치는 엄청난 영향의 결과로 생기며, 이를 해결하기 위한 시도과정에서 발생하는 것으로 재개념화한다. 이를 통해 부부는 위로를 받고 치료사의 재개념화를 수용하는데, 이는 회기 중에 배우자를 이전과 달리 경험하고 애착관계를 지금까지의 방식으로 경험하고 싶어 하지 않기 때문이다. 지금까지의 방식은 상대방에게 정서적으로 어떠한 영향도 미칠 수 없었다. 배우자의 분노가 이유 없이 나타난 것이 아니라 자신의 위축에 대한 절망감에 의해 유발되었다는 것을 알게 되어 위축자는 반응을 깊이 하게 된다.

많은 부부가 위축이 미치는 강한 힘을 새롭게 느끼게 된다. 위축자가 접근 및 반응하기 힘든 사람으로 정의되기 때문에 애착 틀이 위축의 혐오스러운 영향을 설명하는 데 도움을 준다. 위축자에게 접근하거나 움직일 수 없다고 느껴질 때, 타인의 애착안정이 위협받는다. 간단히 말하면, 부부 모두에게 치료를 시작할 당시보다는 상대 배우자가 이제 덜 위험하고 쉽게 영향을 미칠 수 있다고 인식된다. 배우자의 적대적인 행동에 대해서 '아내가 나를 파괴하려고 한다.'라는 지각은 줄고, '아내는 나의 반응을 끌어내기 위해서는 어떤 것이라도 한다.'라고 지각한다.

치료사가 새로운 정서를 토대로 부부의 상호작용을 이끌면 이러한 지각 변화는 강하게 일어난다. 그래서 부인은 남편이 치료사와 함께 정서경험을 다듬어 가는 과정을 목격할 뿐만 아니라 자신에게 관심을 돌려 경험을 나누고 다음과 같이 하는 말을 듣게 된다. "당신을 실망시킬까 봐 너무 두려워서 대부분의 시간을 숨어 지냈어." 이것은 강력한 힘을 가진 새로운 정보일 뿐만 아니라 이런 식의 메시지와 접촉이 관계에서 가능하다고 재정의해 주며, 그 자체가 상호작용을 변화시키는 새로운 재연, 새로운 행위—새로운 형태의 정서적 교류—로 다가온다. 1기가 끝날 때 자기와 타인, 친밀한 관계에서 무엇을 할 수 있는지에 대한 핵심 지각이 변화되기 시작한다.

1기가 끝날 때, 부부는 정서, 애착문제, 고리, 그리고 이러한 것들이 얽혀 있는 방식에 대한 새로운 이야기를 만들고, 치료 회기 중에 긍정적 정서 교류를 시작한다. 단계적 약화가 종결되면, 치료 회기는 안전기지가 되어 새롭고 보다 더 많은 정서 위험을 감수하고, 새로운 수준의 교류가 일어난다. 만일 치료목표가 부부에게 가장 안정적인 애착 형성이라면 이러한 새로운 수준의 교류는 필수적이다. 단계적 약화는 중간 지점이다. 부정적 상호작용은 여전하며 애착문제의 인식은 증가된다. 긍정적 결합 고리가 형성되지 않으면 재발은 매우 높다. 단계적 약화는 애착을 재구조화하는 EFT 2단계의 핵심 전제가 된다.

♥ 1기의 종결: 요약 및 연습

단계적 약화는 어떻게 보이는가?

단계적 약화가 갈등이 멈추거나 그것을 항상 억누를 수 있음을 의미하지 않지만 부부는 다음과 같은 교류를 할 수 있다.

스탠: 며칠 전에 우리는 다시 빠져들었어요. 아내는 나와 함께 TV를 보려 하지 않았고, 갑자기 저는 ……을 깨닫게 되었어요. (그가 허공에 손사래를 치면서 머리를 흔든다.) 아시다시피 "쓰나미가 지금 다시 몰려왔어."라는 심정이었고, 분노에 가득 찬 생각들이 머리를 지배했어요. 저는 혼잣말로 그녀가 얼마나 차가운지에 대해서 말하고 있었어요. 그녀는 말하기를 거부했고, 저는 그녀에게 다가가서 그녀가 얼마나 시끄러운 여자인지에 대해 말했어요. 그러자 그녀는 멈추어서 저를 고치려 했어요.

제나: (웃는다.) 나는 '당신을 고치려' 하지 않았어. 나는 "잠깐 기다려 봐. 이것이 우리에게 흔히 벌어지는 일이야! 우리가 이름 붙인 바로 발구르기 말이야. 당신은 내가 당신을 이해하지 못한다고 느껴서 나에게 쿵쿵거렸어. 나는 얼어 버리고 발을 동동 구르게 해서 당신의 두려움을 끌어올렸어. 우리 둘은 모두 비참했어. 이제 그렇게 하지 말자!"라고 말했어.

스탠: 맞아. 불과 몇 주 전만 해도 나는 당신을 무시하면서 지냈어. 하지만…… 여기서 상담하면서 이전과 다른 뭔가를 했어. 당신은 나의 말과 발언이 당신에게 얼마나 영향을 미치는지에 대해서 내게 말했고, 나는 당신의 '냉정함'이 나로 하여금 벽을 쌓게 하고 말을 쏟아 내게 만든다는 알게 되었어. 당신이 예민하다는 것을 이해했어. 그래서 나는 그것을 들을 수 있게 되었어. 놀라워! 아마 우리는 이제 이러한 춤을 지속시키지 않을 것 같아. 5년이면 이미 겪을 만큼 충분히 겪었어.

치료사: 그런 다음 무엇이 일어났나요?

스탠: 저는 "당신은 우리가 이렇게 할 필요가 없다는 의미였어. 내가 외롭다고 느끼는 곳으로 가면 나는 아주 고통스럽고 당신은 내가 당신을 미워한

다고 느꼈어."라고 말했어요. 또 당신은 내게 다가와서 손으로 내 팔을 만졌어. 그리고 갑자기 문이 열렸죠. 그래서 우리는 가서 커피를 만들었고 다음 주 파티에 대해서 말했어요. 우리는 상대방이 적이라는 생각에 갇히지 않아도 됐어요.

제나: 맞아요. 좋은 기분이었고…… 우리 사이가 안전해졌어요. 저는 지금 희망이 생겼어요. 아마 우린 이것을 해결할 수 있을 것 같아요.

여기에서 주어진 정보를 통해서 당신은 부인이 저녁에 자신의 공간이 얼마나 필요한지에 대해서 말했던 초기 회기에 드러난 스탠의 정서를 조합할 수 있는지 살펴보라. 촉발요인(trigger), 초기 지각, 신체반응, 의미 만들기, 행동화 경향을 찾으라. 안전하고 공감적으로 이러한 요소들을 전체로 요약할 수 있는지 기록해 보고, 그가 당신의 요약을 수용하면 그가 부인에게 다가가서 말할 수 있는 하나의 단순한 메시지를 만들어 보라.

| 제8장 | 교류 심화: 2기의 시작 |

꽃봉오리 안에 꽁꽁 싸여 있는 위험이 꽃을 피우기 위해서 감수해야 할 위험보다 더 고통스러운 날
이 온다.

— 엘리자베스 아펠(Elizabeth Appell, aka Lassie Benton),

『John F. Kennedy University Class Schedule』(1979)

　　치료사가 안정결합으로 이끄는 긍정적 상호작용 고리의 형성에 초점을 두는
2기(애착 재구조화)의 시작은 개인의 애착 두려움과 취약성에 대한 의미 있는 깊
은 탐색을 하고 상대 배우자에게 취약성을 드러내어 주목할 만한 대인관계 위험
을 감수하며, 상대 배우자가 이렇게 드러낸 것을 믿고, 타인에 대한 작동모델이
변화되는 특성을 갖고 있다. 여기서 감수한 위험은 높아진 실존적 의미를 갖게
한다. 한 배우자가 상대에게 "나는 마치 동굴 속에 갇혀 있는 여자예요. 당신의
그 두려움은 나에게 대한 접근을 막는 괴물 같아요. 당신은 결단해야 해요. 내가
지금 그 괴물과 싸울 가치가 있나요? 당신은 어떻게 나를 외면한 채 괴물이 이기
게 내버려 두고 있지요?"

　　EFT의 기를 구성하는 과정 단계로 본다면 이 장은 무시되었던 애착 두려움과
욕구, 이러한 두려움과 연관된 자기의 측면을 밝히고 이들을 관계 속으로 통합

하는 5단계와 이러한 경험에 대해 상대 배우자의 수용과 긍정 의존의 새로운 고리를 형성하는 반응적 상호작용 방식을 촉진하는 6단계에 대해서 언급한다.

각 배우자에게 2기의 시작인 5단계는 EFT에서 가장 정신내적으로 초점을 맞춘다. 이는 모든 사람이 직면하는 실존적 두려움(Yalom, 1980)으로 들어가고 사랑하는 사람과의 유대가 자연적 해결책이 된다. 이러한 두려움은 외로움, 그리고 중요하지 않은 감정을 남기는 버림과 거절에 대한 두려움(내가 당신을 필요로 할 때 당신에게 나는 소중하거나 충분하지 않기 때문에 내 곁에 오지 않을 거야.), 자유, 선택과 상실과 연관된 불확실에 대한 두려움(어떻게 이러한 위험을 감수할 수 있지? 내가 당신을 받아들이고 싶지만 그렇게 한다면 나는 모든 무장을 해제해야 하고, 그런다면…….), 무익함과 유한한 삶에서 의미를 만들고 싶은 욕구(남편을 곁에 둘 수 없다면 나는 도대체 누구지? 이 모든 것이 다 무슨 소용이 있지? 우울한 감정이 방금 밀려왔어.), 죽음에 대한 두려움과 우리가 직면하는 연약함(첫 약물치료에 당신은 어떻게 오지 않을 수 있지? 하지만 그때 나는 요청하지 않았어, 맞지? 나는 강해야만 했어……. 하지만 나는 어떻게 요청해야 할지 모르겠어. 사람들은 요청을 하고 사나?)이다. 경험주의 개념인 누군가가 되고 싶지 않은 것보다는 누군가가 되고 싶은 방향으로 치료과정을 변화시키는 것은 이 단계에서 적절하다. 핵심 정서와 자아가 다른 방식으로 경험되면서 경험과 자기표상이 변화하면 위축되고 회유적이던 남자가 주장하기 시작한다. 이러한 경험의 심화는 모든 회기 탱고과정(움직임 2)의 자연스러운 부분이지만 여기서 특별한 의미와 깊이를 갖는다. 핵심 취약성이 조절, 처리 및 공유되면서 이들은 자연스럽게 유대에 대한 애착 갈망을 불러와서 파트너에게 접근하는 방식의 변화를 유발한다. 이러한 새로운 접근방식은 순화 혹은 '날 꼬옥 안아 줘요' 대화(Johnson, 2008, 2013)라고 부르는 2기의 변화사건을 만든다.

6단계에서 치료사는 부부가 상대 배우자의 새로운 표상을 배우자에 대한 자신의 견해로 수용하고 통합하며, 배우자의 연출된 상호작용(탱고 움직임 3)의 새로운 행동에 반응하게 돕는다. 이를 위해서는 상대 파트너를 매우 적극적으로 지지해야 한다. 앞에서 언급했듯이 불화부부는 지금까지 적이었던 배우자가 낯선 이방인으로 바뀌는 초기 경험을 달갑게 여기지 않는다. 인간은 기본 욕구의 충족을 위해서 확실성과 예측 가능성을 선택하고, 이때 제공되는 확실한 통제를 원하며, 일전에 언급했듯이 자기보호는 감방이 될 수 있다. 이러한 2기 과정은 강력한 새로운 교정적 정서경험을 통하여 뿌리 깊은 자기와 타인에 대한 작동 모델의 변화를 불러오고, 이러한 경험은 인간 뇌의 생존에 소중한 것으로 기록된다. 최근에 오타와 EFT 연구소에서 실시된 애착 연구에서 EFT 과정은 이러한 모델에 영향을 미쳐서 안정된 방향으로 이끈다고 밝혔다(Burgess-Moser et al., 2015; 더 많은 연구자료는 www.iceeft.com 참조).

2기의 시작 때 보이는 새로운 정서경험은 치료과정의 분수령이 된다. 1기에서는 안전기지를 만들어 안정결합 형성에 필요한 강력한 새로운 상호작용 고리의 발판인 정서 균형을 달성한다. 하지만 나머지 2기에서 자기와 체계를 변화시켜 줄 취약성을 나누는 방식에 관여하는 새로운 고리는 정신내적 탐색에 의한 새로운 인식에 달려 있다. 이러한 면에서 EFT 치료사는 항상 개인과 두 사람의 교차 지점을 다루며, EFIT 모델에서 밝힌 개인 변화 개입 및 양자지향 개입(dyadic oriented intervention; Johnson, 2019a)을 모두 사용한다. EFT의 변화과정 연구(Greenman & Johnson, 2013)에서 자신의 정서경험에 자발적으로 깊이 참여하는 부부가 치료 중에 관계 변화가 많이 나타나고, 치료 후에도 긍정 변화를 유지한다고 했다. 타인과의 관계에서 자기 재구성에 강하게 몰입된 참여는 부부 모두에게 2기에 들어가는 출입구가 된다. 자기의 핵심 정서 개입방식이 변하면, 이는 치료사로 하여금 상대 배우자의 새로운 정서 교류를 촉진시킬 수 있게 해 준다.

치료의 현시점에서 치료사가 탱고 움직임 2(정서 조합과 심화)와 움직임 3(교류된 만남 안무)을 조직하면서 이전에 드러나지 않았고 회피되었던 경험 혹은 볼비가 명명한 '낯선(alien)' 정서는 배우자에게 드러나고 주장되고 구체적으로 표현된다. 그것 자체는 각 개인의 자아감과 관계경험을 확대한다. 부인의 말에 의해 유발된 불안을 회피하고 결국 그녀를 회피하며 위축된 남편은 이제 그녀의 비판에 대한 두려움을 충분히 경험하고 말한다. 그렇게 함으로써 그는 두려움을 다루는 자신의 전략을 인정한다(나의 실패에 대한 어떤 것도 듣지 않고 피했어. 나는 항상 실패자여서 무감각해지고 당신에게 담을 쌓았고, 나는 초라하고 실패한 사람이야. 나는 공허해.). 부인과 자신을 향한 그의 폭로는 관계 속에 있는 자신의 처지에 대한 새로운 감정을 유발했고(나는 그렇게 두려워지고 싶지 않았고, 숨고 싶지 않았어. 나는 수용받기를 원했어.), 부인에게 새로운 이미지를 갖게 했다. 개선된 이미지는 그녀의 새로운 반응을 유발했다. 그가 위험을 감수하여 나눌 때 치료사의 핵심 과제는 파트너가 새로운 행동(예: 자신이 두렵다고 밝힘)과 새로운 이미지를 건설적 방식으로 다루도록 돕는 것이다. 구체적으로 치료사는 갈등을 겪는 파트너의 무시반응의 영향력을 줄여 주면서 '새로워진' 배우자와의 만남에 대한 혼란을 지지해 준다. 사실상 치료사는 어떤 총알도 붙잡고 패턴의 변화에 따르는 짐을 덜어 준다. 이는 다음에 보다 자세히 언급된다.

지금 정서심화 과정에서 부인되었다는 단어를 주목할 필요할 필요가 있다. 부부가 관계의 깊은 정서를 인정하고 수용할 때, 경험한 배우자를 강하게 만든다. 어떻게 이것이 일어나는가? 과정은 관계 속에 있는 개인의 욕구로 향하고, 새롭게 접근된 정서는 새로운 행동 경향을 일으킨다. 예를 들면, 위축자가 두려움과 그로 인한 우울을 드러낼 때, 그녀는 또한 충족되지 못한 욕구와 수용 받고 싶은 갈망에 다가가서 표현하기 시작한다. 이는 또한 통상의 숨고 피하는 것과는 다른 정서 즉 자기주장적인 분노를 유발하고, 이러한 새로운 정서는 욕망 혹은 그로 인해 유발되는 깊은 슬픔, 그리고 위로와 위안을 받고 싶은 욕구를 표현하려는 열망을 일으킨다. 이 과정에서 애착 욕망과 욕구가 자연스럽게 일어나고 분명하게 표현된다.

앞에서 간단히 언급했듯이, 여기서의 핵심 정서는 특별히 사랑과 가치에 대한 자기 정의와 연결된다. 덜 이해되고 수용된 자기의 측면은 개인의 경험과 관계 속으로 통합된다. 부인되거나 무시된 취약성이 인정됨으로써 이것이 자아감과 상호작용 반응 목록을 확대한다. 자기와 타인의 핵심 정의는 수정이 가능하고 쉬워진다. 볼비(1988)는 항상 정서적 의사소통은 자기의 실용모델(working model of self)을 형성하고 재형성하기 위한 생생한 정보를 제공한다는 것을 강조했다.

애착이론에 익숙하지 않다면, 자기 및 관계 정의 간의 연결을 최근에 체계치료의 한 부분으로 대두되는 구성주의 용어로 생각해 볼 수 있다. 이러한 관점에 따르면, 중요한 사람은 주관적인 현실을 유지시키고 주체성을 확인시켜 주는 기본 매개체가 된다(Berger & Luckmann, 1967). 중요한 사람으로부터 무시된 자기의 측면을 상징화하고 표현하며, 관계 속 자기 일면의 재연은 자기를 확대한다. 이것은 상대가 배우자의 새로운 면을 수용하고, 이러한 재연의 효과가 관계에 긍정적이라면 자기 확대가 가능해진다.

지표

2기 과정은 치료사와 부부가 단계적 약화에 주목하고 부부의 반발이 줄고 정서 균형이 증가할 때 일어난다. 또한 다음과 같을 때 일어난다.

① 1기의 탱고 움직임 2에서 한 배우자에 의해서 접근된 정서반응이 회기 중 내담자가 경험하거나 언급할 때다. 이제 이러한 정서는 이들로부터 쉽게 드러나고 상징화되고, 부부 고리 속의 자신의 상호작용 태도와 연결된다. 즉, 치료사가 위축자에게 무슨 일이 일어났는지 물어보면, "저는 포기했어요. 다시는 아내와 함께하지 않을 거예요. 저는 지금 초라해졌고 두려워요. 그래서 관계를 끊고 도망가게 되었지요."라고 적절하게 대답한다. 여기서의 과제는 위축되고 자신을 보호하려 했던 정서와 행동을 인정해

주고, 부부가 경험을 더욱 분화시켜 나가고 인정하게 도와주는 것이다.

　　이러한 정서는 특유의 두려움, 절망, 실망으로 나타난다. 이러한 분화과 정이 지속되면 정서경험과 이해방식, 이러한 정서에 대한 경험자의 판단, 경험에 함축된 부부의 견해, 그리고 통상적인 내적 · 관계적 경험 극복방식이 명확해진다. 이 과정은 이들 요소를 분석하거나 토론하는 것이 아니다. 개인이 경험에 빠져들고, 경험이 전개되면서 이러한 요소들이 드러난다.

② 한 배우자가 자신의 내재된 핵심 정서를 새롭고 생생하게 탐색하기 시작하지만 상대 배우자에 의해 방해받거나 추상적이거나 상투적 말로 이러한 과정에서 빠져나간다. 치료사의 과제는 과정을 재조정하고 필요하면 상대방의 방해를 막아서 부부가 정서경험에 깊이 다가가도록 격려한다.

　　탱고 움직임 3(2기의 교류된 만남을 안무하기)으로 들어갈 때, 치료사는 한 파트너가 마무리되는 느낌 혹은 치료사와 함께 자신의 내재 정서의 통합에 이르고 이러한 경험을 상대에 대한 자신의 습관적 반응과 분명히 연결할 때 개입한다. 그런 다음 치료사는 이 사람이 배우자와 이렇게 통합한 것을 나누도록 요청하고 그가 교감하는 태도로 나눈다. 이런 나눔의 초점은 다른 사람보다는 자기 자신이다. 치료사는 이후 상대가 이런 나눔을 듣고 처리하고 반응하도록 지지함으로써 이러한 새로운 경험이 부부 상호작용의 한 부분이 되게 하고, 상호작용을 다듬기 시작한다. 관찰하는 배우자가 관계에서 상대 파트너의 자신에 대한 표현방식의 변화를 받아들이거나 신뢰해야 할 이유는 없다. 오히려 부부는 수년 동안 경험했던 실망과 부정 경험 때문에 그러한 반응에 반대할 수 있다. 만약 치료사가 없다면, 그런 나눔에 대한 반응 부족이 개방한 배우자에게 강한 부정적 경험이 된다. 이로 인해 부정 고리가 재현되고, 이 파트너는 경직된 상호작용 태도로 돌아가기도 한다. 체계 관점에서 치료사는 상호작용 패턴의 변화, 새로운 대화

방식을 증진시키고 확대하는데, 이는 단순히 확고한 패턴에 빠져들거나 들어가는 것이 아니고 사실 그런 패턴을 재조직하기 시작한다.

일반적으로 위험을 감수한 파트너의 새로운 반응이 혼란과 불안을 유발하지만, 때때로 비판적인 배우자는 상대가 새로운 약점을 보여 준 상황을 공격 혹은 무시할 기회로 이용한다. 이때 치료사는 총알받이 방식으로 개입해 간다. 치료사는 상대 배우자가 현재 약점을 드러낸 배우자에게 보이는 부정반응과 강한 적대행동을 개선한다. 비판자는 "그것은 바보 같은 짓이야. 내가 보기에 당신은 지금 자신이 희생자인 것처럼 행동하고 있어. 만약 당신이 마치 희생자인 양 좋게 보이길 원한다면 당장 꺼져 버려."라고 말한다. 이러한 반응은 이러한 나눔이 새로운 1기에서 잘 나타나지만 2기에서도 보일 수 있고 파트너가 감수한 위험은 이 기에서 중요하기 때문에 조심해서 다뤄야 한다.

총알받이 기법은 여러 해 동안 다듬어졌다. 핵심 요소는 다음과 같다.

- 지금 발생한 것을 반영하고, 상대가 여러 번 갈등하고 있는 파트너의 핵심 메시지를 반복하는 것. [나는 이것을 편도체 속삭임(amygdala whispering)이라 부른다. 당신은 위안과 진정하는 방식으로 힘든 메시지를 천천히 반복해 줌으로써 새로운 정보가 나타나게 한다.]
- 이러한 메시지가 새롭고 듣기 힘들다고 정상화하고, 양가적이거나 무시하는 반응을 함께 묶어 주기 위해서 환기적 질문으로 요청하며, 그런 다음 이 파트너가 그것을 나누도록 요청하는 것. 이것은 파트너가 새로운 메시지를 듣기 힘든 것을 인정해 주고, 위험을 감수하는 이러한 메시지를 보낸 파트너의 취약성을 존중하고 보호한다.

이것은 다음과 같이 들릴 것이다. "그래서 메리, 베로니카가 당신의 분노가 두려워서 당신을 무시했다고 하는 말과 그녀가 당신에게 실망했다는 메시지를 들는 것이 무척 힘들었을 거예요. 그녀가 '수많은 잘못'을 나열하는 것을 듣기 힘들었어요. 그녀가 당신이 원하는 사람이 아니라는 당신의 메시지에 그녀가 두려워하고 피한다고 한 번도 생각하지 못했어요. 당신은 그녀가 타인을 다가오지 못하게 하는 줄만 알았고, 지금 당신은 그녀가 모든 힘을 가졌다고 느껴서 좌절했어요. 그래서 지금 이 말이 새롭고 아주 이상하게 들렸어요. 그녀가 두렵다고 하는 말을 들었을 때 어땠나요? …… 맞아요, 당신의 일부에서는 새로운 메시지를 믿을 수 없었어요……. 그리고 당신에게 그것이 '부당'하다고 느껴졌어요. 이해해요. 그녀에게 '일부에서는 당신의 두려움을 들었지만 나에게 이상하게 느껴져. 나는 당신의 두려움을 한 번도 보지 못했어. 일부에서는 당신이 내게 말해 주기를 원하지만 그 메시지를 받아 줄 수 있을지 확신이 없어.'라고 말할 수 있겠어요?"

치료사는 공감적 추측을 사용하고 거부반응을 관계 춤에서 새롭고 혼란스러운 변화라는 용어로 재구성한다. 그래서 치료사는 "당신이 듣기 힘들었을 거예요. 당신은 남편의 말을 어떻게 받아들여야 할지 혼란스러울 것 같아요. 지금 남편의 모습이 평소 당신이 생각하던 것과는 상당한 차이가 있었을 거예요. 그래서 당신은 남편의 반응을 부정적으로 해석하게 되었지요. 당신은 화가 났고, 그래서 받아들이기 힘들었어요. 맞나요? 남편이 ……라고 말할 때, 남편이 위험을 감수하면서 당신에게 다가오려 한다는 사실을 이해하기가 힘들었을 거예요."라고 말했을 수 있다(치료사는 위험을 감수한 배우자가 중요한 내용을 반복할 기회를 주고 인정해 준다). 치료사는 위험을 감수한 배우자를 유대감을 향한 접근으로 구성해 주고, 그들이 취한 위험을 인정하고, 앞에서 언급했듯이 청자의 비판적이지 않은 진정한 반응을 구성한다. 수용의 첫 단계는 이상하고 당신이 수용하기 힘들다고 말할 수 있다는 것이다.

일반적으로 탱고 움직임 4는 언제나 관찰하는 배우자에게 "배우자가 ……에 대해 말하고 있을 때 어떤가요? 당신에게 무슨 일이 일어났습니까?"라는 치료사의 질문으로 시작한다.

2기의 EFT 탱고

2기에서 외상 후 스트레스 장애(PTSD)를 진단받은 참전용사 제임스와 우울한 마고의 탱고는 다음과 같다. 2기 과정에서 마고는 자신의 거절에 대한 두려움에 다가가서 나누고, 그녀가 이해받고 자신의 반응을 '존중'받고 싶고, 자신을 압도하고 그에게 개방하지 못하게 만든 그의 명예훼손의 말을 참을 수 없다는 주장을 한 후 남편에게 쉽게 다가갈 수 있었다.

치료사: (움직임 1 – 현재 과정의 반영) 그래서 제임스, 일이 풀리지 않을 때 당신은 스스로 마고가 당신과 함께 있고 싶어 했던 장소를 떠올리면서 활기를 찾으려 했다고 말했어요. 그녀가 적군은 아니지만 당신은 무감각해지고 무엇을 해야 할지 몰랐어요. (그가 동의한다.)

제임스: 저는 제 자신에게 괜찮다고 말해요. 이렇게 예민한 일에 신경을 쓸 필요 없고 그녀를 멀어지게 만드는 고통 속으로 그녀를 빠져들게 할 필요가 없어. 하지만 이후……. (그는 바닥을 응시하고 움츠리며 실의에 빠진 것처럼 보인다.)

치료사: (탱고 움직임 2 – 정서 조합과 심화) 제임스, 당신이 그렇게 할 수 있는 것이 대단해요. 고통과 스트레스를 다루는 방법을 바꾸는 것은 매우 힘든 일이에요. 이렇게 말하면서 어땠나요? 그녀가 적이 아니라서 밀어붙이는 것을 멈췄지만 그 후에는요……? 당신은 바닥을 바라보면서 미동도 않고 침묵했어요. 지금 힘들고 고통스러운가요? 지금 당신의 신체에서 무슨 일이 벌어졌나요?

제임스: 공허한 느낌이에요. 아무 일도 없어요. 약간 숨이 막히네요.

치료사: 절 좀 도와주시겠어요? 당신의 얼굴이 슬퍼 보였는데, 맞나요?

제임스: (눈물을 흘린다.) 저는 항상 누군가가 필요하다는 염려가 있어요. 오랫동안 그녀를 밀어냈어요. 지금 제가 어떻게 해야 할지 모르겠어요. 슬펐어요. 아마도 슬프다는 말로는 부족한 것 같아요.

치료사: 맞아요. 슬픔 이상이지요. 그녀가 당신을 안아 주거나 함께 있어 줄 것이라는 확신이 없었기 때문에 당신은 그동안 자신의 고통을 스스로 처리해야 했어요. (그가 운다.) 혼자 감당했어요. 그렇게 심한 고통이 있어도 혼자서 해결했어요. 공격이 유일하게 할 수 있는 선택이었어요. 그리고 지금 당신은 아주 슬퍼요. 당신은 오랫동안 외로웠고 다른 선택을 하는 것은 낯설게 느껴질 거예요.

마고: 그가 슬퍼하는 걸 알아요. 저는 그의 고함 속에서 슬프고 외롭다는 것을 항상 알았어요. 하지만…….

치료사: 맞아요. 당신은 알았고, 지금 그와 함께 있고 싶었어요. 하지만 그것이 어려웠어요. (그녀가 동의한다.) 제임스, 지금 외로움과 슬픔을 알고 느낀다면 무슨 일이 일어나나요?

제임스: 무엇을 해야 할지 모르겠어요. 어린아이같이 느껴져요. 늘 그랬듯이 외로워요. 고함치거나 술 마시거나 밖으로 나가요. 하지만 지금은…….

치료사: (탱고 움직임 3-교류된 만남 안무) "나는 슬퍼, 오랫동안 슬펐고 외로웠어. 살면서 나는 다른 사람을 믿는 것과 당신을 신뢰하는 것이 두려웠어."라고 말할 수 있겠어요? (제임스가 마고를 바라보며 얼어붙는다.)

치료사: 그녀의 얼굴에서 무엇이 보이나요, 제임스?

제임스: 친절한 느낌이에요, 나와 함께 있길 원한다고 느껴져요. 저에 대한 관심이 느껴져요. (그가 눈물을 터트리고 오랫동안 운다.)

치료사: 맞아요. 살면서 간절히 원했던 것이 바로 이거였네요. (그가 공감하며 끄덕인다.) 하지만 그녀를 믿고 위험을 감수하고 신뢰하는 것이 불가능해

보였네요. 그래서 눈물이 났네요, 맞나요? (그가 다시 고개를 끄덕인다.) 마고, 제임스가 슬픔과 외로움을 안고 살았고 두려웠고 위안을 원했지 만……이라고 말했을 때 어땠는지 나눠 줄 수 있어요? (움직임 4-만남 처리)

마고: (그에게 몸을 기울이면서 부드러운 목소리로 말한다.) 제임스, 나는 항상 당신을 사랑했어. 고함치는 제임스와는 함께하기 힘들었어. 하지만 나는 당신이 외로워지는 것을 원하지 않아. 당신이 슬플 때 나도 역시 슬펐어. (그녀가 손을 내밀고 그가 잡는다.)

치료사: (움직임 5-통합과 인정) 이것은 힘들고 용기가 많이 필요했어요, 제임스. 외로웠던 시간에 스스로 경험한 깊은 슬픔은 힘들고, 언제나 누구를 믿는 것은 너무 두려웠어요, 마고조차도 믿기 힘들었어요. 모든 사람은 당신이 느낀 슬픔을 느끼기보다는 뭔가를 하려 해요. 아무도 혼자 이런 고통을 처리할 수 없어요. 그리고 마고, 당신의 용기는 놀라웠어요. 당신은 항상 그와 함께 있으려 했고, 그가 싸우려 할 때도 그랬어요. 지금 그에 대한 깊은 당신의 사랑을 느꼈어요. 제임스, 그녀에게 다시 한번 "나는 정말 슬펐고 오랫동안 외로웠어, 나는 당신에게 말할 수 있는 방법을 찾을 수 없었어."라고 말해 보시겠어요? (그녀의 얼굴을 바라보면서 그가 말한다.) 지금 그녀의 보살핌을 받아 줄 수 있나요?

제임스: 조금요. 지금 새로운 노래를 들은 것 같아요. 그것이 나를 지금 충만하게 해요. (그의 가슴을 친다.) 오랫동안 텅 비어 있던 내 가슴 여기가 충만해져요. 뭔가 움직이는 것 같아요. 지금 그런 것 같아요. (그가 마고를 보고 웃는다.)

이런 과정이 지속되면서 제임스는 분명 내적 두려움과 박탈을 다른 방식으로 직면하고, 타인에 대한 견해가 바뀌고, 행동 목록이 확대되었다. 2기를 끝내기 위해서 그는 정서로 들어가서 자신의 슬픔과 신뢰에 대한 두려움에 개입하고, 이를 통해서 자신의 욕구를 직접 마고에게 말할 필요가 있다. 이러한 교정적 정서경험은 다양한 개인적인 의미를 가지고 있고, 그의 PTSD 증상이 의미 있게 변화되었으며, 우울증이 줄어든 마고와의 관계가 변화되었다.

2기의 미시 개입

정서경험의 반영과 인정은 EFT 치료사가 지속해야 할 기법이다. 하지만 현 단계에서 우선시되고 여기서 초점을 맞춰야 할 개입들이 있다.

♥ 1. 환기적 반응

치료사는 정서가 드러나고 깊이 공감하면서 파트너의 정서경험 중 통합되지 못한 부분에 초점을 두어, 이 파트너가 고통이 따르더라도 경험을 생생하게 붙잡고 머물러서 탐색하게 도와준다. 치료사는 생생하고 독특하며 구체적인 언어, 특히 이미지나 은유를 사용하여 자신의 정서경험을 요약할 수 있게 지지한다.

> 예

질문과 반영을 통해서 정서경험의 의미 있는 느낌(felt sense)의 확대가 2기의 핵심 부분이다.

① **치료사**: 짐! 당신이 아래를 응시하며 "내가 어떤 사람인지 아내에게 말하기가 두려워요."라고 말할 때 어땠나요?

② **치료사**: 메리! 그것이 실망이라고 했는데, 맞나요? (그녀가 끄덕인다.) 머리에서는 희망을 갖지 말라는 소리가 들리는데도 그가 곁에 있을 거란 희

망을 갖는 것이 고통스럽고, 이후 가장 필요로 할 때 그를 찾을 수 없었어요. 이것은 낭떠러지에 떨어지는 느낌이네요. 당신이 그 말을 할 때 무너지는 느낌을 갖게 되었네요. (그녀가 고개를 끄덕인다.) 그리고 그것이 어떻게 느껴지나요?

여기에서 그녀의 언어를 통해 경험의 다른 여러 요소를 함께 다루고, 그녀가 경험을 더욱 깊이 할 수 있도록 반영과 질문을 함께 했다.

♥ 2. 강조

치료사는 생생하고 현장감을 살리기 위해 정서반응을 강조하고, 내담자가 그것과 교감하게 해 준다. 강조는 부부가 정서를 충분히 경험하고 동조하게 도와주고, 회기 중에 강한 정서를 유발하는 방법이며, 이것이 회기 밖의 행동에도 영향을 미치게 된다. 반복과 이미지 사용은 여기서 특히 중요하다.

예 1: 2기의 정서 강조

부인:　저는 어디에도 소속되지 못했어요.

치료사: 가족의 일원, 남편 삶의 한 부분이 아니라는 건가요?

부인:　맞아요. 저는 늘 혼자였어요.

치료사: 혼자란 말이지요. 당신 곁에 아무도 없고 손을 잡아 주고 지지해 줄 사람이 없었네요.

부인:　(운다.) 저는 그 정도로 중요하지 않은 사람이에요. 산책을 가도 남편은 강아지와 놀고, 제가 돌아서서 집에 들어와 버린 것도 눈치채지 못해요.

치료사: 당신이 그 자리를 떠난 것도 남편은 몰랐네요. 당신이 그곳에 없는데도 말입니다. (그녀가 동의하면서 눈물을 흘린다.) 집으로 돌아갈 때 어떤 기

분이었나요? 당신에게 무관심하고, 당신은 중요하지 않았네요? (그녀가
고개를 끄덕인다.)

부인:　존재하지 않는 것 같았어요.

치료사:　투명인간처럼 말이지요?

부인:　맞아요. 투명한 아내예요. (남편에게) 당신은 나를 쳐다보지도 않았어.

치료사:　저에게 부인은 마치 "나는 존재하지 않는 것 같고, 나는 당신에게 아무
것도 아니야."라고 말하는 것처럼 들려요.

　단순하게 정서반응에 초점을 맞추어서 이를 인정하는 모든 EFT 개입은 정서
를 강조한다. 그러나 여기서 치료사는 경험을 더욱 생동감 있게 만들고, 개인과
부부관계에서 경험이 갖는 실존 의미를 붙잡기 위해 신중하게 접근한다. 이것은
경험 중인 파트너에게만이 아니라 새롭고 다른 언어를 사용하여 말하고 깊이 경
험하면서 실제로 배려와 관심을 불러오는 태도로 바뀌고 있는 파트너를 경청하
는, 관찰 중인 파트너에게도 크게 영향을 미친다.

예 2: 현재와 태도 변화 강조

　이 개입은 상호작용 태도에 숨겨져 있는 정서뿐 아니라 정서와 정서조절 방식
을 반영하는 태도를 인정할 수 있게 부부를 도와준다. 의식적이고 적극적으로
이끌리고 경험된 적절한 태도는 정서가 고려되지 않고 타인의 행동에 자동반응
을 하는 태도와는 이미 다르다.

예 3: 현재 문제가 되는 태도의 재연 강조 - 결합을 위한 상호작용을 막는 정서조절 방식

치료사:　피트! "우린 좋은 친구지만…… 당신을 믿거나 받아들이고 싶지 않아.
내 마음 한 구석에서는 당신에게 도움을 요청할 바에는 차라리 죽는 편
이 나을 것 같아. 어느 누구도 다시는 나에게 상처를 주게 내버려 두지

않겠다고 마음먹었어."라고 다시 한번 말해 보겠습니까?

예 4: 드러난 새로운 태도의 재연 강조, 탱고 움직임 4 – 만남 처리

치료사: 피트! 방금 당신이 한 것에 대해서 어떤 기분인가요?

피트: 저의 부드러운 부분과 갈망을 아내에게 보여 주었던 위험을 감수한 것을 말하나요? (치료사가 동의한다.) 좋았어요.

치료사: 당신은 이제 그것을 할 수 있을 만큼, 즉 부인에게 한발 더 접근할 수 있을 정도로 강하다고 느껴요. (그가 고개를 끄덕인다.) 스스로를 보호하라는 목소리에도 불구하고, 위험을 무릅쓰고 부인에게 다가간 것이 어땠는지 부인에게 말할 수 있겠어요?

♥ 3. 공감적 추측

이 기법은 2기에서 집중적으로 사용되며, 회기 중 즉각적으로 드러난 강한 정서경험에 의미를 부여하고, 전후관계의 틀을 만든다. 만일 이러한 틀이 내담자의 경험과 정확하게 맞지 않거나 경험을 강화하지 못하면, 내담자는 치료사를 교정하고 치료사는 그것을 수용하고 사용한다. 치료사는 경험 구성에 단지 하나의 새로운 요소를 첨가하거나, 이를 애착욕구나 두려움의 관점에 둔다. 이미 언급했듯이 애착 과학은 정확한 공감과 추측을 가능케 하는 내적 정서경험의 청사진을 제공한다.

공감적 추측은 다음의 바탕에 의해 일어난다.

- 지금–여기에서 보이는 내담자의 경험에 대한 치료사의 공감적 몰입
- 치료사의 관계 맥락, 태도, 패턴에 대한 감각과 이러한 태도와 패턴과 연관된 정신내적 경험

- 애착이론이 중요한 성인의 두려움과 욕구, 이러한 두려움과 욕구에 의해 발생하는 실존 딜레마를 설명해 줄 강력한 수단으로 여기는 EFT의 이론 토대
- 특정 상황에서 타인의 경험방식에 대한 단서를 제공하는 치료사 자신의 조율된 정서처리 과정

이상적인 추측은 존중의 바탕 위에 실험적이고 구체적이며, 내담자가 자신의 경험 조직에 한 단계 정도만 앞서가는 것이다. 두려움에 대한 이러한 초점은 이것이 가장 강력하고 설득력 있는 정서이기 때문인데, 두려움이 내적 정서처리와 대인관계 교류 모두를 제한하며 이는 상호작용 반응 범위를 축소하고 개방적 교류와 타인에게 반응하는 능력을 막는다.

예 1: 1기의 공감적 추측(탱고 움직임 2-정서 조합과 심화)

치료사: 그래서 당신이 귀가를 서두르며 운전하고 있을 때 월트가 다른 사람과 사랑에 빠져 있다는 상상을 했군요? (노마가 고개를 끄덕인다.)

노마: (화를 내며) 그를 붙잡고 말 거예요.

치료사: 당신을 배신했네요. (노마가 끄덕인다.)

월트: 지금까지 그런 일은 한 번도 생각하지 않았어. 어떻게 내가 그런 일을 저질렀을 거라는 생각을 할 수가 있지?

노마: 나와 성관계를 하지 않잖아!

월트: 당신도 나를 가까이 다가가게 하지 않았어. 당신은 나에게 냉담했어. 그렇지 않았으면 분명히 당신과 사랑을 나누었을 거야. 당신을 사랑해. (노마가 운다.)

치료사: 노마! 지금 무슨 일이 일어난 건가요. (그녀는 마루만 응시한다.) 당신 마음에 무슨 변화가 일어난 거지요? 당신은 화를 냈는데, 지금은 울고 있어요.

월트: 내가 원하고 사랑한다고 말을 할 때마다 아내는 울어요. 무언가 아내의 약점을 건드린 것 같고, 그러면 아내는 침묵했어요.

치료사: 노마! 지금 남편이 하는 말이 맞나요? 남편이 당신을 사랑한다고 말할 때 감동이 되는 것 같다는 월트의 말을 듣고 있었나요?

노마: (날카로운 목소리로) 남편이 나를 원한다는 말은 전혀 믿을 수가 없어요. (월트가 한숨을 쉰다.)

치료사: 하지만 잠깐만요. 남편이 했던 말이 당신의 마음을 움직인 모양이군요?

노마: (도전적 태도로) 그런 것 같아요.

치료사: 당신을 원한다는 남편의 말을 들었을 때, 당신의 마음이 움직여 눈물을 보였습니다. 당신의 일부는 남편을 믿을 수 없지만 나머지 일부는 원하고 있었나 봅니다. (그녀가 동의한다.) 남편을 믿고 싶은가요?

노마: 물론입니다. 하지만 그런 일은 있을 수 없어요. 결코…….

치료사: 누군가 당신을 원하거나 가치를 인정하고 도와주는 것은 결코 있을 수 없고 그것 때문에 당신은 정말 슬프다는 말이지요? 그로 인해 눈물이 흘렀습니다. (그녀가 끄덕인다.) 당신의 일부는 남편을 믿고 싶지만 나머지 일부는 바보처럼 굴지 말고 포기하고 자신을 보호하고 냉정하게 대하라고 하면서 남편이 당신을 배반할 것이라고 말하고 있지요? 맞나요? 남편이 당신의 기대를 저버릴 것 같네요.

노마: 맞아요, 그것을 원하지는 않아요……. 생각하기도 싫고…… 그런 다음에는 결국…….

치료사: 당신은 그러한 사랑을 간절히 원해 봤자 결국 그 희망이 산산이 부서지게 되었죠. 그러다 보니 열망을 버리고 강하게 나가게 되었네요, 맞나요?

노마: 저에게 그런 열망이 있는지조차 느낄 수 없었고 화만 났어요. 제가 남편에게 중요한 사람인지 이제 신경 쓰지 않아요.

치료사: 그래요? 울 만한 가치도 없는 건가요? 누군가에게 중요한 사람, 특히 월

트에게 특별한 사람이 되려고 안간힘을 쓸 필요가 없었네요?

노마: 제가 누군가에게 특별하다고 느낀 적이 한 번도 없었어요. 그렇게 되는 것을 포기한 지 오래되었어요. 모든 사람이 저를 무시하고 있어요.

치료사: 누구도 신뢰할 수 없겠군요. (그녀가 끄덕인다.) 누군가 당신을 깔보는 것을 다시는 용납할 수 없군요? 당신은 그러한 면에 예민해졌네요.

노마: 맞아요, 지금 싸움이 전보다 줄었어요. 하지만…… 항상 긴장하고 있어요. "그런 일이 다시 일어나고 말 거야. 월트를 통해서도 일어나게 될 거야." 하는 목소리가 들려요. (그녀가 주먹을 꽉 쥔다.)

치료사: "남편을 신뢰한다는 생각조차 하면 안 돼, 그것은 어리석은 짓이야."라고 하는군요? 맞나요? "정신 똑바로 차리고 집으로 빨리 가! 뭔가 발견하게 될지 누가 알겠어!" 그리고 집에 일찍 돌아와서 당신이 가장 두려워하는 무언가를 발견하려 했지요?

노마: (눈을 감고) 정말 두려웠어요.

예 2: 탱고 움직임 4의 공감적 추측 – 만남 처리

치료사: 월트! 노마가 하는 말을 들을 때 당신은 어떤 마음이 들었나요?

월트: 많은 생각을 했어요. 공평하지 않다고 생각했어요. 저는 부당하게 비난을 받고 있는데 제가 그렇지 않다는 것을 아내에게 증명할 길은 없고, 또 그렇게 한들 부질없다는 생각이 들었어요. 제가 왜 이러한 시험에 빠지고 의심받아야 하는지 그 이유를 모르겠어요.

치료사: 아! 여전히 화가 나고, 상처를 입은 것 같네요. (그가 동의한다.) 당신을 신뢰하고 방어를 낮추는 것이 노마에게 얼마나 힘든 일인지 들었나요?

월트: 네, 들었어요.

치료사: 그 얘기를 들었을 때 어땠나요?

월트: 슬펐어요. 아내도 상처를 입고 두려웠구나…… 저처럼요!

치료사: 부인에게 말해 보시겠습니까?

월트:　당신이 두려워하는 것을 알았어. 내가 당신을 배반하지 않을 거라는 것을 어떻게 보여 줄 수 있을까?

치료사: 당신은 부인이 두려워하지 않게 하려면 어떻게 도와주어야 하는지 알고 싶었네요. (그가 동의한다.) 부인에게 한번 요청해 보세요.

이전에 언급했듯이, EFT 치료 5단계는 가장 개인 내적인 면을 다룬다. 6단계 역시 개인 반응에 초점을 맞추고 있기에 대인관계 개입은 이 시점에서 적게 한다. 애착 용어로의 상호작용 반응의 재구성은 공감적 추측의 한 부분이지만 여기서는 대인관계 개입보다는 정신내적 개입으로 많이 사용된다. 대인관계 개입, 상호작용 재구조화는 5, 6단계에서도 일어나는데, 이러한 새로운 경험은 새로운 상호작용을 만드는 기초로 사용된다. 이러한 과정은 지속되고, 이는 7단계에서 중심이 된다. EFT에서 가장 정신내적 단계지만 내적 경험은 상호작용의 재구조화와 연관시켜서 사용된다. EFT 치료사는 항상 내외적 면에서 이들이 서로를 어떻게 반영하고 형성하는지 다룬다.

♥ 4. 상호작용의 재구조화

치료사는 지금 더욱 분명해지고 의식적이며 활발해진 현재의 태도를 재연시키고, 2기 회기 중 새롭게 통합된 경험에서 나타난 새로운 핵심 요소를 이용하기 위해서 상호작용을 일으켜 새로운 정서경험을 새로운 상호작용으로 전환시킨다. 치료사는 새로운 경험과 표현에 대한 상대 배우자의 반응을 살피고 필요하면 제한이 적고 수용적인 반응을 연출한다. 대부분의 부부의 경우 상호작용에서 나뉜 중요한 취약성에 대한 위험감수는 1기의 그것과는 질적으로 다르다. 이때 치료사는 '세밀하게 살피기(slice it thinner)'라는 기법을 사용한다. 치료사가 내담자에게 파트너에게 자신의 취약성을 나누라고 요청하고 그가 위험감수를 힘들어할 때, 치료사는 힘들어하는 것을 인정하고 단순하게 나눔에 대한 두려움을 나누도록 요청하면서 이러한 위험을 측정한다.

예 1: 대인관계 위험 측정 – 세밀하게 살피기

월트: 저는 그녀에게 나누고 싶지 않아요. 그녀가 지금 듣고 있었고 이전에도 여러 차례 나누었기 때문에 이상하게 들릴 거예요. 하지만…… 저는 얼마나 두려운지에 대해서 그 누구에게도 진심으로 말한 적이 없어요.

치료사: 그래서 월트! 저는 미지의 허공에 발을 내딛는 것이 참으로 아주 새롭고 매우 위험하다는 것을 이해해요. 그래서 그녀에게 "당신에게 직접, 내가 지금 얼마나 무서운지에 대해서 말하는 것이 아주 어렵게 느껴져. 너무 위험하다고 느껴."라고 말할 수 있겠어요?

월트가 그렇게 했고, 그녀가 그를 위로해 주면서 개방에 대해 꺼리는 그의 마음을 나누는 계기가 되었고, 그는 그녀에게 계속 위험을 감수했다.

예 2: 2기의 상호작용 재구조화 – 탱고 움직임 3 – 교류의 만남 안무

치료사: 노마! 남편에게 "나는 두려워. 나는 어떤 희망도, 당신에게 사랑받고 싶은 욕망조차 가질 수가 없어. 나는 내 주변을 가시로 두르고 있고(노마가 표현한 언어임) 당신이 나를 배반한 증거를 찾고 있어. 나는 단지 그것을 찾는 순간만을 기다리고 있어."라고 표현해 보시겠습니까?

예 3: 상호작용 재구조화 – 탱고 움직임 4 – 만남 처리

치료사: 그녀에게 "나는 지금 화가 나서 당신의 말을 들을 수 없었어. 당신이 감수한 위험을 인정하기 너무 어려워."라고 말할 수 있겠어요?

부부과정과 종결상태

2기에서 부부에게 무슨 일이 일어났을까? 만일 치료가 계획대로 진행되었다면, 다양한 요소가 여러 수준에서 상호작용한다. 둘 중 한 사람이 애착 두려움의 심화를 먼저 시작하도록 요청을 받더라도 부부 모두 비슷한 과정을 경험한다. 이러한 과정은 다음과 같은 특성이 있다.

- 1기에서 드러난 정서경험의 강화와 강조. 이는 이러한 경험을 탐색하고 상징화하는 능력이 커진다. 이 과정을 통해 타인과의 관계 속의 자기에 대한 경험의 의미를 깨닫게 된다. 즉, "나는 내 자신을 보호해야만 했어. 나를 진정으로 보살펴 줄 사람은 아무도 없어. 아무도 그렇게 해 주지 않았고 이미 그것을 포기한 지 오래야. 우리가 처음 함께했을 때 당신이 그 역할을 해 주길 바랐는데…… 하지만……." 애착 맺기, 취약성을 보여 주기, 욕구 충족의 요구하기와 보살핌을 수용하기 등의 방해가 나타난다.
- 타인이 아닌 자신이 했던 경험의 인정. 사람들은 자신이 경험하고 살아가면서 친밀한 타인과의 습관적 교류방식을 조직하고, 관계의 부정 고리를 형성하는 경험에 의해 일어나는 충동, 즉 행동화 경향을 인정한다. 예를 들면, "나는 무척 두려웠어. 당신에게 위험을 무릅쓰고 접근하여 제한되고 간접적인 방법으로 시도해 보다가 뭔가 잘못되었다는 느낌이 들면 곧바로 도망쳐 버렸어. 언제나 내가 벽 뒤에 숨어 있었다는 생각이 들어. 그래서 당신은 나를 발견할 수 없었던 거야."
- 확장된 경험과 경험 인정. 이는 여기서 발생한 강한 정서와 관련된 핵심 자기개념과 모델에 접근하게 해 준다. 이러한 자기개념은 치료사가 안정감을 제공해 주면서 정서가 실린 대인관계 상황에서 자연스럽게 나온다. 애착관계에서 부정적 자기 정의로부터 오는 고통의 경험은 자기개념에 분명하고

강하게 다가가게 해 주어서 적극적 탐색과 다음과 같은 재구성을 일으킨다. "그래서 내 자신에게 반문했어요. 도대체 네가 원하는 게 뭐야? 너는 사랑하는 데 정말 문제가 많아. 이것이 아주 큰 문제라고 생각해! (엄지와 집게 손가락으로 간격을 표시한다.) 이제 더 이상 아내에게 요구할 순 없어요. 알다시피 저는 정서적으로도 문제가 많아요. 저는 이것을 알고 있어요. 마치 제가 아내를 실망시킨 사실조차 모르고 있는 것처럼 아내가 말하기 시작할 때, 저는 참을 수가 없었어요. 그래서 고함을 지르기 시작했어요." 정체성은 지속적인 과정, 즉 전개되는 드라마이며, 주연배우는 그의 애착대상이다.

앞서 말한 모든 것은 타인과의 관계 속에 있는 자아감(sense of self)과 연관된 핵심 일차 정서의 재처리를 허용하는데, 이러한 과정에서 연결의 경험이 발전하고 변화한다. 특히 정서에 있는 핵심 소망과 갈망이 드러나고 분명해지기 시작한다. 이들은 애착욕구가 분명히 표현되는 2기의 끝부분에서 처리된다. 이 단계 전에는 부부는 자신들이 진정으로 원하는 것이 무엇인지 표현하기 어렵고, 이는 아마도 부부가 원하는 반응이 무엇인지 느끼지 못하거나 자신들의 욕구가 명확하지 않거나 고통이 커서 그것을 지각할 수 없었기 때문일 것이다. 부부들은 요청하는 것이 그들로 하여금 약한 태도를 취하게 만들기 때문에 이를 꺼린다.

애착 관점에서 보면 조직된 정서가 재처리됨으로써 지금의 단계에서 애착행동이 변화하기 시작한다. 이전의 위축자는 상대에게 접근하여 자기주장을 하고, 관계를 정의하는 방식이나 관계에서 자기가 정의되는 방식에 관심을 갖게 된다. 이 과정에서 '뜨거운 인지(hot cognitions)'로 접근된 자기와 타인에 대한 모델이 재구조화된다. 상호작용 태도는 적극적으로 변하고, 접근과 접촉이 활발해지기 시작한다. 애착 두려움과 불안은 부부의 춤을 뒤에서 조종하기보다는 재처리되고 상호작용의 한 부분으로 재조직된다. 변화의 계기로 볼 때, 각자가 핵심 애착 정서 속으로 들어가는 것은 매우 중요하다. 이는 위축자 재개입과 비난자 순화의 토대가 된다. 이러한 결합사건은 다음 장에서 자세히 다룬다.

EFT 과정에서 상대보다 뒤처져서 단계를 밟아 가고, EFT 과정에서 한 단계 뒤에서 애착 두려움에 접근하여 다른 방식으로 처리하고 있는 한 단계 빠른 상대 배우자를 관찰하는 배우자에게 무슨 일이 일어나고 있는가?

첫째, 이들은 달라지고 있는 배우자를 지켜본다. 물어보면 부부가 EFT의 소중한 변화요소인 상대에 대한 달라진 지각을 밝힌다. 배우자에 대한 지각방식은 확장되고 덜 경직되게 조직된다. 오래된 타인에 대한 지각방식은 인간의 뇌에서 생존에 적절한 것으로 기록되는 강력한 새로운 경험을 통하여 도전을 받는다. 한 번도 눈물을 흘리지 않던 배우자가 울음을 터트리고, 화내지 않던 배우자가 분노한다. 그리고 매우 침묵하던 배우자가 자신의 두려움을 나눈다. 이 모두는 배우자가 소중하지 않기보다는 매우 소중하며 그가 얼마나 강하게 영향을 주는지를 보여 주는 것이다. 이는 배우자에 대한 새로운 정보를 제공할 뿐 아니라 지난 수년간 이질적이고 갈등으로 인해 상실되었던 유대감과 공유된 인간애를 발전시켜 준다. 부부는 배우자의 정서 현실을 목격할 때 깊은 감동을 받고, 새로운 방식으로 움직이게 되었다고 말한다. 이것이 연민의 정 혹은 약간의 호기심을 유발한다. 우리는 공감할 수 있다(De Waal, 2009). 치료사는 사랑하는 사람의 취약성을 드러냄으로써 보호본능을 유발한다. 충동적으로 반응하게 만드는 사건은 당신이 그 자체를 가르치기보다는 이러한 충동에 대한 방해를 제거하고 그것이 전면에 올 수 있게 신호를 보내야 한다. 사랑의 관계에서 공감의 방해는 항상 관찰자의 집중 혹은 조율의 부족, 특히 관찰자가 자신의 위협이라는 정서의 조절에 완전히 사로잡혀 있기 때문이다. 이러한 관점을 가지고 탱고를 하는 EFT 치료사는 조율하게 하고, 또한 체계적으로 부부가 정서를 조절하게 도와서 사랑하는 사람을 '보고' 그로부터 마음을 움직이는 정신적 여유를 갖도록 한다.

둘째, 관찰자는 새로운 대화방식으로 상대와 교류하게 된다. 이와 같은 새로운 대화방식이 처음에는 편하게 느껴지지 않고, 그동안 부부가 보여 왔던 부정적이지만 예측 가능했던 고리보다 위험해 보이기도 한다. 이러한 새로운 대화방식은 정서에 영향을 줄 뿐만 아니라 관찰자의 내적 작동모델에 도전한다. 매우 구체적으로 2기 과정의 애착 두려움 탐색을 경험한 배우자는 이전보다 덜 위험해 보일 수 있다. 그래서 상대에 대한 강한 자기방어 욕구가 갑자기 줄어든다. 이전에는 소극적인 태도로 반응해 왔으나 이제 관계에서 자기주장을 하기 시작한다. 이것은 관찰자를 놀라게 하거나 위로할 수 있다. 특히 새로운 대화에는 친밀한 접촉의 가능성이 담겨 있고, 관찰하던 파트너는 이것에 반응하는 태도를 취한다. 그리고 여러 해 동안 이러한 접촉을 위해서 투쟁을 해 왔지만 때로는 처음에 자신의 양가적 반응을 발견하며, 때로는 오랫동안 갈망했던 친밀감, 즉 그들과의 관계를 강하게 만들어 줄 친밀감의 변화를 이끌 출구를 발견한다.

셋째, 관찰하던 배우자는 배우자가 관계에서 자신의 태도, 접근, 반응, 교감의 부족, 그리고 관계를 발전시킨 부분에 대해 책임지는 말을 듣게 된다. 이것은 상대에 대한 비난을 줄여 주고, 관찰자가 관계 발전에 끼친 부분에 대해 책임지는 것에 합류할 수 있게 도와준다.

임상가는 어느 파트너가 먼저 치료의 과정을 이끌고 있으며, 깊은 정서 탐색에 들어갔는지에 대해서 항상 묻는다. 치료사는 매 회기에 양 파트너를 다루어야 하지만 2기의 심화과정에 집중하기 위해서 한 파트너가 먼저 나아갈 수 있게 한다. 전통적 비난-위축 고리에서 치료사는 위축자와 먼저 탱고 움직임 2를 실시한다. 위축-위축 고리에서는 더 많이 위축된 파트너에게 먼저 실시한다. 이 단계의 치료에서 핵심이 되는 결합사건인 새로운 춤을 만들기 위해서 양 파트너가 모두 무도장에 있어야 한다. 또한 만일 추적자가 먼저 자신의 욕구 충족을 요구하면 위축자가 교감과 반응을 하지 못하며, 이로 인하여 치료사는 재발의 완벽한 상황을 만들어 주는 위험이 따른다.

하지만 이러한 순서문제를 강조하지는 않는다. 위축자의 반응성 증가와 비판자의 개방성 증가는 얽혀 있고 서로를 결정한다. 비판자의 적대감 감소는 상대의 접근을 부르고, 위축자의 거리감 감소는 상대의 욕구표현의 위험감수와 요청을 격려한다. 이러한 과정은 전체 치료에서 발생한다. 특히 불화가 심하거나 오래되지 않은 부부에게는 단계를 동시에 들어가기도 한다.

위축자가 자신의 방어를 풀고 나올 수 있게 힘든 작업을 한 이후에 상대 파트너가 위험을 감수한 것에 대한 반응을 거부하고 불신과 적개심을 보이며 물러날 때, 치료사는 탱고 움직임 4(만남 처리)를 실시하는 동안 공감적으로 연결해 주고, 자신이 좌절에 빠지지 않게 하는 것이 중요하다. 치료사는 총알받이 기법을 사용하지만 인내와 끈기를 요구한다. 특히 애착관계에 깊이 상처 입은 외상 생존자에게 파트너의 새로운 반응에 대한 열린 마음은 믿음의 도약이 된다. 치료사는 그들과 함께하며 경험을 추적하고, 그들의 고통을 인정하면서 지지해 준다. 이 지점에서 관찰자가 보이는 반응은 다음과 같다. "이것이 사실이야? 이렇게 느낀다고? 나는 왜 지금까지 이것을 한 번도 듣지 못했지? 그녀는 게임을 하고 있어. 내가 이것을 원하거나 믿을 수 있을지 모르겠어. 그가 슬프고 지금 나 또한 슬프지만 여기서 슬퍼해야 할 사람은 바로 나야. 이런 감정을 느껴도 괜찮은 거야? 나는 나를 보호해야만 할 것 같아. 그가 낯설지 않게 느껴지는 것은 좋지만 그가 정말 두려워하는 것은 믿을 수 없어. 그렇다면 왜 지금까지 나에게 그것을 보여 주지 않은 거야? 그가 마음을 열었다고 해서 내가 위험을 감수해야 하는 거야? 희망을 다시 가져도 되는 거야? 하지만 지금은 아니야?" 만일 관계가 아주 적대적이면 첫 반응은 다음과 같이 시작될 것이다. "나는 지금 이것을 믿을 수 없어." 혹은 "관심 있는 사람에게나 가서 말해."

사랑의 결합으로 가는 데 필수적인 취약성의 나눔은 양날의 검과 같다. 상처와 상실의 위험이 따르지 않는 사랑은 없고, 일부는 다른 사람보다 위험을 경계할 수밖에 없다는 점을 기억할 가치가 있다. 지금 접근과 반응이 가능한 파트너는 자신의 위험감수와 신뢰하고 싶지 않은 마음을 관찰자에게 직면하면서 친밀한 유대에 대한 의구심에 도전한다. 이때 어느 정도의 시험은 치료과정의 일부이며, 관찰자가 변화된 파트너에게 반응하기 전에 시험을 한다. 이런 시험은 반영되고 인정되며 고리의 맥락에 둔다. 치료사는 시험하고 싶은 욕구와 그 이면에 있는 불안을 반영한다. 결국 이것이 지속되면 치료사는 다음과 같이 직면하게 된다. "당신은 한 걸음 물러나 계속해서 시험했고, 남편이 당신을 얼마나 사랑하고 얼마나 변화되었는지 묻고 있네요. 당신이 그동안 상처받은 것을 감안하면 이것은 자연스러운 반응이에요. 그러나 사실 당신이 위험을 감수해야 할지, 당신이 자신의 의심을 드러내도 좋을지 확신을 주지 못하는군요. 남편은 실수도 하고, 또한 차차 배워 갈 것입니다. 그래서 당신이 결국 위험을 감수할 수 있는 분위기가 될 것이고, 남편이 다가오면 당신은 그를 받아들일 수 있을 거예요." 그런 다음 치료사는 부부가 지속적으로 교류하면서 새로운 상호작용 방식 때문에 유발된 불안을 견뎌 낼 수 있도록 격려한다.

비난자가 핵심 취약성(탱고 움직임 2)을 탐색하고 접근 가능해진 위축자에게 표현할 때, 심각한 애착손상이 자극되지 않은 한 위축자가 상대 취약성의 수용을 돕는 과정은 복잡하지 않다. 부부관계의 애착손상은 다음 장에서 설명할 것이다. 팀과 같이 이전에 거리를 두었지만 지금 접근이 가능한 파트너는 부드러운 정서를 표현한 부인에게 "나는 당신의 부드러운 부분을 보는 것이 좋아. 당신이 이것을 나와 나눌 수 있어서 좋았어. 나는 당신과 함께 있고 싶어. 지금 나는 그렇게 할 수 있을 것 같아."라고 말한다.

관찰자가 자신이 부정 고리를 강화시켜 왔던 관계가 변화하면서 갈등하고 있거나, 앞에서 언급한 방식으로 문제를 다루어서는 바람직한 효과를 기대하기 힘들다고 판단되면, 개인 회기가 필요하다. 이 주제는 이 책의 임상문제를 다루는 장에서 충분히 다룰 것이다. 종종 앞에서 언급한 과거 관계손상이라는 핵심 사건은 파트너의 위험감수와 관찰자의 새로운 행동을 신뢰하고 반응하려는 의지를 방해한다. 이는 제13장에서 다룬다.

애착 재구조화라고 불리는 2기 과정의 마지막 부분은 위축자와 비난자가 서로에게 다가가서 애착욕구를 밝히고 생물학적으로 바탕을 둔 내면의 갈망을 말하는 결합 순간을 만든다. 부부 모두 열린 마음과 취약성 접근에 대한 위험을 감수하고 안정된 결합의 안식처와 안전기지의 경험을 일으키는 태도로 반응할 때가 이 과정의 정점을 이룬다. 이때가 진정한 변화의 순간이다. 이는 EFT에서 '날 꼬옥 안아 줘요' 대화라 불린다. 이는 건설적인 의존, 즉 안정적인 균형을 이룬 자아감, 안정된 유대감과 서로에게 안전한 세계를 형성한다. 다음 장에서 이러한 변화사건에 대해 언급된다.

| 제9장 | 안전한 유대를 향한 접근 |

그야말로 사랑은 모든 것이다. 사랑은 진심으로 투쟁하고 용기 내고 모든 것을 걸 수 있으며……
만일 당신이 아무런 위험을 감수하지 않으면 더 큰 위험에 처할 것이다.

– 에리카 종(Erica Jong), 『날아다니는 것이 무서워(Fear of Flying)』(1973)

2기의 EFT 변화사건: 재개입과 순화

짐: (변화를 위한 재연을 시작하는 위축자) 당신이 나에게 기회를 주면 좋겠어.
나를 그렇게 몰아세우지 말고 당신을 사랑할 수 있도록 해 주었으면 좋겠
어. 당신을 더 많이 사랑하는 방법을 배우고 싶어. 나는 계속 숨어 버렸지
만 이제 더 이상 그러고 싶지 않아. 내가 무슨 말을 하는지 알겠어?

메리: 글쎄. 받아들이기 힘들어. 당신을 믿어야 할지 확신이 없어. 하지만 진심
으로 나를 사랑하는 방법을 배우고 싶은 거야?

제인: (변화를 위한 재연을 시작하는 비판자) 여기에서 당신이 나를 위해 내 곁에
있어 줄 거라 생각되지 않아. 그렇다고 내가 다가가서 당신을 만날 수 있
다는 생각도 없어. 지난 세월 동안 너무 많은 상처를 받았기 때문에 마음
한편에서 그것이 너무 위험하다고 말하고 있어. 게다가 내가 그것을 할 수
있다는 확신도 없어. 너무 두려워서 지금은 감히 그런 시도를 할 수가 없

어. 내가 다가갔는데 당신이 그곳에 없다면…….

폴: 내가 당신에게 상처를 주었어. 하지만 당신이 나를 받아 주었으면 좋겠어.

이 장에서는 자신의 욕구와 소망을 표현하고, 안전한 결합을 향해 정서 교류를 이끄는 EFT의 7단계에 대해 다룬다. 이 단계는 새로운 정서 경험과 표현을 사용하여 상호작용 태도를 바꾸고 상호작용을 재구조화하는 2기의 최종 단계다. 이 단계에서는 EFT의 성공과 연관된 핵심 변화사건이 나타난다. 7단계가 끝나면 위축자가 재개입하고 비난자가 순화되어 이들은 취약한 태도로 접촉과 위로를 서로에게 요구할 수 있다. 앞에서 언급했듯이, 일반적으로 비난자가 부드러운 방식으로 접촉을 향해서 다가가는 비난자 순화에 앞서 위축자 재개입을 먼저 시행한다. 더불어 비난자가 이 단계의 마지막에 도달하여 순화되면, 부부는 서로에게 접근과 반응이 가능해져서 새롭고 강한 결합사건이 일어난다. 이러한 사건은 부부 사이에 늘어난 정서 교감을 강조하고, 새로운 긍정적인 결합 고리를 만든다. 이러한 긍정 고리도 이전의 부정 고리와 마찬가지로 자기강화적이며, 부부의 안정애착을 강화한다. 우리 연구소의 연구에서는 불안애착형과 회피애착형 공히 EFT 중에 배우자와 안정적으로 변한다는 것이 밝혀졌다(Burgess-Moser et al., 2015). 변화의 양상은 회피형은 매 회기에 아주 서서히 애착 성향이 변한 반면, 불안형은 관계만족도가 향상되었지만 애착 성향은 2기의 주요한 결합사건이 발생하기 전에는 변화되지 않았다.

부부 만족도의 파괴가 긍정적 감정을 갉아먹는 부정적 갈등의 상호작용에서 시작되는지 혹은 애착욕구를 충족시켜 줄 반응적인 깊은 상호작용의 부재가 친밀감을 파괴하고 갈등과 거부감을 유발하는지는 의견이 분분하다(Roberts & Greenberg, 2002). 그러나 분명한 사실은 안정결합과 이로 인한 애정 어린 상호반응은 차이와 갈등을 쉽게 극복하게 한다는 것이다. 어떤 사건에서도 EFT에 관한 30년간 축적된 임상과 연구는 개방된 상호 반응과 정서 교감이 일어나면 부부는 새로운 수준의 안정된 신뢰를 경험하고, 서로에게 새로운 수준의 사랑과 보살핌을 제공하며, 이전의 상처에 해독제를 제공하고, EFT의 단계적 약화에서 만든 내용을 강화할 수 있다는 것을 보여 준다.

부부 모두에게 EFT의 성공을 예측하고 취약성을 나눌 힘을 높이는 정서경험 심화와 새로운 협력적 상호작용 사건은 자연스럽게 애착욕구와 그것의 충족을 위한 접근의 위험감수 능력에 대한 지각을 새롭게 한다. 자신 있게 다가가는 태도로 표현되는 욕구는 상대 배우자로 하여금 동일한 태도로 교류하고 말하는 사람에게 다가오게 만든다. 애착 두려움의 처리는 갈망에 대한 인식을 높여 주는데, 이는 마치 배고픔이 인식되어야 음식에 대한 명확한 갈망과 이를 표현하게 되는 것과 같다. 이러한 두려움이 분명히 느껴지고 드러나서 수용되고 구체적으로 분명하게 표현된 이후에 EFT 치료사는 상대 배우자가 두려움에 대해 어떻게 도와줄 수 있는지를 물어본다. 대답은 항상 수용, 위안, 친밀, 지지와 상대에게 소중하고, 필요한 존재가 되고, 존중받고 싶은 욕구를 표현하는 말이다.

그래서 예를 들면, "나는 당신에게 작고 하찮게 느껴지고, 당신이 이것을 알고 나를 떠날까 봐 두려워하면서 살았어. 그래서 나는 감각을 차단하고 당신 눈치를 보며 살았어."라는 탱고 움직임 2의 표현이 7단계의 탱고 움직임 2에서는 "나는 무감각해지는 것에 지쳤어. 나는 당신에게 특별한 사람이 되고 싶어. 나는 당신이 비난을 멈추고 떠나겠다는 위협을 멈춰 주기를 원해. 나는 이 관계에서 더 이상 작아지고 싶지 않아."라고 변화하게 된다. 이제 파트너는 효능감이 증가된 태도로 말하여 상대방의 정의에 반발하기보다는 자기 스스로 관계를 정의한다. 그는 자신의 정서경험에 깊이 교류하고, 거리를 두고 접근을 거부하는 태도보다는 다가가는 태도로 말한다. 그의 배우자가 그와 합류하게 될 때 새로운 결합사건이 발생할 뿐 아니라 관계는 안전기지로 재정의된다. 이러한 재정의는 강화와 통합의 3기 과정을 도와주며, 이때 새로운 유대는 협력적이고 구체적인 문제해결을 가능하게 하고 새로운 관계 이야기와 미래에 대한 융통적 상호작용 패턴의 강화를 불러온다.

두 부부가 자신의 고통과 내재된 갈망에 다가가면서, 치료사는 이를 인정하고 안전과 관계의 연결을 위해서 서로에게 원하는 것을 구성하게 도와주는 데 집중한다. 이후 치료사는 유대를 향해서 분명하게 나아갈 수 있게 욕구를 상대에게 표현(탱고 움직임 3)하도록 도와준다.

이런 식의 표현은 화자의 보다 동등하고 협력적인 새로운 상호작용 태도를 만든다. 이러한 요구는 단순히 협상이나 정보교환이 아닌 상대 배우자와의 새롭고 진실 어린 태도를 필요로 한다. 여기서 요청(ask)이라는 말이 중요하다. 요구는 상대를 다그치거나 비난하듯이 표현하지 않는다. 치료사가 자신의 요구를 수용해 주고, 특히 자신의 강한 성욕에 동의해서 부인을 설득해 줄 것을 바라며 상담을 시작한 데이비드는 15회기에 그녀에게 다음과 같이 말할 수 있게 되었다. "나는 당신을 결코 충족시킬 수 없을 것 같아서 늘 두려웠어. 두려워서 당신을 몰아세웠던 거야. 난 당신이 나를 원하는지 알고 싶어. 당신이 나를 만져 주고 내가 당신이 선택한 사람인 것을 알고 싶어. 당신의 친밀감이 필요해. 내가 당신에게 이것을 요청해도 되겠어?"

유대를 향한 접근은 이전의 위축자와 접근한 비난자 모두에게 다소 낯설게 보인다. 비난자가 자신의 무기를 내려놓고 버림에 대한 두려움에 맞서고 상대와의 신뢰를 향해 위험을 감수하는 반면, 위축자는 자격지심에 대해 다가간다. 이들은 거절에 대한 두려움을 균형 있고 적극적인 방식으로 처리한다. 이들은 부적절하고 인정받지 못하는 자기 개념과 위험하게 느껴지는 타인 개념은 인간의 부족한 한 부분이고, 보살핌을 받을 가치가 있는 자기 견해로 바뀐다. 그래서 존은 욕구가 충족될 수 있게 부인에게 다음과 같이 요구한다. "나는 멍청하지만 강해질 수 있어. 당신도 항상 강하지는 않잖아. 당신이 나보고 무능하다고 고함치면, 나는 두려움을 떨쳐 버릴 수 없고 내가 가진 장점을 발견하기 힘들어. 앞으로는 그런 식으로 나를 대하지 않았으면 좋겠어. 나를 좀 더 존중해 주길 원해. 무능한 새끼 돼지와 슈퍼우먼이 친해질 수는 없잖아." 두 배우자의 자기 개념이 명확한 애착 취약성과 욕구를 받아들일 수 있게 확대된다.

치료의 이 시점에서 탱고 움직임 3은 부부가 보살핌을 유발하고 배우자를 자신에게 다가오게 하는 환기적 태도로 현재 자신의 욕구를 구체적으로 요청하는 아주 특별한 특성이 있는데, 상대가 그것에 반응할 수 있는 가능성을 최대화한다. 분명한 애착 신호가 핵심이다(Kobak, Ruckdeschel, & Hazan, 1994). 여기서 시행되는 요구의 특성은 상대 배우자가 자신에게 소중하고 대체 불가함을 확인하는 특성이 있다. 애착 용어로 이는 매우 위안이 되고 강렬하다. 이때 상대 배우자는 "당신에게 내가 이렇게 소중한 사람이고, 이렇게까지 당신이 나를 필요로 할 줄 몰랐어."라고 말하게 된다. 사실상 요구는 듣는 파트너가 박탈감과 애착욕구를 드러내어 말하는 파트너에게 더 쉽게 반응할 수 있게 된다.

지표

치료사는 다음의 경우에 개입한다.

① 한 배우자가 2기의 정서 심화과정에서 드러난 정서경험을 반복하거나 확대하지만 경험에 내재된 욕구와 소망을 드러내지 않는다. 치료사의 과제는 경험에서 올라오는 욕구와 소망을 밝히고 상대 배우자에게 이를 표현하도록 격려한다.

② 한 배우자가 치료사에게는 자발적으로 자신의 욕구와 소망을 언급하기 시작하지만 상대 배우자에게 표현하지 못하며, 맥락이 부족하고 초점 잃은 대화로 나눔에서 벗어난다. 치료사의 과제는 상대 배우자와 나눔을 재지시하고, 초점을 맞추어 자신의 욕구를 나눌 수 있게 지지하는 것이다.

③ 이미 경험한 배우자의 새로운 행동에 대해서 상대 배우자가 열린 태도로

반응하거나 혹은 이러한 행동을 무시한다. 이 2가지 경우 치료사는 경험하는 배우자가 계속해서 정서 교류의 태도로 반응하고 자신의 욕구와 소망을 표현하게 돕는다. 치료사는 관찰하는 배우자가 상대 배우자의 변화와 상호작용에 반응하기 어려워하는 것을 반영하고 인정해 줄 필요가 있다(총알받이). 한편, 상대 배우자가 긍정적으로 반응한다면, 치료사는 반응을 인정하고 강조하며 지지한다.

　이 시기에 치료사는 종종 여러 회기를 통해서 발전된 견고한 치료동맹, 위험감수와 접근 행동을 유발하는 애착 갈망이 가진 타고난 힘, 우리를 보살핌과 동정심을 향해 움직이는 적절하게 표현된 취약성의 영향력이라는 3가지 요소에 의해서 만들어진 강한 순간에 주목하여 다루는 것이 중요하다. 새로운 드라마는 수만 년에 걸친 인간의 생존활동으로 조직되어 일어난 진화와 학습을 통해서 구성된다.

변화사건의 탱고-2기의 재개입과 순화

치료사: 폴, 당신은 얼마나 두렵고, 그의 '논리'가 얼마나 위협적인지, 그가 얼마나 말이 많은지, 그가 얼마나 일을 빨리 처리하는지, '혼자 남겨진 느낌'이 얼마나 강한지에 대해 잭에게 용기를 내서 나누었어요. 당신은 계속적으로 그렇게 할 순 없었어요. 그래서 멍해져서 환상 속으로 빠져들었어요. (폴이 움직임 2에서 접근한 핵심 정서를 몇 회기에 걸쳐서 요약하고 이 회기에서 폴이 사용한 정서 '핸들'을 반복한다.) 이것은 당신의 가족에게 소속감을 느끼지 못한 과거의 고통을 떠올리게 했어요. 당신은 고통이 가득 담긴 말을 사용했고, 당신 스스로 자신이 괴짜이고 주변인이고 이방인이라고 말했어요. (폴이 끄덕이며 눈물을 흘린다.) 그리고 이 관계 역시 그렇게 될까 두려웠어요. 폴에게 안전한 곳이 없었네요? (폴이 다시 끄덕인다.) 잭은 당신을 들을 수 있게 되었고, 내 생각에 당신은 들은 것 같아

요. 그래서 저는 알고 싶어요. 잭이 당신의 고통을 느낄 때 어떻게 당신을 도와줄 수 있나요?

폴: 모르겠어요. 음, 확실치 않아요. 저는 더 이상 혼자만의 환상의 세계로 빠져들고 싶지 않아요. 만일 내가 이것이 혼자 남겨지는 순간이고 속도를 줄여 달라고 말하면 잭이 그것을 들어줄 수 있는지 알고 싶어요.

치료사: 그에게 "나를 위해서 속도를 줄여 줄 수 있어?"라고 말해 보시겠어요?

폴: (잭을 향해서) 맞아. 나는 당신이 나를 혼자 버려 두지 않았으면 좋겠어. 당신이 그것을 들어줄 수 있는지 알고 싶어. 나는 내 머릿속에서 경보가 울려서 더 이상 당신을 떠나고 싶지 않아. 나는 당신하고 연결되고 싶어. (그가 치료사를 보고 웃는다.) 이렇게 말하는 것은 두려워. 나는 정말 이렇게 하지 않았어. (그는 주제에서 벗어나서 그의 가족이 그렇게 하는 것이 허용되지 않았다고 수다를 떤다.)

치료사: 지금 다시 돌아가 볼까요? 맞아요, 잭에게 이렇게 말하는 것이 두렵다고 했어요. 하지만 진심으로 말하는 것을 아주 잘했어요. 저에게 당신이 원하는 관계에 대해서 말했어요. 이것은 새롭네요, 맞나요? (폴이 웃으며 끄덕인다.) 그래서 그에게 이 관계에서 당신이 안전하다고 느끼고 이방인처럼 느껴지지 않으려면 그가 무엇을 도와주면 되는지 말해 줄 수 있나요?

폴: (잠시 침묵한 후에 조용히 잭에게 말한다.) 나는 당신이 나처럼 느리고, 당신처럼 뛰어나지 않은 나를 원하고 내가 필요하다는 말을 듣고 싶어. 나는 당신에게 괴짜가 아니라는 말도 듣고 싶어. 당신에게 내가 소중하다고 위안을 해 주길 바라. 나는 천천히 함께 갈 가치가 있다는 말도 듣고 싶어. 그리고 우리가 친밀해지면 좋겠어. 나는 바로 이런 것을 원해. (잭이 그의 양손을 잡는다. 폴이 운다.)

치료 말기에 치료사는 잭의 애착욕구가 충족될 수 있게 취약성에 접근하는 순화된 태도로 동일한 과정을 밟았다.

치료사: 잭, 그가 당신에게서 '사라졌을 때' 며칠간 '상실감'에 빠져 지낸 것에 대해서 감동적으로 폴과 나누었어요. 당신은 분노와 조바심의 이면에 있었던 것을 그에게 보여 주었어요. 그가 갑자기 사라져서 그가 없을 때 느낀 '상실'에 대해서 말했어요. 지금 그것을 느낄 수 있나요?

잭: 네. 제 복부에서 느껴요. 아픈 느낌이에요. 아주 심한 불안 같아요. 아주 어리석다고 느껴요.

치료사: 전혀 그렇지 않아요. 모든 사람은 사랑하는 사람을 잃으면 불안해져요. 그리고 지금 자신에게 "언제나 아무도 나와 함께 있지 않을 거야. 항상. 당신이 할 수 있는 것은 아무것도 없어."라고 말하는 순간이네요?

잭: 재미있네요. 그것에 대해서 말하는 것은 좋아요. 우리는 그것에 대해서 말을 했고 정확하게 밝히면서 진정이 되었어요. '내가 미치지 않았구나.' 하는 느낌이었어요. 그리고 우리 관계가 한결 좋아졌어요…….

치료사: 지금 바로 경험했듯이, 불안과 같은 감정이 올라올 때 폴에게 원하는 것이 무엇인가요?

잭: (폴을 향해서) 나는 당신에게 전화해서 지금 머릿속에 시끄러운 음악이 들리는 것처럼 불안하다고 말할 수 있으면 좋겠어. 내가 상처를 받는 것이 당신에게 중요한지, 나에게 다가와서 안아 주면서 위로해 줄 수 있는지 알고 싶어. 그렇게 할 수 있어? 나를 위해서 그럴 수 있어?

폴: 그래, 나는 그럴 수 있어. 그렇게 하고 싶어. 우린 서로 안전하게 느낄 수 있게 도와줄 수 있어. 그렇게 될 거야……. 함께 잘할 수 있어. 나는 당신이 안전하다고 느끼게 해 주고 싶어. 우린 그렇게 할 수 있어. (일어나서 서로 안아 준다.)

이러한 식의 순화사건의 사례는 www.iceeft.com의 최근 2가지 훈련 DVD에서 찾을 수 있다. 이 영상은 〈안전한 유대 형성과 접근과 반응의 위험 감수하기(Shaping Secure Connection and Risking Reaching and Responding)〉다.

개입

내담자가 위험을 감수하여 애착욕구를 말하고 점점 편안해지면 부부는 자발성이 높아지며, 치료사는 과정을 그들에게 넘겨 주면서 물러나지만 필요에 따라서 격려하고 재지시하기 시작한다. 치료사의 주요 과제는 상호작용을 추적하고, 강조하고, 재구성하며, 특히 새로운 정서경험에 기초한 새로운 상호작용을 하도록 지시하면서 이를 재구조화하는 것이다. 새로운 상호작용은 새로운 결합사건이 된다. 하지만 다음과 같은 방해가 나타나거나 부부가 과정 전개를 못할 때는 환기적 반응과 공감적 추측과 같은 정신내적인 개입을 사용한다. 예를 들어, 한 배우자가 상대 배우자에게 자신의 욕구에 대한 반응을 요청하기 어려워하면 치료사는 이러한 어려움을 탐색할 수 있게 도와준다.

♥ 환기적 반응: 반영과 질문

치료사는 내담자가 자신의 욕구와 소망을 명확하게 밝히도록 돕거나 배우자에게 표현하기 힘든 이유를 밝히기 위해서 내담자가 드러낸 경험에 초점을 맞춘다.

예

① **치료사**: (재개입하는 위축자에게) 제가 남편의 말을 정확하게 이해했다면 아마(요약한다) 가뜩이나 불안한데 부인이 떠날 것 같은 두려움과 냉정

하게 떠나겠다는 부인의 위협이 당신을 무시무시한 고통 속으로 끌고 갔네요. 그래서 당신은 이러한 현실을 묵인할 수도, 그렇다고 관계에 깊이 개입할 수도 없었어요. 맞나요?

팀: 그래요, 그래서 제가 차단해 버렸지만 그것을 원한 것은 아니었어요. (컵을 다른 손으로 옮기고, 양손을 앞으로 모은다.)

치료사: 당신이 원한 것은 무엇인가요? (팀은 조용히 자신의 손만 쳐다본다.) 당신은 작은 둥지처럼, 작은 바구니처럼 손을 모으고 있네요. 그게 어떤 의미인가요?

팀: 아내를 이렇게 붙잡아 둘 수 없었어요. 아내가 자기 부모에게 돌아가려고 하는 말을 하고 싶었어요.

치료사: 그렇군요. 그렇다면 당신은 무엇을 원하나요?

팀: 아내를 붙잡고 싶어요.

치료사: 안전하게 해 주고 싶은 거군요?

팀: 맞아요. 아내가 친정집으로 가지 않도록 우리의 둥지에 머무르게 하고 싶어요.

치료사: 부인이 당신에게 의지하기를 원하는군요. (그가 끄덕인다.) 부인에게 그것을 말해 보시겠습니까?

② 치료사: 남편에게 이것을 말하기 어렵네요.

제인: 할 수 없을 것 같아요. 그래 봤자 소용이 없어요. 남편이 들으려 하지 않을 거예요. (눈물을 흘린다.)

치료사: 제인! 지금 그 말을 할 때 기분이 어땠나요?

제인: 무슨 일이 일어날지 알아요. 남편이 흥분하거나 변명을 늘어놓겠지요.

치료사: 그래서 지금 위험을 감수하고 싶지 않네요.

♥ 공감적 추측

때로는 관계를 안정시키고 박탈감을 낮추기 위해서 내담자가 밀쳐 두었던 욕망을 상징화하도록 도와주는 것이 필요하다.

예

매리언: 우리의 관계는 너무 힘들어요. 내 모든 희망이 깊이 묻혀 버린 느낌이에요.

치료사: 다시 희망에 대한 확신을 갖지 못하고 있군요?

매리언: 맞아요. 가끔은 친구들처럼 그럭저럭 사는 것도 좋다고 봐요.

치료사: 처음 해리를 만났을 때 가졌던 모든 욕망과 꿈이 꽁꽁 묶여 버린 느낌이네요.

매리언: 맞아요. (울다가 멈추고 머리를 들어 올려서 뒤로 넘긴다. 얼굴에 긴장이 감돈다.)

치료사: 제가 이해할 수 있게 도와주시겠어요? 지금 아마도 "다시는 바라지 않을 거야. 꿈도 꾸지 않고 실망도 하지 않을 거야."라고 말하는 것 같군요.

매리언: 정확해요. (그녀가 다시 운다.)

치료사: 하지만 지금의 눈물은…… 매리언! 무엇 때문에 눈물이 나나요? 당신이 그렇게 간절히 원했고, 포기해야만 했던 것은 무엇이었나요?

매리언: (눈물을 왈칵 쏟으면서) 나는 잠시만이라도 남편과 함께 있고 싶고 그이에게 소중한 존재이길 원했어요. (조용히 운다.)

치료사: 아마도 당신의 마음 한편에서는 지금도 여전히 그것을 원하고 있지요? 맞나요? (그녀가 동의한다.)

♥ 고리를 추적하고 반영하기

이 단계에서 고리의 추적과 반영은 일반적으로 부부의 부정 고리에 국한되지 않는다. 이는 부정 고리의 변화와 새로운 긍정 고리에 관여한다. 구체적으로 말하면, 내적 · 외적 실제가 서로를 반영하고 영향을 미치며 일어나는 연쇄과정을 추적하고 반영한다. 예를 들어, 앞의 치료 사례에서 치료사는 부인이 욕구를 표현하였지만 염려가 되어 마지막에 자신의 말을 번복하여 상황이 모호해져서 반응을 보이기 힘들어진 과정을 반영한다. 안전한 역할을 하던 남편 역시 최소한의 반응을 하게 되었다. 이러한 상호작용을 반영할 때, 치료사는 부인의 두려움이 욕구 표현에 영향을 주는 과정을 탐색한다. 이러한 표현은 결국 남편의 반응에 영향을 미친다. 치료사는 그것의 특정 부분에 집중하고 탐색하는 과정을 재연할 수 있다.

치료사는 여기서 발생한 새로운 상호작용을 추적하고 요약한다. 이미 경험을 했던 배우자의 위험감수와 상호작용의 내면에 있는 애착 가능성을 강조한다.

예

치료사: 테리! 당신이 그 당시에 했던 것은 정말 놀라워요. 준에게 "내가 춤을 출 때 어떤 식으로 스텝을 밟으라고 강요하지 마. 우리는 함께 춤출 수 있어. 당신과 탱고를 추고 싶다고. 나를 조금만 믿어 주면, 나는 춤추는 방법을 알게 될 거야."라고 말하려면 상당한 용기가 필요했을 거예요. 그리고 준! 당신은 "그래요, 아마 당신은 그렇게 할 수 있을 거야."라고 말하며 웃었어요. 이것은 테리가 만들 관계를 신뢰할지 고민했던 초기 몇 번의 회기와는 확연히 다르네요. (휴식)

준: 　견딜 수 없었어요. (치료사가 끄덕인다.) 지금은 남편이 나와 춤추기를 원한다고 생각해요.

치료사: 아하, 그래서 모든 것이 변화될 수 있었군요. 두 사람은 서로와 함께할 수 있는 새로운 방식을 찾고 있었어요. 함께 관계를 만들어 갈 새로운 길을 원했네요. 맞나요?

♥ 재구성

자신의 욕구 표현이 힘든 부부의 경험을 부정 고리, 기대, 그리고 고리로 인해 생긴 취약성의 맥락에 둔다.

예

치료사: 그레이엄은 오랫동안 본인에게 중요하지 않은 느낌 때문에 이런 요구를 하려면 죽을 각오를 해야 할 정도의 위험을 감수해야 했네요. (그녀가 끄덕인다.) 아마도 무척 두려웠을 거예요. (그녀가 끄덕인다.) 남편은 아마도……?

엘리사: 남편은 아마도 제 요구가 부적절하다는 온갖 이유를 들이댔을 겁니다. 그런 다음 그는 돌아섰을 테고, 전 혼자 남겨진 기분이 들고 점점 더 작아지는 느낌이 들었겠지요. 이것은 위험해요.

치료사: 당신은 상처와 두려움으로 인하여 원하는 것을 요청할 수 없었고, 남편의 반응을 기대하기 힘들었네요. 맞나요? (그녀가 동의한다.)

♥ 상호작용의 재구조화

이 단계(탱고 움직임 3)에서 가장 흔하고 유일한 개입은 요청을 연출하는 것(choreographing of a request)과 긍정반응을 강조하는 것(heightening of a positive response)이다. 현재 상호작용 춤에서 보이는 비언어적 움직임을 간파하여 특정 행동을 연출하려면 치료사의 사려 깊고 끈질긴 집중과 지시적 태도가 필요하다.

예

치료사: 그러면 당신은 부인에게 "당신의 세계에서 빠져나와서 나와 친해졌으면 좋겠어."라고 요청할 수 있겠습니까?

마틴:　(치료사에게) 그래요. 그렇게 하고 싶어요. 결국 그래야 모든 것이 좋아
　　　 질 것 같아요. 아내의 가족과의 문제도 분명히…….

치료사:　마틴, 잠깐 다시 제가 끼어들어도 될까요? 부인을 쳐다보시고 그녀의 세
　　　 계에서 나와서 당신이 들어갈 수 있게 해 달라는 말을 해 보시겠어요?

마틴:　(부인을 향하며 바라본다.) 맞아, 당신에게 내가 들어갈 수 있도록 허락해
　　　 주면 좋겠고 나도 다른 곳으로 피하고 싶지 않아. 당신한테 가까이 다가
　　　 가고 싶어. 당신이 부드럽게 대해 주면 좋겠고, 나도 그렇게 하고 싶어.

치료사:　마틴, 지금 그렇게 이야기하니까 기분이 어떤가요?

마틴:　기분이 아주 좋아요. 이것을 말할 정도로 성숙해진 것 같아요. (치료사가
　　　 동의하고 웃음을 보인다.)

치료사:　수잔! 지금 남편의 말을 들은 기분이 어떤가요?

수잔:　약간 두렵기는 하지만 좋아요. (남편에게) 위험을 감수하면서 그렇게 말
　　　 해 주니까 정말 좋아. 뭔가 다른 느낌이야. 우리가 처음 만났을 때와 같
　　　 은 느낌이라고 할까.

　치료사는 이후 상호작용과 부부의 안정결합 형성의 가능성을 강조했다.

　변화사건의 구조화는 2기의 결정적인 부분이기 때문에 이 장에서 부부과정과
종결상태를 언급하기 전에 변화사건에 대해 말하려고 한다.

변화사건

　위축자가 자신의 핵심 두려움과 욕구를 충분히 경험하고 적절하게 표현하는
재연과정을 위축자 재개입(withdrawer re-engagement)이라 부른다. 이전에 위축자
는 접근 가능하고, 반응적·공감적으로 변하여 보다 활발한 배우자에게 비교적
소극적인 반응 태도에서 벗어나 관계에 대해 원하는 것을 말하고 취약한 태도로

배우자에게 접근한다. 비난자가 동일한 과정을 밟는 재연과정을 순화(softening)라고 부른다. 비난자는 접근 가능해진 위축자의 동정과 보살핌을 불러올 수 있는 태도로 부드럽고 약한 정서, 두려움, 슬픔, 수치심을 인정하고 표현한다. 비난자는 자신의 애착 갈망을 밝히고 배우자에게 다가갈 수 있다. 이때 부부 모두 애착문제에 조율하고 반응하며 직접적으로 소통하게 되며, 순화사건은 상호 교정적 결합경험이 된다. 관계는 안식처(safe haven)와 안전기지(secure base)가 되고, 앞에서 언급했듯이 결합경험은 부부 모두에게 불안정한 내적 작동모델을 변경시켜 줄 중요한 동력이 된다. 정신 내면과 대인관계, 자기, 체계는 새롭게 통합된다. 이러한 사건의 실존적 의미는 아무리 강조해도 지나치지 않다. 많은 부부에게 이는 처음으로 타인에게 자신을 드러내거나 자신의 욕구를 스스로에게 인정하는 시간이 된다. 그들이 자신의 박탈감을 직면하고 적극적으로 바라보며, 우울, 불안, 외상 후유증과 같은 정신건강 문제 역시 처리된다. 치유를 위한 가장 자연스러운 장소는 안전한 사랑을 하는 사람의 품속이다.

전형적 변화사건을 통한 부부의 발전은 과정 전개의 명확한 이해를 돕기 위해 여기에서 언급하고자 한다.

♥ 위축자 재개입

위축자 재개입은 개인이 상대와 만든 부정적 춤 이면의 1기에서 밝혀진 정서를 수용하고 심화하면서 시작된다. 여기서는 거절의 두려움과 개인의 부적절감이 가장 많이 드러나고 핵심을 이룬다.

2기 초기에 치료사가 탱고 움직임 2(정서 조합과 심화)를 시작하면서 위축자는 "아내는 분명히 나를 바보 같고 부적절하다고 보고 있어."라는 식의 강하고 무시무시한 파국적 예상(catastrophic expectation)을 하며 접촉에 대한 두려움을 깊이 경험한다. (주로 교류가 적은 배우자는 남자이지만 항상 그런 것은 아니다.)

이후 그는 치료사와 함께 보다 세분되고(granular) 구체적으로 두려움을 처리한다. 이후 치료사는 핵심 정서를 정제하도록 돕고 이를 파트너와 나누도록 지시한다. 남편은 언어적·비언어적 메시지를 일치시키면서 분명하고 자신 있게 나눈다. 그는 "나는 당신이 날 볼 수 없게끔 했어. 가끔 당신이 나를 싫어한다고 느꼈어."라고 말한다.

그런 다음 남편은 구체적인 상처에 다가가서 부인에게 직접 말한다. "나는 멋지고 훌륭했던 당신의 첫사랑과는 다르고 그렇게 될 수도 없어. 나는 그냥 나야. 당신의 그런 사랑이 될 수 없어. 내 마음은 텅 빈 것 같아."

그의 파트너는 그가 1기에서 내면 정서의 일부분을 드러냈어도 처음에는 믿지 못한다는 반응을 한다. 하지만 치료사가 이를 인정해 주었을 때, 그녀는 파트너의 메시지에 대해서 "내가 이 말을 믿기 바라는 거야? …… 이전에 나에게 이런 말을 한 번도 한 적이 없었잖아. 전혀 몰랐어. 슬픈 일이야. 내가 당신에게 상처를 주고 있다는 것을 정말 몰랐어……."라며 고민하기 시작한다. 그녀는 부정적 반응방식에 점점 덜 들어가기 시작했다.

남편은 치료사의 지지를 받으면서 교감하며 자신의 반응과 부인과의 대화에 집중했다. 그의 정서경험이 행동에 영향을 주기 시작했고, 자신의 상황과 소망을 분명히 말했다. 그리고 남편은 자신의 정서를 인식하여 이러한 요소를 다음과 같이 표현하기 시작했다. "더 이상 내가 당신의 사랑을 받을 가치가 있는지 입증하려고 하지 않겠어. 다시는 당신의 비판 때문에 괴로워하고, 두려움 때문에 당신에게 다가가고 가까워질 수도 없는 사실 때문에 갈등하면서 시간을 낭비하지 않을 거야. 차라리 혼자 잠자리에 들고, 혼자라는 사실을 받아들일 거야."

치료사는 파트너가 이 말에 경청하도록 격려하고, 그녀의 불안을 처리할 수 있게 도와준다. 이후 치료사는 남편이 자신의 욕구와 소망을 부인에게 말할 수 있도록 격려한다. 이는 남편이 관계에서 자신이 할 수 있는 것과 없는 것, 하고 싶은 것과 하기 싫은 것을 포함한다. 이제 남편은 적극적으로 관계와 자기 자신,

역할과 소망을 적극적으로 정의한다. 남편은 "당신이 함께하고 싶어지는 사람이 되고 싶어. 이제 더 이상 숨고 싶지 않아. 당신에게 가까이 다가가는 방법을 알고 싶어."라고 말한다.

남편은 무기력감에서 벗어나 생기가 넘치며, 정서를 숨기기보다 교감하며, 회피하기보다 상호작용을 드러내고, 유대를 피하기보다는 찾는다.

이러한 과정 전개방식을 분명하게 보여 주기 위해서 이 절차를 단순화시켰다. 물론 이 외에도 부부가 멈추거나 '갇히는' 곳으로 이끄는 다양한 출구와 방해물 및 요소가 있다. 변화사건을 계기로, 이러한 경험은 자아상과 관계 속으로 통합된다. 파트너는 회기 중에 자신을 보다 긍정적으로 표현하거나 파트너와 이전과는 다른 방식으로 상호작용할 수 있다. 이들은 3기 강화로 들어간다. 과정 진행 속도는 사람마다 다르다. 특히 애착대상으로부터 심한 상처를 받아 인간 유대에 손상이 있으면 시간이 많이 소요되고 아주 서서히 단계를 밟아 간다(Johnson, 2002; Greenman & Johnson, 2012). 치료사는 각 사람의 스타일과 과거 역사에 따라 진행 속도를 조절한다.

♥ 순화

순화(softening)는 1기에서 만든 정서 심화를 지속하면서 시작된다. 위축자는 접근이 쉬워졌고 유대를 위한 접근이 가능해졌지만, 치료사는 상대의 반응을 이끄는 태도로 심화시키고 취약성과 욕구를 공유할 수 있게 비난자에게 강하게 초점을 맞춘다.

부부는 상대의 단점보다 자신에게 초점을 맞추기 시작하고, 배우자와의 관계에서 행동을 조직하는 애착과 연관된 강한 두려움과 경험에 접근한다. 이러한 두려움과 경험은 회기 중에 강하게 경험되고 재처리되며, 현재의 상호작용의 타당성은 "나는 이제 다시는 아무도 의지하지 않을 거야. 남자들은 항상 널 배반하고 말 거야. 넌 그렇게 약해져서는 안 돼. 그랬다가는 무너질지 몰라. 그러니까 우선 거부하고 부드러운 면을 억제해야 해!"라는 식으로 강조된다.

과정을 시작하는 부인이 남편에게 이것을 말하면, 그는 이전보다 훨씬 많이 반응할 수 있다. 이는 그녀의 내면 경험을 지속적으로 처리해 주고, 치료사가 현재 그녀가 그와의 교류를 꺼렸던 이유에 초점을 맞출 수 있게 한다. 예를 들면, 부인이 타인과 연결되고 싶은 갈망과 그것에 대한 위험을 깨달으면서 심한 슬픔에 빠질 수 있다. 이 관계와 다른 관계에서 겪는 특별한 경험과 상처, 그리고 중요한 사건은 다음과 같이 다가가서 재처리된다. "남편이 가까이 다가올 수 없도록 내 주변에 철조망을 쳐 두었어요. 나는 남편이 다른 여자 앞에서 웃고 있는 장면을 보았어요. 그래서 남편에게서 등을 돌리게 되었고, 점점 더 냉담하게 대했어요." 치료사는 이후 부인이 "나는 당신을 다가오지 못하게 했어."라고 자신의 경험을 남편과 직접 나누게 함으로써 남편이 관심을 보이게 돕는다.

연결과 단절의 경험에 대한 교감을 확대하고 강화해 나가면, 이 배우자의 자기와 타인에 대한 정의가 명확해진다. 치료사는 "남편이 이런 식으로 저지할 때마다 저는 공포를 느끼게 되었어요. 참을 수 없었어요. 부드러운 장갑이 내 목으로 들어와 숨통을 조이는 것 같았어요. 나는 발가벗겨진 것 같고 무력감을 느꼈어요. 그런 느낌에서 빠져나오기 위해서 나는 무엇이든 했어요."라는 식으로 가급적이면 부인이 이러한 정의를 탐색하고 정서 교류를 하게 도와준다. 치료사는 부인이 남편에게 자신의 공포에 대해서 말하거나 "다시는 나한테 이러지 않았으면 좋겠어."라고 말하도록 요청한다.

이제 부인의 욕구와 소망은 전면으로 드러나고, 치료사는 이것을 부인이 조직하여 파트너와 "당신이 나를 안아 주고, 내가 안전하게 느끼도록 도와주었으면 좋겠어. 어두움에서 빠져나올 수 있도록 당신이 나를 도와주면 좋겠어."라고 나누도록 도와준다.

부인이 부드럽고 이전보다 약한 태도로 배우자에게 자신의 애착욕구를 알려 주면, 이들 사이에 강하고 진정 어린 정서접촉이 일어난다. 이때 치료사는 접근과 신뢰를 시작할 수 있는 새로운 춤을 추게 함으로써 조심스럽게 서로에게 다가가도록 돕는다.

이러한 행동은 회기 밖에서도 유지되고, 관계로 통합되어 가는 속도는 부부마다 다르다. 마지막 두 단계에서 이러한 과제를 달성해 간다.

마지막으로, 애착욕구의 충족을 요청하기 위해서 접근과 위험감수를 지시하기 전에 인내심을 갖고 비난자의 접근에 대한 두려움에 초점을 맞추고 이를 인정하는 것은 중요하다. 특히 치료사가 RISSSC(반복하여, 이미지로, 부드럽게, 천천히, 단순하게, 내담자 언어로)를 여기서 적용하고, 배우자에 대한 접근의 두려움을 인정해 주는 치료사가 두려움의 조절을 위해 "그래서 당신은 도저히 ……할 수 없었군요."라는 식으로 말하는 애착 씨뿌리기(seeding attachment)가 있다. 이러한 개입은 애착욕구와 두려움을 명확하게 밝히고 구체화시켜 준다.

초기 연구(Bradley & Furrow, 2004)는 순화과정에서 6가지 중요한 변화를 발견했다.

- 비난자의 위험과 접근에 초점
- 접근에 대한 두려움 다루기
- 실제 비난자 접근과 애착욕구 언급을 지지
- 순화된 비난자의 지지와 인정
- 현재 개입한 위축자와 사건을 처리
- 위축자가 순화된 비난자에게 다가가서 반응하도록 지지

이 연구에서는 치료사는 가급적 내담자의 접근에 대한 두려움에 초점을 맞춰야 한다고 밝혔다. 이러한 두려움은 타인의 반응방식에 대한 두려움("남편이 지금 돌아서서 도망을 갈 거야.")과 자기 자신에게 느끼는 두려움("남편은 나를 특별하게

보지 않을 거야. 나를 골치 덩어리로 볼 거야.")이다.

　2기 후반부의 결합사건이 갖는 힘은 아무리 강조해도 지나치지 않다. 물론 치료사가 이 과정을 통해 항상 부부를 도와줄 수는 없고, 접근과 반응은 연속적으로 일어난다. 결국 이 사건은 EFT의 안정 변화를 예측케 한다. 이들은 부모와의 안정애착을 공급하는 상호작용 패턴과 유사하다. 이는 적응적 정서조절, 인지 개방과 융통성, 긍정적 자아감, 타인에 대한 반응성과 같이 안정형의 아동에서 발견되는 강점을 지지해 주는 수 세기에 걸친 발달의 연구에서 밝혀졌다. 성인 사랑의 관계는 안정형으로 성장하기 위한 다시 한번의 기회를 제공한다.

제10장   안전기지 강화: 3기

"이제 아내에게 쉽게 다가갈 수 있고, 그녀가 침대에서 내 손을 잡아 줘요."

"여전히 우리는 가끔씩 싸우지만 이제 아내는 이방인도, 적군도 아니에요."

"내가 불안할 때 말할 수도 있고, 이는 모든 것을 변화시켰어요."

이 장에서는 EFT의 마지막 단계를 다루는데, 8단계는 과거의 사건과 문제에 새로운 해결책을 만들고, 9단계는 부부가 서로에게 취하는 새로운 태도를 강화하고 미래에 대한 새로운 관계 이야기와 시각을 만든다. 이제 관계는 세상을 탐색하고 주어진 문제를 다룰 수 있는 안전기지가 되고, 은신처와 보호막을 제공하는 안식처가 된다.

3기의 시작

지금까지 회기를 통해서 일어난 변화사건은 부부가 문제를 해결하고 일상에서 서로 동반자로서 협력하는 능력에 직접적인 영향을 미친다.

어떻게 이러한 영향이 일어나는가?

첫째, 실제 있었던 고민들은 더 이상 정서적 갈등 영역이 아니다. 이러한 사건은 애착불안, 기싸움, 자기 및 관계의 정의와 관련된 투쟁을 일으키지 않을 때 훨씬 단순해진다. 예를 들어, 이제 가정 경제 문제는 한 사람이 비난과 비판을 가하고 상대방은 포기하는 심정으로 대화를 거절하던 식의 부정적 상호작용 고리를 촉발시키지 않는다. 이는 주목해야 할 일상문제 중의 하나일 뿐이지 더 이상 적과의 협상이 필요한 문제가 아니다.

둘째, 발전하기 시작한 안정과 신뢰의 기류는 사건의 탐색 능력뿐 아니라 대화과정에 참여할 수 있는 능력을 높여 준다.

셋째, 부부는 자신의 부정 정서를 다루고, 개인 취약성을 보호하기 위하여 시간과 에너지를 낭비하지 않게 된다. 부부는 효과적으로 문제해결 기술을 사용한다.

넷째가 가장 중요한데, 관계 맥락이 변함으로써 부부가 직면한 관계의 특성과 의미가 변한다. 즉, 장시간 근무가 더 이상 직장에서 남편의 외도를 의미하기보다는 과한 업무에 시달린다는 의미로 다가온다. 부부는 관계문제를 이전과 다르게 정의하고, 이에 고립된 개인 혼자가 아니라 공동으로 맞선다.

EFT에 대한 초기 연구는 부가적인 의사소통과 문제해결 기술 훈련교육이 EFT의 치료 효과를 향상시키지 않음을 밝히고 있다(James, 1991). 사실 치료과정에서 이런 교육을 부부가 전혀 받지 않았음에도 불구하고 EFT 이후에 문제를 더 훌륭하게 해결할 수 있었다. 이러한 문제해결 기술의 부족이 부부불화의 원인과 유지에 결정적이지 않다는 EFT 모델의 맥락에서 보면, 앞의 사실은 전혀 놀랄 만한 것이 아니다. 하지만 여느 다른 치료와 마찬가지로 EFT에서는 직접적으로는 가르치지 않지만 부부는 새로운 행동을 배우게 된다. EFT에서는 상대 파트너가 지켜보는 가운데 단순히 과정에 참여하는 것만으로도 각 배우자에게 말하고 접근하는 새로운 방식이 제공된다. 또한 부부가 안전감을 느끼고 그들의 경험이 인정받을 때, 치료과정은 부부가 무엇을 할 수 있고, 어떤 사람이 될 수 있는지를 극적이고 생생하게 보여 준다. 치료사는 각 파트너에게 애착불안이라는 용어로 반응하며, 이러한 관점이 상대 파트너에게 참고가 된다.

　위축자가 재개입하고 주도적으로 관계를 재정의하기 시작하면, 다양한 문제처리가 효과적으로 이루어지기 시작한다. 예를 들면, 남편은 지저분한 지하실이 더 이상 문제되지 않는다고 말한다. 왜냐하면 그는 자신이 기꺼이 하지 않았던 청소를 하게 되었고, 이것이 아내가 좌절한 이유임을 이해한 이후 그가 주도적으로 관리인을 고용했기 때문이다. 하지만 부부 모두가 교정적 결합사건을 거치지 않으면 크고 중요한 사건들은 해결되지 않는다. 만성질환을 앓는 자녀의 간호문제, 새로운 도시 혹은 국가로의 잦은 파견과 같은 힘든 것이 요구되는 직업상의 문제와 같은 것들은 절대 풀 수 없는 현실적 딜레마이나 효과적으로 다룰 수 있게 된다.

지표: 강화의 시작

치료사는 다음의 경우에 개입한다.

① 재개입 과정 후반부에 파트너는 관계문제에 대해 자신의 역할이나 관점을 인정하기 시작한다. 이제 이러한 관점은 사전 조치를 일으키고, 문제해결의 새로운 가능성을 열어 준다. 예를 들면, 남편은 경제에 대한 부인의 관심을 이해하여 처리하기 시작하면서 매달 가족 통장에 일정액을 저축한다고 말했다. 이후 남편은 점차 부인의 눈치를 보지 않고 자기 스스로 일을 진행해 갔다. 치료사의 과제는 재개입한 파트너의 자발성을 지지하며, 상대 파트너가 이러한 행동에 마음을 열고 반응하도록 도와준다. 치료사는 문제해결 과정이 관계와 부부 상호작용 패턴에 미치는 영향을 부부가 명확하게 깨달을 수 있도록 도와준다.

② 비난자가 순화과정을 끝냈을 때, 부부는 (자녀를 갖는 것과 같은) 과거 거리

감의 원인이 되었던 오래되고 곤란했던 문제와 결정에 대해서 상의하기 시작한다. 이러한 사건은 관계의 갈등과 거리로 인하여 해결되지 못했을 뿐 아니라 어떤 사건들은 관계를 정의되는 방식과 연관되어 있기 때문에 해결하기 어려웠다. 예를 들면, 여러 해 동안 언쟁의 도화선이 되어 왔던 별장 구입 비용에 얼마를 투자할 것인가라는 문제는 치료를 마칠 때에는 아주 사소해진다. 이제 별장이 아내에게 결혼생활에서 벗어날 수 있는 중요한 은신처나 남편이 피신하기 위한 상징적 공간이 아니기 때문이다. 자녀를 갖는 중요한 결정이 애착의 의미로 다가온다. 예를 들면, 남편을 의지하는 것에 대한 두려움과 아프고, 취약하고, 남편이 자신의 욕구에 반응하지 않았던 과거의 사건이 해결되면, 부인은 저항적 태도를 버리고 자신도 아이를 갖고 싶다고 털어놓게 된다. 치료사의 과제는 부부가 자신들의 해결책을 찾는 논의와 탐색을 할 수 있게 돕는 것이다. 치료사의 초점은 이런 사건에 대한 대화가 친밀과 접촉의 원천이 되고 부부가 긍정적 반응의 방해에 직면할 수 있게 도와주는 것이다.

새로운 태도, 이야기, 시각의 강화

변화과정의 마지막 9단계는 현재 부부가 상호작용에서 취하고 있는 새롭고 다양한 반응 태도를 강화하고, 치료과정에서 나타난 변화를 일상의 관계와 개인의 자아감 속으로 통합하는 것이다. 시작 단계와 마찬가지로 치료사가 부부의 부정 고리를 알아내어 행동과 연결하고 강조할 때 치료사는 이제 부부가 새로운 긍정 고리를 만든 것을 보고 과거의 부정 고리에서 벗어난 것을 격려할 수 있다(탱고 움직임 5-통합과 강화). 그 순간을 붙잡는 힘은 엄청나다. 이는 복잡한 관계의 춤을 멈추어서 그것을 밝히고 가만히 붙잡아서 조합과정을 보게 한다.

일반적으로 여기에서 치료사의 주요 목표는 건강하고 건설적인 상호작용 패턴을 밝히고 지지하는 것이다. 치료사의 관심사는 부부가 치료의 전체 과정을 구성하고, 자신들이 만든 변화를 가치 있게 여기도록 돕는 것이다. 치료사는 부부가 그들의 치료과정의 경험과 관계의 새로운 이해를 담고 있는 일관되고 만족스러운 이야기(coherent and satisfying narrative)를 구성하도록 돕는다. 메인(Main)과 혜세(Hesse)의 애착 연구(Hesse, 1999)에서 애착경험에 대한 일관된 이야기 구성 능력은 안정애착의 신호이고, 수반반응(contingent responding), 즉 타인과의 조화 능력과 관련이 있다. 부부가 이러한 이야기를 만들 수 있고, 치료사가 이런 능력을 지지하는 것는 중요하다. 임상 실제에서 이러한 이야기의 구성은 치료과정의 종결 느낌을 갖게 하고, 부부가 만든 변화를 강화시켜 준다. 부부에게『날 꼬옥 안아 줘요: 일평생 지속하는 7가지 대화법의 마지막 대화』(Johnson, 2008)를 읽게 하는 것이 유용하며, 이는 부부가 이 과정을 어떻게 밟아 가는지 알게 해 준다.

이러한 서술 혹은 이야기는 부부를 인정하고 격려하기 위해 사용되고 미래에 보일 행동의 긍정적 본보기가 될 수 있다. 이야기는 과거 상호작용 방식의 분화와 정서적 토대뿐 아니라 최근 상호작용 방식의 변화와 서로에 대한 부부의 접근방식을 담고 있다. 특히 이야기는 부부가 부정 고리에서 벗어나서 긍정 고리를 만들기 위해 그들이 발견했던 방식에 초점을 맞춘다. 치료사는 위험을 감수하고 변화하기 위해서 보였던 용기와 다양한 순간을 강조한다. 그리고 치료사는 서로를 보호하고 지지해 줄 관계가 가진 잠재력을 강조한다. 치료의 현재 단계에서 치료사는 치료 초기에 부부과정을 지시했던 것과 달리 끌고 가기보다는 그것을 언급해 주면서 좇아간다. 부부가 관계에 대한 미래 희망과 목표를 명확하게 설정할 수 있도록 도와준다. 예를 들면, 그들이 5년 내지 10년 후에 어떤 관계가 되고 싶은지에 대해서 논의하는 것이다.

마지막 회기들(3기는 보통 3~4회기로 진행된다)에서 치료 종결 문제가 다루어진다. 이런 문제는 치료 중단으로 관계에서 일어날 두려움의 표현, 과거의 부정 고리로 돌아가고 이를 다룰 방법에 대한 토의, 부부불화와 개선의 전개과정에 대한 질문을 포함한다. 치료사는 부부가 지지받기 위해서 치료사보다는 배우자에게 다가가게 한다. 근본 문제는 되짚어 보고 정서적 종결을 위해서 다시 불러올 수 있다. 목표는 부부가 불화 없이 치료를 끝내고 부부 사이의 결합을 지속적으로 강화할 수 있도록 정서적인 교류를 유지시키는 것이다. 이는 각자가 지속적으로 일상에서 자아감과 효능감을 발전시켜 주는 안전기지를 만든다.

최종 단계

치료사는 다음의 경우에 개입한다.

① 회기 중에 부부는 새로운 태도와 긍정 고리를 재연할 뿐 아니라 치료 상황 밖에서 일어난 긍정 고리에 대해 말한다. 부부의 접촉은 일차 회기의 부정적 상호작용 패턴과는 극명하게 다르다. 이때 치료사의 과제는 변화를 강조하고, 이를 관계 안정, 미래의 건강, 그리고 부부의 확대된 자아상과 연결시키는 것이다. 부부가 만든 변화를 상징화하고 강조해 주면서 부부의 이런 변화를 이해 가능하고 구체적인 용어로 정리해 주고 이를 자신의 관계에 대한 관점에 통합하게 한다.

② 부부는 더 이상 치료사를 필요로 하지 않고, 자신들이 만든 변화뿐 아니라 이런 변화가 관계에 미친 영향을 구체적으로 말할 수 있다. 그리고 치료 회기의 '안전망(safety net)'이 없어지는 두려움을 표현한다. 여기서 치료사의 과제는 각자의 새로운 욕구에 맞게 관계를 형성할 수 있는 부부의 강점과 능력을 인정하고 격려하며, 부정 고리가 재발하더라도 그들이 이를 다룰 수 있도록 준비시키는 것이다. 또한 치료사는 부부가 정서 교류와 긍정적 결합을 유지하는 데 헌신할 수 있도록 도와준다.

치료사는 지금까지의 변화가 부부가 노력한 결과이며, 치료사의 지식과 기술이 변화에 미친 영향이 크지 않음을 강조한다. 또한 향후 추가 회기의 가능성은 있을 수 있지만 반드시 그렇지는 않을 수 있음을 알려 준다. 하지만 관계에 심각하게 영향을 미칠 수 있는 경우, 특히 자녀가 사망하거나 배우자의 질병 등 특별한 위기를 겪으면, 두세 번 정도의 추가 회기를 가질 수 있다.

강화기의 개입

치료사는 부부 사이의 상호작용 과정(탱고 움직임 1)을 반영하며, 새로운 정서와 부부가 나누고 재연한 반응을 인정해 준다. 이때 이전 회기보다 치료사의 지시와 강도는 줄인다. 치료사는 배우자 중 한 사람의 반응이 벗어나면 적극적으로 개입한다. 치료사는 부부의 경험을 처리하고, 긍정적인 반응의 방해를 분산시키기 위해서 환기적 반응을 사용한다. 이 시점에서 공감적 추측은 그다지 필요하지 않다. 부부가 만든 특별한 변화는 강조한다. 현재 태도와 고리를 확고하게 해 주고, 초기의 태도와 고리와 직접 비교하고, 구체적인 새로운 반응을 강조하여 치료 중에 일어난 부부의 상호작용 재구조화가 명확하게 이루어지게 한다. 마지막 회기에서 치료사는 애착의 메타 관점과 애착과정으로 설명해 준다. 여기에는 다음과 같은 개입이 있다.

♥ 새로운 패턴과 반응의 반영과 인정

예

치료사: 마이크! 이제야 알 것 같군요. 당신은 도망가서 숨고 싶은 충동을 느꼈지만 메리와 대화를 계속하면서 아내에게 접근했어요. 제 말이 이해되나요?

마이크: 네, 지금은 가능하지만 항상 그렇지는 않겠지요. 그래도 이렇게 된 것은 아내가 더 이상 위험해 보이지 않기 때문이에요. 저 자신도 조금 강해졌기 때문이겠지요?

치료사: 맞아요, 그러기 위해서는 많이 힘들었을 거예요. 그렇게 함으로써 메리가 당신 곁에 있고 화를 내지 않게 되었어요. 그렇지 않나요, 메리?

♥ 환기적 반응

예

치료사: 짐! 잠시 멈춰 볼게요. 잠깐 동안 뭔가 아주 잘 풀려 가고 있는 것처럼 보여요. (짐이 끄덕인다.) 하지만 춤을 변화하게 만든 계기가 있었어요. 저의 말이 이해가 되나요?

짐: 네, 아내가 '부족한 인간'이란 말을 사용해서 흥분했어요. 그것이 우리 사이를 아주 엉망으로 만들어요. 아내는 저를 '부족한 인간'이라고 불렀고, 그 말은 저에게 결점이 많은 바보라는 느낌을 갖게 해요. 그 말이 저를 자극시켰고, 아내가 여전히 적으로 생각되어 공격적으로 변해요.

치료사: 짐! 뭔가 부족하고 결점이 있다는 당신의 느낌을 부인에게 말해 보시겠습니까? 그리고 그러한 느낌이 말을 하고 싶었던 당신의 의지에 어떤 영향을 주었는지 말해 보시겠어요? 부인이 이해할 수 있게 도와주시겠어요?

치료사는 여기서 아주 친밀하고 건설적으로 대화할 수 있는 상호작용을 지시한다.

♥ 재구성

치료사는 과거의 고리를 대신하는 새로운 반응을 구성하고, 친밀한 애착의 맥락에 과거와 새로운 고리를 둔다. 치료사는 부부가 '사용했던 방식'과 '지금과 미래에 원하는 방식'에 대한 이야기를 구성할 틀을 제공한다. 예를 들면, 치료사는 상대방이 반응하고 접근하는 태도로 행동하고, 상대의 애착안정을 만들기 위해 도와줄 수 있는 방법에 대해서 대화를 한다.

> **예**
>
> 치료사: 데이비드가 자신의 두려움을 당신에게 말했을 때, 남편에게 당신이 정말 중요한 사람이고 진심으로 연결된 느낌을 갖게 되네요. 이를 통해 당신은 우울감에서 빠져나와 관계에 더욱 적극적으로 참여하게 되었네요. 맞나요?

♥ 상호작용의 재구조화

치료사는 새로운 반응에 명확하게 집중하고 언급해 주면서 서로에게 취한 새로운 태도를 강화시킨다. 치료사가 이전 회기에서 재구조화한 것을 요약하거나 부부가 스스로 요약할 수 있게 격려한다. 치료사는 종종 새로운 반응을 확고하게 만드는 상호작용을 안무한다.

> **예**
>
> 치료사: 캐리! 알고 있나요? 당신이 파티에서 일어난 사건에 대해서 말했을 때, 몇 개월 전하고는 많이 달라졌다고 느껴졌어요.
>
> 캐리: (웃으며) 몇 개월 전에는 제3차 세계대전이 발발하기 직전이었어요. 여전히 그런 재앙은 발생할 가능성이 있어요.

치료사: 아하, 그런 식의 다툼은 아직도 일어나고 있군요. 마치 재발하듯이 말이에요.

캐리: 하지만 이제 쉽게 빠져나올 수 있고, 그러한 다툼에 대해 서로 말할 수 있게 되었어요.

치료사: 캐리! 어떻게 변화될 수 있었나요? 당신에게 무슨 변화가 있었지요?

캐리: 그래요, 아내가 다가오지 못하도록 저는 늘 촉각을 곤두세우고 있었어요. 알다시피 아내가 다가오면 저는 무감각해졌고, 이것이 아내의 화를 돋우었어요.

부부과정과 종결

치료를 마칠 때 부부는 어떤 모습일까? 치료사가 이 시점에서 상호작용을 지켜보면, '고정되고 경직된 상호작용 태도'를 발견하기 어렵거나 불가능하다. 부부 모두 잠시 동안 위축되고 분노하고 비판할 수 있지만, 이제는 관계에서 위험을 감수하고 자신의 약점을 노출하며 상대에게 배려하는 태도로 반응한다. 간단히 말해서, 부정적인 상호작용은 유연해지고 이전과 다른 방식으로 처리되며, 그것이 관계의 정의방식에 영향을 미치지 않는다. 다른 말로 하면, 현저하게 긍정적 상호작용이 많아지고, 이해되고 인정받게 된다. 부부 접촉이 안정, 친밀, 그리고 신뢰의 변화를 일으킨다. 부부의 대화방식과 그들이 만든 생각이 긍정적이게 되고 애정이 담기며, 일반적으로 부부의 대화가 변한다.

과거 타인에게 방어적이고 자신의 부정 정서의 조절에 집중했던 대화와 현재 관계 속에 있는 자기와 타인을 적극적으로 발견하는 대화와 비교하면 상호작용의 질적 변화를 가장 잘 파악할 수 있다. 애착이론에 따르면, 유소년에게 안전과 안정감에 의해서 탐색행동이 늘고, 성인에게 안정감은 호기심과 친밀감 형성에 중요한 자기개방을 높여 준다.

부부치료가 언제나 연결감과 친밀한 관계를 형성하는 것은 아니다. 때때로 상호작용 고리와 내면 정서를 밝히는 과정이 부부로 하여금 이별이나 서로 대등한 별거 형식으로 살아가도록 결정하게 해 준다. 이 경우에는 치료 종결의 모습이 다를 수 있다. 부정 고리가 개선되고, 부부는 서로 비난하지 않거나 더 이상 고통스러운 교착상태에 빠지지 않게 되면서, 한 사람이 거리 유지를 원하면 상대는 기꺼이 이를 허락한다. 하지만 이 경우 긍정 고리 형성은 제한되며, 친밀한 접촉보다는 조용히 서로 타협한다. 예를 들면, 부부는 배우자로서 서로 맞지 않음에 동의하지만 서로에게 더 많이 주려 하고 부모 역할을 위해 3년 정도 가까이 함께한다. 이때 자신의 목표와 다른 사람과의 관계 추구에 대해 관여하지 않는다.

치료의 종결이 한 사람 혹은 두 사람 모두에게 심한 불안감을 일으키면, 치료사는 환기적 반응을 사용하여 부부가 두려움을 탐색하게 도와주고, 서로 이를 나누고 일상생활 중에도 그것에 대처하기 위한 도움을 요청하도록 지시한다. 일반적으로 치료과정이 원활히 진행되면, 부부는 마지막 회기에 두려움을 느끼기도 하지만 이전보다 원활하게 관계를 통제할 수 있다고 느낀다. 그리고 안전기지인 치료 회기를 떠나 그들의 방식으로 살아갈 수 있게 된다.

부부치료 과정이 다른 부부와 달리 어떤 부부에게는 강렬하고 다양하게 진행된다. 사람들은 친밀한 관계 정의에 어려움을 겪으면서 자신을 정의하는 데 불가피하게 갈등하고, 종종 부부 중 한 사람이 실존 위기(existential crisis)를 맞기도 한다. 여기서 사용된 실존 위기는 실존주의 심리치료(existential psychotherapy)에 관한 얄롬(Yalom)의 글(1980)에서 언급되었다. 때때로 부부는 이미 개인치료를 받고 있으며, 부부치료사는 2가지 치료과정을 연계하기 위해 개인치료사와 상의한다. 때로는 개인이 부부치료 과정에서 자신의 개인치료를 하고 싶은 현실적 고민과 강렬한 선택 지점에 접근시킨다. 이 과정이 EFT의 일반 구조 속에 포함되어 있고, 혹은 과정 중에 몇 번의 개인 회기가 필요하다. 이 경우, 관계 재정의는 물론 실존적 고민의 종료에 관여하기 때문에 치료의 종결은 더욱 강렬하고 극적이다. 예를 들어, 관계는 물론 자녀에게조차 헌신하지 않던 50세 남자가 자신이 가진 친밀한 관계에 대한 엄격한 경계와 친밀에 대한 두려움을 이유로 치료에 갈등했다. 부부치료는 그의 친밀에 대한 갈망과 타인에 대한 의존의 두려움을 인식시켜 준다. 치료를 마칠 즈음에는 오래된 개인의 사건의 해결에도 관여한다.

요약하자면, 치료 종결 시에는 다음의 변화가 나타난다.

- **정서**: 부정 정서는 약화되고 처리되며 다르게 조절된다. 부부는 정서적으로 교류할 수 있고, 두려움과 불안 등의 부정 정서를 조절하기 위해서 관계를 이용할 수 있다. 긍정적 상호작용 고리를 통하여 긍정 정서가 유발된다. 부부는 자신의 정서경험에 많이 개입하고, 정서를 수용하고, 배우자가 쉽게 반응할 수 있게 이러한 정서를 표현할 수 있다.
- **행동**: 부부가 서로 다르게 행동하며, 회기 중이나 일상생활에서 접근과 반응을 많이 한다. 그 결과로 부부 모두 관계의 지지가 늘었다고 경험한다. 상호작용에서 보이는 행동은 일반적으로 덜 위축되고 다른 사람과의 의사소통에서 반응이 늘어난다. 구체적인 애착행동이 변한다. 예를 들면, 부부는 자신이 원하는 것과 배우자가 반응을 도와주는 방식으로 요청할 수 있다. 부부의 성적 접촉의 횟수와 질(Wiebe et al., 2019) 및 문제해결 능력 등 치료 중에 특별히 주목하지 않았던 다른 행동이 변한다.
- **인지**: 부부는 서로를 다르게 지각한다. 그들은 회기 중에 상대방을 새롭게 경험하고 그래서 상대의 반응을 이전과 다르고 긍정적이라 생각한다. 상대와 자기의 정의에 새로운 요소를 포함시키는데, 애착 용어로 보면 타인과의 관계에서 타인과 자기의 모델이 개선된다. 치료사가 가진 애착 관점으로 그들의 부부관계를 경험했기 때문에 일반적인 관계에서 부부의 메타 관점 역

시 변화한다.

■ **대인관계**: 부정 고리는 억제되고, 새로운 긍정 고리가 재연된다. 부부는 이제 자기강화적 부정적 상호작용에서 '빗장을 풀 수'(Gottman, 1979) 있게 될 뿐 아니라, 배우자의 긍정반응을 일으키는 새로운 반응을 시작하고 정서 교류를 더 많이 하게 된다.

안정결합의 육성과 유지

최근에 나와 동료들은 치료과정에서 습득한 내용의 유지에 초점을 맞추도록 도와주는 것이 유용함을 알았다. 예를 들면, 부부에게 지금까지 열심히 노력해서 형성한 정서 연결을 어떻게 유지할지 물어보는 것은 유용하다. 부부가 그동안 안정결합의 유지를 못하게 조직해 온 생활방식을 살펴보게 한다. 예를 들어, 어느 전문 직업을 가진 부부가 진정으로 함께하는 것을 막아 온 스케줄을 진행해 왔다. 부인은 새벽 6시에 일어나 출근 전까지 가족을 돌보았다. 남편은 오전 8시 30분에 기상하여 집에 마련된 사무실에서 근무를 시작했다. 퇴근 후에 부인은 자녀를 다양한 활동에 데려다주었고, 밤 9시에 지쳐서 잠자리에 들었다. 남편은 자정까지 일을 했다. 주말에는 가족활동과 개인 운동에 전념했다. 이러한 일상이 부부 불만족의 처리방식이자 생활방식이 되었다. 마지막 회기에 그들이 어떻게 관계를 유지했는지 면밀하게 분석하여 좋아지게 되었다. 우리는 당신의 관계를 당신의 삶에서 제외하기보다는 당신의 삶을 당신의 관계에 두라고 말한다.

떠남의 순간, 재결합의 순간, 인정과 지지받는 순간, 그리고 연결 의식(ritual)의 순간 등과 같이 애착 순간에 특별히 초점을 맞추는 것이 좋다. 부부는 만나고 헤어짐의 의식을 갖도록 지지를 받는다. 부부는 부모와 직업상의 시간에서 벗어나 함께 시간을 보내도록 이끌어 준다. 예를 들면, 하루 종일 집에서 어린 자녀를 보살피던 부인에게 남편의 귀가는 박탈과 마주하게 된다. 남편은 탈진했고

20분 정도의 진정시간이 필요한데, 이때 부인은 배척당했다고 느낀다. 이와 같이 부부는 서로 다른 욕구 발생의 순간을 토의하도록 격려받고, 상대의 애착욕구를 인정 및 반응하는 방법을 찾도록 지지한다. 매일 일정한 시간에 일정한 장소에서 차를 마시며 대화하기 등의 연결 의식은 아주 유용하다. 기상과 잠자리에서 함께 나누고 안아 주는 의식 역시 유용하다.

특히 자녀에 대한 자신의 애착의 시각에서 보면, 부부는 삶 속의 배경(background)보다는 대상요소(figural factor)를 통해 관계를 보기 시작할 수 있다. 예를 들면, 대부분의 부모는 아무리 바빠도 자녀와 의도적으로 저녁 작별인사를 하고, 취침시간에 약간의 집중적 시간을 함께한다. 대부분의 부모는 자녀에게 오늘 어땠는지 물어보고, 필요하면 지지해 준다. 이처럼 애착관계는 마치 식물처럼 살아 있는 실체라고 볼 수 있다. 지금 비록 부부관계가 건강할지라도 수분과 양분이 제대로 공급되지 않으면 시들어 버리거나 죽게 될 것이다. 특정 행동에 대한 애착 의미는 이제 공유될 수 있다. 어떤 부부에게는 작별 포옹과 입맞춤이 다른 부부에 비해 중요한 애착 신호가 될 수 있다. 부부의 결합을 생생하고 좋게 유지시켜 주는 순간과 반응을 배우자와 공유하고, 치료를 통해 습득한 내용을 지속하기 위해 적극적으로 계획을 세우도록 부부를 격려한다.

제11장 중요한 임상적 문제와 해결책:
EFT 치료사의 조건

나는 기법이 치료사의 진정 어린 내담자와의 만남으로부터 나올 때 도움이 된다고 믿는다. 모든 치료과정은 사전에 계획을 세울 수 없는 자연스럽게 발생하는 크고 작은 반응이나 기법으로 구성된다.

– 어빈 얄롬(Irvin Yalom), 『The Gift of Therapy』(2000)

EFT 치료사의 조건

이 장에서는 EFT 훈련과정에서 드러난 임상문제와 질문을 다룬다. 주목받은 문제들은 EFT의 예후 지표, 다양성에 대한 EFT 접근, 치료의 교착상태 다루기, 다른 접근과 EFT의 통합, EFT 치료사가 되는 과정 등이다. 이 장을 시작하면서 EFT를 배우는 치료사가 모든 치료 형식, 정서중심 개인치료(EFIT), 정서중심 부부치료 혹은 가족치료(EFFT)에서 향상시켜야 할 EFT의 본질과 바탕은 내담자와의 조율이라는 것에 주목할 가치가 있다. 볼비는 만일 애착 시각을 갖게 되면(이는 내담자의 핵심 고통과 욕구를 볼 수 있음을 의미한다), 내담자가 하는 모든 것이 '완벽히 합리적'이라는 것을 이해하게 된다고 했다.

질문: EFT에 적합한/부적합한 부부와 개인 유형은 무엇인가

일반적으로 EFT는 관계에 여전히 정서투자를 하고, 자신이 관계문제에 끼친 영향을 배우려는 의지가 있는 부부에게 가장 잘 반응한다. 이는 모든 부부치료에서 사실이다. 변화에 대한 동기, 자신의 행동을 보려는 의지, 그리고 정서 위험을 감수하면서 치료과정에 참여하려는 의지 등은 심리치료의 변화를 이끄는 요인이다. 하지만 EFT의 치료 효과를 명확하게 예측할 수 있는 대상군에 대한 연구가 있다(Johnson & Talitman, 1997).

이 연구에서는 치료사와 부부의 동맹이 높을 때 EFT의 효과가 가장 높다고 한다. 왜냐하면 동맹은 부부가 치료과정에 깊이 참여하게 해 주기 때문이다. 동맹 수준은 초기 부부의 불화 정도보다 치료 성공의 강하고 보편적인 예측인자다. 긍정적이고 강한 동맹은 치료사와의 결합 정도, 목표를 공유하려는 마음, 특히 치료사가 제공한 과제의 적절성 인식 정도가 결정하며, 치료 초기의 갈등 정도와는 무관한 것으로 나타났다. 부부의 참여를 유도하는 과제의 적절성 인식은 각 부부에게 맞게 재단하고, 그들에게 의미를 갖게 구성할 수 있는 치료사의 기량을 반영한다. 이는 또한 EFT의 일반 특성을 반영하는데, EFT는 특히 친밀감과 정서 연결이 부족하고 그들 문제의 초점을 애착에 두는 부부에게 적합하다. 보편적으로 EFT는 관계불화 상황의 중심에 다가가서 의미 있는 변화를 이끌고, 내담자의 핵심 정서, 욕구와 두려움에 주목한다는 신념을 갖고 있다. 애착 과학에 근거하고, 애착 용어로 핵심 애착 드라마를 이해하는 모델이 부부와 강하게 공명하는 것은 일반적으로 대부분의 치료사에게 압도당하는 경험이 된다. 초기 회기, 연구와 훈련 중 시연 회기의 표준은 부부가 치료사가 순간적으로 얼마나 그들의 관계문제와 개인 현실을 잘 포착하는가에 매료되고 격려받는다는 점이다. EFT 연구 결과에서 치료 탈락률이 낮은 이유는 EFT 모델, 애착 초점, 그리고 주어진 과제의 내담자와의 적절한 조화 때문인 것으로 보인다. "선생님은 어떻게 이 모든 것을 아시지요?

이것은 정말 맞아요. 마치 우리 옆에서 투명인간처럼 함께 살아온 것 같고, 아니면 당신은 마법사 같아요."라고 첫 회기를 마치면서 내담자가 말한다. 고전적 EFT는 이에 대해 "과학이라는 비장의 무기가 있으면 마법은 필요하지 않아요."라고 말할 것이다.

경험주의가 치료동맹의 힘을 강조하지만, 앞에서 언급한 연구에 따르면 초기 불화 수준보다 동맹 수준이 효과 예측에 영향력이 높다는 것은 놀랍다. 다른 치료모델에 대한 연구에서 부부의 초기 불화 수준이 치료 성공의 예측에 압도적으로 강한 요소였다. 이는 특히 초기 단계에서 EFT 치료사의 주요 관심사가 부부와 강하고 긍정적인 관계를 맺고, 각 파트너가 관계를 탐색할 수 있는 안전기지를 만드는 것의 중요성을 시사한다. 달리 말하자면, 주요 사항은 부부의 문제가 크거나 심각하기보다는 파트너가 치료에 참여할 수 있고, 부부가 치료사에게 얼마나 다가갈 수 있는가에 달려 있다.

EFT에 참여하기 위해 부부가 정서표현이나 파악을 잘해야 하는가? 임상 실제에서 절대 그렇지 않으며, 표현력 부족이나 자기개방을 꺼리는 경우에도 EFT의 진행에 방해가 되지 않는 것을 앞서 제시한 연구가 밝히고 있다. 사실 EFT는 부인으로부터 '과묵하다'는 평을 듣는 남성 파트너에게 특히 장점이 있다. 그 이유는 정서 조합과정 자체의 강력한 힘과 이들이 EFT의 지지 환경에서 자신을 표현하기 때문이며, 그 결과는 자신과 배우자에게 매우 강하게 영향을 미친다. 정서표현을 힘들어하던 부부가 자신이 이해받고 인정받고, 치료사가 신뢰할 수 있는 과정 대리자로서 자신의 세계로 들어와서 이해를 도와주는 과정에 감동받고 매료되는 것을 경험한다. 이러한 연구에서는 특히 35세 이상의 남성이 EFT에 잘 반응하는데, 이는 남성이 나이가 들어 가면서 친밀감과 애착의 문제를 의미 있게 보는 성향이 있기 때문이다.

여성 파트너의 경우, 치료 성공에 영향을 크게 주는 변수는 배우자가 아직 자신에게 관심을 가진다는 신뢰 정도다. 이는 치료 종료와 추후 관찰 시 부부의 적응과 친밀의 강력한 예측인자다. 전통적으로 친밀한 결합 유지에서의 많은 책임이 여성에게 있다고 생각하는 문화권에서 이는 중요하며, 다음과 같이 표현될 수 있다. 만약 여성이 아직도 신뢰를 갖고 위험을 감수할 동기가 있으면, 부부치료는 성공할 기회가 높아진다. 반대로 여성이 위험을 감수하려 하지 않고 남편과의 정서 교류에 대한 의지가 없으면, 지지적인 환경이 주어지더라도 관계 개선의 가능성은 제한된다. 이것이 전체 치료과정에 참여하는 EFT 치료사에게 중요한 변수가 된다. 신뢰 부족은 일반적으로 부부의 정서 교류와 행복을 크게 방해한다. 사실 불일치 해결 능력 부재보다는 정서 불일치(emotional disagreement)가 장기적인 불행과 불안정한 결혼생활을 예측하게 하며(Gottman, 1994), 이는 또한 다양한 부부치료의 실패와 연관이 있다(Jacobson & Addis, 1993). 불일치는 성 접촉, 애정 및 민감성 부족과 연관이 있다. 이는 극도로 불안정하거나 손상을 받은 정서결합으로 인식되고, 정서 연결이 위험해서 견딜 수 없거나 필요하지 않다고 경험된다. 이 경우 정서 불일치는 볼비(1969)가 언급한 항의, 매달림, 우울 과정의 마지막, 그리고 이탈과 분리의 시작을 알리는 신호가 된다.

전통적인 결혼관도 EFT 결과에 영향을 미치지 않는다. 부부의 행복에 치명적인 영향을 끼치는 전통적 비판/추적–무관심/위축 패턴을 보이는 관계지향적 여성과 독립적 남성의 부부도 EFT를 통해서 발전할 수 있다. 다른 부부치료 모델에서 이런 결과는 보이지 않았다(Jacobson, Follette, & Pagel, 1986). 전통에 대한 정체성이 강한 기독교 부부들이 EFT를 좋아했고 성공률도 높았다. 최근에 신앙을 가진 부부를 위한 『날 꼬옥 안아 줘요』가 출간되었고(『유대감 회복: 크리스천 부부를 위한 날 꼬옥 안아 줘요』; Johnson & Sanderfer, 2016), 이에 근거한 교육 프로그램이 생겼다(www.iceeft.com 참조). EFT는 최근에 전통적 유대교 및 이란의 무슬림 부부에게 성공적으로 시행되었다.

EFT 치료사에게 직관적으로 고려되어야 할 중요한 사항이 경직성(rigidity)과 융통성(flexibility)이다. 한 배우자가 경험처리와 타인과의 상호작용 방식이 경직되고 제한되어 있으면, 치료사의 효과적인 개입은 무척 어렵다. 고통의 경험은 인간의 의식을 편협하게 만들고(Bruner, 1990), 모든 부부에게 EFT 과정의 한 부분은 부부의 지각과 경험을 확대하는 것이다. 하지만 자기와 타인에 대한 관점이 경직되어 있고, 감정조절 방식이 제한된 사람이 있는데, 이들의 관점과 처리 방식을 확대하려면 많은 노력을 기울여야 관계 개선을 시켜 줄 수 있다. 애착 용어로 보면, 실용모델이 경직되어서 새로운 경험에 반응을 보이지 않을 때 개입은 매우 어렵다. EFT 과정에서 이것은 위축자가 개입을 거부하거나 흔하게는 비난자가 순화사건을 종결하지 못하거나 그런 의지를 보이지 않는 결과를 초래한다.

EFT는 때로는 부부불화보다도 광범위한 임상 양상의 한 부분으로 다양한 문제에 주목한다. 예를 들면, 관계불화가 우울증을 유발하고 강화하고 유지하는 데 미친 영향은 분명히 밝혀졌고, 이는 친밀한 대상과의 애착 관점과 연결된다 (Whiffen & Johnson, 1998; Davilla, 2001; Hammen, 1995; Johnson, 2019a). 사랑하는 사람과의 온전한 연결 실패는 자연스럽게 상실, 취약성과 절망감을 유발하고, 본질적인 자기가치에 의심을 갖게 한다. 지지적 관계의 부족은 다른 스트레스 요인을 증폭시킨다. EFT는 여성 배우자가 임상적으로 우울한 부부에게 효과가 높고, 우울증과 부부불화를 개선시켜 준다(Dessaulles et al., 2003; www.iceeft. com에 소개된 연구 논문 참조). EFT는 만성질환을 앓는 자녀를 둔 부모와 같이 장기적인 가족 스트레스와 슬픔을 경험하여 이혼 위험이 높은 부부에게 효과가 있는 것으로 나타났다. 이들 부부에 대한 연구에서 EFT는 부부 적응을 높여 줄 뿐 아니라 개인의 우울 및 아픈 자녀 간호로 인한 스트레스를 개선했다(Walker et al., 1995). 2년간의 추적에서 결과는 안정적으로 유지되었다(Clothier et al., 2002). 이들 연구는 정신장애 측면에서 부부의 불만족이 우울뿐만 아니라 외상 후 스트레스 장애(PTSD)와 같은 불안장애와 연관성이 있음을 말해 준다. 이 외에 다양한 사례연구를 살펴보면, EFT는 개인이나 부부 모두 어린 시절의 성적·신체적 학대나 전쟁 등의 외상경험으로 PTSD를 겪는 사례에서 성공적으로 적용되는 것으로 나타났다(www.iceeft.com에 소개된 연구 논문 참조). 외상경험 부부(상대 배우자는 2차적 PTSD를 겪는다)는 치료과정이 길어지는 차이가 있다(보통 30~35회기). 또한 EFT는 배우자가 매우 필요한 순간에 버림받는 관계손상을 경험한 불화부부에게 효과적이며(Makinen & Johnson, 2006), 신뢰를 다시 회복시켜 줄 수 있다(제13장 참조).

EFT에서는 외상 생존자와 배우자에 대한 광범위한 임상이 진행되었다. 전쟁, 강간, 아동기의 성적 학대, 질병과 치료, 캐나다 토착민의 주택학교 고용과 같은 장기간의 문화 침해와 연관된 외상이다. 사실 다양한 외상은 EFT에서 정기적으로 다룬다. 정서 통합과 결혼의 안식처 형성에 초점을 두는 체계적 애착중심 부부개입 사용은 외상을 겪는 사람들에 대한 특별한 이해를 갖게 한다. 그 이유는 다음과 같다.

- 외상경험은 절망감을 갖게 하는 반면, 안정애착은 진정과 위로를 준다.
- 외상은 세상을 위험하고 불확실하게 채색하고, 안정된 연결은 안식처를 제공한다.
- 외상은 압도적인 정서 혼란을 유발하고 통합된 자아상을 파괴한다. 안정애착 관계는 정서조절, 통합된 자아감, 자기와 타인에 대한 확신과 신뢰감을 향상시킨다.

사실 안정애착은 모든 종류의 상처 치유에서 중요 통로가 되며 회복력을 높여 준다(van der Kolk, MacFarlane, & Weisaeth, 1996).

질문: EFT는 언제 부적합한가

EFT는 언제 사용되지 않는가? EFT는 실제 협상이나 개인의 애도과정에 적합하고 명확히 이별을 진행 중인 부부에게는 적합하지 않다. (여전히 EFT 기법을 사용한 단축형의 치료는 부부의 애도를 돕고 정서 정리를 높여 준다.) 또한 취약성 표현이 역기능적이고 학대받은 배우자를 위험에 빠뜨리는 명확히 폭력적인 부부에게는 사용되지 않는다. 가해자는 분노와 통제 문제를 다루기 위해 집단 혹은 개인 치료를 의뢰한다. 이러한 과정을 밟은 이후 학대받은 배우자가 위험하다고 느끼지 않을 때만 EFT가 시행된다. 하지만 임상적으로 치료사는 학대가 무엇인지를 판단해야 한다. 한 번의 우연한 학대행위가 발생했다면 학대관계로 보지 않는다. 여기서 가장 유용한 지침은 학대에 대한 희생자의 경험과 부부의 상호작용에 대한 치료사 자신의 관찰이다. 신체 학대는 없었으나 모욕적인 말로 위협하는 언어폭력 및 의도적인 상처와 위협을 가하는 행동이 일상적으로 발생하는 관계가 있다. 이때 치료사는 학대 희생자가 내재 정서에 접근하는 3단계 진행이 기능적인지 혹은 윤리적인지를 결정해야 한다. 만약 이 시점에서 EFT(그리고 일반적인 부부치료)가 최선의 개입이 아니라고 판단되면, 치료사는 관계에 대한 진단 내용과 상호작용 고리를 밝히고 부부가 향후 치료를 선택하게 한다. 가해자를 치료에 참여시키기 위해서 관계와 가족을 지배하고 파괴로부터 분노와 폭력의 중단방법을 찾는 것이 문제라고 구성한다. 이러한 구성은 화이트와 엡스턴(White & Epston, 1990)이 언급한 외재화 기법(externalizing intervention)과 같다. 전통적 역동 관점에서 폭력은 가해자의 본성과 행복과는 거리가 멀고 이질적인 것으로 구성되고, 그래서 폭력은 가족의 삶과 자존감을 황폐화시키는 자신의 적이다. 이러한 구성은 가해자가 문제를 다룰 수 있게 이끈다.

질문: EFT는 다양성에 대해서 일반적으로 어떤 태도를 취하는가

이 주제에 대한 공식 태도는 EFT 기초교육과정 지침의 전반부와 중심부의 다양성에 대한 성명서에 적혀 있다. 이 성명서는 전 세계 65개의 협력센터와 협회

(관련 목록은 www.iceeft.com 참조)의 정책을 이끌며, 그 내용은 다음과 같다.

우리는 모두가 안전하고 가치 있고 보호받음을 느끼고 소중한 유대감 형성의 기회가 주어지는 포용적 환경을 만드는 데 목적을 둔다. 우리의 모든 일에 있어서 세상, 즉 모든 사람이 온전한 자신이 되고 바르고 사랑스러운 인간과 지역사회를 위해서 이해한 것을 실현하기 위해서 노력한다. 또한 종교, 인종, 민족주의 혹은 국수주의, 성적 지향, 성 표현, 나이, 계급, 정신건강, 신체 특성 혹은 장애로 인한 박해와 소외받는 일 없이 인간에게 가장 기본적이고 보편적인 애착욕구를 수용할 수 있는 환경을 실현한다. 이러한 가치는 우리가 하는 일에 바탕이 되는 애착 과학과 인본주의 접근에 내재되어 있다.

특히 EFT 등 인본주의 접근은 협력과 존중의 태도를 취한다. 우리는 사람에게 안전한 장소를 만들고, 그들을 문제나 특성으로 보지 않고 소중한 인간으로 대하면서 치료한다. 우리의 임상 접근은 비병리적이다. 우리는 포용과 평등에 가치를 두며, 인간의 유대감을 신성하고, 명예롭게 여기며 키워 갈 수 있다고 생각한다. 우리의 과학과 이론 배경은 개인의 차이를 존중하면서 중요한 보편 정서와 애착에 바탕을 두고 있다.

이 성명서는 칼 로저스의 인류애의 태도를 반영하는데, 이는 존 볼비의 동정심과 동일하다. 이는 또한 삶을 정의하는 정서 드라마는 보편적이라는 애착 과학적 태도를 취한다. 모든 인간은 연결하게 되어 있다. EFT 치료사는 매 회기에 이러한 태도를 적용하려 한다. 물론 EFT가 특정 집단에 적용되어야 하는 것은 사실이다. 예를 들면, 게이 커플(Allen & Johnson, 2016)을 상담할 때 치료사는 부정적인 역사와 사회적인 차별과 편견의 영향에 민감해야 한다. 또한 변화하고 있기는 하지만, 동성애 관계는 역할모델의 부족으로 어려움을 겪고 있다.

질문: EFT 치료사는 치료적 교착상태를 어떻게 다룰 것인가

　이 질문에 대한 일반적인 답은 치료사가 교착상태를 특정 상호작용과 정서반 응으로 반영하고, 부부의 '갇힌 상황'을 강조하는 것이다. 부부가 교착상태를 반 복해서 재연하면, 다른 요소들이 전면으로 나오고 반응이 점차 분화된다. 이러 한 상호작용 결과로 서로에게 부부가 취하는 태도는 점점 생생하고 즉각적이 된 다. 이런 태도에 내재된 정서가 재처리되면서 새로운 반응과 지각이 올라오기 시작한다. 움직임은 무언가 색다른 행동을 했기 때문이 아니라 관계가 위협당할 시 개 인이 무엇을 했는지, 그리고 개인의 반응이 얼마나 설득력 있고 적절한지를 충분히 경 험한 결과로 나타난다.

　이러한 대화 자체가 부부의 새로운 접촉을 말해 주고, 이는 변화의 기회를 제 공한다. 예를 들면, 배우자를 비난하고 자신의 분노를 정당화하고 대화를 회피 하기보다는 심하게 모욕적이어서 사랑을 요구할 수 없고 요구하지도 않을 것이 라고 배우자에게 말하는 것이 친밀감과 개입을 높이고 교착상태에서 벗어나게 한다. 최소한 치료사는 안전을 확보하고 회기의 초점을 유지한 다음 단순하게 부부가 흔히 취하는 출구를 차단하며, 이때 교착상태에 직면한다. EFT에서 가장 흔한 교착상태는 비난자가 2기에 들어가서 상호 정서 교감을 해야 할 때 나타난 다. 이때 흔히 신뢰의 위기라고 표현되는데, 상대 배우자가 접근하고 반응하지 만 비난자는 자신의 소망과 두려움에 직면하여 상대방의 입장에서 자신을 두는 것을 매우 어려워한다. 종종 치료사는 교착상태 자체를 부부에게 직면시킬 필요 는 없고, 과정 자체만 직면시킨다. 치료사는 자신의 소망, 두려움과 투쟁하는 내 담자에게 초점을 맞추어 그를 지지한다.

　교착상태의 종류와 수준은 다양한가? 그렇다. 심각한 교착상태의 경우, 부부 는 때때로 빠져나갈 길을 찾지 못하지만 자신의 관계 속으로 교착상태를 통합 하여 파괴성을 개선한다. 예를 들면, 어린 시절 성적 학대를 당한 배우자는 성과 신체 애정에 대해 분명한 제한과 요구를 갖고 있었다. 치료 결과로 남편은 부인의 한계를 수용할 수 있게 되었다. 문제행동은 여전했지만 관계에서 보인 비참한 결과를 초래하지 않았다. 성적 영역 제한을 수용하는 남편의 태도는 결합을 강화했고, 부부의 친밀감을 증가시켰다. 치료 종결 시점에서 성적 제한이 더 이상 애착결합을 위협하지 않기 때문에 이러한 것이 가능해진다.

다른 심각한 교착상태에서 한 배우자가 더 이상 아무런 변화 시도를 할 수 없고, 지금의 관계에서는 살 수 없다는 결론을 내릴 수 있다. 부부는 헤어지거나 매우 기대를 낮추고 관계를 유지하게 될 것이다. 이 경우 치료사는 교착상태에 대한 진단 그림과 부부가 선택할 수 있는 내용을 밝힌다.

교착상태를 다룰 때, '문제'를 고치려는 압박에서 한발 물러서서 내담자가 할 수 있고 그들에게 열려 있는 선택지를 볼 수 있게 돕는 경험주의 치료사의 목표를 기억하는 것이 치료사에게 유익하다. 타인을 신뢰하려는 의지를 이성적으로 상의하는 것이 하나의 선택이 될 수 있다. 치료사가 "당신이 절대로 나에게 다가오지 않게 할 거야. 아무도 나에게 접근하지 못하게 할 거야. 나는 혼자이고 너무 두려워."라는 자신에 대한 내담자의 혼잣말을 듣는 것도 하나의 선택이 될 수 있다. 경험주의 치료에서 경험을 붙들고, 그것이 만들어진 과정을 깨달아 분명히 알고, 그것을 정서 현실로 수용하는 것이 딜레마의 '해결'이다. 그래야 이러한 현실은 확대되기 시작한다.

EFT에서 말하는 교착상태 중의 하나는 애착 '범죄(crime)' 혹은 '외상(trauma)'이라고 불리는 것이다. 이것은 관계에서 발생하는 애착 배신 혹은 실망이 되거나 상징화되고, 매 시간 보다 많은 접촉을 하려고 움직이게 만드는 결정적인 사건이다. 이러한 해결되지 않은 사건은 위험감수와 새로운 수준의 정서 교류를 막는다. 실망한 파트너는 이 사건을 현재 관계의 모든 부정 경험에 대한 기준으로 사용하고, 상대 파트너는 사건의 반복된 언급으로 인하여 좌절하고 거리를 두게 된다. 이러한 사건은 '과거 속에 묻히지' 않고 살아서 현재 관계의 한 부분이 된다. EFT 치료사는 회기 중에 드러난 이러한 사건을 처리하도록 부부를 도와주고 사건에 내재된 정서를 재처리한다. 결정적 사건이나 '범죄'로 인한 애착 두려움과 상실은 지금까지 한 번도 표현되지 않았거나 명확히 조직화되지 못했다. 주로 표현된 것은 상대 배우자에 대한 비난과 비판이다. 유년 시절의 성적 학대와 같이 개인의 과거에서 비롯된 애착손상은 부부치료와 함께 개인치료가 필요하다. 종종 현재 관계에서 상처를 입었지만, 그것이 이와 유사한 유년기의 경험을 떠올리게 하면 이러한 맥락에서 치료될 수 있다(제13장 참조).

질문: EFT 치료사는 과거 경험을 어떻게 다룰 것인가

EFT는 현재 상호작용에서 재연되는 과거 경험을 다룬다. 현재 상호작용에서 일어나는 강한 감정은 현재 상황이 만들어지거나 이해될 수 있게 도와줄 과거 경험을 불러온다. 애착 용어로는 강한 부정 정서는 해결되지 못한 과거의 애착 상처와 상실감, 그리고 이러한 경험과 연관된 실용모델을 불러온다. 한 사람이 "당신은 나를 배반했어. 나는 당신을 신뢰할 수 없어."라는 현재 경험에서 "나는 지금까지 아무도 신뢰해 본 적이 없었어."라는 방향으로 움직인다. 과거 상처에 의한 슬픔과 고통이 현재 상황에서 드러나고, "이전에도 그랬듯이 나는 당신을 멀리하고 내 갈망을 버리기로 했어."와 같이 정서를 어떻게 조절할지를 결정하는 데 도움을 준다. 과거의 미해결 상처와 애착의 실용모델은 현재의 한 부분이 되고, 회기 중에 되살아나고 접근된다. EFT 치료사는 경험에 환기적으로 반응하고, 정서를 조합하고 심화시키고 재처리하고, 배우자가 적절하게 반응하도록 도와준다.

EFT 치료사는 각 파트너가 현재 관계에서 지각과 반응을 내포하는 자신의 애착력에 대한 간단한 이야기를 구성하게 도와준다. 이는 현재 관계의 특정 경험 방식을 인정할 수 있게 도와주고, 상대 파트너가 배우자를 다양한 시각에서 볼 수 있게 해 준다. 사실 EFT에서 과거 경험은 특히 애착욕구와 그와 연관된 정서를 처리하는 방식, 즉 현재 반응을 인정하고 정당화시켜 주기 위해서 언급된다. 예를 들면, 치료사는 남동생이 태어나면서 부모로부터 경험한 버려짐(abandonment)의 관점에서 남편에 대한 신뢰의 두려움을 인정한다. 이는 또한 남편이 부인이 특정 상호작용 중에 보였던 위축을 보다 동정심의 눈으로 볼 수 있게 도와준다.

하지만 EFT에서 변화의 무대는 현재 관계다. 내담자는 병식을 갖거나 과거의 상처를 해결하기 위해서 과거로 돌아가지 않는다. 대신에 현재 지금 있는 곳에서 과거의 그림자를 다룬다. 현재 관계가 온전해지고 안정되면 과거도 변화하고, 이와 관련된 여러 상황도 개선된다. 예민하게 반응했던 과거는 현재의 새로운 방식으로 통합된다. 더불어 현재의 새로운 경험은 과거 경험을 반영하는 부부의 작동모델에 도전해서 새로운 기대와 정서조절 방식을 갖게 한다. 보다 분명하고 일관되고 충분하게 현재 애착경험이 처리되면, 과거와 현재 모두 재조직된다.

질문: EFT 치료사는 정서를 억제하는가

EFT에서 정서는 토의되기보다 경험된다. 정서는 단순히 명명되고, 느껴지고, 강렬하고, 극적일 수 있다. 정서 경험과 표현의 제한이 관계문제의 핵심으로 보인다. 하지만 정서 그 자체를 분출 혹은 표현하는 것이 EFT의 목표가 아니다. 정서 경험과 표현은 강렬하며, 그 영향력은 긍정적 및 부정적이 될 수 있다. 개인 혹은 부부 치료사에게 통제되지 않은 정서의 망령이 정서표현을 막거나 전적으로 피하라는 명분이 되었다(Mahoney, 1991). 하지만 경험주의 접근 치료에서 정서는 보다 긍정적으로 생각된다. 결국 EFT 치료사는 정서의 표현과 경험을 조절한다. 만일 정서가 춤을 이끄는 음악이라 본다면, 치료사가 음악을 약하게 하거나 곡조를 변화시켜야 할 때도 있고, 음악 소리를 더욱 높여야 할 때도 있다. EFT 치료사는 언제, 어떻게 그렇게 하는가?

치료사는 일반적으로 각 내담자의 관용의 영역(window of tolerance) 안에 머무른다. 치료사는 경험과 상호작용에 적절히 참여하기 위해 부부와 자신의 능력을 압도하여 위협이 되는 정서를 억제한다. 폭발적인 공격-공격 고리에서 치료사는 정서와 고리를 반영한다. 이는 고리를 약화시키고 반발을 줄인다. 필요하면 치료사는 상호 비난을 적극적으로 막고, 우회시키고, 재집중할 뿐만 아니라 슬픔이나 상처 등의 부드러운 정서를 불러온다.

개인 수준에서 치료사는 고통스러운 정서에 빠진 개인을 인정하고 지지한다. 다른 경험주의 역동치료에서 치료관계는 내담자의 정서경험을 '붙잡고', 경험에 안전하게 직면하게 만든다. 치료사의 위로와 지지는 개인의 교류를 유지시키지만 정서경험에 압도되지 않게 한다. 이러한 정서를 예리하게 반영하고 수용하고 확고히 할 수 있는 치료사의 능력은 내담자의 경험을 조절하고 조직하게 도와준다. 일반적으로 강한 경험을 이해하면 그것을 쉽게 다룰 수 있다.

불화부부의 불안이 심하면 심할수록 드러난 정서는 부부를 혼란에 빠트린다. 예를 들면, 사랑하고 의지하던 사람에게 심한 침해를 받은 외상 생존자는 동시에 공포, 수치, 슬픔과 분노를 경험한다. 치료사는 회기과정의 속도를 늦추고 정서들을 명명하고, 이를 외상 및 현재 배우자와의 상호작용과 연결시킨다. 이에 대한 예는 EFT에 대한 저술에서 밝히고 있다(Johnson, 2002, 제6장). 일반적으로 이들 부부와 함께 EFT 치료사는 슬픔과 분노 감정을 밝혀야 하지만 먼저 두려움에 초점을 맞춘 이후에 생존자의 권리 주장과 애착욕구 충족 요청을 막는 수치심에 적극적으로 집중한다.

일반적인 EFT 실제에서 치료사는 상대 파트너가 강한 정서에 빠진 사람에게 보통 정서 부담을 줄여 주는 태도로 조율하고 반응하게 도와줄 것이다. 예를 들면, 분노는 상대방이 경청하면 진정되지만 상대가 방어적으로 물러나면 더욱 강화되는데, 이는 두려움이 상대방이 표현한 동정심으로 인해 약해지는 것과 같다.

대인관계 수준에서 치료사는 상대 배우자에 대한 강력한 분노와 같은 특별히 반발적인 부정 정서표현을 막아야 할 때가 있다. 치료사는 상대 파트너의 경험이나 비난자의 내재 정서처리를 다시 하게 한다. 치료사는 부정 정서표현을 재구성하여 치료과정에 파괴적이지 않고 유용하게 만들어, "아무도 당신을 신뢰하지 않아. 당신은 비열해."에서 "나는 당신을 믿지 않을 거야. 당신이 나를 통제할 수 없다는 것을 보여 주겠어."로 바꾸어 표현하게 도와준다.

EFT 주요 과제 중의 하나인 정서 억제와 재처리 사이의 경계는 여기서 불분명해진다. 치료 상황에서 정서는 강조되고 새로운 상호작용 반응을 일으키지만, 구조화된 EFT 과정 자체는 정서를 조절하고 지시하여 결국 억제하는 것이라 할 수 있다. EFT에서 정서는 탐색이 되면서 불러오고 조절된다. 치료사는 표현이 현재 회기의 초점에서 벗어나고, 현재 일차 정서의 탐색에서 벗어나면 정서표현을 막는다. 치료사는 표현된 정서를 반영하고 개인의 욕구가 경청되도록 인정하지만, 보다 적절하게 경험할 수 있도록 회기의 방향을 수정해 간다. 이때 치료사는 다음과 같이 말한다. "마크, 지금 여기서 멈춰 볼까요? 당신이 하고 있는 일, 즉 당신이 가르치는 물리학에 저도 관심이 있지만 지금 다시 돌아가고 싶어요. 당신은 '우리가 함께 시간을 보낸들 무슨 상관이야? 어쨌든 나는 항상 혼자야.'라고 말했어요. 그것은 고통스럽고 힘들다고 들려요. 당신이 이 말을 할 때 무슨 일이 일어났나요?"

질문: EFT 과정에서 개인은 변하는가

성격을 "타인과 관계하고, 문제를 극복하고, 정서를 표현하는 평생의 스타일"로 본다면(Million, 1994, p. 279), 중요한 사람과 연결되고 핵심 정서를 표현하는 방식에 영향을 미치는 치료가 개인의 성격에도 영향을 미친다는 사실은 논리적으로 여겨진다. 구체적인 자기와 타인의 작동모델, 정서조절, 타인과 교류하는 방식 등의 애착유형이 성격의 핵심 부분이라고 생각된다면 임상경험과 최근의 애착 연구는 개인의 변화가 EFT의 일부라고 제안한다. EFT의 개입은 항상 개인

내부(within, 무용수의 개인 현실)와 대인관계(between, 춤의 관계체계 현실)를 통합한다. 이들 요소는 어느 순간에 서로를 정의한다.

개입의 애착모델의 규정하에 개인, 부부, 가족 치료를 통합한 최근의 저서 (Johnson, 2019a)에서 나는 "자기(self)는 과정이며, 지속적으로 새롭게 정의되고 타인과의 상호작용을 재정의하는 진행 중인 구조"라고 언급했다.

개인 정신건강 측면에서 증상은 EFT에서 관계 규칙과 상호작용 패턴을 반영하고 구성하는 것으로 여겨진다. 이는 특히 여성의 우울증 등 개인 증상에 타당하다고 여겨지는데, 여성은 주로 상호관계 맥락에서 자신을 정의하며, 남성 배우자의 위축 등의 관계불화 증상에 의해 부정적으로 영향을 받기 때문이다 (Christensen & Heavy, 1990; Roberts & Krokoff, 1990). 정서 연결에 초점을 두는 EFT가 여성이 흔히 표현하는 욕구에 특별히 주목하고 있기 때문에 여성 파트너가 우울증과 관계갈등으로 고통을 받을 때 EFT가 적절한 개입이 될 수 있다.

하지만 이러한 증상이 없는 부부도 EFT는 안정감과 연결감을 향한 기본 욕구, 욕구처리 방식, 그리고 중요한 사람과의 상호작용 정의방식에 초점을 맞추면서 각 파트너의 자아감의 확대와 분화에 성공적으로 관여한다. 친밀한 타인과의 교감을 신뢰하는 안정애착형에게 자아감은 긍정적이고 분명해지는 것에 주목할 가치가 있다. 분명히 치료 종결 시점에 부부들은 자신의 정서조절 패턴이 변하고 상호작용 반응 목록이 확대된다는 증거가 있다. 주장하지 않던 남성이 위험을 감수하여 주장하고, 거리를 두었던 여성은 자신이 원하는 것을 요청한다. 이러한 새로운 경험은 자신과 자신의 능력에 대한 느낌을 변화시킨다. 경직되고 제한된 상호작용 고리는 자기 경험, 표현, 재연을 좁힌다. 이러한 고리가 확대될 때, 자아감 역시 확대된다.

나와 같이 개인치료 훈련을 먼저 받은 부부치료사에게 개인 성격의 새로운 부분을 불러오는 부부개입이 갖는 영향력은 여전히 놀랍게 다가온다. 이러한 변화는 전통 정신치료에서 말하는 중요한 사람과 이전과는 다른 방식으로 만나고 새로운 관계방식을 통해 사람이 변화되고 발전되었기 때문이 아니다. 전통적으로 치료사가 그러한 관계를 맺게 된다. 부부치료에서는 개인 성장을 돕고 상처를 치유하기 위해 사용될 수 있는 소중한 배우자와의 관계가 이미 형성되어 있다. 부부치료는 PTSD와 같은 개인문제에 대한 핵심 개입이 될 수 있다(Johnson, 2002; Greenman & Johnson, 2012). 사실 애착의 문헌과 적용은 개인에게 적용되며 개인 성장은 커지고 있다(Costello, 2013; Siegel, 1999).

개인의 상호작용 태도와 자기상이 억제되고 경직된 경우에는 부부치료 과정은 개인의 생생한 실존 위기를 드러낸다. 예를 들어, 돈 주앙(Don Juan)과 같은 삶을 살아온 남자는 죄책감으로 치료받게 되고, '타인을 수용할' 능력이 없는 자신을 직면했다. 오랫동안 개인치료를 해 왔으며, 단기간의 이상적인 관계를 계속 맺던 이 남자는 자신의 부모, 가족, 연인과의 제한된 관계경험과 타인에게 버림받을 두려움으로 인한 슬픔에 접근했다. 치료 회기 중에 과거 애착경험을 짚어 주고 반영했다. 하지만 결국 현재 배우자와의 연결에 대한 자신의 거절을 재연하면서 자기와 타인의 모델, 애착 두려움에 다가가고, 이것이 점검되고 확대될 수 있었다.

부부치료에서는 개인치료에서 드러내기 어려운 인간의 기본 딜레마를 재연한다. 남자는 자신의 정서 생활과 관계에 대해 외면하면서 살아온 모든 방식을 탐구했다. 그는 먼저 2가지 문제와 마주했다. 첫째, 혼자 맞이할 죽음과 타인과의 단절에 대한 두려움, 둘째, 자신이 원하지만 결국 버려질 것에 대한 두려움이다. 치료사의 도움으로 회기 중에 부인이 안식처가 되면서 그는 자신의 문제에 직면하고 새로운 선택을 하게 되었다. 이 경우 부부치료는 개인치료를 병행한다. 부부 모두 여러 차례 개인 회기를 가졌고, 부부치료 과정이 자연스럽게 개인의 변화과정을 촉진시켰다.

일반적으로 부부가 속한 사회 맥락에서 적극적으로 개인을 치료하는 것이 우울증 및 광장공포, 중독, 강박장애 등의 불안장애 문제를 이해시켜 준다는 많은 증거가 있다(Baucom, Shoham, Mueser, Daiuto, & Stickle, 1998). 이는 관계가 장
애에 미치는 역할을 고려하면 놀랄 일은 아니다(Fincham & Beach, 1999; Davila,
2001; Whiffen & Johnson, 1998). 애착의 관점에서 우울증은 의지할 일차 애착대
상과의 안전한 연결을 하지 못해 생긴 자연스러운 결과다. EFT 치료사는 우울증
을 부정적 상호작용 고리의 맥락에 두고 부부가 함께 고리와 우울증을 물리치게
돕는다. 안전감 형성 불능은 상실과 취약성과 무력감뿐 아니라 자기에 대한 타
고난 가치의 의심을 유발하며, 이 모두는 우울경험과 연관된다. 지지 부족은 또
한 다른 스트레스 요인을 강화한다. 반면에 안정애착은 회복력을 강화하고, 우
울증과 같은 개인의 문제의 재발을 방지하게 된다.

　일반 수준에서 자신의 정서 및 타인과의 연결 능력은 정서지능의 기초가 되고,
이는 융통성과 같은 말이다(Siegel & Hartzell, 2003). 융통성은 개인 적응과 건강
한 기능을 위한 필수조건이다(Lewis, Beavers, Gossett, & Phillips, 1976). 부부치료
가 정서지능을 강화하며, 이는 또한 개인 기능과 성장을 더욱 강화시켜 준다.

질문: EFT 치료사는 초점을 두어야 할 정서를 어떻게 아는가

여러 가지 해답이 있는데, 요약하면 다음과 같다.

① **사람들이 있는 지점에서 시작하는 것이 최선이다.** 치료 초기에 치료사는
　부부가 드러낸 정서 혹은 정서 부족에 초점을 두고 반영한다. 이는 내재
　된 핵심 취약 정서를 다루기 위해서 표면의 반발 정서를 택하지만 EFT 치
　료사는 부부가 자발적으로 표현한 정서로 시작한다. 이것이 새로운 경험
　이 되며, 이때 부부는 분노 등의 정서 자체와 정서경험 방식보다는 비난
　혹은 방어하는 상대의 행동에 강박적으로 초점을 맞춘다.
② **치료사는 부부를 좇아간다.** 회기 중 부부가 보다 안전함을 느끼면, 치료

사는 부부의 정서경험을 좇아간 다음 그것을 탐색하게 도와준다. 치료사는 새로운 정서경험과 표현을 유발하는 상호작용 과제를 조직한다. 치료사는 부부가 보인 가장 중요한 정서에 초점을 맞추어 각 파트너의 경험을 추적한다. 치료사가 초점을 맞춰야 하는 지점을 알려 주는 사람은 바로 그것을 경험한 그 자신이다.

③ 치료사는 자기 정서와 내담자의 관계 드라마가 제공하는 지도를 좇아간다. EFT 치료사는 치료의 특정 시점마다 특별히 주목할 것을 제안하고 각각 다른 지도를 갖고 있다. 경험주의 치료에서 하나의 지도는 치료사의 공감으로 귀니(Guerney, 1994)는 이를 상상의 도약(leap of imagination)이라 불렀다. 치료사는 내담자의 경험에 교감하여, 내담자 경험으로 안내해 줄 자신의 정서반응과 공감을 사용하여 음미하고 깊이 처리한다. 두 번째 지도는 부부가 상호작용에 대해 취하는 태도의 드라마다. 각 정서는 '특유의 극적 줄거리'가 있다(Lazarus & Lazarus, 1994). 정서 현실은 특정 태도와 연관되어 있다. 예를 들어, 위축은 위협감, 절망감뿐 아니라 부족감 혹은 수치심과 연관되어 있다. 우리는 정서를 통해 관계 태도를 예측할 수 있고, 관계 태도로 내면 정서를 예측할 수 있다. 정서경험이 상호작용 반응을 조직하는 방식은 예측 가능하다. 치료사는 내담자의 패턴에 대한 이해를 부부의 내재 정서경험을 파악하는 단서로 사용하고, 그리고 태도 변화를 도와주기 위해서 강조하는 새로운 경험으로 이끌 길잡이로 사용한다. 예를 들면, 치료사는 남편이 부인의 거절에 대한 두려움을 이해해야 하지만 만일 남편이 자신의 분노를 표현하면, 이는 남편에게 힘을 실어 주고 부인과의 상호작용 방식에 변화를 일으킨다.

④ 치료사는 자신이 알고 있는 친밀한 관계에 대한 이론을 지도로 사용한다. 애착이론은 부부의 구체적인 경험의 맥락을 알려 주며, 비록 내담자가 이해하지 못한 경험일지라도 치료사는 이러한 배경을 통하여 경험을 이해

하고 앞으로 나아갈 방향을 알게 된다. 치료사가 내담자의 경험을 좇아가 지 못할 때, 이러한 이론적 지도는 치료사가 어디에 초점을 두어야 할지를 알게 한다. 예를 들어, 애착이론은 자녀가 도움을 받을 수 없는 부모와의 관계를 유지하는 유일한 길이 자신의 애착욕구를 축소하고 친밀한 접촉 갈망을 통제하는 것이라고 알려 준다. 그래서 한 배우자가 상대 배우자의 긍정적 혹은 부정적 정서반응에 대해 '감정이 없다'고 말할 때, 이러한 지 도는 자신의 반응 부족과 이를 유발하는 불안과 억압된 갈망에 집중하는 것이 유용하다고 제시한다. 보다 기본적인 수준에서 애착이론은 "나는 관 계에서 필요 없는 존재라서 인터넷이나 연애에 빠지게 된다."라고 침착하 고 차분한 태도로 말하는 이면에는 상실과 절망이 있음을 치료사에게 알 려 준다.

질문: EFT에서 정서경험은 어떻게 전개되는가

♥ 교류는 정서를 확대한다

일반적으로 위협 정서가 왜곡, 회피, 축소 및 제한되기 쉽다는 것을 받아들이 면, 경험과 표현의 수준에서 정서의 교류와 수용은 그것을 더욱 분명하게 하고 확대시킨다. 두려움과 수치심 등의 정서는 고통스럽기 때문에 정서 교류와 처리 보다 자연스럽게 정서를 조절하고 고통을 참고 경험을 재조직하는 방향으로 관 심이 이동된다. 하지만 이러한 재조직(분노로 경험되고 표현된 초기 두려움 등)은 배우자와 멀어지는 부정적인 부작용을 초래한다.

부부는 종종 정서를 전혀 느끼지 못하거나(Wile, 2002) 심지어 느끼는 것을 부 끄러워한다. 내담자는 "내가 이렇게 느끼면, 그것은 내가 나약하고 바보라는 걸 의미해요."라고 말한다. 수치심에 바탕을 둔 의미의 틀은 정서 탐색을 막는다.

치료사의 인정은 이것에 대한 해독제다. 부부는 정서 폭발에서 벗어나 표면 정서를 명명하고 받아들이고, 이들을 애착과 고리의 맥락에 두고, 핵심 정서에 접근하며, 정서를 심화하여 이를 파트너에 대한 새로운 반응으로 '옮긴다'. 치료사의 도움으로 남편은 부인을 모욕하기보다 자신의 '분노'를 명명하고 받아들이며, 분노 이면에 있는 절망과 슬픔에 다가가고 수치심을 느끼지 않고 절망을 수용한다. 그리고 이를 자아감과 친밀한 관계에 대한 견해로 통합하고, 부인의 관심을 불러오는 방식으로 존중과 위로를 요청한다.

핵심 애착정서의 확대는 정서의 즉각적인 자기보호 방식으로 재조직되는 것을 막고, 이러한 정서에 깊이 집중하여 충분히 처리한다. 이를 통해 정서에 내재된 적응적인 행동화 경향, 자기에 대한 중요한 정보, 그리고 애착욕구에 접근하고 상호작용 반응을 만들기 위해 이들을 사용할 수 있다. EFT 치료사는 상처가 분노로 재조직되는 것을 막고 대신에 이를 인정한다. 이후 상처를 통하여 결국 절망 및 타인의 보호와 위로를 받고 싶은 욕구를 끌어낸다.

그리고 이 과정을 보여 주는 다른 방식은 정서 교류가 사람들에게 접촉을 향한 열망과 두려움 등 갈등이 되는 정서반응을 경험하고, 보다 통합되게 반응하게 해 주는 것이다.

♥ 구체적 상호작용 과제는 새로운 정서경험과 이야기를 만든다

치료사의 구조화된 대화방식과 배우자의 새로운 반응은 새로운 정서경험을 일으킨다. 예를 들면, 배우자가 제공한 평안과 위로는 상대의 버림받은 감정에 도전케 하고 새로운 정서반응을 불러온다. 치료사는 각 파트너의 정서 현실 및 이것이 어떻게 상호작용을 정의하는지에 대한 일관되고 통일된 이야기를 구성하게 도와준다. 부부는 정서와 상호작용 반응이 어떻게 서로 맞물려 있으며, 그들의 관계 형성에 어떤 영향을 주었는지를 인식하면서 치료를 종결한다. 즉, 부부는 새롭고 긍정적으로 정서를 경험할 수 있다고 느낀다.

♥ 정서처리는 자연스럽게 전개되고 그 자체의 경로가 있다

중요한 사람과의 상호작용에서 특정 정서경험은 자연스럽고 예측되는 방식으로 전개된다. 예를 들면, 불안과 위협 상황에서 상처와 수치심을 조절하는 보편적 방식은 자신을 공격했던 사람에게 비난하는 식으로 표현하는, 즉 경험을 이차 분노나 의분(righteous rage)으로 '변환하는' 것이다. 분노는 자신의 정서로 인한 고통과 타인에게서 예상되는 피해로부터 자신을 보호한다. 만약 분노에 내재된 상처, 즉 일차 반응이 처리되지 못하면, 분노는 내외 세계를 조직하고 분노반응에 대한 지속적인 상대의 반응을 유발한다. 이러한 분노는 협박받은 배우자가 자신의 상처와 두려움에 접촉하기 시작할 때 발생하는 핵심 분노와는 다른데, 이는 자연스럽게 배우자의 존중을 받지 못해서 표현되는 분노로 발전된다. EFT 치료사는 자연스러운 정서처리 경로를 따라간다. 치료사는 어떻게 과정이 전개되고, 상호작용 태도를 변화시키기 위해 어떻게 과정을 강조하고 사용할지 예측할 수 있어야 한다. 일단 당신이 음악, 춤의 드라마를 이해하면 당신은 줄거리를 다시 쓸 수 있다.

특정 정서는 그만의 특정 방식으로 전개된다. 특히 문제가 되는 정서가 수치심이다. 눈물은 사람을 묶어 주고, 분노는 주장과 존중을 자극할 수 있지만 수치심은 숨거나 분열시킨다. 수치심은 혐오를 일으키므로 앞서 언급한 방식으로 다른 정서조절에 사용되지 못한다(Pierce, 1994). 사랑스럽지 않고 보호받을 자격이 없는 식의 자기 작동모델을 갖게 하는 자기혐오, 부적절감, 무가치감은 자기개방, 욕구와 소망 표현을 극도로 해롭다고 여기게 만든다. 가장 흔한 수치심 조절방식은 타인에게 분노하거나 애착 맥락에서 보통 무감각해지고, 타인과의 접촉을 거부하는 것이다. 이러한 가장 흔한 고통스러운 정서조절 방식은 타인의 거절

등의 정서를 다시 유발시키는 상호작용을 일으킨다. 수치심이 경험되고 개방되면서, 자연스럽게 우울과 슬픔이 따라온다. 상대 파트너가 위로의 반응을 보이면, 수용이 제공하는 평안과 위안이 수치심 경험의 해독제로 작용한다.

갈등을 겪는 결혼에서 두려움이 가장 특징적이고 고질적으로 보이는 정서다. 두려움은 투쟁-도피 행동을 유발하고, 부부가 서로를 지각하고 상호작용하는 방식을 제한한다. 정서는 경보체계로 묘사되는데, 다른 반응보다 선행하는 강한 자동반응의 가장 분명한 예가 바로 두려움이다. 다양한 저자가 혼자되고 버림받을 두려움, 거부되고 미움받을 두려움, 그리고 통제받고 무기력해지는 두려움과 같은 애착관계에서 전형적으로 나타나는 두려움을 밝혔다. 이차 반응으로서의 두려움(대부분 일차 반응이지만)은 대부분 EFT에 반응을 잘한다. 즉, 치료사가 안전과 지지를 제공하고, 부부는 분노를 표현하고 자신을 주장하거나 슬픔을 표현할 수 있다. EFT 변화사건에서 사람들의 일반적인 갈등은 두려움 혹은 애착불안이다. 타인에게 접근하고, 자신의 애착욕구 충족을 요청하는 위험을 감수하는 순화사건에서 분노와 강한 분리는 자연스럽게 심한 두려움을 일으키며, 이는 회기 중에 드러내어 처리된다. 이러한 두려움은 위안을 제공하는 배우자의 도움으로 조절될 수 있다.

♥ 설명

활자로 드러내기 힘든 임상문제가 있음에 주목할 가치가 있다. 책을 통해 치료법을 배우는 것은 레코드에 패인 홈을 보면서 노래를 배우는 것에 비유될 수 있다. 예를 들면, 여기서 특히 다루기 힘든 타이밍의 문제가 있다. 많은 녹취록이 있기 때문에 당신이 EFT에 대한 책과 논문에서 읽을 수 있다. EFT에 대한 훈련 영상이 있다(www.iceeft.com). 예를 들면, 〈EFT 실제(EFT in Action)〉라는 DVD는 전쟁 외상을 다루는 매우 흥분된 부부의 상담 내용을 소개하는데, 치료사의 자문, 저자의 시연 회기, 사후 토의를 보여 준다. 이러한 비디오는 반복해서 시청할 수 있고 학습을 위한 좋은 도구로 경험 많은 댄서들의 춤을 보는 것과 같다. EFT를 직접 배우기 가장 좋은 방법은 자신의 치료 회기를 녹화(녹음)하여 부부 상호작용과 반응, 그리고 자신이 행한 기법에 주목하면서 테이프를 돌려보는 것이다. 치료사는 다르고 향상된 기법을 설정하고 그것이 치료과정에 미칠 수 있는 효과에 대한 가설을 세워 보면 유용하다. 또한 이미 출간된 워크북(Johnson et al., 2005)이 EFT의 학습을 도와줄 수 있다.

질문: EFT 치료사가 되기 위해 무엇을 알아야 하는가

지금 이 시점에서 우리는 EFT 치료사가 되기 위해 많은 갈등을 겪는 것을 알고 있다(Palmer & Johnson, 2002). 치료사는 비병리적 태도, 과정 집중, 경험 순간과 상호작용 움직임의 조직방식, 인간의 애착 욕구와 관점의 존중이라는 EFT의 기본 전제에 편해져야 한다. 치료사는 각 대담자의 경험에 공감적으로 스며드는 능력을 개선하고 경험의 형태와 특성을 발견하려는 의지가 있어야 한다. 하지만 무엇보다 치료사는 내담자의 정서 현실에 개입하고 점진적으로 내담자가 정서를 참고 탐색하는 방식으로 특정 정서를 조합하고 심화하는 것에 편안해져야 한다. 치료사는 핵심 정서를 따라가고 확대하고 통합하며, 부부의 상호작용을 재구축하기 위해 정서 사용과정을 신뢰하는 것을 배운다.

나와 동료들은 다음과 같은 EFT를 처음 접하는 부부치료사들의 고민을 관찰했다.

- 내담자를 판단 및 비난하지 않고 문제를 춤과 애착정서 처리의 어려움으로 재구성하기
- 동맹을 형성하고 평가하기. 만일 내담자가 치료사와 도전하거나 대치하면,

특히 이것이 어렵다. 치료사는 진실되고 방어하지 않으며, 내담자에게서 흔 쾌히 배우라고 격려받는다. 이것이 탈진(burn-out)을 막는 최고의 해독제가 된다. 당신이 신뢰하고, 모든 내담자로부터, 가끔 아무것도 아닌 것으로부터 인간다움과 삶과 사랑을 만드는 것이 무엇인지 배우는 모델로 하는 상담은 지속적으로 영감을 일으킨다.

- 여러 복잡한 문제에 직면해서 성장하고 새로운 선택을 할 수 있는 인간의 능력에 대한 신뢰 유지하기. 불확실하고 복잡한 것을 견디고, 복잡한 문제에 대해 간단히 답하는 것에 조바심을 내지 않는 것이 중요하다.

- 내용(content)에 빠져드는 성향에 저항하고, 경험과 상호작용 조직 과정 (process)에 머무르기. EFT의 견해로 보면, 사건이 성, 경제, 양육, 혹은 배우자 가족일지라도 문제는 결국 내용에 있지 않다. 문제는 말하는 방식과 애착 욕구와 두려움을 다루는 방식에 있다. 그래서 치료사는 내용을 자세히 살펴보고 과정으로 들어가야 한다. 치료사가 길을 잃거나 내용에 빠져들면, 단순히 지금 과정에서 멈추고, 분명하고 초점을 맞추었던 마지막 발언으로 돌아갈 것을 요청한다.

- 치료가 막히거나 길을 잃은 때를 인정하고 마지막 중요한 정서적 순간 혹은 발언으로 돌아가거나 단순히 EFT 탱고를 시작하여 방향 바꾸기

- 개인 내부(within)와 대인관계(between)를 움직이기. 치료사는 내담자의 정서경험을 밝히는 것 혹은 상호작용 과제를 수행하는 것을 편안해하는데, EFT 치료사는 이 2가지를 모두 시행해야 한다. 부부가 강한 상호작용에 빠져 자신이 회기를 통제하지 못한다는 생각에 초보 EFT 치료사는 종종 내담자를 상호작용의 재연으로 이끄는 것을 꺼린다. 대부분의 치료사는 "내가 필요치 않고 소중하지 않다고 그녀에게 말할 수 있겠어요? 당신에게 어떻게 말해야 할지 모르겠고, 그래서 다른 연인을 만나고 싶다고 말했어요. 하지만 나는 당신과 당신에게 내가 소중한지에 대한 확신이 없다고 지금 잠깐

몸을 돌려 그녀를 보면서 말해 보시겠어요?"라는 대인관계 기법보다는 "당신이 ……라고 말할 때 어떤 느낌이 들었나요?"라는 정신내적 개입을 쉽다고 여긴다.

■ 치료과정에서 치료사 자신의 애착 상처 혹은 불안을 불러온 때를 밝히고, 동료와 슈퍼바이저의 지지와 도움을 구하기. 나는 병원 클리닉에서 치료를 지켜보면서 남자 내담자가 했던 어떤 말을 믿거나 수용할 수 없었지만, 그가 과거에 나를 배신한 이전 배우자를 생생하게 떠올리게 했다는 것을 깨달았다.

■ 행동이 과하고 안전에 집착하는 불안형 배우자와 어떤 정소도 밝히기 어렵고 의존을 펌하하며 말하는 회피형 배우자 모두 유연하게 다루기. 치료사는 과장되고 무시되는 애착욕구를 다루고, 타인의 정서를 유발하는 내담자의 정서를 억제할 수 있어야 한다.

■ 정서에 머무르고 심화 배우기. "내가 그들을 감정으로 데려갔지만 그런 모든 감정으로 무엇을 해야 할지 모르겠어요."라고 한 치료사가 말했다. 기본적인 EFT 반응은 반영과 인정이다. 치료사가 반영하면 그는 정서를 경험하고, 요소를 더하거나 구체적으로 조직하거나 부정 고리 및 애착욕구와 연결할 기회를 갖는다. 경험이 반복해서 이뤄진다면, 내담자의 정서개입은 심화되고 발달하기 시작하는데, 이는 마치 사진의 윤곽이 사진작가의 쟁반에서 선명해지는 것과 같다. 치료사의 생생하고 분명하고 구체적인 언어와 적절한 비언어들(앞서 언급된 RISSSC)은 이러한 개입을 부추긴다.

■ 회기와 회기 간의 연속성 만들고 성장하기. 이는 치료과정과 지금 내담자가 있는 곳을 인식하는 것이다. 만일 약화가 되지 않았다면, 치료 후기에 안정 결합을 만들기 위해서 사용될 수 있는 위험감수를 격려하는 것은 잘못이다. 회기 중이나 회기를 마친 후에 핵심 이미지, 정서, 내담자의 말을 기록하여 회기 전에 살펴보는 것은 도움이 된다. 성공적 회기에서 내담자의 점진적

정서 표현과 심화가 유도되고 시행된다. 내담자가 자신의 정서를 밝히고 개입 전에 재연을 구조화하거나 위축자가 변화하지 않았는데 비난자의 정서 위험감수를 격려하는 등의 시기상조의 개입은 중단하는 것이 좋다.

협동, 상호관계와 존중의 특성을 가진 슈퍼비전은 EFT를 배우는 데 매우 도움이 되고(ICEEFT 공인 슈퍼바이저 목록은 ICEEFT 웹사이트 참조), 훈련용 DVD와 연구용 축어록을 반복해서 보는 것도 좋다. EFT 자격취득 과정(www.iceeft.com에 소개되어 있다)은 세계적으로 70명의 트레이너가 이끄는 4일의 기초교육과정, 소그룹으로 자신의 상담을 보여 주는 핵심 기술훈련, 8시간 이상의 그룹과 개인 슈퍼비전을 받아야 한다. 2가지 기초교육과정 참여자 경험 연구(Sanberg et al., 2013; Montagno et al., 2011)는 이러한 훈련이 전문가 및 개인에게 의미 있고 긍정적인 영향을 끼친다고 했다. 이는 수천 명의 참여자 평가에서 가장 높은 점수를 기록한 것과 궤를 같이한다.

이 모델을 배우기 위한 다른 지원은 EFT 트레이너가 이끄는 다양한 EFT 센터와 공동체이며, 북미의 대도시와 전 세계의 다양한 국가에서 교육과정과 사례회의를 이끈다. 훌륭한 EFT 치료사가 되는 것은 일평생 배우고 지지적 동료 그룹과 함께할 때 잘 배울 수 있다고 가정한다. ICEEFT 회원은 임상문제를 토의할 수 있는 전문가 리스트서브를 통해 지원을 받는다.

풍성하고 깊은 치료는 시간과 노력을 요구하지만 조직화된 구조는 치료사가 그것을 달성하도록 도와준다. 이러한 구조는 최근의 저서『애착이론과 상담: 개인, 부부, 가족을 위한 정서중심치료』에서 소개한 개인 및 가족 치료모델의 체계적인 훈련을 제공하기 위해서 확산되고 있다(Johnson, 2019a).

제12장   정서중심 가족치료

애착이론의 가치는 문제행동에 내재된 애착욕구를 드러나게 하는 데 있다. …… 애착이론은 개입에 있어 체계 관점을 강화하는데, 그 이유는 그것이 아동-부모관계 맥락에 있는 파괴행동의 본래 의미를 이해시켜 주기 때문이다.

— 말린 M. 모레티(Marlene M. Moretti)와 로이 홀랜드(Roy Holland),
『Attachment Processes in Couple and Family Therapy』(2003)

애착 재구성

인간이 가족 구성원과 연결되고 인정받고 싶은 욕구를 가진다는 신념은 다양한 가족치료 접근의 초기부터 스며들어 있다. 하지만 가족치료사는 전통적으로 인간 사이에 발생한 것에 초점을 두었으며, 대부분의 체계모델에서 개인 내부에서 발생하는 정서는 주목하지 않았다. 예외는 있지만(Liddle, Dakof, & Diamond, 1991), 체계이론과 치료 실제에서 정서반응은 중요하지 않고 심지어 파괴적이라 여겼다(Krause, 1993). 치료의 요점은 동맹을 바꾸거나 인지를 재구성하여 관계 체계를 재조직하는 것이다. 가족의 춤이 정서 음악에 의해 일차적으로 조직되는 사실은 적절하지 않다고 여겼다. 정서중심 가족치료(EFFT)는 이 점에서 체계치료의 주요 흐름과 조화되지 않았다.

정서를 생물학적인 내면 경험 세계와 사회적인 자기와 체계 사이의 주요한 연결로 보는 치료사에게(Johnson, 2019a), 이는 유감스러운 일이다. 정서 경험과 표현은 가족의 사회적 상호작용의 조직과 조절에 큰 역할을 하며(Johnson, 1998), 치료적 상호작용의 재조직에서 중요한 부분으로 작용한다. 가족치료에서 정서중심 변화전략을 포함하여 대화적 은유(conversational metaphor)에 초점을 두고 있는 현대의 가족치료가 자신과 상황을 다르게 경험하는 내담자의 경험과 욕구를 무시하고 있다는 저자들의 관심에 주목했다(Chang, 1993).

존 볼비는 순환적 인과론(circular causality)과 상호작용의 패턴에 양방향 피드백 고리가 갖는 힘에 초점을 두고 있는 체계이론(Bertalanffy, 1968)을 처음으로 차용한 최초의 가족치료사(1994)이자 임상가다. 애착이론은 정서 현실과 사회 교류의 패턴을 통합하는 가족 사랑과 소속의 복잡한 드라마에 대한 지도를 가족치료사에게 제공한다. 모레티와 홀랜드(Moretti & Holland, 2003), 다이아몬드와 동료들(Diamond, & Russon, & Lery, 2016), 휴즈(Hughes, 2007) 등의 연구자 및 임상가들은 아동과 청소년 문제를 체계적으로 애착과 결부시켰고, 검증되고 체계적으로 배울 수 있는 명확하고 분명한 기법을 조직했다. 이는 가족이행(family transition)에 대한 해묵은 생각 및 의존과 독립에 대한 가설에 답을 주었다. 예를 들면, 모레티와 홀랜드는 애착 용어로 청소년기로의 성공적 이행은 부모와의 분리의 의미가 아니라고 지적한다. 지속적인 연결이 개별화를 촉진한다. 애착은 유아와 어머니 관계의 기초가 된다(Cohen, Muir, & Lojkasek, 2003). 정서중심 가족치료는 정서에 개방적이며, 의존을 밀착의 지뢰밭(minefield of enmeshment)이 아닌 건설적 힘으로 바라보는 애착이론을 가족치료 분야로 통합하려는 움직임의 일환이다.

기초 목표와 기법

이 장에서는 가족에 대한 정서중심 경험주의 기법의 개요를 간단히 밝힌다. 2개 장에 걸쳐서 정서중심 가족치료(EFFT)를 다룬 최근의 저서『애착이론과 상담』 (2019)과 정서중심치료에 매우 헌신적인 EFFT 치료사들의 신간 서적(Furrow, Palmer, Johnson, Faller, & Palmer-Oslon, 2019)이 있다. 이 책의 초점은 부부치료 다. 하지만 부부를 위해 고안된 기법과 관점이 가족관계에도 적용될 수 있기 때문에 이 장은 이러한 맥락에서 그것을 소개한다. 정서중심 개입을 사용한 가족 치료의 가정, 목표와 과정은 EFT와 동일하다. 예를 들면, EFT 탱고는 가족 회기에 사용되는 기본 거시 개입이다. 정서중심 가족치료사는 가족관계, 특히 지목된 환자/내담자(identified patient/client: IP)와 부모 사이의 관계를 정의하는 상호작용 패턴을 이끄는 핵심 정서반응에 접근한다. EFT와 마찬가지로 치료사는 상호작용 방식을 개선하기 위해 새로운 정서 경험과 표현을 사용한다. 만약 관계가 안식처와 안전기지로 변하면, IP의 문제행동 역시 변하고, 이 과정을 통해 IP가 가족과 자신의 내면세계를 정의하는 방식에 변화를 줄 것이라고 가정한다. 가족 내 IP의 관계 태도와 경직된 상호작용 패턴이 지속적으로 개인의 부정적 정서조절 전략과 경직된 자기와 타인의 작동모델을 확인하는 방식은 개인의 문제를 지속시키고 적응과 변화를 방해한다.

여기에서 목표는 가족관계를 접근과 반응이 향상된 방향으로 개선하고, 이를 통해 자녀가 성장하여 떠날 수 있는 안전기지를 형성하도록 돕는 것이다. 애착 과학에서는 청소년이 애착대상과 안정된 관계를 형성하면 할수록 그가 독립적이고 자신 있게 주변 상황을 탐색하기 쉽다고 본다(Allen, 2008). 안정애착은 개인의 자율성을 형성하고 유지시키는 한편, 친밀하고 지지적 관계를 유지하는 힘을 갖게 한다. 이는 또한 환경 스트레스에 대한 대처 능력과 연관이 있고 정서 적응을 향상시키는데, 이는 타인과의 안정된 연결은 효과적 정서조절과 자기효능감(self-efficacy)과 같은 심리요소에 긍정적으로 영향을 미치기 때문이다(Bartholomew & Horowitz, 1991; Mikulincer et al., 1993).

♥ 치료 형식

가족치료의 1회기 혹은 2회기에는 가족이 모두 참여하는 일반적인 치료 형식을 따른다. 이것은 상호작용 태도와 패턴에 접근하여 IP(지목된 환자)의 증상과 연관되어 나타나는 문제의 관계와 가족 고리를 밝히기 위함이다. 이 회기 이후에 전형적인 부모/부부, 형제, IP와 각 부모, IP와 양부모와 같은 가족 하위체계를 살핀다. 치료는 두 명, 세 명, 그리고 전체 가족 참여 회기로 탄력적으로 진행한다.

새로운 상호작용을 만들기 위해 새롭게 처리된 정서표현을 사용하는 과정은 회기에 참여하는 내담자가 두 명 혹은 세 명이 참여해도 동일하다. 하지만 2인 회기는 필요시 정서 교류 증가를 위해 안전감과 집중을 요한다. 2인 회기에서 생기는 변화는 3인 회기에서 IP와 양쪽 부모 사이의 삼각관계로 통합된다. 치료는 10~15회기를 요하며, 치료사는 한 명 혹은 보조치료사가 함께하는 식으로 구성된다. 치료는 모든 가족이 참여하여 새로운 상호작용 패턴이 강화되는 회기로 종결된다.

♥ 전제조건 및 금기

이러한 가족치료의 전제조건은 치료사가 가족과 각 개인에게 합류하여 가족에게 신뢰와 확신을 얻을 수 있어야 하며, 그럼으로써 가족이 적극적으로 치료과정에 참여한다.

이러한 개입기법은 치료과정의 한 부분으로 약점의 표현과 특별한 개방을 지지하기 때문에 학대와 폭력 가족에게는 적절하지 않다. 이는 폭력관계에서 성공을 거두기 힘들 뿐 아니라 가족치료가 부적절하며 가족을 신체적 위험에 빠뜨릴 수 있다. 또한 가족치료는 현재 가족이 서로 심하게 별거 중이거나, 가족 간에 접촉을 살펴보거나, 개선하기를 원치 않는 가족에게는 적절하지 않다.

초기 회기(1~2회기)

이 회기는 치료와 평가가 함께 이루어진다. 다음에 초점을 맞추어 평가한다.

① 가족 상호작용의 조직방식. 즉, 회기 중 누가 대화를 주도하고, 누구와 서로 동맹을 맺고 있고, 누가 배제되었는가, 다양한 동맹의 경직된 경계, 예상되는 경직된 상호작용 패턴, 가장 지배적이고 가족을 통제하는 사람, 그리고 가족의 욕구 좌절과 갈등처리 전략 등이다. 가족이 지지와 위로의 요청에 어떻게 반응하는가? 대화 중 드러나는 가족 상호작용 방식에 영향을 미치는 과거 또는 현재에 일어난 특정 사건이나 위기가 있는가?

② 회기 중 가족의 정서 분위기는 어떠한가? 어떤 정서가 표현되고, 누가 표현하는가? 가족 중 누가 고통받고 있고, 어떻게 정서를 참거나 표현하는가? 정서처리 방식에 대한 가족의 기대는 무엇인가? 회기 중 가족은 서로 어떻게 반응하는가?

③ 가족이 지각하고 있는 접근과 반응의 패턴은 어떻고, 현재 처한 발달과제를 가족이 어떻게 방해하거나 돕고 있는가?

④ 가족이야기(family's story)는 무엇인가? 치료 동기는 무엇이며, 치료를 통해 무엇을 원하는가? 위기가 어떻게 발생하였고 문제가 왜 발전하게 되었는지에 대한 여러 가족의 견해는 어떠한지 등을 포함하여 가족의 현재 상황에서 전개되는 부부의 과거 애착 역사와 태도는 어떠한가? 현재 가족들은 문제의 본질을 어떻게 지각하고 있는가? 그리고 어떻게 문제를 책임지

고 있는가?

⑤ 어떤 치료계약을 맺을 것인가? 치료과정에 대한 가족의 견해는 어떠한
가? 치료사는 가족 구성원과 전체 가족과 연결될 수 있는가? 가족이 치료
과정에 참여할 자세는 되어 있는가? 예를 들면, 회기 중 치료사의 제안을
깊이 생각하고 과제의 수행에 동의하는가?

평가의 마지막에 치료사는 중요한 문제인 상호작용의 고리를 밝혀야 하고, 이
것이 IP의 증상 유지에 어떤 역할을 하는지에 대한 가설을 세운다. 예를 들면, 어
머니가 아버지로부터 관계와 양육에서 분노와 버림받은 감정을 느끼고, 지속적
으로 변덕이 심한 청소년 아들의 훈육에 압도되어 있고, 아버지를 가족의 악당
으로 확인하는 식으로 자신의 부부갈등을 아들에게 말한다는 것을 밝혔다. 또한
치료사는 애착문제가 있는 관계를 밝히고 상호작용 패턴을 유도하는 정서반응
을 알아야 한다. 이러한 과정을 통해 향후 관계를 재조직하고 애착욕구와 두려
움을 다루는 방법이 명확해진다.

♥ 훈습 회기

두 명과 세 명의 다양한 가족이 참여하는 이러한 회기는 EFT의 훈습 회기
(working through session)와 단계, 과정, 개입이 동일하다.

- 부정적 상호작용 고리와 그것이 가족 불화와 단절을 형성하는지를 지속적
  으로 밝힌다. 가족 개인이 아닌 이런 고리와 단절을 문제로 재구성한다.
- 상호작용 태도를 조직하는 부인되었던 핵심 감정에 접근한다.
- 문제를 내재 정서, 분리 갈등과 반응 부족, 애착욕구, 고착된 상호작용 패턴
  이라는 용어로 재구성한다.

- 부인된 애착욕구와 자기의 취약한 부분을 밝히고, 이를 관계의 상호작용으로 통합한다.
- 배우자의 경험과 새로운 상호작용 고리의 수용을 향상시킨다.
- 두려움, 욕구, 소망의 표현을 도와주고 정서반응과 교감을 돕는다.

EFT와 마찬가지로 이 과정은 한 회기나 여러 회기에 걸쳐서 진행되고 개입 수준을 달리하면서 순환적으로 반복된다. 이 부분에 대한 가족치료 과정과 탱고의 거시 개입, 사례, 이 사례의 전형적인 회기는 다음의 사례를 통해서 설명하고자 한다.

EFFT의 첫 번째 증례: 사랑스러운 딸, 나는 단지 너를 보호하고 싶었단다

첫 번째 증례는 전통을 강조하는 아버지와 어머니, 세 명의 청소년 딸에 관한 내용이다. 장녀는 우울증과 폭식증(bulimia)으로 고통을 겪고 있으며 대학을 중퇴했다. 고학력자인 아버지는 극도로 가난했고, 가족관계가 소원했다.

아버지 리우의 습관적 비판에 분노하는 어머니와 딸들에게 그는 비판적·억압적이고 접근할 수 없는 사람으로 비춰지고 있었다. 아버지는 가족을 도와주려 했다고 말하면서 자신의 행동을 논리적으로 정당화했다. 가족들은 그의 말을 듣지 않고 무시했다. 어머니 젠은 결혼생활을 공허와 외로움으로 묘사했고, 가족의 모든 문제가 남편이나 자신의 탓이라면서 갈팡질팡하는 모습을 보였다. 그런 다음 심하게 눈물을 흘리거나 흥분하였고 떠나 버리겠다고 위협했다. 딸들은 부모를 조심스럽게 대했고, 아버지에게 심하게 화를 내기도 했다.

일상과 상담 중에 분명하고 경직된 가족 패턴은 지속적으로 재연되었다. 아버지는 비판적이고 가르치려 했고, 젠의 개입은 효과가 없었으며, 모두가 리우에게 (적대적 침묵의 태도를 보였으나) 분명 매우 화가 나 있었다. 이후 젠은 모든 가족이 자신을 미치게 만들고, 가족을 떠나겠다고 갑자기 신경질적으로 말했다. 이때 딸 중 한 명이 몹시 화를 내거나 고통스럽다고 말하자 가족이 조용해지는 양상을 보였다. 젠은 이러한 과정 중에 때때로 집을 나갔지만 몇 시간 내에 되돌아오곤 했다. 잠시 잠잠하던 고리는 다시 반복되었다. 비판적 과보호가 접촉(가족들은 아무도 서로 접촉하지 않는다고 했다) 및 안정감 부족과 공존하고 있었다. 한 부모가 거리두기와 지속적인 거절을 보였고, 다른 부모는 불안하고 정서적으로 취약하고 위협적인 유기를 드러냈다.

지목된 환자(IP)인 장녀 새미는 아버지의 비판과 실패에 대한 두려움뿐 아니라 어머니의 우울, 변덕, 딸로부터 지지받고 싶은 욕구를 처리하려고 노력했다. 그녀는 대학에 진학하지만 외로움과 우울을 겪는 어머니가 떠나고 부모와 갈라서거나 좋은 성적을 내지 못해 부모를 실망시킬까 두려워했다. 대학 생활을 한 지 6개월 만에 딸은 자살시도와 폭식증으로 인해 가족에게 돌아왔다. 그녀가 가족을 떠나 분리되는 것은 그녀로 하여금 실패의 두려움, 아버지와 가족에게 수치심을 안겨 줄 것이라는 두려움, 그리고 어머니의 상실과 배신에 대한 두려움을 직면하게 했다.

회기는 가족, 부부(이성적으로 지배하는 위축형 남편 리우와 우울과 분노를 보이는 추적형 부인 젠), 형제, IP, 각 부모 등으로 진행되었다. 10회기가 진행되면서 새미의 폭식증과 우울증이 개선되었고, 그녀는 친구와 지내기 위해 이사를 했다. 그녀는 복학을 했다. 젠은 어머니로서의 역할 상실을 슬퍼했고, 자신의 공허한 삶에 직면하고 변화를 시도했다. 그녀는 자녀의 성공에 덜 매달렸고, 그들에 대한 걱정도 줄였다. 그녀는 IP의 삶에 침범하거나 남편과 교류하지 않으려 했고, 자신의 삶의 목표 설정에서도 한발 물러섰다. 자매들도 더욱 가까워졌고 서로를 지지하게 되었다. 리우는 부인을 평등하게 대했고, 자신의 '염려'와 '충고' 행동이 가족의 거리감과 큰딸의 심각한 불안을 자극한 것을 이해했다. 결과적으로 그는 비판을 줄였고, 부인과 딸들이 다가갈 수 있게 변화되었다.

♥ 전형적인 회기

앞에서 언급된 가족의 전형적인 정서중심 가족치료(EFFT) 한 회기는 어떻게 진행되었을까?

리우와 새미가 참여한 회기(5회기)에서 치료사는 가족 내의 심각한 거리를 주제로 현재 과정을 반영했다(탱고 움직임 1). 아버지는 입을 꽉 다물고 창밖을 보면서 바닥을 응시하는 딸의 행동을 지적했다. 딸의 태도에 대해 긴장하거나 갈등하지 않아 보였다. 치료사가 물어보자 리우는 샘과의 거리감으로 화가 났는데, 자신이 어떻게 변화되었는지는 이해하지 못한다고 말했다. 치료사는 점차 거리를 두는 딸로 인하여 생긴 아버지 자신의 슬픔을 보호하기 위해 생긴 불안을 조합했다(탱고 움직임 2). 이후 치료사는 상실감을 확대하고 심화했으며 이를 딸에게 표현하도록 도와주었다(탱고 움직임 2, 3). 치료사의 도움으로 새미는 아버지의 슬픔을 듣는 것이 힘들었고(탱고 움직임 4), 그의 비판과 '성공'이라는 충고가 그와 멀어지게 만들었다고 말했다. 그녀는 아버지가 '위협적으로' 느껴졌음을 깨달았다. 이후 그들은 일상의 춤을 재연했고, 리우는 자신의 충고를 정당화하며, 말을 듣지 않는 딸을 비난했고, 새미는 입을 닫고 위축해 버렸다. 치료사는 앞에서 밝힌 정서를 바탕으로 아버지와 딸의 고통이 얼마나 크고 슬펐는지를 인정해 주면서 과정을 다시 반영했다.

이후 치료사는 딸이 이러한 상황에서 생길 수밖에 없는 슬픔과 절망감에 접근하여 아버지에게 표현하도록 도와주었다(움직임 2와 3). 새미는 관계에서 느낀 감정을 탐색했고, 그것을 '실패'와 실망으로 정의했다. 치료사는 딸에게 이로 인하여 얼마나 자신감이 손상되었는지, 그리고 극심한 공포감에서 벗어나고 극복하기 위해 대부분의 시간을 어떻게 보내었는지 명확하게 인식하도록 도와주었다.

치료사는 리우에게 대화에 집중하고 딸에게 직접 반응을 하도록 지지했다(움직임 3). 새미는 아버지의 칭찬이 얼마나 필요했는지 표현했다(2기 과정의 진정한 접근과 위험을 감수). 그녀가 아버지를 '거부'할 때는 아주 힘들었고, 자신을 보호하고 공포를 피하기 위해 위축될 수밖에 없었다고 말했다. 치료사는 새미의 메시지를 수용할 수 있게 리우를 지지했고(움직임 4), 그가 자신의 엄청난 두려움에 접근하여 나누도록 했다(움직임 2). 또한 치료사는 충고를 통하여 리우가 딸을 보호하고 뭔가를 주려 했다고 재구성하면서, 이러한 전략이 아버지에게는 딸이 말을 듣지 않고 딸에게는 아버지가 자신을 신뢰하지 않는다는 생각을 갖게 해서 결과적으로 두 사람에게 안겨 준 절망감과 두려움을 바라볼 수 있도록 했다(움직임 5).

아버지와 딸 모두가 비판적 충고와 침묵의 위축 고리의 창조자이자 희생자였다. 리우는 이후 슬퍼하면서 딸과 친해지거나 '좋은 아버지'가 되는 방법을 몰랐다고 했다. 치료사는 회기 중에 그가 가진 관심과 새미가 소중하다는 것과 이러한 연결이 새미에게 필요하다고 말해 주었다. 딸이 가정에서 따뜻한 마음과 칭찬을 보여 주는 데 '뛰어나고' 아버지의 노력을 인정해 줄 수 있다고 구성해 주었다. 아버지는 배워서 노력하고 싶다고 했다. 치료사는 상호작용을 다시 준비했고(움직임 3), 새미는 아버지의 칭찬이 자신에게 위로가 되고 강하게 해 주었다고 말하게 되었고, 리우는 이것을 들을 수 있었다. 리우는 종종 딸이 자랑스럽다고 말했지만 단순히 자신의 '걱정'을 나누었고, 이를 바꿀 수 있다고 했다. 치료사는 리우의 칭찬이 딸의 불안을 조절해서 세상으로 나가는 데 도움이 되는 열쇠라고 구성했다. 가족으로부터 겉돌던 리우는 이러한 재구성에 마음이 움직였는데, 이것이 고립감, 무력감, 강압적인 태도를 해결할 수 있는 해독제 역할이 되었다. EFFT와 같은 애착지향 가족치료의 변화를 이끄는 가장 강력한 힘은 자녀에게 좋은 부모가 되려는 부모의 욕망이다. 이것이 가족에게 왜곡되긴 했지만 로저스와 볼비는 치료사에게 이것과 부모의 성장하려는 능력을 신뢰하라고 격려한다.

부모의 친밀감, 지지와 위안의 제공은 여기에서 핵심이다.

이 회기에서 아버지와 딸은 일상의 상호작용 패턴을 '풀어낼' 방법을 찾았고, 새로운 정서 교감 대화를 하게 되었다. 회기가 끝날 즈음에는 새로운 정서 균형을 회복했고, 새미의 딸로서의 실패와 리우의 딸에 대한 보호 실패의 두려움 등 서로 두려움을 촉발하기보다는 아버지에게 직접 인정을 요청하기 시작했다. 새미는 가족에 대한 친밀에 뛰어난 사람으로 구성되었다. 그녀는 아버지가 이것을 배울 수 있게 도와주었는데, 이를 통해 아버지와 성인으로서 대등한 관계를 형성하게 되었다. 회기 중에 내담자의 상호작용은 재조직되었고, 결국 가족 전체에 영향을 미쳤다. 이는 아버지가 딸과 가까워지게 했고, 그는 그녀를 지지해 줄 강력한 자원이 되었다. 어머니 젠은 중재자 역할을 그만두고 딸에게 개입하는 방식을 변화시키기 시작했다.

이 회기는 대부분의 EFT 회기과정의 축소판이라 할 수 있다. 여기서의 목표는 딸의 섭식장애, 자살행동과 밀접한 아버지의 딸에 대한 비판적 개입방식을 개선하고, 딸의 효능감을 높여 줄 아버지와의 상호작용을 지지하는 것이다.

여기서 사용된 개입기법은 다음과 같다.

♥ 경험의 반영

치료사: 그러면 제가 이해할 수 있도록 도와주시겠습니까? 딸이 대학생이 된 첫 주말에 스키를 타러 가겠다고 전화했을 때, 당신은 가슴이 답답하고 불안감을 느꼈습니다. 당신은 딸에게 그런 식으로 주말을 보내면 실패할 수 있다는 경고를 하고 싶었네요. 맞습니까?

♥ 패턴의 반영

치료사: 지금 무슨 일이 일어난 거야? 새미! 아버지가 이런 일들이 전부 너를 위

하고 보호하려는 것이라고 말했을 때 고개를 돌리고 몸을 돌려 앉더니
아버지와 거리를 두었어.

새미: 아빠 말을 듣지 않았어요. 더 이상 들을 필요가 없어요.

치료사: 아하! 아버지는 너를 보호하려고 했고, 아버지와 그의 목소리로부터 자
신을 보호해야 했구나.

새미: 맞아요. 저는 아빠 말을 한 귀로 듣고 한 귀로 흘려 버렸어요. 하지만 아
빠는 무엇이 나를 행복하게 해 줄 것인지 나보다 더 잘 알고 있겠죠.

치료사: 그래서 화가 났구나. 그래? (새미가 끄덕인다.) 너는 아버지 말을 듣지 않
았고, (리우에게) 그래서 당신은 더욱 화가 나서 딸에게 말을 들으라고
강요했습니다. 점점 몰아붙였지요. 맞나요? (리우가 끄덕인다.)

♥ 인정

① 치료사: 새미! 그래서 너는 부담감을 고스란히 안고 집을 떠났어. 지금 세상을
향해 나가고 있고, 그 자체가 아주 두려웠어. 또한 부모님을 기쁘게
해 드리지 못하고 가족을 실망시키며, 자신의 잠재력을 발휘하지 못
할 수 있다는 걱정에 고통스러웠어, 맞아?(폭식증에 대한 배려적인 재
구성) (새미가 동의한다.) 그리고 너는 어머니가 점점 우울해져서 결국
떠나 버리고 가족이 뿔뿔이 흩어지는 것이 걱정스러웠어. 이것은 상
상하기 힘들 정도로 무거운 짐이고 고통스러웠을 거야. 학기 내내 이
것을 감당한 네가 대단해 보여.

② 치료사: 리우! 당신이 말했듯이 완벽한 아버지, 좋은 아버지가 되려고 노력하
는 것은 당신에게 정말로 중요해요. 하지만 어떻게 해야 할지 전혀
몰랐어요. 그래서 상당한 부담감을 느꼈던 것이죠. 만일 새미에게 힘
든 일이 생기면, 그것은 당신에게 부족함의 신호로 다가왔어요. 그래

서 그러한 상황을 미연에 방지하려고 충고를 했네요, 그렇지요?

♥ 환기적 반응

① 치료사: 리우! 당신의 경고나 '훈계'를 들을 때 두려워서 얼어 버린다는 딸의 말을 들었을 때 어땠나요?

② 치료사: 리우! 딸이 당신과 신뢰를 회복하고, 자신을 믿어 주고, 당신의 인정을 받고 싶다고 말할 때, 당신에게 무슨 일이 일어났습니까?

♥ 강조

① 치료사: 새미! "나는 알아요, 아빠를 실망시켰어요."라고 다시 한번 아버지에게 말해 보겠니?

② 치료사: 그래서 리우! "나는 너무 두려웠단다. 나의 울타리, 보금자리에서 벗어나서 나의 젊은 시절 날 고통에 빠트렸던 세상으로 네가 나간다는 사실이 괴로웠단다."라고 다시 한번 말해 보겠습니까? 이렇게 말할 수 있겠습니까?

♥ 공감적 추측

치료사: 새미! 이러한 모든 부담 때문에 염려를 많이 했구나, 그렇지? (그녀가 동의한다.) 먹지 않았고 날씬해지고 싶었고, 자신을 통제하려 했어. 그러다 보면 심한 허기와 두려움을 느껴서 너 자신을 위로하기 위해 마구 먹게 되었지? (그녀가 동의한다.) 하지만 그때 너는 더 심하게 고민에 빠졌어. 마치 통제력 상실을 느끼게 된 거지. 실패했고, 아버지를 실망시켰고, 어머니를 떠나보냈다는 부담이 밀려왔고, 그래서 마구 먹어 댔어. 그랬지?

내 생각이 맞는지 모르겠구나.

♥ 재구성

치료사: 그래서 당신은 두려움을 참기 힘들었고 딸이 자기 길을 찾아가도록 내
버려 두기도 힘들었지요, 리우? 딸이 무척 사랑스러워서 더더욱 그랬지
요? 좋은 아버지의 의무가 딸을 보호하는 것이라고 느껴졌기 때문이에
요. 새미! 아버지에게 화내고, 더 이상 뭔가 시도하려는 노력을 중단하
고, 아버지의 경고가 너를 두렵게 했어. 그리고 한편으로는 모든 것을
포기하고 싶었고, 무기력해지게 만들었어. 그렇지?

♥ 상호작용의 재조직

치료사: 새미! 방금 한 말을 요약해서 "아버지에게 내가 특별한지, 특별해질 수
있는지, 스스로 앞날을 개척할 수 있다고 아버지는 생각하고 계신지 알
고 싶어요. 내가 무너지더라도 다시 설 수 있고, 아빠에게 여전히 특별
하다는 것을 확인받고 싶어요. 비록 학교를 그만두게 될지라도……."라
고 말해 볼 수 있겠니? 그리고 방금 내가 한 말이 맞는지 모르겠구나.

♥ 종결 회기들

이 회기에서 초점은 과거 패턴과 반응의 변화, 가족의 장점, 자기효율성을 강
조하고, 치료를 통해 얻은 이득을 요약하며, 새로운 상호작용 방식을 강화하고
가족이 과거 문제에 대해 새로운 해결책을 만드는 데 있다. 모든 가족이 참여하
여 문제에 대한 종합적인 가족이야기, 치료, 그리고 가족의 현재 상황을 요약하
면서 치료를 종결한다.

정서중심 부부치료와의 차이점

부부와 가족에 대한 EFT 적용의 주요 차이점에 주목하는 것은 중요하다. 이러한 차이점은 상호성(mutuality)과 호혜성(reciprocity)에 관한 것이다. EFFT의 목표는 자녀가 부모에게 보답하기보다는 부모가 자녀에게 안식처와 안전기지가 되게 하는 것이다. 부부치료사가 EFFT를 받기 위해 오는 부모에게 안식처를 제공한다. 치료사는 양육이 부담이 크고 변화무쌍한 과제로 수용적이고 정서적으로 균형 잡힌 부모가 자녀와 정서적으로 함께 있어 주고 반응한다는 것을 이해하면서 체계치료에서 흔하지 않은 부모의 정서조절을 적극 돕는다. 이후 치료사는 부모로서 '실패'에 대한 슬픔, 두려움, 수치심에 대해 개인 혹은 부부 회기를 할 수 있다. 이러한 정서는 부모의 부정적 양육행동을 만들고 자녀와의 긍정적 결합을 막는다.

EFFT에서 IP의 고통을 지속시키는 특정 상호작용의 개선에 강하게 초점을 맞추며, 비록 부부 회기에서도 부부의 친밀감 형성에는 초점을 적게 둔다. 예를 들어, 부부 회기에서 초점은 부부가 부모로서 서로를 돕는 방법, 문제 아이를 함께 지지할 방법뿐 아니라 부부가 원하는 가족생활을 적극적으로 만드는 방법이다. EFT보다 초점의 범위가 훨씬 제한되는데, 가족의 큰 체계에 영향을 주는 것이 부부관계다. 예를 들면, 엄마는 남편에게 다가갈 수 없을 때 장녀에게 도움을 요청한다고 언급했다. 이후 회기에는 이러한 결과가 장녀, 다른 자녀들, 부부관계에 어떻게 영향을 미치는지에 대한 부모의 견해를 들어 보고, 부부 사이의 정서교류의 장벽에 주목한다.

부부 회기는 IP 문제가 부모관계에 미친 영향과 부부 사이에 발생하게 된 경위에 초점을 둔다. 예를 들어, 부인이 딸의 문제에 효과적이지 못한 남편의 개입을 지적할 때, 치료사는 부인의 견해에 남편이 도전할 수 있도록 지지해야 한다. 부인의 분노가 누그러졌을 때 비로소 남편은 딸과 부인을 얼마나 보호하고 싶었는지를 부인에게 말할 수 있다. 이를 통해서 부인은 딸과의 강한 권력투쟁으로부터 한 발짝 물러나게 된다고 남편에게 말해 준다.

부부는 부부관계에서 벗어나 가족구조에 주목하게 한다. EFFT 치료사는 여전히 부부 사이의 안전한 정서 교류를 높여서 부부만족도를 향상시키지만 일차 목표는 다른 가족 구성원과의 관계에서 IP의 상호작용 태도를 개선하고 청소년의 건설적 의존을 형성하는 것이다. 부부가 자신들의 관계에 초점 두기를 강하게 원하면, 가족치료 종결 이후에 부부치료를 시도하는 것이 좋다.

EFT에서처럼 적대적 배우자의 순화와 부부간 결합과 같이 분명하지 않지만, EFFT의 종결은 IP의 새로운 반응과 가족의 안전한 상호작용의 특성을 갖는다. 새로운 반응은 자아 정의(definitions of self), 명확한 애착욕구 표현, 그리고 자신이 다른 가족에게 원하는 적극적 관계 정의를 포함한 확실한 경계 정의의 형식을 갖는다. EFFT는 아동과 부모의 애착관계를 보다 호혜적이고, 성숙되고, 안정된 유형으로 재정의하게 도와주어서 차이와 분리를 견딜 수 있도록 한다. 자녀가 효과적으로 가족을 떠나기 위해서는 먼저 가족과 연결되어야 한다.

EFT에서 사용된 개입과 더불어 가족치료에서는 회기 밖에서 수행할 과제와 의식(ritual)을 사용한다. 예를 들면, 치료사는 형제들이 매주 특별활동을 함께 하여 관계를 강화시켜 갈 것을 제안한다. 전통적으로 구조적 체계개입에서는 과제를 부과한다(Minuchin & Fishman, 1981). 하지만 일반적으로 EFFT와 EFT에서는 변화가 여전히 회기 밖보다는 회기 중에 발생한다고 본다.

만일 두 명의 치료사가 가족에게 개입한다면, 두 치료사가 가족에 대해 간단한 논의 혹은 회기 중 일어난 상호작용에 개입할 수 있다. 이것은 가족과 관계에 대해 치료사들이 나누는 대화를 가족원들이 옆에서 직접 듣는 반영팀(reflecting team)과 유사한 형태의 기법이다. EFFT에서는 특별한 목적 달성을 위해서 아주 짧게 토의를 할 수는 있지만, 일반적이고 통상적으로 사용하지는 않는다. 치료사들은 인정과 추측의 형태로 대화를 나눈다. 예를 들면, 한 치료사가 다른 치료사에게 "저는 여기서 무슨 일이 일어났는지 확실히 모르겠는데 당신은 이해했어요?"라고 말한다. 이에 대해 상대는 "딸 마샤가 어머니에게 자신을 수용해 줄 것을 주장하고 있는지 혹은 어머니가 자신을 통제할 수 없다는 것을 보여 주려는 마음이 마샤에게 더 큰지 잘 모르겠어요. 마샤는 단순히 아주 커다란 감자칩을 먹어 치우면서 어머니의 화를 돋우고 있는지도 잘 모르겠네요."라고 언급한다. 그런 다음 치료사들은 가족의 명확한 부연 설명을 듣는다. 이는 회기가 곤경에 처해 진행되지 않거나 가족이 서로 반발하고 심한 정서반응을 보일 때 시도된다. 이때 가족은 참여하기보다는 듣는 역할을 하고 자신들의 관점을 한발 물러서서 보게 된다.

EFFT의 두 번째 증례: 떠나기 전에 저를 붙잡아 주세요

이 증례는 존슨(Johnson, 1998)이 『Journal of Systemic Therapies』 제17호(1998)에서 밝힌 것이다.*

키가 크고 미인인 올가는 사리분별이 분명하고 열일곱 살 나이보다 성숙해 보였다. 그녀는 폭식증(bulimic)과 우울증 진단을 받았고, 병원에서 실시한 폭식 환자 집단치료에서 별다른 효과를 얻지 못했다. 그녀는 다양한 재능이 있었으나 최근에 학교 성적이 좋지 못했으며, 고등학교 마지막 학기를 보내고 있었다.

간호사인 올가의 어머니 로라는 서른여섯 살로 키가 작고 예뻤으나 늘 짜증난 얼굴 표정을 짓고 있었다. 올가가 아홉 살 때 아버지는 집을 떠나 다른 도시에 살았고, 그녀와는 가끔 만나고 있었다. 올가에게는 티미라는 다섯 살 된 남동생이 있었다. 로라는 직장 동료 테드와 사귀고 있었다. 올가가 다섯 살 때부터 여덟 살 때까지 로라는 말기 루프스라는 심각한 질병을 앓았으나 회복되었다. 이

---

*From "Listening to the music: Emotion as a natural part of systems theory," by S. M. Johnson, 1998, *Journal of System Therapies*, *17*, pp. 11-15. Reprinted with permission of Guilford Press.

시기에 로라는 올가에게 많이 의지하였고, 그때 남편이 그녀 곁을 떠나갔다고 말했다.

올가는 어머니의 심각한 질환, 아버지의 부재, 어머니가 다른 남자와의 관계에서 임신하여 출생한 티미를 받아들여야 했고, 최근 어머니의 새로운 관계 시작을 지켜봐야 했다. 그녀는 얼마 전에 학교에서 사귄 남자 친구와 헤어졌다. 올가는 티미가 태어날 당시에는 화가 났지만 지금은 그의 누나가 되어 좋다고 말했다. 그녀는 어머니가 자신이 '인정한' 테드와 데이트할 때는 티미를 직접 보살폈다.

상담실로 들어선 로라는 자기소개를 하지도 않고 첫 회기가 시작되었고, 올가의 문제 원인으로 자신이 '비난 또는 공격을 받거나' '낙인'찍히고 싶지 않다고 말했다. 올가는 눈물을 흘리면서 자신이 원하는 어머니와의 관계 개선에 대해 말했다. 로라와 올가는 과거 이야기와 폭식에 대한 생각을 언급하면서 올가가 열다섯 살 때 이후에 다이어트가 시작되었다고 했다. 로라는 지나온 모든 '질곡의 세월'에 대해 언급했고, 올가는 성장과정에서 겪은 고통을 말했다. 로라는 올가가 똑똑하고 자립심이 강하며 마지막 학기에 사촌과 함께 지내기 위해 이사할 것을 제안했다. 올가가 '어려운' 시기를 겪었고, 자신의 집안일을 돕지 않았으며, '공격적'이어서 이러한 제안이 자신과 올가 모두에게 좋았다. 올가는 회기 중에 엄마를 비난했다. 티미의 양육문제와 남자를 다루는 데 '무능하고 나약한' 것을 비판했다. 간혹 로라는 흥분했으나, 현재 올가가 성인으로서 자신의 길을 가고 자립할 시간이라고 언급하면서 냉정하고 침착했다.

어머니와 딸의 관계는 분명한 행동 패턴을 보였다. 올가가 비판과 불만을 토로하며 폭발한 반면, 로라는 거리를 두고 방어하는 태도를 보였다. 어머니는 그 나이에 자신이 그랬듯이 올가가 지금 혼자 떠나 살아야 한다고 말했다. 회기 중에 패턴이 드러났고, 이를 반영했고, 명확히 밝혔으며, 두 사람은 수용했다(탱고 움직임 1). 두 사람은 상호작용을 제한했고, 불화를 지속시킨 이러한 패턴을 이해했다. 올가의 비판적 불만은 치료사에게 분노, 내재된 절망과 슬픔으로 비춰졌

다. 여기에 초점을 맞추어서 올가는 "엄마는 냉정해요." "내가 떠나든지 아프든
지 관심도 없어요." "나에게 문제가 생겨 다가가면 엄마는 나를 밀어 버릴 거예
요."라는 어머니에 대한 자신의 불만을 확대했다. 내가 올가의 정서반응을 반영,
인정, 환기 및 강조하자 그녀는 슬픔과 눈물을 보이기 시작했다. 치료사의 도움
을 통해 올가는 자신이 외롭고 어머니에게 버림받은 것을 알았다. 나는 올가가
침묵하는 어머니에게 자신의 정서를 직접 표현할 것을 요청했다(움직임 3).

애착 관점에서 올가는 불안해 보였고, 남자 친구, 직업, 어린 아들에게 대부분
의 시간을 보내는 로라에게 접근하지 못하는 것을 털어놓았다. 올가의 집안일에
대한 분노와 공격은 로라를 위축시켰고, 로라의 냉정한 거리 유지는 올가의 절
망과 슬픔을 유발했다. 내가 정서반응을 고리의 맥락에 두자 올가는 어머니의
티미와 테드와의 생활로 인해 자신은 '주변인'으로 느껴졌다고 어머니에게 표현
할 수 있었다. 그녀는 가족에의 소속감을 갖지 못했다. 이러한 생각은 어머니가
반복해서 집을 떠나야 할 때라고 말하자 더욱 고조되었다. 로라는 자신의 양육
에 대해 방어하지 않고 이러한 메시지를 듣고 받아들이기 위해서(움직임 4) 나의
도움이 필요했다. 나는 올가가 떠나기 전에 가족에게 소속된 것을 알 필요가 있
다고 생각했고, 로라는 이에 반응했다.

로라와 올가가 회기 중에 인정과 이해를 받고 있다고 느끼면서 문제의 고리는
약화되기 시작했다. 올가는 가사를 늘리기 시작했고, 논쟁과 폭발이 줄었다. 로
라는 딸과 함께 보내는 시간을 늘리기 시작했다. EFT의 중간 단계에서 새로운
정서반응이 표현되었고, 이는 타인의 새로운 반응을 유발했다. 상호작용은 안정
결합을 형성하는 새로운 애착행동으로 확대되었다. 로라와 올가의 상호작용 태
도의 변화와 애착관계 재정의 방식을 치료과정을 통해 살펴보고자 한다.

3회기에서 로라는 자신이 매우 지쳐 있고, 올가가 집안일을 거부하면서 받은
심한 스트레스에 대해 말하기 시작했다. 이에 대해 올가는 자신은 티미를 돌보
는 것이 힘들다며 분개했다. 가능하면 로라의 보다 교감하는 태도로 전환할 수

있도록 도와줄 시점이다.

로라:　(올가에게) 네가 힘든 시간을 보내고 있는 것 알아. 아버지도 떠났고 나는 다른 남자와 사귀고 있고, 티미까지 태어나 너는 많은 시간을 혼자 보내야 했어. 하지만 넌 너무 공격적이야. 네가 나에게 왜 이렇게까지 화를 내는지 모르겠어. 나는 싸움에 휘말리지 않으려고 항상 이를 악물고 참아야 했어. (그녀가 눈물을 흘린다.)

치료사:　지금 이 말을 하면서 어떤 심정이신가요, 로라?

로라:　음…… 잘 모르겠어요.

올가:　엄마에게 아무 말도 할 수 없고 어떤 감정도 가질 수 없어요. 엄마는 자신을 방어하려고만 해요.

치료사:　여기서 잠깐 멈춰 볼까요?

로라:　(창밖을 보며 올가에게 말한다.) 나는 네가 항상 화만 내고 있다고 느껴져.

올가:　아니! 내가 보살펴 달라고 요청하면 엄마는 싫어했어요. 마치 내가 해서는 안 되는 요구를 한 것만 같았어요. 엄마는 늘 나에게 독립적이어야 한다고 했잖아요.

치료사:　(로라에게 초점을 맞추고 조용한 목소리로 질문한다.) 로라! 무슨 일이 일어났나요? 딸이 분노하고 실망할 때 무슨 일이 일어났나요? (로라는 반응이 없다.) 당신은 팔짱을 끼고 자신을 누르고 있었어요. 맞나요? (로라가 딸에게서 몸을 돌리고 눈물을 흘린다.) 올가가 분노하고 실망했다고 당신에게 표현할 때 어떻게 들렸나요?

로라:　저를 공격하고 있어요. (오랜 침묵. 목소리가 떨린다.) 얘는 제가 나쁜 엄마라고 하고 있어요. (침을 삼키면서 창밖을 본다.)

치료사:　(부드럽게) 올가의 분노, 좌절을 통해서 당신은 자신이 나쁜 엄마라고 들었네요? 그리고 이런 말을 들었을 때, 당신은 떠나고 싶었고, 그 메시지

　　　　를 외면하고 싶었군요.

로라:　(치료사를 향해 체념한 목소리로) 맞아요, 언제나 그랬어요.

치료사:　그 메시지가 들려올 때 무슨 일이 일어났나요?

로라:　(오랜 침묵. 마음이 가라앉고 목소리는 차분해진다.) 얘가 아버지에게 화를 내고 있다고 생각되었어요.

치료사:　(부드럽게) 올가가 당신에게 화를 낼 때 어땠나요, 로라?

로라:　(한숨을 쉰 후 떨리는 목소리로) 딸이 옳다고 생각했어요. 저는 좋은 엄마가 아니었어요. (긴 침묵) 얘가 어릴 때 저는 많이 아팠고 애 아빠와는 아주 불행했어요. 저는 올가를 독립심이 강한 사람으로 키우고 싶었어요. 제가 죽으면 얘는 강해야 했어요. "걱정 마! 엄마, 내가 보살펴 줄게."라고 했던 얘의 말을 기억하고 있어요. (손으로 얼굴을 가리면서 흐느낀다.) 저는 이 아이가 행복한 유년 시절을 보내기를 원했지만 그렇게 해 주지 못했어요. 제 생각에 지금도 그렇게 하지 못하고 있어요.

치료사:　지금 이렇게 말하는 것이 고통스럽겠어요, 로라? (그녀가 동의한다.) 올가를 보호할 수 없고, 모든 것을 잘할 수 없는 것이 상처가 되는군요?

로라:　(강하게 고개를 끄덕이며 마루를 내려다본다.) 올가가 저에게…… 욕을 했었어요. 제가 티미를 임신했을 때, 이 아이는 정신이 나갔어요. "엄마가 어떻게 그런 짓을 할 수가 있어?"라는 말도 했어요. 티미의 아버지가 올가를 멀리했기 때문에 그와 거리를 두게 되었어요. (마치 출구를 찾듯이 흥분하여 방 안을 둘러본다.)

치료사:　당신은 올가의 말을 들으면 흥분하고 균형을 잃게 되네요.

로라:　(말을 막고 치료사를 향하며) 저는 동네북이었고, 그래서 올가에게 떠나라고 제안했어요. 그 고통을 견딜 수 없었거든요. 얘가 떠나면 우리 관계는 분명 좋아질 수 있어요. 제가 딸의 방에 가면 무슨 일이 일어날지 알 수 없었어요. 언제 이 아이가 정신을 잃고 돌변할지 전혀 알 수 없

었어요.

치료사: 당신은 딸의 분노와 어머니로서 그녀를 실망시켰다는 메시지를 듣는 것이 두려웠군요. (그녀가 동의한다.) 가끔 올가에게 한 번도 좋은 엄마가 되지 못했다는 생각에 괴로웠겠네요. 당신이 원했던 것은 이게 아닌데 말입니다. (이것은 해석으로 그녀가 언급한 것에 '두려움'이라는 새로운 요소를 덧붙인 것이다.)

로라: (치료사를 향하며) 네, 맞아요, 엄청 압박을 받았어요. 누군가를 돌보면서도 결코 제대로 한다는 느낌이 없었어요.

치료사: 모든 사람을 보살피면서도 당신이 제대로 하지 못한다는 느낌이 들어 많이 힘들었군요. 딸에게 "내가 엄마로서 너를 실망시켰다는 것이 고통스러워. 가까이 다가갈 수도 없고 그 메시지를 듣는 것도 힘들었어. 그래서 뒤로 물러날 수밖에 없었어!"라고 말할 수 있겠습니까?

올가: (앞으로 몸을 내밀며 화해의 어투로) 엄마, 힘들었지만 엄마는 할 수 있는 만큼 했어요. 엄마가 실패했다고 생각하지는 않아요. 나에게 많은 것을 주셨어요. (엄마를 향하며) 하지만 엄마와 가까워질 수 없었어요!

로라: 아니야, 나는 실패했고, 투병 중이었어. 떠나는 네 아버지도 잡을 수 없었고, 지금은 너를 팽개치고 있어. (흐느낀다.) 나는 노력하고 있지만 너에게 도움 되는 말도 하지 못했고, 그래서 너를 정신없게 만들었어. 이제는 돌이킬 수 없구나. (2기로 들어가는 5단계 반응, 이전에 위축되었던 어머니가 자신의 깊은 정서에 접근한다. 그녀가 눈물을 흘린다.)

치료사: 당신은 당신이 원하던 어머니상이 아니라는 사실이 정말 힘들었고 고통스러웠네요. (로라가 동의한다. 올가를 향해서) 올가! 너의 분노가 어떻게 어머니로서 실패에 대한 두려움으로 들어가는 문을 열었는지 이해할 수 있겠니?

올가: (진지한 목소리로) 네. 하지만 그렇지 않아요. 엄마는 지나치게 방어적이

었어요. 저는 단지 내가 두려워하거나 흥분되었을 때 엄마로부터 위로
와 도움을 원했어요.

치료사: 사실 어머니는 너에게 중요한 사람이야. 엄마의 위로나 친밀감은 너에
게 중요하기 때문에 너는 그것을 위해 투쟁했지? (올가가 공감적으로 동
의한다.) 엄마와의 접촉이 너를 보호해 주기 때문에 과거에 안식처가 되
고 살아갈 힘을 주었는데, 지금은 그것이 없어졌네. 그렇지?

올가: (공감하면서) 맞아요. (그녀가 어머니를 바라본다.)

치료사: 어머니에게 직접 말해 주겠니? (치료사가 재연을 구조화하여 로라를 향해
서 손짓을 한다.)

올가: (어머니에게 향하며 강하게 항변하듯이) 엄마! 나는 강해요. 내가 강해질
수 있게 도와주셨어요. 하지만 지금은 나를 밀어내지 말아요. 엄마가 알
다시피 성숙하는 것은 두려워요. 나는 엄마가 옆에 있기를 원해요. (어머
니에게 접근하고 개입하기 쉬워져서 올가는 자연스럽게 순화되고 자신의 욕
구가 충족되기를 요청한다.)

로라: (눈물을 흘리며 다가서서 딸을 껴안는다.) 나는…… 나는…… 잘하고 싶었
어. 너와도 가까워지고 싶었고, 가끔 어떻게 해야 할지 몰랐어……. 네가
화를 내면 두려웠어. (위축자가 재개입으로 들어간다.)

여기에 요약된 과정을 보면, 로라는 딸에게 쉽게 접근하고 반응할 수 있게 변
화되었다. 그녀는 자신의 부모로서의 실패감에 대한 두려움과 수치를 분명히 표
현할 수 있었다. 이후 올가는 어머니를 공격하기보다는 위로와 접촉을 요청하
기 시작했고, 이것은 이후 회기에도 지속되었다. 올가는 어머니가 필요했고, 친
하고 싶었고, 이사하는 것이 엄마를 잃은 것이 아니라는 위안을 찾게 되었다. 이
과정이 올가의 우울증에 긍정적으로 영향을 미쳤고, 어머니와 가까워질 수 있게
도와주었다. 치료사는 폭식증이 문제의 고리와 어떻게 연관되어 있는지 살펴보

았다. 올가는 이러한 주제를 탐색하고, 외로움과 가족 내에서 소중하지 않다는 자신의 생각이 구토의 촉발요인임을 알게 되었다. 이것이 자신에 대한 가치를 의심하게 만들었다.

올가는 마구 먹고 토하고 싶다고 느낄 때 어머니 혹은 친한 친구를 찾기 시작했다. 올가는 아버지가 어머니와 거리를 둔 것으로 인한 슬픔을 받아들였고, 자신의 말을 경청하고 위로하는 어머니와 함께할 수 있게 되었다. 로라에게 딸과 함께하면서 도와줄 수 있고, 그녀가 올가의 문제를 해결하거나 과거를 수정하지 않아도 된다는 이해는 올가와 연결되게 도와주었다. 로라는 지속적으로 개방하고 개입할 수 있는 조건을 구체화시켰다. 로라는 개방하고 개입된 상태를 구체적으로 표현했다. 그녀는 올가의 분노표현을 제한했고(예: 반말), 공격보다는 욕구를 표현했다.

순화된 올가는 어머니에게 위로받고 친밀하고 싶은 욕구를 표현했고, 자신의 적대행동을 인식하게 되었다. 또한 로라도 티미가 태어나면서 방치된 올가를 이해했고, 올가는 이것을 수용하고 어머니의 스트레스를 어느 정도 이해할 수 있었다. 그들의 관계는 점점 안전하고 친밀하며 평등해졌다. 두 사람은 서로 열린 마음으로 털어놓았고, 로라는 딸에게 접근, 반응 및 교감하게 되었다. 일곱 번째 회기로 치료는 종결되었고, 몇 개월 후 올가는 사촌과 함께 지내기 위해 이사했다. 그녀는 성적이 향상되었고, 폭식증이 더 이상 문제되지 않는다고 말했다. 마지막 회기에서 치료사는 로라가 올가에게 "네가 원하는 엄마가 될 수 있도록 나를 도와주면 좋겠어. 너가 원하는 것을 말해 줘."라고 표현할 수 있게 도와주었다. 올가가 관계를 안정애착으로 경험하게 되면서 자발성과 독립심이 커졌다. 여기서 깊은 양육 참여의 방해가 되었던 로라의 부모로서의 '실패'에 의한 두려움과 수치심을 주목할 필요가 있고, EFFT 치료사는 내담자와 함께 이러한 수치심에 다가가서 처리한다. 치료는 어머니와 딸이 서로에게 다가가서 위로하면서 종결되었고, 새로운 정서 음악이 새로운 춤을 조직했다.

베르탈란피(1968)는 체계 내 모든 요소는 동일하지 않다고 했다. 부수 요소를 통제하는 것은 "주요 부분(leading part)"이다(p. 213). 그는 "주요 부분의 작은 변화는 전체 체계의 큰 변화를 일으킨다."라고 했다. EFT의 임상경험과 이 모델을 가족치료에 적용하면서 새로운 정보, 인지, 행동의 변화로는 효과적으로 전체 체계를 변화시킬 수 없음을 알려 주었다. 어떠한 요소가 재구조화되더라도 이는 체계의 재조직을 이끈다는 한때 체계주의가 받아들였던 사실은 맞지 않다. 하지만 바로 문제의 부분이 상호작용을 조직하는 정서가 될 때 '주요 부분'의 변화는 이러한 변화를 만들고, 이를 더욱 효과적이고 확실하게 이끈다.

EFFT의 현재 위치

현재 EFFT는 EFT의 부부치료만큼 체계적이고 경험적으로 인정받지는 않고 있다. 하지만 오타와(Ottawa) 병원에서 폭식증 청소년 증례의 경우에는 만족할 만한 성과를 보이고 있다(Johnson, Maddeaux, & Blouin, 1998). EFFT는 10회기에 걸쳐 44%의 청소년 폭식증에 효과를 보였고, 67%의 청소년에게서 구토 중단 효과를 나타냈다. 우울증과 적개심도 현저하게 줄었다. 암스트롱과 로스 (Armstrong & Roth, 1989)는 불안애착 유형과 자기가치감의 저하가 정상군에서는 24%인 반면, 청소년 섭식장애의 96%에서 나타난다고 했다. 따라서 애착기반 개입은 이러한 임상 집단에 적절할 것으로 보인다. EFFT는 우울증과 자살 청소년에게 널리 사용될 수 있다(Johnson & Lee, 2000).

특히 지난 15년간의 애착 이론과 과학의 발전으로 EFFT의 임상은 성장했고, 기법은 체계화되고 정교해졌다. 이는 EFFT의 새로운 훈련(www.iceeft.com 참조)과 앞에서 말한 책(Furrow et al., 2019)을 탄생시켰다. 더불어 이 작업은 일반적인 EFT의 최근 관점과 부합되는데, 그것은 인간의 실존이 무엇인가라는 인격에 대한 포괄적이고 발전적 과학에 기초한 애착기반 개입이 개인, 부부, 가족 모두에게 적용될 수 있다는 것이다(Johnson, 2019a).

EFFT는 EFT의 변화에 대한 원칙과 전략이 다른 맥락과 관계에서도 적용될 수 있다는 생각에서 탄생했다. 즉, 불화부부에게서 변화가 있듯이 아버지와 딸, 어머니와 딸 사이의 상호작용을 변화시키고, 이러한 관계 변화는 문제가 되었던 가족 상호작용 고리를 개선시킬 수 있다.

이러한 가족치료는 "복잡한 체계 내에서 개인의 소멸"로 고통받는 사람들의 문제에 주목하고(Merkel & Searight, 1992, p. 38), 내부와 관계를 보면서 체계이론과 기법을 확장하려고 한다. 불화부부와 가족은 단절과 애착불안이라는 공통의 문제를 다루며 같은 방식으로 이를 해결할 수 있음을 EFFT 개입에 대한 임상경험이 알려 주었다.

제**13**장　　관계외상: 애착손상 다루기

고통의 핵심은 철학적 소유의 범주가 아닌 인간을 위협하는 위험에 대한 것이다. 애착 단절은 위험
하다. …… 각막손상처럼 관계 파괴는 극심한 고통을 안겨 준다.
– T. 루이스(T. Lewis), F. 아미니(F. Amini) & R. 래넌(R. Lannon), 『A general Theory of Love』(2000)

용서와 화해

지난 몇 년간 부부의 안정적 결합 형성에 결정적인 비난자 순화라는 변화사
건을 방해하는 치료적 교착상태에 대한 연구를 통해서 EFT 치료사가 애착손
상(attachment injury)으로 명명한 관계외상(relational trauma)을 설명하게 되었
다(Johnson, Makinen, & Millikin, 2001; Makinen & Johnson, 2006). 이러한 사건
의 설명은 애착이론의 맥락과 압도되는 경험과 약점에 직면하여 분리와 고립으
로 인한 외상, 즉 외상에 대한 이론인 애착이론의 이해에 바탕을 두고 있다. 애
착손상은 관계를 결정하는 특정 사건과 양상, 그리고 이것이 관계에 미치는 영
향을 이해시켜 주는 애착이론의 좋은 실례가 되며, 이를 통해 개입이 발전했
다(Brubacher, 출판 중; Zuccarini, Johnson, Dalgleish, & Makinen, 2013). 이 때문
에 EFT 개입이 최근 주목받는 용서와 화해의 영역에서 큰 관심을 받게 되었다
(Coop, Gordon, Baucam, & Snyder, 2000; Worthington & DiBlasio, 1990).

애착손상은 "인간 유대의 침해"(Herman, 1992)로서 아주 필요한 결정적 순간에 부부관계의 포기와 버림의 형태를 띤다. 이러한 침해는 불안정한 애착결합을 유발하거나 가속시킨다. 또한 외상이란 심한 두려움과 절망감을 야기하는 사건으로 회복과 치유가 되지 않으면 신뢰와 친밀감을 깊이 제한한다. EFT 치료사가 상대 배우자에게 개입과 개방에 따르는 위험을 감수하여 접근을 요청하고, '다시 겪고 싶지 않다'면서 딱 잘라서 이를 거절하는 상황을 만났을 때, 이러한 사건이 가진 힘과 부부관계에 미치는 영향은 명확해진다. 이전 회기에서 일반적 상처라고 언급된 이러한 사건들은 외상적인 회상으로 재현되고, 개입과 위험감수를 방해한다. 상처받은 배우자는 상처에 대한 이미지와 기억이 쉽게 유발되고, 재발 또는 재현시키는 과각성 상태에 빠진다. 일반적 외상에 대한 문헌에서 나타나듯이 부부들은 배우자와의 상호작용에서 자신이 멍해진다고 말한다.

이러한 사건이 처음에는 비교적 사소할 수도 있고 아주 강렬할 수도 있다. 이들이 첫 회기에 드러날 수도 있고, 일반적으로 불신과 고통의 양상으로 드러나거나 한 배우자에게 위험을 감수할 것을 요청할 때 갑자기 나타날 수도 있다. 자녀 출산과 유산 과정에서 유기는 가장 분명한 상처다. 배우자의 서류가방에서 직장 동료와의 자극적인 사진을 발견하였으나 사진 속의 여성이 남편에게 성적인 의도가 있다고 생각되지 않으면 상처는 되지만 파괴적이지는 않다. 외도는 애착손상이 될 수도 있고 그렇지 않을 수도 있는데, 이는 외도가 발생한 맥락과 부여된 애착 의미에 따라 달라진다. 중요한 것은 상처의 내용 자체보다는 상처에 부여된 애착 의미와 (매 순간 해결에 실패하고 상처가 깊어진) 치료되지 않은 오래된 상태다. 사건의 의미가 분명하든 그렇지 않든 부부는 이 사건을 사활이 달린 문제라고 말하며, 배우자와 연결되기보다는 위험을 최소화하기 위해서 '다시는 그러지 않겠다'는 보호적 태도를 취한다. 상처는 배우자가 의존할 수 있는 기회로 사용된다. 불화부부는 사건을 만족스럽게 처리할 수 없으며, 일반적으로 외도를 범한 배우자는 사건을 축소하거나 거리를 두는 등의 방어적 태도로 물러난다.

대부분의 부부는 일반적인 상처가 있지만 어떤 부부는 외상의 상처를 경험한
다. 치료사가 상처의 중요성을 이해하고 인정하고 상처받은 배우자가 이해할 수
있게 도와주는 것이 중요하다. 부부불화가 줄고 안정애착이 형성되면 반드시 이
러한 상처에 주목해야 한다(Johnson, 2002). 한 배우자가 강한 욕구로 간절하게
도움을 바라면서 울거나 이미 심하게 취약해지고 상대 배우자에게 하찮은 취급
을 받으면, 배우자의 기본 신뢰는 약해진다. 상대가 고통을 함께하고 보살핀다
고 느끼는 애착의 가장 핵심 요소가 의심받게 된다. 애착 관점과 이러한 사건을
관계외상으로 구성하는 것은 EFT 치료사가 이를 붙잡고, 부부가 해결할 수 있는
실마리를 제공한다. 이러한 상처와 불화를 심하게 겪는 부부를 대상으로 한 연
구(Makinen & Johnson, 2006)에서 상처로 인한 66%의 불화부부가 순화되고, 만
족도가 증가하였으며, EFT 14회기 과정을 통해 상처가 풀어졌다. 이렇게 해결된
부부는 결혼만족, 신뢰, 용서 수준이 향상되었다. 이런 결과는 3년간의 추적에서
도 안정적 결과를 보였다(Halchuk, Makinen, & Johnson, 2010). 해결되지 않은 부
부는 상처가 하나 이상이고, 치료를 시작할 때 신뢰 수준이 낮았고, 상처를 입힌
배우자가 매우 회피적이었다. 이런 부부조차도 치료 종결 시 불안과 고통이 줄
었지만 단지 용서 수준이 낮고 부부 만족도의 증가는 높지 않았다.

앞의 연구 이전에 다양한 사례 관찰은 변화과정 단계의 적절한 윤곽을 그릴 수
있게 해 주었다. 이는 제2기 과정으로 EFT의 단계적 약화가 이루어졌다. 손상이
해결된 후, 제2기 변화사건인 재개입과 순화가 자연스럽게 나타났고, 부부는 강
화 단계로 넘어갔다. 용서와 애착손상의 회복 단계는 다음과 같다.

① 상처는 1기에서 언급되고 부부의 부정적 고리의 한 부분으로 이해되었지
   만 이러한 사건은 치료 제2기의 정서 심화과정, 구체적으로 말하면 위험
   을 감수하는 탱고 움직임 3의 순간에 강한 불화로 전면에 드러나고 언급

된다. 이는 치료사가 위축자 개입에 대한 위험을 유도하거나 흔하게는 상처 입은 배우자가 연결을 위해 접근하기 쉬워진 배우자에게 다가가는 과정에서 나타난다. 이 배우자는 관계의 안정결합에 대한 믿음에 손상을 입어 신뢰의 침해를 경험하고, 버림과 절망감을 안겨 준 사건에 대해 강한 정서표현을 시작한다. 이 파트너는 이 사건을 격한 정서로 말하며, 종종 지리멸렬하고 일관성 없이 표현한다. 이러한 사건은 차분하게 회상되기보다는 강렬하고 생생하고 현실적으로 드러난다. 상처 입힌 파트너는 사건과 배우자의 고통을 무시하고 부인하고 축소하고 방어적 태도를 취한다.

② 상처 입은 배우자는 치료사의 도움을 받으면서 상처에 집중하여 사건이 미친 영향과 애착 의미에 대해 언급하기 시작한다. 고통과 분노는 상처, 절망감, 두려움, 그리고 수치심으로 명확하게 표현된다. 현재의 부정적 상호작용 고리와 상처 사이에 연관성이 분명해진다. 예를 들면, 한 배우자가 "나는 아직도 쓰라리고 절망적이에요. 그래서 고함치고 신경질적으로 반응해서 어떤 식으로든 남편에게 보복하고 싶었어요. 남편이 노력을 하고는 있지만 단순히 이런 식으로는 그 상처를 씻을 수 없다는 것을 말해 주고 싶었어요."라고 언급한다.

③ 치료사의 도움으로 상처 입은 배우자는 상처가 된 사건의 의미에 조율하고 이해하며, 그것이 자기 개인의 부족함이나 무감각보다는 상처 입힌 배우자의 소중함을 반영한다는 애착 용어로 이해하기 시작한다. 이후 상처 입은 배우자의 고통과 괴로움을 깨닫고, 그러한 사건이 상처 입힌 자신에게 어떤 영향을 주고 있는지 명확하게 인식한다. 상처 입은 배우자에게 자신의 행동이 미친 영향을 이해시키기 위해서 군이 논리적으로 장황하게 설명하지 않아도 된다.

④ 상처 입은 배우자는 통합적이고 분명하게 상처를 표현한다. 이 배우자는 사건과 연관된 상실로 인한 슬픔과 특히 애착결합의 상실과 연관된 두려

움을 표현할 수 있다. 즉, 상대방에게 자신의 약한 모습을 보여 준다.

⑤ 상대 배우자는 정서 교류를 늘리고, 애착손상을 입힌 책임을 인식하며, 공감, 유감, 그리고 후회를 표현한다.

⑥ 치료사의 도움으로 상처 입은 배우자가 사건 발생 당시에 없었던 위로와 관심을 보여 달라고 요청한다.

⑦ 상처 입힌 배우자가 본래 상처의 외상경험에 대한 해독제 역할을 하는 보살피는 태도로 반응한다. 이후에 부부는 함께 사건에 대한 새로운 이야기를 구성한다. 상처 입은 배우자가 사건 발생 당시에 배우자의 반응이 자신을 얼마나 비참하게 만들었는지에 대해 명확하고 만족스러운 이야기를 구성할 수 있도록 한다.

일단 애착손상이 해결되면, 치료사는 더욱 효과적으로 신뢰 회복, 결합과 화해를 향한 긍정적 고리를 강화시킬 수 있다. 이 과정을 통하여 관계는 안식처로 정의되어 다른 어려움과 일상문제의 해결을 높여 준다. 사실 이는 '날 꼬옥 안아 줘요' 결합 대화법의 특별판(sepecial version)이다.

관계외상이라는 애착손상의 개념은 부부치료사에게 중요한 암시를 준다. 특히 치료에 반응하지 않는 부부를 이해하는 데 도움이 된다. 이러한 사건은 치료 후의 재발방지를 위해서 주목하고 해결되어야 한다. 이 사건에 대한 이해는 해결을 위한 체계적인 개입을 가능케 했다. 애착의 틀은 외상 해결에 필요한 요소가 무엇인지 알게 해 준다. 예를 들면, 여기서 용서로 이끄는 하나의 사과 형식이 명확해졌다. 사과는 여러 가지 형태가 있다. 연구와 슈퍼비전 치료 영상은 용서를 위해서 상처받은 배우자가 고통을 말하고, 상처 입힌 배우자가 마음이 움직여서 고통으로 인하여 가시적이고 분명한 괴로운(상대방 얼굴에 나타나는) 느낌(felt sense)을 받아야 한다는 데 주목한다. 한 내담자는 "내 고통이 당신에게 상처가 되는지 알고 싶어."라고 말했다. 상처 입힌 배우자는 고통을 준 것에 대한 후회를 표현할 때 깊은 정서를 보여야 한다. 과거 반응이 부족했던 외상은 회복을 위해서 분명하고 적절하고 강한 반응을 통하여 새롭게 경험되어야 한다. 이후 부부 모두 정서적 동조(emotional synchrony)가 일어난다. 어떤 부부는 상처해결이 다른 부부보다 쉬울 수 있다. 일반적으로 안정애착형은 관계의 신뢰 침해사건을 쉽게 극복하는 것으로 보인다(Mikulincer, 1998).

전형적인 해결과정을 간단히 기록하면 다음과 같다.

① 아내인 헬레나가 말한다. "아니요, 남편에게 관심을 가져 달라고 요청할 수 없을 것 같아요. 우리 사이는 나아졌어요. 하지만…… (아래를 바라보며 손으로 얼굴을 가린다.) 나는 결코 ……하지 않겠다고 다짐했어요. 우리는 많은 부분이 나아질 정도로 노력했다고 생각해요. (얼굴을 붉히며, 목소리는 단조롭고 부드럽다.) 내가 분만할 때였어요. 통증이 왔고, 남편은 얼마나 오랫동안 진통이 있을지 의사에게 물어보았어요. 의사는 아마도 그날 밤 내내 진통을 겪을 거라고 했어요. 그래서 남편은 컬링 결승전에 다녀오겠다고 했어요. 당시 팀의 주장이었거든요. 그리고 그는 빨리 돌아올 거라고 했어요. 나는 울었어요. 나는 남편이 가는 걸 원치 않았어요. 하지만 남편은 떠났고, 곧 아이가 태어났어요. 왜 지금 여전히 그 일이 떠오르는지 모르겠어요. 친구와 가족을 떠나 여기 한적한 시골에 온 이후 그 생각이 더 많이 떠올라요. (그녀의 목소리는 날카롭게 변하고 남편을 향해서 돌아앉는다.) 하지만 당신은 대회에서 승리했어, 그렇지 않았어? 그것이 당신에게 중요한 것이었어." 치료사는 "당신에게 정말 고통을 안겨 주는 사건이었겠네요. 그리고 지금도 여전히 고통스럽군요. 당신은 테드에게 의지하거나 도움을 받고 싶지 않았어요, 맞나요?"라고 말했다. 헬레나는 "정확히 맞아요!"라고 말한다. 테드는 "이제 그 일은 제발 잊어버려. 이미 오래전 일이고, 하여간 그때 당신 기분도 괜찮았잖아. 의사도 분만이 순조

로웠다고 했고 말이야. 그 이후에는 내가 옆에 함께 있었잖아!"라고 반응한다. 헬레나는 "단지 컬링 대회가 없었으니까."라고 말한다.

② 치료사의 도움으로 헬레나는 과거 자신의 오래된 분노에 머물렀고, 여전히 생생한 슬픔과 실망감을 인식하고 남편에게 의지하고 싶지 않았던 마음을 떠올리기 시작했다. 겉으로는 남편과 '평화 유지'를 했지만 결혼생활 내내 손해 보지 않겠다는 생각에서 남편보다는 가족들에게 마음을 줄 수밖에 없었다고 말할 수 있었다. 하지만 지금 조기 은퇴를 하고 부부가 별장을 구입한 이후 그녀는 남편과 더 많은 거리를 두었고 쉽게 흥분했다. 그녀는 새로운 생활을 유지하기 위해 테드가 필요하다는 생각이 들 때마다 생기는 '구토'와 '추락하는 느낌'에 서서히 조금씩 다가갔다. 그녀는 혼자 아들을 출산했던 밤에 얼마나 '낙담했는지'를 표현할 수 있었다. 그녀는 신뢰 및 유대의 상실과 오랫동안 타협한 것을 떠올리며 울었다. 그녀는 남편의 화려한 경력과 그가 심취해 있는 스포츠와는 경쟁하지 않겠다고 다짐했다. 그녀는 이제 "당신이 필요치 않아. 그날 밤에는 정말 두려웠어."라고 말할 수 있다. 치료사는 "헬레나! 지금은 두렵지 않나요? 당신은 테드에게 의지하는 것이 두렵네요?"라고 언급한다. 헬레나가 울면서 동의한다.

③ 처음에 '오래된 이야기'를 회피하던 테드는 아내가 오랫동안 버림받았고 참고 인내해 온 것을 경청하기 시작했다. 그는 아내의 슬픔에 동조하고 "나는 섬세한 남편이 아니었어."라며 후회하는 마음을 표현했다. 과거 아내가 자신에게 남편 역할을 요구할 때 위협을 느꼈으며, 지금도 그런 말을 들으면 압도된다고 말할 수 있게 되었다. 그는 컬링 선수로서 얼음 위 혹은 회사에 있을 때만 만족감을 느꼈다. 테드는 아내가 '감정이 풍부하며 사랑이 넘치는 사람'이고, 첫아이가 태어난 밤의 일로 지금도 종종 자신이 '가족에게 불필요한 사람'이라는 느낌을 갖는다고 표현했다. 그는 자신이

팀의 주장 역할을 마치고 병원으로 돌아왔을 때 어떻게 아내를 위로하고 지지해야 할지 몰랐다는 것을 기억했다. 그는 팀의 주장 역할을 수행하는 방법은 알고 있었다. 사실 그는 헬레나가 자신의 부족함을 '알았을' 때 그녀를 잃을 것에 대해 항상 '두려워했다'.

④ 헬레나는 이제 안식처로서의 결혼에 대한 환멸감과 희망의 상실로 몹시 가슴 아파했다. 그녀는 테드에게 연결을 요청하지 않았고, '무감각'하게 지내면서 '자신이 남편의 우선순위가 아니었던 신호'에 주목했던 지난 몇 년을 슬퍼했다. 그녀는 남편의 품에서 쉬고 싶었고, 그의 친밀감과 보호가 필요했으며, 지금 이것을 표현하는 두려움에 대해 말할 수 있었다.

⑤ 이후 테드는 아내를 실망시켰고, 친밀할 수 있었던 기회를 놓친 지난날에 대한 후회와 슬픔을 표현하며 눈물지었다. 감정개입에 집중하고 강조하는 치료사의 도움으로, 그는 첫 아들 출산일에 겪은 아내의 상처와 그 결과로 그에게 다가오거나 진정 어린 연결에 대한 기대를 버렸다는 그녀의 결정을 인정했다. 그녀가 그날 남편을 필요로 했던 것과 그녀의 외로움에 대한 주제를 꺼낼 때, 자신이 그것에 반응하지 못한 것을 인정했다. 그는 "당신을 실망시켰어. 그랬어. 이후 나는 도망쳤고 그것을 해결하지 않았어. 나는 항상 당신으로부터 도망쳐서 일로 나를 증명하려 했어. 하지만 지금 진심으로 당신의 필요를 채워 주고 싶어. 당신과 가까워지고 나에게 기댈 수 있게 하고 싶어."라고 말했다.

⑥ 이후 헬레나는 위험을 감수하면서 별장에서 버려지는 것의 두려움, 그리고 위로와 관심을 받고 싶은 욕구를 테드에게 표현했다. 그녀는 "당신이 이후에 불확실하고 두려울 때, 당신이 어떤 식으로 나와 함께 지내고 싶은지 알고 싶어. 당신에게 내가 정말 중요한 사람인지 알고 싶어. 나를 꼭 안아 주겠어?"라고 말한다.

⑦ 테드는 배려하고 도와주려는 태도로 반응했고, 아내와 새로운 친밀을 약

속했다. 그리고 아내도 자신을 위로하고 지지해 줄 것을 요청했다. 부부는 자신들의 결혼, 애착손상, 그에 따른 결과에 대한 적절한 이야기를 만들어 간다. 결합을 강화하고 안정시켜 줄 수 있는 미래의 명확한 상호작용과 반응에 대한 이미지도 만들어 갔다. 과정은 단순한 용서가 아니라 화해와 안정결합으로 종결되었다.

　부부 및 가족 치료사가 인간 유대의 침해를 이해하고, 신뢰와 성공적 화해를 이끄는 기법을 숙지하는 것은 아주 중요하다. 이러한 손상을 다룰 때 EFT 치료사의 목표는 단순한 용서가 아닌 신뢰 회복이다. 부부는 결합의 현저한 균열과 반응의 실패가 여전히 작동하고 있으며, 그들이 이러한 교착 상황을 통해 안정애착을 형성하고 유지할 수 있다는 자신감과 관계에 확신을 가질 필요가 있다.

　다음 2개 장에서는 이전 장에서 기술한 과정을 독자들이 '이해'할 수 있도록 두 부부에 대한 EFT 회기를 제시할 예정이다.

| 제14장 | EFT 기초교육과정 현장: EFT 1기 회기 |

"우린 너무 쉽게 악화되는 것 같아"

"나는 비열하게 말했고…… 저주했어."

이 장에서는 최근 EFT 기초교육과정 현장에서 녹화된 상담의 축어록을 편집하지 않고 기록했다. 부부는 200명 이상의 치료사가 지켜보고 있다는 사실을 알고 있었다. 나는 이 부부를 이전에 만난 적은 없고 담당 치료사로부터 부부에 대한 제한된 정보를 받았다. 과정과 개입의 포괄적 특성을 강조하기 위해서 나는 여기에서 부부에 대한 어떠한 실제 정보도 제시하지 않는다. 이들은 전문직의 혼혈인 이성 부부다. 아내는 관계를 떠나겠다고 위협하고 있었다. 담당 치료사는 내게 특별히 관계문제가 아내의 '격한 분노'라는 데 부부가 동의했기 때문에 그녀의 예민함과 분노에 접근해 달라고 요청했다. 부부는 EFT 치료사를 찾기 전에 나의 저서 『우리는 사랑에 대해 얼마나 알고 있을까』를 읽었다.

나는 이 장 마지막에 당신이 EFT 기술을 연습하기 위해서 축어록을 사용하는 방법에 대한 과정 논평과 약간의 제안을 제시한다.

치료사: 안녕하세요……. 이렇게 하신 것에 감사드려요……. 저는 두 분이 이렇

게 함으로써 치료사가 관계를 더 잘 이해하고 이 모델을 배울 수 있게 도와주기 때문에 관계에 대해 고민하고 있는 다른 많은 부부에게 선물이 된다는 사실을 알았으면 좋겠고, 그래서 감사를 드려요. 또한 저는 여기서 저와 같이 완전히 낯선 사람들이 당신들의 삶에 들어오게 하는 것은 용기가 필요하다는 것도 알고 있습니다. 조명과 카메라가 낯선 상황이고 많은 사람이 지켜보고 있어서 저는 두 분이 안전하게 느끼게 해주고 싶어요. 저의 주 관심사는 오늘 상담에 함께하면서 두 분이 안전하게 느낄 수 있게 도와주는 거예요. 저는 먼저 두 분에 대해서 알고 싶어요. 혹시 두 분이 편안할 수 있고, 낯설고 어색하지 않게 느낄 수 있도록 저에 대해서 알고 싶은 것이 있나요?

멜: 저는 웬디처럼 생각을 많이 하지는 않았지만 기분 좋게 하기 위해서 노력했기 때문에 이 상담이 괜찮아요…….

웬디: 선생님의 목소리가 이미 저를 편안하게 해 주었어요. (웃으며 머리를 숙인다.) 내가 알고 있듯이…… 네 시간 가까이 선생님 책을 읽으면서 이미 선생님 말을 듣는 것 같았어요. (웃는다.)

치료사: 좋아요. 제 목소리가 편안하게 해 준다니 좋아요. 두 분이 치료사를 두 번 만난 것으로 알고 있어요, 맞나요? (그들이 고개를 끄덕인다.) 그래서 저를 도와주시겠어요……. 그동안 관계에서 무슨 일이 있었는지 알고 싶어요. 관계에 도움을 받기 위해서 결심한 이유가 무엇인가요? 두 분이 관계에 대해 어떻게 생각하고 어떻게 개선되기를 원하는지 알고 싶어요. 치료 결과로 어떤 것이 좋아졌으면 하나요? 이렇게 시작하면 어떤가요?

웬디: 저는 우리 관계에서 항상 의사소통이 중요하다고 생각해요. 우린 11년 동안 함께 지냈고, 결혼한 지는 8년이 되었어요. 우리에게는 네 살과 한 살이 된 아이가 있고, 지난 1년 사이에 많은 것이 변했어요. 우리가 투쟁을 하고 언제나 싸우려 하기 때문에 저는 우리의 결혼에 대해서 걱정이

많아요. 저는 우리가 과거 어느 때보다 갈등을 줄이기 위해서 힘든 시간을 보내고 있다고 느껴요.

치료사: 그래서 저를 도와주시겠어요? 제가 당신에게 말을 할 텐데, 만일 제가 잘못 이해하고 있다면 알려 주세요……. 그래서 지금 저는 당신이 무척 긴장하고 있는 것처럼 느껴져요……. 당신은 항상 싸우게 되고, 그러면 균형을 되찾기 쉽지 않네요. 맞나요?

웬디: 맞아요. 제 생각에 우린 점점 극단으로 치닫고, 0에서 100으로 순식간에 올라가서 고함치거나 공격을 하고 상처 주는 말도 서슴지 않아요.

치료사: 모든 것이 순식간에 고조되고, 그것이 지금 무엇이 벌어졌다는 것을 알려 주네요, 맞나요?

웬디: 두 사람 모두 그래요……. 우리가 좋아지거나 상황이 바뀔 수 있을지 모르겠어요. 하지만 우린 힘든 시간을 보내고 있고 도움을 받아서 좋아질 수 있다고 느껴요.

치료사: 그때는 마치 균형을 잃어버리게 되네요. 그것은 새롭고 더 긴장이 되네요. (웬디가 동의한다.) 더욱 고조되고 당신이 논쟁을 벌일 때 모든 것이 위험하다고 느껴지네요. 맞나요?

웬디: 그래요, 우리는 하나 혹은 다른 위기 형태로 효과적으로 지내고 있다고 생각돼요. 우린 그 환경에서 잘 지내고 있어요. 좋은 게 좋다는 식으로 나는 당신이 이것 혹은 저것을 해 주기를 바라고 있어. 엄마가 아플 때 나는 직장생활도 힘들었고, 당신도 알다시피 아이도 있었어……. 첫딸이 태어났을 때 우린 갈등이 심했어. 그 이후 우린 리듬을 찾았지만, 지난 1년간 변화가 있었고 고통스러웠어. (그들은 이사했고, 그녀는 집에 머무르기 위해서 직장을 그만두었으며, 둘째를 가졌다.)

치료사: 당신은 변호사로 일을 해 왔고…… 지금은 두 아이와 집에 있네요, 맞나요? 그것이 당신에게는 엄청난 변화네요.

웬디: 맞아요. 제 정체성의 많은 부분이 제가 전문가가 되는 것과 연결되고, 그래서 저에게 좌절이 되었어요……. 저는 상실되었고, 일을 하지 않는 제가 누군지를 깨닫고는 슬펐어요. (고개를 뒤로 젖힌다.)

치료사: 맞아요…… 그것은 고통이에요.

웬디: 우리는 이사처럼 '그러한 뜻밖이고 힘든' 상황에 처했을 때 특히 싸웠고, 이후 여기로 이사를 했고, 심하게 싸우고 있어요. 딸이 이제 한 살이 되었고, 그래서 우린 강한 의사소통 능력…… 강한 유대감을 갖기를 원해요.

치료사: 이러한 긴장 넘치는 춤이 지속되기를 원치 않네요. 그것은 제게 마치 당신이 안전감…… 균형감을 잃어버린 것처럼 들려요…….

웬디: 우리 둘 다 지금 좋지 않기 때문에 더 나빠지기 전에 좋아지기를 원해요.

치료사: 그것이 두 사람에게 좋을 것 같아요. 당신은 관계에 무슨 일이 벌어졌는지 볼 수 있었어요. 많은 변화가 있었고, 당신의 경력도 중단했어요. (그녀가 동의한다.) 그것에 대해서 말하는 것을 들으면서 저는 그것이…… 그러한 상실이 당신에게 힘들었다고 들려요, 맞나요? (웬디가 동의하고 턱을 떤다.) 그리고 당신은 두 아이를 낳았고…… 그것은 힘들었어요. 많은 변화가 있었고, 안전감과 균형감을 잃어버렸고…… 여러 가지 긴장을 갖게 되었고…… 그것은 아주 힘들었어요, 그렇지요? (웬디의 고개가 젖혀지고, 눈에 눈물이 차오르고, 그녀는 웃으며 침을 삼키고 고개를 끄덕인다.) 맞아요, 제게 그것이 들렸어요, 그래요……. (웬디가 운다.) 당신은 "나에게 중요한 것은 경력이에요."라고 말했어요. 당신이 통제받고, 하던 일에서 능력이 뛰어난 것으로 들리는데 그것을 포기했어요. 당신은 남편이 새로운 직업을 잡자 그를 따라서 이사하면서 일을 그만두었어요, 맞나요? (웬디가 끄덕인다.) 맞아요, 지금 관계가 변하고, 그것이 어느 정도 경고가 되었다고 제게 말했어요. 이 말이 적절한가요?

웬디: 맞아요…… 경고였어요. 아마도, 하지만 단지…… (한숨을 쉰다.) 아주 외로웠어요.

치료사: (다가가면서) 외로웠네요? 맞아요, 이해해요.

웬디: 남편이 제게 안정의 장소였는데…… 많은 변화를 겪으면서 저는 일에 집중할 수 없었고 혼란스러웠어요. 우리는 과거에 그랬던 일상으로 돌아가고 싶지 않아요……. 그것은…… 선생님도 아시다시피…… 저는 그렇게 되기를 원치 않아요. 저는 일에 많이 기대고 있었어요……. 이후에 저는 일에 의지할 수 없었어요.

치료사: 이해해요……. 이러한 모든 변화를 겪었어요. 그것은 정서적으로 많은 것이 흘렀고…… 갑자기 당신은 멜과의 안정이 위협받는다고 느꼈어요. 그리고 결국 외롭게 되었네요……. 맞아요…… 이해할 수 있어요. (멜에게) 멜, 지금 어떤가요? 관계에 무슨 일이 있었나요?

멜: 웬디가 잘 설명했어요. 아내는 두 아이를 낳았고 이사를 했지만, 저에게는 고향으로 돌아오는 느낌이었어요. 경력이 바뀌었고, 저는 제 경력을 지속할 수 있다면 아내에게 강하게 영향을 줄 수 있다고 생각했어요. 선생님도 알다시피 우린 11년간 친구와 부부로서 함께 지내고 있어요. 우리는 다양한 논리적인 관계문제에서 많은 장점을 가지고 있고, 위기에 강했어요.

치료사: 두 분은 강한 팀이에요. (지금까지 13분의 상담시간이 흘렀다. 나는 동맹을 형성하고 상황을 파악하고 있다.)

멜: 우린 늘 함께였어요. 하지만 제 생각에…… 변화를 대하는 태도에는 차이가 있었고, 마찰이 있었어요……. (웬디를 바라본다.) 제 생각에 우리 관계는 고통을 받았는데, 그게 단지 이사 때문만은 아니었어요. 하지만 그녀의 삶에 무언가 벌어졌고, 제게는 행동과 일반 정서에 차이가 있었어요…….

치료사: 제가 속도를 조금 늦추고 싶은데, 괜찮은가요? 저를 조금 도와주시면 좋겠어요. 당신은 "맞아요, 많은 변화를 겪었고, 과거 우리는 함께했지만 지금 이러한 변화를 다른 방식으로 다루고 있어요. 그것이 내게는 힘들었고 정서적으로 달랐어요."라고 말했어요. 당신이 말한 것과 같은가요?

멜: 제 생각에 작은 갈등이 있을 때 대화방식이 문제였는데 우린 너무 쉽게 악화돼요. 우린 서로 자신의 생각을 양보하지 않아요. 하지만 우리의 신사적이고 친절한 상호작용이 있기 전에 심지어 이사하기 전에도 이미 우리의 싸움은 심각했고 쉽게 회복되지 못했어요. 대화를 하면 늘 저는 후회를 하고 걱정이 되었어요.

치료사: 그것이 어떻게 보이는지…… 저를 도와줄 수 있겠어요? 당신이 제게 "수, 이것이 걱정이고 나 자신에게 '지금 무엇이 벌어진 거야? 우리가 안정, 관대함, 장점을 잃어버린 거야?'라고 말했어요."라고 말했어요. 그것이 당신에게 어떻게 보이나요?

멜: 이사 전에 샌프란시스코에서 크게 싸웠던 일을 생각하고 있어요. 무언가가 자극을 했어요……. 우린 소용돌이에 빠졌고, 결국 저는 짐을 싸서 떠난다고 말하고 호텔에서 지냈고, 위협을 가하면서 아내가 제게 말해 주길 원했어요……. (웬디를 보면서 둘이 웃는다.)

치료사: 당신은 부인이 "그러지마, 아니야, 내게 돌아와 줘."라고 말해 주길 원했네요.

멜: (웃으며) 불행히도 아내는 눈도 꿈쩍하지 않았어요……. 그녀는 주춤하지 않았어요. 그녀에게는 좋았지만 제게는 끔찍했어요.

웬디: 그랬지, 하지만 사실…… (웃으며 멜을 향해서 손을 뻗는다.) 사실 방해해서 미안하지만 그때 우리의 논쟁에서 새로웠던 흥미로운 일들을 폭로했어.

멜: 그때의 논쟁은 반복되는 주제도 아니었고, 이전에도 싸운 적이 있고, 우리 관계에서의 핵심이 전혀 아니었어……. 하지만 싸운 내용의 의미가

크지 않았음에도 불구하고……

치료사: 전략은 아주 극단적이었네요?

멜: 아주 극단적으로…… 적절하지 않았어요.

치료사: 갑자기 대부분의 사람이 위협하듯이…… 당신은 "나는 여기를 떠나서 호텔로 갈 거야."라고 말했네요.

멜: 그리고 저는 아내 얼굴에서 흐르는 눈물을 봤어요. 저는 '떠나겠다'는 말을 하고 싶었어요. 저는 아내를 상처 주고 싶지 않아요. 저는 그저 위협하려 한 것뿐이었어요. 우리가 왜 그렇게 되었지요?

치료사: 그래서 저는 무엇이 일어났는지 알고 싶어요. 당신은 위협을 철회했나요?

멜: 그렇게 한 것 같아요. (웬디를 바라본다.) 저는 방을 나왔고, 잊지 못할 아내의 눈물을 보고 떠날 수 없었어요. 저는 뒤돌아보았고, 우린 평화를 찾았어요. (부부는 서로 마주 본다.) 우린 다시 그곳으로 가고 싶지 않았지만, 지금 우린 그렇게 되고 있어요……

치료사: 멜, 아주 흥미로워요…… 그렇지 않나요? 지금 말한 것이 아주 흥미로웠어요…….

멜: 어떤 부분 말인가요? (빙그레 웃는다.)

치료사: 당신이 "수, 우린 균형을 잃었어요……. 우린 안정감을 잃었고, 지금 이렇게 싸우고 있어요. 그런데 갑자기 제 자신이 이전에 한 번도 하지 않은 행동을 했어요. 극단으로 치닫고 가출로 위협을 했어요. 하지만 저는 떠나지 않았고 파워게임을 하지 않았어요. 제 머릿속에 아내의 눈물이 떠올랐고…… 저는 아내에게 상처 주고 싶지 않았어요."라고 하는 말을 들었어요. 당신이 전하고 싶은 의미가 맞나요? 관계의 강점에 대해 말한 것이 저에게 다가왔어요. 제가 맞게 이해했다면, 당신은 "우리가 악화되는 상황에서도 저는 아내가 소중하고 상처를 주고 싶지 않아요. 저는 방으로 들어가서 다가가고 싶어요."라고 말하고 있어요. 그런가요?

멜: 맞아요, 제 생각에 아내는 더 나은 대접을 받아야 해요…… 저한테서…… 저는 사과를 했어요.

치료사: 그렇게 하려면 엄청난 힘이 들어요, 그렇지 않나요? 당신이 제게 관계에 대한 많은 것을 말해 주고 있어요. 다른 방안이 없을 때 멜은 말할 곳에서 몇 분을 기다리고 기다렸어요……. 그녀는 내가 좋아하는 사람이에요……. 내가 사랑하는 여자예요……. 그녀가 상처를 받고…… 그녀가 상처를 받고 있을 때, 저는 사랑하는 사람을 떠날 수 없었어요……. 당신은 그럴 수 없었고…… 그녀에게 돌아갔고…… 다가갔어요, 맞나요? (멜이 눈을 깜빡이며 끄덕인다.) 정말 대단했어요, 그렇지 않나요? (멜이 미소 짓고, 웬디는 크게 웃는다.)

멜: 그것은 쉽지 않았어요, 하지만…….

치료사: 그것은 훌륭했어요. 저는 당신을 믿어요, 그것은 쉽지 않아요. 많은 용기와 이해가 필요했어요, 하지만 대단했어요, 그렇지 않나요?

웬디: 남편은 대단했다는 말을 듣는 것이 즐거운가 봐요. (키득거리며 멜의 어깨를 두드린다.) 나는 당신 등을 두드려 주고 싶어. (멜이 미소 짓는다.)

치료사: 그가 당신에게 다가갔고…… 맞아요…… 그를 받아들일 수 있었나요? 그 당시 싸울 때…….

웬디: (끄덕이며) 그때…… 그랬어요.

치료사: 맞아요…… 지금 여기서 짧은 시간 함께 이야기를 들으면서 저는 두 분 관계에 장점이 많다고 느꼈어요. 웬디의 얼굴에서 상처를 보았을 때 멜은 뒤돌아보며 다가갔고, 당신은 반응할 수 있었어요. 두 분 정말 좋아요……. 정말 좋았어요. (인정하고, 장점에 초점을 맞추며, 희망을 고취시킨다. 이러한 접근과 반응의 능력은 애착과 균열의 회복에서 핵심이다.)

웬디: 제 생각에 그때 우리는 함께하는 데 방해가 되는 것을 없애기로 결정했어요…….

치료사: 그랬군요? (그녀가 끄덕이며 동의한다.) 그래서 지금 당신은 모든 장점을 말하고 있네요⋯⋯. (헌신은 강점이다.)

웬디: 등불이 켜지고⋯⋯ 빛이 들어오고 우리가 좋았을 때⋯⋯ 우리가 싸운 이유가 뭔지 모르겠어요⋯⋯.

치료사: 그래서 잠깐 살펴볼까요⋯⋯. 저는 당신을 알아 가고 있어서 아주 좋아요. 그래서 다른 것을 한번 보고 싶어요⋯⋯. "우리가 안정감을 잃어버렸고 부드러움이 사라지고 무엇이 벌어졌지? 우리는 이 길을 가고 싶지 않아."라며 부정적이고 관계에 대해서 걱정하고 있었던 아주 어두웠던 순간을 보고 싶어요. 그리고 당신은 외로움에 대해서 말했는데, 맞나요? (그녀가 끄덕인다.) 외로움이 밀려온 그 순간에 당신에게 무슨 일이 일어났나요? 모든 것이 나빠졌을 때 어땠나요?

웬디: (눈을 위로 치켜뜨면서 한숨을 쉰다.) 당신은 제가 상황이나 정서를 말해 주기를 원하네요. 맞나요?

치료사: 당신이 좋다면 어떤 것이든지요⋯⋯. 당신이 원하는 것은 좋아요. 당신은 싸웠고⋯⋯ 모든 것이 악화되었어요. 그러면 대체로 어떻게 전개되나요?

웬디: (입을 오므리며 머리를 약하게 흔든다.) 모르겠어요⋯⋯ 가끔은 그것이 평범했지만 그렇지 않을 때도 있었어요. 최근에 남편 가족을 만나기 위해서 벨기에로 여행을 다녀왔어요. 그것은 최악의 여행이었어요. 비참했어요⋯⋯. 그는 지쳤어요. 그는 네 살 아이에게 나쁘게 대했고, 그리고 나서 "너희 둘은 똑같아."라고 말했어요⋯⋯. 상처가 되었던 말이 뭔지 기억이 나지 않아요⋯⋯.

멜: 내가 마저 얘기를 해 줄게⋯⋯ 내 입장에서 하고 싶은 말이 많아⋯⋯.

치료사: (웬디에게) 당신에게 상처가 되었던 무언가가 있었고 그다음에 무슨 일이 벌어졌나요?

웬디: 맞아요, 그리고 저는 단지…… 가끔 저는 좋아해요……. (손을 들어서 허공에 흔든다.) 폭발했고 고함을 쳤고, 이때는 제가 입을 닫고 아이를 밖으로 데리고 나가서 가족과 함께 있고 싶지 않았어요. 저는 여기 머무르고 싶었어요……. 저는 제정신을 챙겨야 할 것 같았어요.

치료사: 좋아요, 제가 당신을 천천히 살펴볼 수 있을까요? 당신은 "지금 뭔가 잘못되고 있을 때…… 나는 상호작용에서 상처를 받을 것이고, 내게 2개의 길이 있어요."라고 말했어요, 맞나요? (그녀가 끄덕인다.) (싸움의 과정을 반영하기 시작한다. 탱고 움직임 1 – 현재 과정을 비추고 반영)

치료사: 하나가 폭발이었어요. (그녀가 동의한다.) …… 다른 하나는 차단인데 모든 사람을 차단해서 당신 혼자 진정하고 싶었어요…… 제 말이 맞나요?

웬디: 그것이 제가 한 행동인지 모르겠어요……. 제가 관대하게 설명한 것 같기도 해요…….

치료사: 그렇다면 제게 덜 관대한 설명을 해 주세요. 폭발하거나 마치 "나는 보여 줄 거야. 춤을 추지 않을 거고 연기하지 않을 거야."라며 차단했네요, 맞나요?

웬디: 나는 좋아하는 것처럼 행동하지 않고, 알겠, 당신이 이것을 원했어, 좋아. (앙심을 품은 톤으로) 내가 하고 싶은 대로 할 거야…….

치료사: 반항하는 것처럼요…….

웬디: 네, 맞아요…… 빌어먹을…….

치료사: 그래서 폭발했고…… 아니면 당신은 "어떤지 당신 한번 봐! (그녀가 동의한다.) 나는 당신과 춤추러 무대에 가지 않을 거고 젠장, 나는 혼자 떠나 버릴거야."라고 말하네요, 맞나요? (그녀가 동의한다.) 그래서 당신은 상처를 받았고 둘이 모두 폭발했네요……. 이 말이 어떻게 들리나요? 당신이 폭발할 때 어떻게 했나요?

웬디: 비열하게 말했고…… 저주를 퍼부었어요.

치료사: 당신은 저주하는 데 능숙한가 봐요? (그녀가 동의한다.) 그래서 "당신은 나에게 상처를 주었고…… 나는 당신에게 비열한 말을 할 수 있어……." 아니면 "좋아, 당신에게 이것이 어떤지 우린 보게 될 거야……. 나는 당신과 춤추지 않겠어……."라고 말하네요. 그래서 당신은 차단했고…… 당신이 그렇게 한 것이 맞나요? 그를 차단했어요. 그런 다음 무엇을 했나요? (멜에게)

멜: 우린 쉽게 불붙어요. 우리는 순식간에 욕설로 서로에게 깊은 상처를 입히는 데 능숙해요. 그렇지 않아?

치료사: 부인이 폭발하거나 차단을 할 때 당신은 무엇을 했나요?

멜: 그녀가 폭발할 때 저는 반박해요.

치료사: 당신 역시도 폭발하네요?

멜: 맞아요, 저도 쉽게 고조되고 아주 나쁜 욕을 하면서 시작돼요……. 우린 상대가 좋아하는 것을 떠올리고 어떻게 하면 선을 넘는지 생각해요……. (여기서 강점—둘이 당황하면서 반발하고 싸우는 중에도 '우리'라는 관점을 기억한 것—을 보여 준다.)

치료사: 두 사람은 서로를 어떻게 자극하는지 알고 있었어요.

멜: 오, 100% 맞아요. 우린 그것에 통달했어요.

치료사: 그래요, 그래서 그녀는 폭발했고, 당신은 "안 돼, 난 그것을 받아 줄 수 없어……. 나도 보여 주겠어."와 같이 행동했어요. 그리고 당신은 다시 공격했어요, 맞나요? 그런 후 무엇이 일어났나요?

멜: 우린 정신이 들었고…… 보통 그것을 통해서 노력했고, 평화를 찾거나 얼마 정도 시간이 흐른 후에 협상을 시도해요.

치료사: 그것을 통해서 노력하고 평화를 찾았다니 대단해요. 하지만 그렇지 못할 때는 어떻게 되는지 궁금해요. 그녀가 폭발하고 공격을 하거나 당신을 차단했어요. 만일 그녀가 당신을 차단하면 당신도 폭발하고 다시 공

격을 하나요?

멜: 아니요, 저는 단지 원한을 쌓았어요.

웬디: 제가 그것을 시작하기 때문에…… 그것은 다른 주제예요…….

멜: 우리 언쟁의 반복되는 주제예요……. 우리가 자극받는 지점이 있어요……. 내가 당신에게 상처를 더 많이 주었어.

치료사: "나도 또한 당신에게 상처를 주고 말겠어……. 나는 상처를 주는 사람이 되고 말거야." 그래서 상처를 주고받았네요, 맞나요?

멜: 그래서 심지어 벨기에에서 가족으로서 기능하지 않으려 했고 그것이 제겐 상처였어요. 저의 한 부분은 그녀가 가족에게 헌신하지 않아서 아주 미쳐 버릴 것 같았어요……. 하지만 저의 다른 부분은 그녀가 그곳에서 즐거운 저녁을 경험했고, 그녀도 그렇게 느끼도록 해 주고 싶었어요. (웬디를 바라본다.) 웬디가 행복하지 않을 때, 그녀는 숨기지 않고 솔직하게 말했어요. 그녀 곁에 있는 모든 사람이 그것을 알았고, 그건 비참했어요. 하지만 그녀가 그곳에 없었기 때문에 저는 그러한 비참함을 감수할 필요가 없었어요. 알다시피 결국 저와 두 아이만 있었고, 좋았어요.

치료사: 그녀와 집에 왔을 때 무슨 일이 벌어졌는지 알고 싶어요…….

웬디: 그건 이틀 동안 지속되었어요. 그날 우린 서로 말하지 않았고…… 둘 다 회피했고…… 그다음 날도 그랬고, 우린 서로 무시했어요. 다음 날 제가 "그렇게 말하는 당신을 받아 줄 수 없었어."라고 말했어요. 혹은 우린 다시 싸움을 했고, 혼자 산책을 나가서 울었고, 저 자신이 정말 미안하게 느껴졌고…….

치료사: 여러분, 지금 서로 경직된 곳에 빠지지 않았다고 하는 것처럼 들려요. 서로 상처를 주고받았고…… 서로를 공격했고, 둘 다 차단했고 회피했지만 다시 돌아왔네요, 맞나요? (멜이 끄덕인다. 웬디에게) 그리고 회피가 당신에게 "당신은 내게 이것을 하지 않을 거야. 나는 보여 주겠어…….

나는 당신을 차단하겠어."라고 말했네요.

웬디: 난 그것 또한 다른 것으로 변하지 않고는 당신에게 어떻게 말을 해야 할지 몰랐어……. 마치 내가 아무런 에너지가 없는 것처럼…….

치료사: 마치 "나는 무엇을 해야 할지 모르겠어……. 이 모든 분노와 상처에 사로잡혔고…… 그래서 나는 차단할 수밖에 없었고 이후……." (멜에게) 당신은 모욕적인 말로 되갚았고, 자신에게 "그녀는 이 모든 감정을 품고 있고, 나는 그것을 어떻게 해야 할지 모르겠어. 그것은 비참해. 그래서 정말 나는 떠나야 하는 것이 맞지 않아? 그리고 모든 것이 변하기를 원해."라고 말하면서 결국 당신은 떠나 버렸네요. [대리 목소리를 사용하여 현재 즉시성(immediacy)을 만든다.]

멜: 저는 한 단계 더 나아갔어요……. 그것은 아주 관대한 해석이에요. 저는 내가 받은 상처를 적극적으로 되돌려 주기 위해서 그녀를 차단했다고 생각해요. 저는 거리를 두고 차갑게 대하고 최소한의 대화를 하면서 그녀에게 제가 상처받았다는 것을 알려 줄 수 있어요.

치료사: 당신은 쉽게 거리를 두고 차갑게 대할 수 있었네요? (흥미롭다. 치료사는 그가 관계에서 위축자라고 말했다. 두 사람은 아주 개방적이고 솔직한데, 이 또한 장점이다.)

멜: 저는 그럴 수 있어요. 그것은 보통의 내가 아니라는 의미이지만 언쟁 중에는 그런 역할을 할 수 있어요. 평상시에는 그렇게 하지 않지만…….

치료사: 맞아요. 그래서 두 분은 이러한 것을 할 수 있었네요, 맞나요? 두 사람은 그런 역할을 할 수 있었어요……. 욕설을 퍼붓고 폭발하거나 차단을 했어요. 이 모든 것 중에 아내가 외로웠다고 하는 말이 제게 다가와요. 그녀는 "이 모든 것을 통해서 결국 나는 외롭게 되고 말았어."라고 말했어요. 이 모든 싸움 끝에 남편에게 무슨 일이 일어났나요? (정서 채널로 들어가려는 시도 – 탱고 움직임 2 준비)

멜: 저는 아내에게 겉으로 차갑게 대했어요……. 그런데 제 마음은 차갑지 않아요…….

치료사: 당신에게 무슨 일이 일어났나요?

멜: 그녀가 제게 했던 것이나 싸울 때와 같이 분노에 가득했어요.

치료사: 언쟁 이후에 당신은 부인에게 "내가 상처받고 화난 이유는 이거야."라고 말한 것이 있나요? 그녀에게 말할 수 있나요?

멜: 네, 우린 싸운 이후에 서로 나누었고, 개방적으로 대화를 했고, 무슨 일이 있었는지 되짚어 보곤 했어요.

치료사: (웬디에게) 당신은 싸울 때 남편에게 무슨 일이 벌어졌는지 이해했나요? 남편은 "맞아요, 우린 싸운 이후에 나누었고, 아내에게 무슨 일이 벌어졌는지 말할 수 있어요."라고 말했어요. 그리고 당신은 제게 "싸워서 서로 욕하고 차단할 때 저는 결국 외로움을 느껴요."라고 말했어요. 싸울 때 멜에게 어떤 일이 벌어졌는지 이해했나요? 당신이 외롭다고 느낄 때, 남편에게 무슨 일이 벌어졌는지 알았나요?

웬디: 저는 남편이 무엇을 느끼는지 전혀 몰랐고 우린 돌아와서 함께 나누기는 했어요. 하지만 선생님의 책을 통해서 알게 된 사실은 그때 전혀 정서적으로 들어가지 않았다는 거예요. 우린 그때 벨기에 사건처럼 논리적으로 말했어요. 우린 다음에 잘하자고 말했고, 우린 그저…… 그리고 저도 그렇게 (눈을 찡그리며) …… "당신은 요점을 놓치고 있어."

치료사: 이해해요, 다시 돌아왔을 때 두 사람은 논리적인 수준이었어요. 정서 수준까지 돌아오지 못했어요.

웬디: 맞아요. 그리고 남편의 말에 추가하고 싶은 것은 우리가 충분히 주목을 하지 못했다고 생각되는 내용이 있다는 거예요. 멜의 말에 따르면 저는 기분에 따라서 억양이 높았다가 떨어지는데, 마치 내 기분이 좋으면 좋은 날이고, 내 기분이 나쁘면 망친 날을 만드는 사람 같아요…….

치료사: 당신은 "남편은 내가 음악을 켰다 끄는 사람으로 믿고 있다고 생각해요. (그녀는 공감하면서 끄덕인다.) 우리가 어떻게 함께 춤을 추는지는 음악에 달려 있고, 정서 음악을 켰다 끄는 사람이 바로 나예요."라고 말하는 것 같아요.

웬디: 정확해요.

멜: 약간 수정하고 싶지만 핵심은 그렇다고 믿고 있어요. 그녀와 경험한 상호작용은 그녀의 삶에 가까운 사람과는 비슷한 방식으로 작용하는 것을 봤어요. (웬디를 향해서) 당신이 목소리를 높여 공격하고 나에게 폭발하는 방식은 당신 어머니나 아버지 혹은⋯⋯ 가끔 자매와 같이 다른 사람들에게 하는 방식과 같았어.

치료사: 그래서 당신은 "맞아요, 나는 웬디의 음악, 폭발에 맞추려고 했어요."라고 말하고 있네요. 맞나요?

멜: 지난 2주 혹은 3주 동안은 마음에 그런 일은 일어나지 않았고, 당신 마음의 평화가 내게도 커졌고, 우리는 또한 많이 싸우지 않았어.

치료사: 멜, 잠시 제가 천천히 갈 수 있을까요? 부인이 폭발할 때 당신에게 무슨 일이 있었는지 알고 싶어요⋯⋯. 우리가 여기서 하는 말이 뭔가 문제가 있을 때였어요. 우리가 말하는 것은 당신이 2가지 전략을 교환할 수 있다는 거예요. 두 사람은 유연하고 지적이고 깨어 있어서 많은 부부가 빠지는 하나의 정해진 태도에 갇히지 않았어요. 두 사람 모두 위축될 수 있고, 서로를 차단할 수 있고, 서로 모욕을 줄 수 있어요, 맞나요? 하지만 이후 당신의 견해로 보면 두 사람이 갇히는 정서 음악을 시작하는 사람은 웬디였어요. 맞아요? (멜이 끄덕인다.) 그리고 당신은 그녀의 폭발에 대해 말했어요. 그녀가 폭발할 때 당신에게 무슨 일이 있어났는지 알고 싶어요.

멜: 저는 해결사라서 항상 실제로 도움을 주고 고칠 수 있는 방법을 찾아

요…….

치료사: 좋아요, 저를 도와주시겠어요……. 당신은 저에게 "수, 아내가 폭발할 때 제가 하는 것은 균형을 유지하면서 머리를 써서 그것을 풀어야 할 문제로 생각해요."라고 말하는군요.

멜: 그것이 저의 일반적인 전략이고, 상담 초기에 그녀가 말했듯이 아내는 저를 기댈 수 있는 어깨로 보았고, 그래서 저는 그런 어깨가 되려 했고, 상황 속으로 끌려 들어가지 않았어요.

치료사: 일처리를 했고…… 고치려 했네요. (부부가 끄덕이고 동의한다.) 하지만 고치려는 멜이 나타나서 모든 것을 처리할 때, 당신에게 어떻게 보였는지 알고 싶고 그것은 남자들이 늘 하는 일이죠……. 우리는 남자에게 이렇게 가르치죠, 남자라면 해결해야 하고 모든 것을 고쳐야 해, 당신은 극복할 수 있어야 해……. 하지만 저는 웬디가 폭발할 때 멜에게 정서적으로 어땠는지 알고 싶어요. 그녀는 강한 숙녀예요. 그녀 앞에 앉아서 당신은 그녀는 너무 자주 폭발해, 그녀는 모든 사람에게 폭발해라고 말했어요.

멜: 그녀는 정말 무시무시해요……. 지금 그녀가 조금 무서워요……. (웬디에게 미소를 짓는다.)

치료사: 무시무시하네요……. 그녀는 무시무시할 수 있어요. 그래서 저는 알고 싶어요, 당신의 반응은 극복하고 문제를 풀고 뭔가 고치고, 머리를 써서 뭔가를 고치기로 한 것을 이해해요. 하지만 부인이 폭발할 때 어땠는지 알고 싶어요. 어땠나요?

멜: 좌절이 되었고, 상처가 되었어요.

치료사: 좌절되었네요, 상처가 되고 상처가 컸네요. (그가 끄덕인다.) 부인이 무시무시했다고 했나요? 맞아요. 지금, 얼굴을 보니, 당신은 처리하려는 생각에 빠져 있기 때문에 아주 힘들어 보입니다……. 통제하고, 고치려고

하니까…… 그리고 갑자기 부인이 다가와서 관계에서 심한 감정기복을 보였고…… (손으로 다이얼을 돌리는 시늉을 하며) …… 부인이 음악을 크게 틀었어요, 맞나요? 그녀는 '우리가 한 팀이야.'라는 협력의 범위를 넘어서고 말았어요. 제가 보기에 그것이 당신에게 아주 힘들었겠어요. 제가 바로 이해했나요?

멜: (눈살을 찌푸리며) 네, 그것은 아주 힘들었어요, 특히 우리가 논리적으로 겪는 대부분의 문제는 아주 쉽게 풀리기 때문에 만약 논리가 잘 작동하면…… 하지만 정서는 변화되지 않았고…… 그것이 아내의 행복이나 우리 관계에 영향을 주지 못했어요.

치료사: 그래서 당신은 저에게 "저는 문제를 고칠 수 있으나 정서 때문에 여기서는 답이 없고, 그것은 변화되지 않아요. 제 아내는 제게 폭발했고, 그녀가 두렵고 갑자기…… 모든 것이 나빠져 버렸어요."라고 말하고 있네요. (그가 끄덕인다.) 그럴 때 어떤가요? 그것이 아주 많이 힘들었네요. (탱고 움직임 2―정서 조합과 심화)

멜: 아주 힘들고 좌절이 되었어요. 우리가 관계의 강한 기초를 다졌다고 생각했지만 가끔 우리가 도대체 무엇을 할 수 있는지에 대해 스스로 질문하기도 해요. 지난 몇 년간 그녀에게 스트레스가 되는 것은 모두 외적 요소들이었고, 우리는 그것과 싸웠지만…….

치료사: 당신이 제게 말한 것에 대한 생각은, 그리고 가끔 우리가 많은 시간을 갖지 못했기 때문에 짐작을 하기도 하는데, 만일 제가 틀렸다면 바로잡아 주실 수 있지요? 당신이 하는 말은 제게 "당신이 알고 있는 모든 것을 다 해 봤어요……. 저는 무슨 일이든 고쳤지만 웬디가 폭발할 때…… 무엇을 해야 할지 모르겠어요. 그것은 통하지 않았어요. 저로서는 이해할 수 없다고 느껴졌어요. 우리는 전혀 다른 세상에 있었고 어찌할 바를 몰랐고 이것은 제게 너무 힘들었어요."라고 들렸어요. (우리는 촉발요인, 지

각, 그의 행동, 분노와 위축을 드러낸다.)

멜: 밑빠진 독에 물 붓는 느낌이었어요……. 그래서 결국 저는 화가 났고 좌절되었어요. (그는 여기서 보인 정서반응에 대한 의미요소를 추가한다.)

치료사: 그래서, 마치 이런 것 같아요. "이것을 해결할 수 없어……. 어떻게 이걸 풀어야 할지 모르겠어. 당신을 행복하게 해 줄 방법을 모르겠어. 나는 할 수 없어…… 맞나요? 제가 바로 이해했나요?" (그가 끄덕인다.) 그것이 아주 힘들었지요?

멜: 맞아요…….

치료사: (한숨을 쉰다.) 맞아요…… 당신은 아주 자신감 넘치는 남자였기 때문에…… 부인을 사랑하고, 그녀에게 헌신을 했어요. 당신은 많은 일을 처리할 수 있었어요. 확실한 방식으로 모든 일을 해결해 왔어요. 갑자기 부인이 정서적으로 폭발했고, 당신은 어쩔 줄 몰랐어요. 무엇을 해도 통하지 않았어요. 어떤 것도 소용이 없다는 느낌을 받았어요. 맞나요?

멜: 그랬어요, 통하지 않았을 뿐 아니라 고마워하지 않았어요.

치료사: "나는 어떻게 해결할지 모르겠고 당신은 내가 하는 노력이 보이지 않은 느낌이야. (멜은 끄덕인다.) 당신은 나를 적으로 생각해." 이게 맞나요? 그것이 고통스러웠지요? 당신은 상처라는 단어를 썼어요. 그 당시 당신이 받은 상처를 그녀가 이해했다고 생각되나요? (멜이 눈을 찌푸리며 아니라는 식으로 머리를 흔든다.) 당신이 처리하기 위해서 강해지려고 했고, 그것이 통하지 않았고, 그녀는 폭발했어요…….

멜: 그 당시는 아니었어요……. 저는 그녀가 그러는 걸 이해하지 못했어요…….

치료사: 자신이 알고 있는 모든 것이 통하지 않았고…… 다른 선택지가 없을 때…… 그리고 사랑하는 아내가 무시무시한 정서 음악을 들려주기 시작했고…… 당신은 아무것도 할 수 없고…… 더 이상 무엇을 해야 할지 모

르고…… 그래요…… 당신은 결국 분노할 수밖에 없었네요……. 싸움을 걸었고…… 당신은 아주 강한 남자이고…… 하지만 당신의 내면은 '무엇을 해야 할지 모르겠어.'였네요, 맞나요? (멜이 이마를 찌푸리면서 고개를 약간 들어 올린다.) "나는 아무것도 할 수 없고 내가 하는 어느 것도 잘못되고 있어. (그가 동의한다.) 그리고 나는 당신을 행복하게 해 줄 방법을 모르겠어." (멜이 침을 삼키며 끄덕인다.) 그것은 두려운 일이었어요, 맞나요? 부인을 사랑했기 때문에 그것은 아주 두려웠네요? (그가 끄덕인다.) 제가 적절하게 이해하고 있나요?

멜: (낄낄 웃으며 위를 바라본다.) 그녀를 행복하게 하는 것이 내 목표는 아니었어요. 목표는 그녀의 행복을 깨지 않는 것이지만 저는 아내가 스스로 행복할 수 있다고 믿어요. 저는 단지 아내가 그렇게 되는 데 도움을 주고 싶었어요……. (지적인 대화로 빠져나간다.)

치료사: (멜 쪽으로 고개를 숙이며) 부인이 당신과 함께 행복하기를 원하네요. (그가 끄덕인다.) 그녀의 남편으로서 말이에요. (그가 동의한다.) 맞아요…… 그래서 당신은 상처를 받았고, 그녀는 무시무시해 보였어요. 당신의 능력 밖이었어요. 관계를 좋게 할 방법을 알지 못했어요. 당신이 가진 모든 방법이 통하지 않았어요, 맞나요? (멜이 동의한다.) 그리고 그것은 점점 악화되었고 두렵다는 말로 다 표현이 되지 않았어요. 하지만 지금 그런 균형이 깨진 느낌을 받았어요. 어떻게 해야 할지 몰랐고 스스로 무능하다고 느껴졌어요. (멜이 끄덕인다.) 아마 무력감이 들었을 거예요……. 이 말이 적절한가요?

멜: 그래요…… 그랬어요.

치료사: 부인이 분노할 때 당신이 받은 이러한 감정을 그녀가 이해한다고 느껴지나요? 당신이 그런 감정을 느꼈을 때 무슨 일이 있었는지 그녀가 이해한다고 생각되나요?

멜: 그 순간에는 그렇지 않았어요……. 그렇게 생각되지 않아요.

치료사: 지금 그녀를 이해시켜 줄 수 있나요? 지금 아주 조금이라도 그녀를 도와 줄 수 있겠어요? 그녀를 도와주시겠어요? (탱고 움직임 3 - 교류된 만남 안무)

멜: (웬디의 머리를 바라보며) 우리는 이것에 대해 여러 방식으로 말했다고 생각해. 하지만…… 내가 한 적이 없거나 기꺼이 한 적이 없는 것을 당신이 나에게 해 달라고 부탁한 것은 없어……. 움직이는 목표물인 당신의 행복을 좇는 느낌은 심히 좌절이 되고 지치는 일이었어. 무엇보다도 나의 노력을 고마워하지 않은 것이 아주…… 아주 외로웠어. (정서가 세분되고 일관성을 갖고 구체화된다.)

치료사: 그것은 또한 외로웠네요?

멜: 그것은 아주 외로웠어요…….

치료사: 아하. 당신이 부인에게 하는 말은 "나는 노력을 했어……. 잘못된 것을 개선하기 위해서 내가 할 수 있는 모든 것에 대해서 아주 열심히 노력했어. 나는 당신과 함께하고 좋은 남편이 되기 위해서도 노력을 많이 했어. 그리고 어떤 면에서 당신이 폭발할 때, 나는 노력이 통하지 않는다고 느꼈어. 무엇을 해야 할지 몰랐어. 내 능력 밖이었어……. 내가 하는 모든 것은 통하지 않았어. 나는 지쳐 버렸고 당신이 원한다면 한마디 거들고 싶은데, 만일 틀리면 묵살해도 돼……. 나는 어떻게 해야 할지 몰랐기 때문에 그것이 나에게는 경고음이었어. 그리고 당신은 나의 이런 노력을 전혀 모른다고 느껴졌고 나를 믿지도 않았어. 당신은 나를 적으로 생각했고 그것이 외롭고 두렵고 힘들었어."라는 것으로 들려요. 그렇게 들렸어요. 제가 하는 말이 맞나요?

멜: 맞아요……. (공감하며 끄덕인다.) (위축자는 실패와 무력감, 거절감에 대해서 많이 표현한다.)

멜: 정확하게 맞는 것 같아요. (웬디를 바라본다.)

치료사: (웬디 쪽으로 다가가며) 그의 얘기가 들리나요? 남편이 말할 때 당신은 어땠나요? (탱고 움직임 4 – 만남 처리)

웬디: 기분이 나빠요. 그것이 사실이 아니라고 말해 주고 싶어요. 그가 ……할 때 내가 알았기 때문에 남편이 그런 경험을 하기 전까지는 아무 문제가 없었다고 생각해요.

치료사: 여기서 멈춰 볼까요. 조금 천천히 진행하려 해요…… 그리고 남편도 마찬가지예요……. 지금 우리 모두 천천히 진행해 볼까요. (그녀가 끄덕인다.) 나는 기분이 나쁘다고 느꼈어요…….

웬디: 음…… 음…… 저는 남편에게 상처 주는 사람이 되고 싶지 않아요.

치료사: 남편이 이러한 것을 당신에게 말할 때……, 제 말은 "내가 할 수 있는 모든 것을 해결할 수 있다."라고 말해 주는 사람을 위해 남편은 실제 꽤 훌륭하게 해냈다는 뜻이에요. 제가 남편에게 단순히 내면을 보고, 정서를 한데 모아 보라고 요청할 때 그는 아주 잘했어요, 맞나요? 그리고 그것을 당신에게 말할 때 그는 진솔했고 용기가 있었어요, 맞나요? (멜을 인정한다.) (그녀가 끄덕인다.) 그리고 당신은 그의 말을 들을 수 있었어요. 당신의 첫 반응은 "나는 기분이 나빠요……. 그에게 상처 주고 싶지 않아요."였어요. 그리고 그가 말할 때, 지금 당신이 안전을 느낄 때, 그것이 이해되고 들렸어요. 이해할 수 있어요. "내 분노로 인해 당신을 이곳에 혼자 되게 두고 싶지 않아."라고 말할 수 있어요. 당신은 "나는 때론 나의 외로움으로 화가 났어. 나의 폭발 때문에 당신이 나를 기쁘게 해 줄 수 없다거나 남편이 되는 방법을 모르겠다는 느낌을 갖게 되길 원하지 않았어."라고 말하고 있어요. (웬디가 끄덕인다.) "나는 당신이 그렇게 상처를 받아 두렵게 되는 것을 원치 않았어."라고 그에게 말하고 싶었나요?

웬디: 음-음. (끄덕인다.) (지금 상담시간은 54분을 지나고 있다.)

치료사: (멜을 향해서) 그래요…… 그녀에게 말하는 것이 어떤가요? 그녀가 듣고 있어요. (멜이 웬디와 눈을 맞춘다.)

멜: 예, 우리는 정서에 대해서 말하지 않았어요, 그래서…… 듣는다고 하니 좋아요……. (웬디가 멜에게 미소를 보낸다.)

치료사: 그것은 남편에게 소중했어요. 당신에게 상처가 된 것은 그녀와 함께하려고 했고…… 최선을 다한 노력을 그녀가 이해하지 않았기 때문에 들어 주기를 원했네요. 지금 당신은 말했고, 그녀는 그것을 듣고 반응했으면 당신은 들어 준다고 느꼈어요. 맞나요? 음—음. (웬디가 다가가서 멜의 손을 잡고는 손깍지를 낀다.)

치료사: 맞아요, 두 사람이 방금 무엇을 했는지 봐요. 흥미롭지 않나요? 당신은 많은 말을 했고, 두 사람은 아주 의미 있는 말을 했어요. 두 사람은 폭발하거나 서로 차단했거나 위축되고, 위협했던 것에 대해서 말했지만 얼마나 서로 헌신하는지에 대해서도 말했고, 제가 단순히 질문을 했을 때 부드러운 감정을 표현했어요. 제가 멜에게 위험을 감수하고 당신이 화가 났을 때 무슨 일이 벌어졌는지 말해 달라고 요청했고, 그는 그렇게 할 수 있었어요. 그는 개방적이고 솔직했으며, 당신에게 그가 자신의 상처를 말했을 때 당신은 이해하려 하면서 반응했고, 그에게 다가가서 그의 손을 잡았어요, 그렇지요? 그래서 두 사람은 이렇게 하는 방법을 알았어요……. 서로 다시 돌아와서 연결하는 방법을 알았어요, 그렇지요? (탱고 움직임 5-신뢰와 유능감 형성의 통합과 인정) (두 사람은 끄덕인다.) 이것이 모든 관계에서 가장 중요한 일이에요. 왜냐하면 만일 당신이 어떻게 균형을 잃었고, 빗나가고, 각자의 감정에 상처 주고 싸우고, 고함치고 비명을 지르고 떠나려 하는지 안다면 당신은 돌아올 수 있고, "이 사람은 내가 좋아하는 사람이고, 이 사람이 상처받는 것을 원치 않아."라는 인식이 가능하고, 멜은 당신에게 다가오고 당신은 반응을 할 수 있기

때문이에요. 만일 두 분이 서로를 위해 그것을 할 수 있으면…… 두 사람은 이미 목적지에 다 왔어요.

웬디: 우리가 어떻게 폭풍을 피할 수 있을까요? 아니면 그것을 부드럽게 할 수 있든지…….

치료사: 우리가 하고 있어요……. 우리가 하고 있는 것이 바로 그거예요……. 우리는 폭풍을 보고 있어요. 하지만 두 사람이 이렇게 한 것이 제게는 인상적이었어요. 이것이 엄청나다는 것을 알았으면 좋겠어요. 지금 두 분이 서로 강하게 결합되었고, 이렇게 할 수 있다는 것을 보여 주었어요. 하지만 당신은 "어떻게 폭풍을 피할 수 있나요?"라는 말을 했어요. (웬디 쪽으로 몸을 기울이며) 당신이 화가 났을 때, 그것이 멜의 균형을 무너뜨리게 된다고 제가 들었어요. (그녀가 끄덕인다.) 그리고 저는 당신이 "왜 내가 이렇게 분노하고 있나요?"라고 묻고 있다고 생각해요. 그렇게 묻고 있는 것이 맞나요?

웬디: (천장을 응시하며 고개를 든다.) 맞아요…… 어떻게 폭풍을 피할 수 있나요? 그것은 마치 2개의 힘이 함께 섞여서 폭풍을 만드는 것 같아요.

치료사: 당신의 질문을 살펴봐요. (웬디 쪽으로 기대며) 만일 당신이 화가 나기 시작하면 남편이 어떻게 도와줄 수 있나요? 당신은 제게 이러한 분노의 밑에는 외로움이 있다고 말했어요. (그녀가 동의한다.) 저는 "제 경력이 단절되고 균형을 잃었다고 느껴요. 어린 두 아이가 있고, 모든 감정과 변화를 모두 제가 처리하고 있어요. 저는 안정감을 상실했어요."라고 말하는 것처럼 들려요, 맞나요? 이 모든 일에 있어서 당신은 외로움을 느끼고 모든 것이 잘못되고 화가 났어요. 그 순간 그가 어떻게 당신을 도울 수 있나요? 그런데 모든 사람은 싸워요. 당신들은 서로의 발을 밟고 있어요. (정상화한다.)

웬디: 난기류는 심하지 않아야 좋아요. 그 순간에 남편이 할 수 있는 것이 무

엇인지 모르겠어요. 하지만 저는 표면적으로 그가 논리적이라는 것을 알아요. 사실 어젯밤에 아이를 재우는 일로 힘들었는데, 제가 도움을 청하기 전에 그가 자발적으로 해 주어서 그건 저에게 정말 의미가 컸어요. 그때 우리는 함께라고 느꼈고, 그래서 마음이 편안해졌어요…….

치료사: 그래서…… 당신이 이러한 일로 압도되기 시작할 때, 양육으로 압도가 되어 그것에서 즉시 벗어날 수 있는 방법 중 하나가 화를 내는 것이었고, 외로움은 강하게 멜의 도움을 필요하게 만들어서 그것을 제안했네요. 요청이 힘들어서 그렇게 말했어요. 하지만 남편은 들어와서 갈등하는 당신을 보았고, 당신에게 다가가서 만지려 했고, 그래서 진정이 된 당신은 폭발하지 않았어요, 맞나요? (그녀가 끄덕인다.) 그것이 당신을 진정시켜 줬네요……. 환상적이에요. 하지만 당신이 그것을 잃어버리고 분노를 쌓았을 때는 이미 너무 늦어 버렸어요, 맞나요? 그때는 남편이 할 수 있는 것이 없었네요.

웬디: 보통은 그렇지 않아요……. 남편은 가끔 노력했고, 포옹이나 다른 행동을 하고, 저는 "나를 건드리지 마."라고 대응해요. 저는 단지 초조했어요. (그녀의 손이 미끄러지듯이 멜에게 다가간다. 그녀가 웃는다.) 남편은 이 관계에서 제 연인이에요.

치료사: 그가 당신에게 다가왔고 진정시켜 주었지만 그 위안을 받아 주지는 못했네요.

웬디: 저는 힘든 시간을 보냈어요……. 저는 나아지려고 노력했지만 기꺼이 도움을 요청하지는 못했어요……. 일반적으로 저는 그것을 위한 방법을 찾고 있어요. (목소리 톤이 낮아진다.)

치료사: 그것이 맞나요? (밝게 웃는다.)

멜: 아내는 최근에 그렇게 해요…….

치료사: 아하, 당신이 안정되면 이 남자에게 상처를 주고 싶지 않고, 좋은 남편이

되려고 노력하는 그를 보게 되었다고 들리네요. 하지만 웬디는 뭐가 뭔지 모를 지점이 있었네요……. (웬디의 탱고 움직임 1 시작-현재 과정의 반영)

웬디: 화가 났어요. 되돌릴 수 없었어요.

치료사: 어느 정도는 멜이 무엇을 하든 상관없는 지점이 있네요. 그래서 강한 정서가 튀어나왔고, 그런 분노상태에서는 당신이 그를 보지 않는다고 멜이 말할 때, 아마도 그가 옳았어요…….

웬디: 그래요, 맞아요. 그가 고칠 수 있는 것은 아무것도 없었어요.

치료사: 당신이 분노하면 그가 할 수 있는 것이 아무것도 없었네요. 그리고 그 상태에서는 그가 당신에게 다가와도 소용없었고, 그를 받아들이고 그의 도움을 청할 수가 없었네요. (웬디 쪽으로 몸을 기울였고, 그녀가 끄덕인다.) 맞아요, 그때 당신은 아주 외로웠네요, 맞나요?

웬디: 음-음……. (끄덕인다.)

치료사: 아하…… 맞아요. …… 이런 얘기를 하는 지금은 어떤가요? …… 당신의 얼굴이 완전히 변했어요. (탱고 움직임 2-정서 조합과 심화-로 들어간다.)

웬디: (눈물이 고이고 목소리가 거칠고 천장을 응시한다.) 그래요, 그가 맞아요. 제 엄마와도 역시 같았어요. 제가 엄마에게 자극을 받으면 분노했고, 저를 화나게 한 이후 엄마는 모든 것을 했고, 지금 멜과도 같은 일이 벌어져요. 저는 그런 감정에서 벗어나고 싶어요. (몸 앞으로 손을 모은다.) 하지만 저는 어떻게 해야 할지 모르겠어요.

치료사: 그 분노에 귀를 기울여 볼게요……. 당신이 어릴 때 그것을 배웠다고 하는 것으로 들려요……. 그것은 아주 오래되었네요. (그녀가 끄덕인다.) 그것은 아주 친숙해요……. 그것은 바로 분노라는 것입니다. 그리고 일단 그곳에 빠지면 갇혀 버리죠. (웬디가 동의한다.) 교착상태에 빠져요…….

안정을 취할 수 없고, 그런 분노상태에서는 어떤 도움도 수용할 수 없었어요. (그녀는 끄덕이며 동의하면서 중얼거린다.) 우리는 분노에 대해 말하고 있어요……. 하지만 당신이 그것에 대해 말할 때 당신 얼굴에서 분노를 느낄 수 없었어요……. 제가 무엇을 봤을까요? 심한 슬픔이 보였어요. (웬디가 고개를 들고 미세하게 움직이며 눈이 촉촉해지고 턱이 떨린다.) 제가 본 것이 맞나요? (그녀가 끄덕인다.) 그래서 모든 분노의 이면에는…… (고개를 숙이며 목소리는 천천히 부드럽게) …… 아주 심각한 슬픔이에요, 맞나요? (그녀가 끄덕이고 치료사는 그녀의 손을 움켜쥔다.) 아, 예…… 제가 당신 손을 잡아도 될까요? 제가 손을 잡아도 괜찮은가요? (웬디가 끄덕이며 치료사의 손을 쥔다.) 아…… (그녀의 볼에 눈물이 반짝인다. 멜이 그녀에게 티슈를 건넨다.) 하지만 슬픔을 보여 주지 않았어요……. 멜에게도 보여 주지 않았어요. 당신은 갑옷을 입고 말 위에 올라타서 세상을 향해 싸우려는 표정을 지었네요? (웬디가 침을 삼키고 끄덕인다.) 하지만 내면은 그렇게 강하지 않았어요……. 혹은 안전하지 않거나 속에는 깊은 외로움이 있었어요…… 맞나요? (그녀가 끄덕인다.) 이 모든 감정과 함께 외로웠어요, 아닌가요? (부드럽게 말한다.) …… 그리고 그 감정은 오래되었지요, 그렇지 않나요? (웬디는 끄덕이고 코를 훌쩍인다.) 당신이 귀 기울이면 그 감정을 알 수 있나요?

웬디: 계속 노력하고 있어요…….

치료사: 촉발하는 것이 무엇인지 아시나요……? 그 감정을 무엇이 유발시키나요? (그녀가 한숨을 짓는다.) 당신이 소중하지 않다는 느낌 혹은 당신이 투명인간 취급을 받거나……저를 도와주세요…… 그런 감정이 맞나요? 제가 맞게 이해했나요?

웬디: 판단이요…… 음…… (눈을 찌푸린다.) 비난받는…… 추측이요……. (한숨을 쉰다.) 무시받고, 드러나지 않지만 미묘하게…… 그런 것들이

요…….

치료사: 묵살되고 무시받는…….

웬디: 투명인간.

치료사: 투명인간이요……. 이해해요…… 투명인간.

웬디: 방치되기보다는 투명인간……. 그것은 달라요.

치료사: 투명인간…… 네, 그것으로 충분해요……. 당신이 그것을 생각할 때 몸
에서는 어떤 감정을 느끼나요……. 실제로 당신은 순간 눈물을 보였어
요. 이는 오래된 일이나 깊은 마음은 아니고 피부 아래에서 일어나는 일
이에요. 지금 그것은 고통스러웠고, 즉각적으로 얼굴이 부드러워지면
서 눈물이 났어요. 이는 상처가 되었어요……. 이것은 아팠고, 슬펐어
요…….

웬디: 음―음……. (눈에 눈물이 고인다.)

치료사: 그럴 때 당신은 보통 분노가 일어났어요. 그것은 마치 "당신 나에게 이
러면 안 돼." 혹은 "이런 일이 벌어지게 하지 않을 거야."라는 것 같아요.
이를 분노로 대처했어요. (그녀가 동의한다.) 하지만 내면에서…… 웬디
의 일부에서 외롭고 슬펐고 혼자였어요……. 투명인간이었네요? 다음
과 같이 말하고 싶었어요. "당신은 나를 보지 않아. 당신이 나를 비난하
거나 방치할 때, 내가 받은 깊은 상처를 보려 하지 않아." 그랬나요? 저
를 도와주세요……. 슬픔이 어떤 건가요?

웬디: 외로움 같은 거예요…….

치료사: "당신은 나를 보지 않아……. 그래서 내가 할 수 있는 것은 오로지 분노
를 점점 키우는 것이었어……. 그래야 나를 볼 수 있잖아?" 이런 것이네요.

웬디: 아니면 나는 당신이 필요 없어…….

치료사: 아니면 "당신이 필요 없어…… 당신을 차단하겠어." (웬디가 웃으며 끄덕
인다.) 맞나요? 제가 바로 이해했네요! 그래서 "나는 당신이 필요 없다

는 것을 보여 주겠어……. 나는 통제할 것이고…… 이런 취약하고 외로 운 감정은 느끼지 않을 거야…… 나는 보여 주고 말겠어……. 당신을 차 단하고, 당신이 볼 때까지 나를 크게 보이게 할 거야.” (웬디가 웃으며 끄 덕인다.) 맞나요? 제가 잘 이해했나요……? 하지만 이 모든 분노 아래에 투명인간 취급받고 외로운 누군가가 있었군요? (웬디가 끄덕이고 치료사 가 다가가서 그녀의 무릎을 만진다.) 예…… 괜찮아요? 우리가 빠른 속도 로 진행하고 있는데…… 괜찮나요? (그녀가 끄덕인다.) 나와 함께해 줘서 고마워요. (그녀가 웃으며 끄덕인다.) 제가 당신에게 위험감수를 요청할 거예요, 괜찮나요? (탱고 움직임 3) 그녀를 향해서 “나는 아주 빨리 분노 하게 돼. 하지만 그런 모든 분노 밑에는 외로움과 작아지는 느낌과 내가 투명인간 취급을 받는 감정이 있어.”라고 말해 보시겠어요? 조금만 이 것을 그에게 말할 수 있겠어요?

웬디: (한숨을 쉬며 침을 삼키고, 멜이 다가가서 자신의 손을 그녀의 손에 포갠다.) 나는 화가 났고 당신을 차단하고 싶었어……. (목소리가 떨린다.) 내 안에 서 나는 정말 슬펐고 외로웠기 때문이야.

치료사: 음ㅡ음…… 맞아요……. (웬디의 무릎을 만지며 멜을 향해서) 그녀의 말이 들리나요? (그가 끄덕인다.) 그래요…… 그녀가 당신에게 그렇게 말할 때 어땠나요?

멜: (웬디를 향해서 웃으며) 그녀를 안아 주고 싶어요…… 껴안아 주고…….

치료사: 그녀가 그런 감정을 느끼지 않게 해 주고 싶네요……. 그녀를 보살피 고 싶어요, 맞나요? (웬디를 향해서) 이는 아주 큰 진보예요, 그런가요? (그녀가 끄덕인다.) 그에게 말하는 것이 괜찮은가요? (탱고 움직임 4)

웬디: 네, 좋아요…… 어색하지만요.

치료사: 네, 어색했네요. 내가 처음으로 만났지만 그 감정을 느낄 수 있고 화가 난 웬디에게 이렇게 하는 것은 그간의 규칙과는 달랐네요. 당신은 사람

을 차단하거나 그들에게 당신이 얼마나 힘이 강하고 분노하고 있는지를 보여 주었고, 그래서 당신이 소중해질 수 있었지만 당신이 하지 않은 것은…….

웬디: ……우는 거예요. (웃는다.)

치료사: 울면서 돌아서서 당신이 얼마나 외롭고 슬픈지 말하는 것이네요. 당신은 그렇게 하지 않았어요……. 그것은 당신의 상처를 겉으로 드러내는 것이니까요, 그렇지 않나요? …… 당신은 그렇게 하지 않았어요. 하지만 당신은 이 남자에게 엄청난 위험을 감수했어요, 맞나요? (웬디가 끄덕인다.) 음…… 왜냐하면 그는 이런 위험을 감수할 가치가 있으니까요, 그렇지요? 네…… 저는 당신이 저와 함께 그것을 했다는 것이 영광스러워요. (웃으며 웬디 쪽으로 몸을 숙인다.) 두 사람에게 당신들이 이 회기에 어떤 일을 했는지 보여 주고 싶어요. 저는 조금이나마 안전감을 만들고 약간 인도해 주고 싶었어요. 무엇을 했는지 보세요. (탱고 움직임 5) 두 사람의 관계는 강해요……. 아주 강하게 결합되어 있고…… 두 사람이 이곳에 교착되고 관계가 탈선을 했다고 말할 때 저는 당신을 믿었고…… 하지만 한번 봐요…… 두 분은 여기에 있고, 그것을 위해서 노력했어요. 두 사람은 그것을 처리하려 했고, 서로에게 관심을 보여 줬어요. (멜에게) 일이 잘 풀리지 않을 때, 자신의 규칙을 내려놓고 그녀의 모습과 상처를 떠올렸고, 그녀가 당신에게 얼마나 소중한지 알았고, 그녀를 바라보며 위험을 감수하며 다가갔어요. (웬디에게) 그리고 제가 당신이 상처, 외로움, 슬픔을 느꼈고, 분노와 거리를 두면서 방어하여 아무에게도 보여 주지 않았던 매우 부드럽고 고통스러운 곳으로 가 보자고 요청했을 때…… 당신은 들어가서 그런 정서를 느꼈고, 그에게 위험을 감수하면서 말했어요. 그리고 그는 당신에게 반응을 했어요. (웬디가 크게 웃고 멜이 미소 짓는다.) 당신은 이렇게 했어요, 그렇지 않나요? 당신은 진심으

로 했어요……. (EFT는 성공의 순간, 위험을 감수한 순간과 정서적인 자신과 관계의 신뢰하는 힘을 제공하는 교정적 정서사건을 반복하면서 진행된다.)

웬디: 그래요…….

치료사: 당신은 좋아 보여요. (웬디가 웃으며 끄덕인다.) 당신이 할 수 있는 것이 무엇인지 알겠어요? 당신이 할 수 있는 것이 특별하고 소중한 거라는 거라는 것을 이해했나요? (부부가 모두 끄덕인다.) 그래요, 두 분이 이해 했기를 바라요. 어린 자녀는 모든 사람의 균형을 무너뜨려요. 그것은 정 상이고 모든 사람이 겪는 일이지만, 그것이 일어났을 때 완전히 새로웠 고 당신의 균형을 무너뜨렸어요, 맞나요? 당신이 아동기에 받았던 상처 를 배우자에게 드러내는 것을 배우고, 배우자는 그것을 이해하고 회복 하게 도왔고…… 이것은 정말 대단한 일이에요. 당신은 정말 잘 해냈어 요, 그렇지 않나요? 정말 훌륭하게 해냈어요. 당신이 정말 원하는 것은 치료사와 말하고 여기서 당신이 할 수 있는 것이 무엇인지 배우고 이해 하고 이것을 할 수 있는 약간의 시간이었고…… 그것이 당신에게 필요 했고, 강한 결합을 회복했고 큰 용기를 가졌기 때문에 당신들은 대단해 요.

웬디: 네! (부부는 서로에게 웃고, 치료사도 크게 웃는다.)

멜: 우리가 해냈어요. (빙그레 웃는다.)

치료사: 무슨 말을 했어요?

멜: 우리가 그것을 해냈어요. (웃는다.)

이 부부는 강점이 많았지만 분노와 거리감의 부정적 고리가 발생하여 결합의 안정을 위험에 빠뜨리는 곳에 빠져들었다. EFT 치료사는 이후 회기에서 각자의 접근, 반응, 교감을 발전시켜 가고, 개인의 취약성을 '날 꼬옥 안아 줘요' 대화법 으로 강화시킨다. 각자의 내적 정서와 경험에 대한 지도는 애착이론이 제공하며, EFT의 임상 실제에서 치료사가 멜과 웬디의 조율을 돕는 데 중요하다. 애착이론은 안정결합 형성을 위해서 필요 충분한 반응이 무엇인지 등과 같은 건강한 관계의 모델을 제시해 주고, 치료사는 무엇을 소중하게 여기고, 축하하고, 재구조화시켜 줄 것인지를 말해 준다.

연습을 통해 독자는 축어록의 유용성과 다른 방향으로 탈선된 지점을 발견하고, EFT 치료사인 내가 시행했던 개입의 조직방법을 알게 될 것이다.

이 부부는 아주 스트레스가 심한 상황인데도 상담이 순조롭게 진행되었다. 만일 상담 진행이 어렵게 될 때 당신이 무엇을 해야 할지를 연습하는 것은 유용하다. 이 부부는 관계 춤의 부정적 반응에 대한 책임을 갖고 있었다. 다음 질문에 대한 답을 살펴보자.

① 만일 멜이 새로운 감정을 나누자 웬디가 "나는 당신이 좋은 남편이 되려고 노력하는 것 같지 않아. 당신은 아주 냉정해. 그리고 지금 가장 큰 문제가 나의 분노라는 거잖아! 정말 그렇게 생각해?"라며 거절할 때, 당신은 무엇을 할 것인가?(힌트: 총알받이)

② 웬디가 자신의 부드러운 감정을 멜과 나누기를 거절한다면, 당신은 무엇을 할 것인가?(힌트: 세밀하게 살피기)

③ 고전적 위축자 재개입 대화에서 멜이 나눔의 두려움에 대해 무엇을 요청하고, 그가 욕구를 어떻게 표현할지를 생각해 보라.

④ 고전적 비난자 순화 대화에서 웬디가 멜에게 표현하게 될 욕구가 무엇인지 생각해 보라.

제15장 EFT 2기 회기

"우린 각자의 길을 가고 있어요—둘 사이에 벽을 쌓고—아니면 전쟁을 벌이고 있나?"

"하여간 우리 둘 다 한 침대에서 외로움으로 죽어 가고 있어요."

존은 담당의사의 소견서를 갖고 나에게 왔다. 소견서에는 업무 스트레스와 결혼불화로 심각한 우울증을 겪고 있다는 기록이 있고, 그는 결혼불화에 대해 나와 상의하기로 동의했다. 존은 젊은 나이에 부인 베아트리체와 결혼했고 유럽에서 캐나다로 건너와 10년의 이민생활 중이라고 했다. 그는 적성에 맞지 않지만 두 사람의 생계를 유지해 주는 은행에서 매우 전문 분야의 일을 했고, 두 자녀 중 막내가 두 살이었다. 그는 결혼생활에 대해 '철저히 혼자'라고 느꼈고, 직장을 그만두고 싶은 강한 열망은 아내에 의해서 꺾여서 '덫에 갇힌' 느낌이라고 표현했다. 베아트리체는 부부상담을 원했다. 남편을 먼저 만난 나는 부인 개인 회기를 한 번 시행한 후에 부부 회기를 시작했다. 그녀는 남편에게 강한 분노를 드러냈고, 둘째가 태어나면서 애정과 성관계가 줄었으며, '그를 행복하게 만들어 주기'를 기대하는 남편에게 화가 난다고 했다. 지난 몇 개월간 부인은 '포기상태'였고, 남편이 다가오면 '냉담'해졌다고 말했다. 그녀는 "저는 감정표현이 힘들어요. 남편은 내가 비판적이라고 했고, 마치 저를 적으로 보고 있어요. 하지만 저 역시 사랑을 원해요."라고 말했다. 그녀는 고국에 있는 가족에 대한 그리움, 남편의 우울증과 자신이 파트타임으로 일하고 있는 로펌을 그만두고 싶은 마음에 따른 두려움에 대해 말했다. 부부는 나와 쉽게 동맹을 맺었고, 가능하면 두 사람은 관계 회복을 원한다고 말했다.

베아트리체와 존의 부정 고리는 단순하지 않았다. 그것은 위축-위축과 비난/공격 사이를 오가다가 방어/위축 패턴이 뒤따랐고, 존이 주로 방어적 위축자였다. 상호 위축 패턴은 최근의 '포기상태'와 '벽 쌓기'라는 베아트리체의 언급에서 드러나고 있다. 이러한 패턴은 상호 비난적이던 부부들이 관계가 고통스러워 결국 분리(detachment)하면서 흔히 나타난다. 부부의 고리는 존의 우울증으로 심해졌고, 그래서 그는 의사의 처방을 받았다. 존은 부인이 자신을 생각하는지에 대한 확신이 없어서 위험을 감수하여 관심을 요청하기가 무척 두렵다고 말했다. 반면, 그녀는 자신이 타인에게 의존하거나 연결되는 것이 불편하지만 존의 인정을 받는 느낌이 없다고 말했다. 이 부부의 애착유형을 살펴보면, 존은 불안애착형에 따른 우울증으로 불안이 심해졌으며, 베아트리체는 공포회피형으로 보였다. 그녀는 어떠한 '나약함'이나 의존의 신호는 원가족으로부터 받은 벌 혹은 조롱을 떠올리게 된다고 했다. 이 부부의 치료를 어디에서 진행할지 알아보기 위해 깊이 개입하지 않은 초기 1기 회기의 대화 일부를 제시한다.

베아트리체: 그래요. 정말 실망했어요. 남편은 내가 언제나 분노한다고 몰아세웠어요. 하지만 남편은 제가 마치 자기 어머니처럼 자신이나 모든 일을 처리해 주기를 바라요.

존: (아주 조용하게) 당신은 항상 화내고 있어. 어느 날은 나보고 '악마'라고도 불렀어.

베아트리체: 당신은 나를 아무 의미 없는 사람 취급하면서 주눅 들게 했어. 나는 당신에게 전혀 소중하지 않아.

존: 지난 회기 후 당신에게 다가가서 안아 달라고 부탁했어. 그것 기억나지 않지? 내가 부탁했었는데.

베아트리체: 그래, 맞아. 당신이 그랬지. 이렇게 수개월을 보내면서 나는 그것을 믿을 수 없어. 우리는 아주 오래된 대처방식에 갇혀 있었어.

존: 나는 한 대 얻어맞고, 비난받고, 또 한 대 맞고…… 내가 무엇을 해도 소용없었어. 내가 우울한 것이 안 보여? 가끔이라도 나에게 친절한 말 한마디 해 줄 수 없어?

베아트리체: 허, 우울하지, 당신은 까다로워, 아니면 벽 뒤에 숨어 버리거나. 당신이 나를 차단했어.

존: 어느 날 밤에 나는 노력했어. 내 무릎으로 당신 무릎을 살짝 터치했어. (그가 눈물을 흘리기 시작한다.) 하지만 그때…… (그가 손을 휘저으며) 당신은 피했어.

베아트리체: (단호한 목소리로 마루를 응시하며) 지금도 나는 피하고 있어. 당신은 당신이 다가올 때마다 내가 다 응해 줘야 한다고 생각해? (존이 머리를 흔들고 돌아앉는다.)

존: 내가 필요하다고 해도 당신은 반응하지 않았어. 하고 싶은 말이 뭐야?

베아트리체: 당신은 내가 필요하다는 것을 보여 준 적이 전혀 없었어. 나는 부적절했어. 하녀 같았고 공기에 불과해.

치료 1기에서 부부는 자신의 외로움을 나누었고 절망하고 있었으며, 결혼생활이 파탄에 이른 데 대한 두려움과 그것을 막는 데 대한 무력감을 나누었다. 부부는 서로의 비난에 대해 얼마나 예민한지, 그리고 비판을 주고받으며 관계에서 잘잘못을 따지는 데 휘말린 느낌을 나누었다. 존은 자신의 불안 및 베아트리체의 분노와 '거절'을 피하기 위해 무척 조심하고 있다고 말했다. 존은 자신의 위축으로 생긴 서로의 외로움과 박탈감을 깨닫게 되었다. 부부는 존의 우울증과 직업에 사로잡힌 감정이 어떻게 결혼을 압박하고 있는지를 보게 되었다. 베아트 리체는 자신의 분노가 그들이 갇힌 고리의 한 부분이 되고, 존이 용기 내어 다가 오는 그녀에 대한 자신의 '냉담함'이 서로에게 상처를 주고 위협이 된 사실을 보게 되었다. 두 사람은 진실되고 안정된 유대감을 형성하지 못한 이유를 탐색하고, 베아트리체는 내가 언급한 것을 토대로 한 번도 경험해 보지 못한 안정애착을 표현할 수 있었다. 그녀는 거리가 느껴지고 가혹한 자신의 부모에 대해 묘사했다. 두 사람은 '신뢰하는 것이 어렵다'고 입을 모았다. 회기 중 베아트리체에게 사랑하는 사람의 반응을 반영해 주자 그녀는 자신의 심한 '무가치감'으로 생긴 슬픔과 수치심에 접근했다. 그때 존이 그녀를 위로했다. 두 사람은 모두 '부드러운 접촉과 관심을 받고 싶은 욕구를 갖는 것이 두려웠다'고 말했다. 존이 부인에게 "당신의 분노에 압도되었지만 당신을 놓칠 수 없었어. 당신을 얻기 위해 싸울 거야."라고 말했고, 그녀는 그의 말에 귀 기울이기 시작했다. 관계는 개선되었고, 단계적 약화가 되었다. 7회기 후 부부는 '강한 연결감'을 느꼈다. 한 회기 동안 존은 자신의 우울증을 표현하고, 그녀가 지지할 수 있게 개입했다. 현재의 과제는 2기로 들어가서 존의 개입을 늘리고, 베아트리체의 두려움을 처리하고, 증가된 남편의 개입을 신뢰하게끔 도와주는 것이다. 부부는 상호 비난과 소원의 고리에 갇히게 된 과정을 보려는 용기, 진심, 의지를 보여 주었다.

2기 회기

이 회기는 편집되지 않았고, EFT 기초교육과정 현장에서 관찰되고 기록되었다. 여기서 존의 개입을 격려하고 베아트리체가 애착욕구와 두려움의 개방과 처리를 도와서 그녀가 순화되고 배우자와 연결되게 하는 것이 치료사의 목표다.

소개를 위한 짧은 토의 후 존은 어젯밤에 딸과 마찬가지로 자신에게도 학습장애가 있고, 그로 인해 직장일이 힘듦을 부인에게 털어놓은 경위를 말할 수 있었다. 부인은 남편의 이런 의지를 높이 평가했다.

치료사: 그래서 당신들은 오래된 '벽 뒤에서 숨어 버리던' 혹은 '내려치고 방어하던' 패턴을 깨뜨리고 진정한 대화를 할 수 있게 되었네요. (두 사람 모두 동의한다.) 지금까지 관계를 다루던 방식에서 빠져나오게 되었어요. 말했듯이 존은 결국 절망과 압박감을 느껴서 흥분하거나 차단하여 무감각해지는 패턴이었어요, 맞나요? (그가 동의한다.) 당신이 위안과 위로가 필요할 때 베아트리체에게 요청하기 어려웠어요. 그리고 베아트리체는 존에게 자신이 소중하지 않은 것을 알고 화가 났고, 그의 반응을 얻어 내려고 '두들겼어요.' (그녀가 동의한다.) 하지만 최근에 당신 또한 입을 닫았어요. 왜냐하면 필요한 사람이 거리를 두면 너무 힘들기 때문이었어요. 맞나요? (그녀가 동의한다.) 이후 두 사람은 외로웠고 두려웠어요. '한 침대에서 외로움으로 죽어 간다'고 지난 회기 때 말했어요.
(치료사는 이전 회기에서 접근한 고리와 내면 정서를 요약해 준다. 이 사례의 경우 내가 상담하던 부부였고, 교육과정 중 현장상담에 참여했다.)

존: 맞아요. 그리고 작으나마 제가 용기 내어 노력했을 때, 연결을 위한 작은 진전이 있었어요. (팔을 휘젓는다.)

치료사: 베아트리체에게 확신이 없고, 여전히 당신의 접근을 믿어 주지 않았고, 그녀는 떠나 버렸어요.

베아트리체: 우리는 정서적 연결이 없었고, 그래서 남편이 위험을 감수했을 때, 아무런 반응을 하지 않았어요.

치료사: (탱고 움직임 1 – 현재 과정의 반영) 당신은 반응을 할 정도로 안전하게 느껴지지 않았고, 그래서 지금 당신은 조심스럽고 벽 뒤에 숨어 있네요. (그녀가 끄덕인다.) 하지만 지난밤 존이 직장에서 힘든 점을 털어놓을 수 있었기 때문에 두 분의 관계에 약간의 변화가 있었네요. 남편이 위험을

감수했고, 그가 당신을 받아 주는 느낌을 받았고, 당신은 그것이 좋았어
요.

베아트리체: 맞아요. 그것은 위험을 감수한 거였어요. 남편은 자신이 약하고 학
습문제에 대한 비난을 받을 수 있었는데도 위험을 감수했어요.

치료사: 남편은 당신을 받아들였고, 당신은 그것을 알아채고 반응할 수 있었어
요. 그리고 당신은 그런 위험을 감수한 남편이 좋았어요.
(치료사는 고리의 예외반응을 강조하고 부각시킨다.)

존: (베아트리체에게) 맞아. 당신이 내 말을 들어 주었고 비난이나 비판을 하
지 않았어.

베아트리체: 내가 왜 당신을 비난하겠어?

존: (손으로 머리를 감싸고 깊게 흐느낀다.)

치료사: (탱고 움직임 2-심화) (잠시 멈춘 후 앞으로 몸을 숙여 존에게 휴지를 전해
준 후 부드러운 말투로 말을 이어 간다.) 당신은 진심으로 그것을 우려했어
요. 맞나요? 그것이 두려웠어요. (그가 끄덕인다.) 당신은 적성에 맞지 않
는 직업 때문에 기분이 좋지 않았고, 베아트리체가 당신을 비난하고 실
망스럽다고 말할까 두려웠지요, 맞나요? (그가 끄덕이면서 운다.) (베아트
리체를 향해) 존이 이처럼 행동하고 말하는 것이 얼마나 힘든지 알고 있
었나요?

베아트리체: (눈물을 흘리기 시작한다.) 맞아요. 그래요. 그렇게 생각해요. 이제야
알겠어요. 남편은 정말 두려웠을 것 같아요.

치료사: (존에게) 존! 어떤 생각이 당신을 가장 두렵게 했나요? 부인이 무슨 말을
할 것 같았나요? 가장 우려한 결말이 무엇인가요? 당신이 위험을 감수
할 때 그녀가 어떤 말을……? (두려움을 끌어내기 위한 환기적 질문)

존: (울면서) 아내는 아마도 "우리 아이가 당연히 글을 읽지 못할 거고, 당신
에게 문제가 있는 것 같아."라고 말할 것 같았어요.

치료사: 그래서 용기가 필요했고, 정말 두려웠군요. (인정)

존: 다른 선택의 여지가 없었어요.

치료사: 오! 그래서 말을 하지 않고 피하거나 흥분하게 되었네요. 하지만 당신은 용기를 찾았고 부인과 연결되기 위해서 노력했어요. 무서웠지만 당신이 원하는 것을 향해 다가갔어요. (인정)

베아트리체: (어깨를 으쓱하며) 우리는 아이에 대해 말하면서 연결되었고, 늘 그래 왔어요.

치료사: 아하! 자녀에 대해 말하기는 쉬웠군요. 하지만 존! 당신을 인정하지 않는 베아트리체의 말을 들으면 예민해지고 두려웠어요. 두렵지만 당신은 여전히 부인에게 다가가고 있네요.

(치료사는 남편의 접근과 두려움에 초점을 둔다. 두려움을 강조하고 용기를 인정한다.)

존: (들리지 않을 정도로 아주 작은 목소리로) 경멸, 맞아요. (오랜 침묵) 경멸이나 그 비슷한 말들…….

치료사: 당신이 다가가면, 당신은 그녀에게 실패했고 충분치 않다는 메시지가 담긴 경멸의 반응이 두려웠군요. (그가 눈물을 흘리며 고개를 끄덕인다.) 그래서 마치 물속에서 허우적거리는 것 같았어요. (이것은 지난 회기에 밝힌 그의 이미지, 정서 핸들이다.) 그리고 우울했고, 직장이 힘들어서 받아들이기 아주 어려웠고, 당신이 그 일에 적절치 않다고 느껴졌어요. 매일 직장에서 실패하지 않으려고 애를 썼고, 베아트리체가 그것을 인정해 주지 않을 것 같아서 두려웠어요. 당신이 집에 와서 부인에게 다가갈 때 그녀가 피하고 경멸할까 두려웠네요. (치료사는 남편의 직업상의 어려움, 우울, 그리고 부인의 경멸에 대한 두려움을 통합한다. 그리고 치료사와 내담자가 함께 그러한 배경을 살펴봄으로써 회기는 일보 전진하게 된다.)

베아트리체: (존에게) 나는 당신과 함께하고 있고, 알다시피 폭군이었던 당신의

아버지와는 달라!

존: 지금 왜 갑자기 아버지 얘기를 하고 그래?

치료사: (이제 치료사의 과제는 정서 채널에 집중하는 것이다.) 우리는 두 사람의 성장 문화에 대해 나눈 적이 있고, 예민한 지점, 원상처가 있었고, 특히 비난받고 사랑스럽지 않다는 말을 들으면 예민해졌어요. (두 사람이 끄덕인다.) 그리고 그것은 쓰라린 상처였고, 지금 서로에게 자극이 되었어요. 이후 연결이 필요할 때 서로에게 다가가는 것이 힘들었어요. 지금 남편은 경력을 쌓기 위해 노력했고, 베아트리체의 절대적인 지지가 필요했네요, 맞나요? (그가 끄덕인다.) (약점과 욕구, 그리고 현재의 예민한 반응에 다시 초점을 둔다.) 하지만 그것을 그녀와 나누고, 그녀에게 다가가는 것이 무척 힘들었네요. (부드러운 목소리로) 당신에게 실망하고 당신이 충분치 않다고 생각하는 그녀의 얼굴 표정을 마주하는 것이 두려웠네요. (그가 운다.) 그래서 당신은 물러서서 감정을 차단했어요. (두려움을 관계에서 보이는 태도와 연계시킨다.) 하지만 지난 회기에서 말한 바와 같이 그럴 경우에는 베아트리체는 당신을 발견할 수 없었고. 그렇게 되면서 '그에게 나는 중요하지 않고, 애쓸 가치도 없어.'라고 생각하게 되었네요. (두려움과 위축을 고리와 연결시킨다.)

베아트리체: 그것은 악순환되었어요.

존: 맞아요. 계속 반복되었고, 우리는 거기에 갇혀 버렸어요.

치료사: 하지만 당신들은 그것에서 빠져나왔어요. 그것은 위험하고 아주 힘든 것이었어요. 하지만 당신들은 어떻게 싸워야 할지 알았어요. (인정) 당신들은 알고 있던 모든 것을 버리고 이곳 캐나다에 와서 생존을 위해 투쟁했네요. 하지만 서로의 지지가 필요했어요. 맞나요? (모두 끄덕인다.) 존! 당신이 이 일을 나누는 것이 얼마나 두려운지 베아트리체가 이해하고 있다고 생각하시나요? 그리고 왜 당신이 입을 다물고 무감각해졌는

지 그녀가 이해하고 있다고 생각하나요? (지난 몇 회기에서 드러난 부분을 반복한다.) 당신을 비난하고 경멸하는 부인을 두려워하는 것도요? (다시 강조하고 반복한다.) (그가 눈물을 보인다.) 그래서 당신은 그녀에게 다가가기보다는 물러났어요. (베아트리체를 향해서) 그런 다음 당신은 자신을 향해 "나는 남편에게 전혀 중요하지 않아. 노력할 가치가 없어."라고 말했어요. (베아트리체가 공감하면서 동의한다.) 하지만 사실 남편은 당신에게 다가가서 말하는 것이 두려워서 물러났어요. 왜냐하면 당신과 남편에 대한 당신의 생각이 그에게는 무척 중요했기 때문이에요. (재구성)

베아트리체: 오~오. (그녀는 존을 보고 돌아서서 고개를 갸우뚱거렸고, 사람들이 어떤 것이 새롭게 이해되거나 그렇게 보려고 할 때 종종 그러는 것처럼 놀라서 이맛살을 찌푸렸다. 우리는 이 반응을 '강아지가 악기 연주를 듣는 것'이라 부른다.) 음, 맞아요. 그렇게 생각해 본 적이 한 번도 없었어요. 그것이 악순환되었어요.

치료사: 하지만 당신은 그것에서 빠져나왔어요, 그것이 당신을 좌절시키지 못했어요. 존! 당신의 문제, 두려움, 그리고 갈망을 부인에게 다가가서 말하고 나누는 것이 얼마나 두려운지 그녀가 이해하고 있다고 생각하세요?

존: 그래요. 지난밤과 최근 몇 번의 회기는 이정표가 되었어요. (베아트리체를 보고 초조해하면서) 내가 말을 꺼내기도 전에 당신은 그것을 날려버렸어. (그의 손으로 쓸어내는 시늉을 한다.) 그리고 당신은 "맞아. 직장에서 열심히 일했고, 노력했고, 당신은 고치려 했어. 당신은 뭐가 문제지?"라고 했지. 하지만 나는 그것을 "고칠 수 없었어."라고 말했어. (그가 다시 눈물을 보인다.)

베아트리체: (침착한 목소리로) 나는 그렇게 말하지 않았어. 하지만 존! 나는 이해하지 못했고, 몰랐어. 단지 당신이 흥분한 것으로만 보였고······.

치료사: (베아트리체에게) 당신은 "내가 잘 이해하지 못했어, 하지만 그때 당신은

나를 받아들이지 않았어. (그녀가 동의한다.) 그래서 나는 당신의 고통을 볼 수 없었어."라고 말했어요. 맞나요?

베아트리체: 맞아요. 실제로 충고하는 말만 했어요.

치료사: 존은 진정되고 정서적인 위로와 위안을 원했을 거예요.

존: (아주 조용히) 그런 것이 없었어요, 그것이 정말 부족했어요.

[안전한 결합의 순간에 대한 전통적 방해물(classic blocks)이 여기에 나타난다. 즉, 의지할 접근과 유대에 대상이나 경험의 부족, 자기와 타인에 대한 엄청난 두려움과 그로 인한 정서 불균형, 두려움 조절이 모든 것에서 나타난다. 정서와 욕구를 드러내고 애착을 위한 분명한 뜻을 보낼 능력이 부족하고, 타인이 욕구와 반응을 보여 주지 않고 두려움을 확인시켜 주지 못한다. 외상으로 인한 고독을 정상이나 불가피한 것으로 여긴다.]

치료사: (존에게) 당신은 위로를 요청하는 방법을 몰랐네요. 당신은 안전한 장소가 필요했고, 직장에서 오는 절망과 고통을 베아트리체에게 말하기가 힘들었어요. 당신은 확신이 없었고, 어디에서도 자신감과 책임감을 느끼지 못했어요. (이전 회기에 나타난 그의 단어를 반복한다.)

존: 아내는 지금 제 말을 들어 주려고 해요, 하지만…….

치료사: 의자를 돌려서 부인을 바라볼 수 있겠어요? (탱고 움직임 3) 당신이 지금 느끼는 것을 부인이 이해할 수 있도록 도와주시겠어요? 부인이 판단하기 때문에 느끼는 두려움과 그로 인해서 다가갈 수 없었고 얼어붙게 되었다는 것을 말할 수 있겠습니까? (드러난 이미지를 재연할 수 있도록 한다.)

존: (그가 그녀를 향한다.) 당신에게 말하기 정말 어려워……. (오랜 침묵 후 아주 부드럽게) 생각해 봐. 직장에 갈 때, 지난 몇 년간 복통과 경련이 있었고, 토할 것 같았어. 나는 일을 하는 데 다른 사람들보다 오랜 시간이 걸렸고…… 그리고…… 파괴되었어.

베아트리체: (앞으로 몸을 숙이면서) 파괴되었다고?

존: (울면서) 바보같이······.

치료사: 존, 당신은 스스로를 비판했어요, 맞나요? 당시에는 이것을 할 수 없다고 생각했고, 부인의 비판이 두려웠어요, 맞나요?

존: 그 직장에 들어가지 말았어야 했어, 나한테 맞지 않았어.

치료사: 아하! 당신이 작아지고 '파괴되고' 실패했다고 느낄 때, 당신은 부인의 특별한 위로와 도움을 요구하기가 참으로 힘들었지요?

존: 맞아요. 그랬어요. 제가 힘들 때······ 감히 제가 어떻게 요구할 수 있겠어요?

치료사: "내가 실패했을 때······ 요구할 자격조차 없을 때······?"(그가 고개를 끄덕이며 운다.)

베아트리체: 하지만······ 그때 나는 몰랐고······ 당신은 나를 떠났어. 내가 도울 기회가 없었어.

치료사: 당신은 도와주고 싶었군요. (그녀가 끄덕인다.) 그녀의 말을 들었나요, 존? 당신이 직장일로 힘들다는 것을 수용하기 힘들 때 베아트리체에게 당신의 고통을 봐 달라고 요청하기 힘들었어요. (자신을 비난하는 자격지심에 대해서 반영하고 반복한다.)

존: 맞아요. 할 수 없었어요. (긴 침묵) 그래서 저는 그녀에게 몇 가지 해결책, 새로운 경력에 대한 아이디어를 말했고 아내는 화를 냈어요. 경멸하는 아내의 목소리를 들었고, 저는 점점 작아졌어요.

베아트리체: 당신이 영업사원이 되고 싶다고 했을 때에만 화냈어.

치료사: (초점을 유지한다.) 당신이 베아트리체에게 하고 싶은 말은 이러한 문제를 꺼내기 힘들었고, 그녀의 경멸에 대한 위험을 감수하기 두려웠고, 일부분에서는 당신이 그럴 자격이 있는지 생각하기가 두려웠다고 말하고 있네요, 맞나요? (그가 동의한다.) 하지만 당신은 간절히 원하고 있었어요. (반영, 공감적 추측)

존: 아내 없이는 할 수 없어요, 저는 할 수 없어요. (운다.)

치료사: 그녀에게 말할 수 있겠어요? (재연 준비)

존: (머리를 흔들며, 바닥을 응시한다.)

치료사: 부인에게 말하기 어렵군요. 당신은 부인의 도움이 간절했고, 고통이 심해서 벽에 뒤에 숨었고, 그녀가 다가와서 옆에 같이 있어 주기를 원했어요, 맞나요? (그가 동의하고 항의하듯 그녀를 바라본다.) 하지만 그런 요청을 하는 것은 정말 끔찍했어요. (강조하기 위해서 RISSSC 비언어를 사용한다.) 베아트리체! 남편의 말이 들리나요? 남편이 당신의 도움이 필요하다는 말을 할 때 어떠했나요?

베아트리체: 저는 느끼고 있었어요…… 느꼈어요……. (벽을 바라보며 주저한다.) 용기가 생기고, 우리가 가까워지고 나눌 수 있겠다는 생각이 들었어요. 맞아요. 제가 너무 오랫동안 차단당한 느낌이었어요.

치료사: 남편에게 당신이 얼마나 소중한지…… 당신이 필요하기 때문에 그는 두려웠지만 위험을 감수한 것을 안 것이 위안이 되고 좋았네요. 맞나요?

존: (베아트리체를 보면서) 당신에게 다가가고 싶고, 당신의 관심이 필요해. 그렇게 되면 우리는 다시 좋아질 수 있을 거야…….

치료사: 존! 힘든데도 당신은 다가갔어요. 위험을 감수했고 부인에게 다가갔어요. (인정) (그가 웃음을 보인다.) 그녀에게 이렇게 말을 하니까 어떤가요?

존: (미소 지으며) 용기가 생겨요.

치료사: 베아트리체! 당신이 존에게 '당신이 원한다면 당신과 함께 있고 싶어.'라고 했던 말이 기억납니다. 맞나요? (그녀가 끄덕인다.) 그래서 말인데요, 존! 무엇이 당신에게 도움이 되고 필요한지 아내에게 말할 수 있겠습니까? (환기적 반영과 재연 준비)

베아트리체: (존에게) 당신의 감정을 나에게 나누어 주면, 당신하고 훨씬 가까워지는 느낌이 들어.

치료사: 남편에게 소중하다는 느낌을 받고 혼자가 아니기 때문에 그것이 당신에 게 아주 소중했어요, 맞나요? (공감적 추측, 강조)

베아트리체: 우리 두 사람의 가족들은 아무도 감정을 나누지 않았어요. 우리에게 는 그것이 아주 낯설어요.

치료사: (존을 보며) 위험을 감수했고 당신이 상상했던 최악의 상황이 벌어지지 않았는데, 이것이 자신에게 위로가 되나요, 존? 부인은 판단하지 않았고 오히려 부드러워진 표정으로 당신과 친밀하게 느끼고 함께 있기를 원한 다고 했어요. (그녀는 적극적으로 끄덕인다.) 부인의 말을 들었나요, 존? 어떤 느낌을 받게 되나요? (환기적 질문과 반응, 탱고 움직임 1 – 현재 과정 의 반영과 강조)

존: (부인을 향하며 아주 부드러운 목소리로) 맞아. 아주 좋은 느낌이고, 이게 내가 원하는 거야. 아주 달라, 나 역시 아주 오랫동안 혼자였고, 우리 둘 다 그래 왔어.

베아트리체: 맞아. 우리의 부모들은 모두 비판적이었고 우리 가족 중에 누구도 이렇게 하지 않았어. 당신은 어머니에게 이런 식으로는 말할 수 없었 어. 만일 당신이 이전에 다른 방식으로 양육되었다면 어땠을지 생각해 봤어.

치료사: (중단시키고 초점을 맞춘다.) 베아트리체! 여기서 잠깐 멈추어 볼까요? 존! 당신이 원하는 것을 베아트리체에게 말할 수 있겠어요? 우리는 당 신이 집에 왔을 때 언짢았고 멍했던 기분에 대해 말했고, 그때 베아트리 체가 본 것은 거리가 느껴지는 힘 있는 남자였어요. 그래서 지금 그녀는 다시 마음을 닫아 버렸어요. (고리를 반영하고 재연을 준비한다.) 그녀에 게 말할 수 있겠어요?

존: 네. (그녀를 향한다.) 말하기가 두려워. 내가 파괴되고 말 거야! 그래서 해 결해 보려고 나쁜 감정에 대해 벽을 쌓았어.

치료사: 그때 부인은 벽을 느꼈어요. (그가 동의한다.) 그러니 집에 와서 부인의 도움과 지지를 받기 위해서 다가갔지만 당신을 도와줄 수 없었어요? (갈망은 두려움의 이면이자 해독제다.) 그때 간절했던 것이 무엇이었나요, 존? 만일 그 당시에 베아트리체가 당신에게 얼마나 소중하고 필요한 사람인지 그녀에게 알려 주었다면 어땠을까요? (환기적 질문, 강조) 당신은 우울증에 빠트린 직장과 소중한 부인과의 관계를 위해서 투쟁을 했어요. 정말로 원했던 것이 무엇이었지요? (인정, 재연 준비) (치료사가 그녀에게 말해 보라고 손짓한다.)

존: (아주 느리게) 내 생각에…… 진정으로 포옹하고 싶었어.

치료사: 껴안는 것이요?

존: 맞아요. 우리가 지금 포옹하면 모든 것이 정리될 것 같아요. 하지만 아내가 저를 원한다고 느낄 수 있는 그런 포옹, 애정 어린 포옹은 나를 위로해 주니까요. (가장 고전적이고 단순한 애착 갈망―안기는 것―이다.)

베아트리체: 하지만 나는 슈퍼우먼이 아니야. 당신이 알다시피 모든 것을 다 제공해 주는 슈퍼 양육자가 아니고 그건 내 본연의 모습이 아니야. 나는 연결되어야 하는데, 이 부분에서 도움이 필요해.

치료사: 맞아요. 남편이 자신의 필요를 당신에게 말했어야 했어요.

베아트리체: 이 모든 것이 가능한 여자도 있겠지요. 무한정 애정을 쏟아붓는 그런 거 말이에요.

치료사: 그런가요? 그렇게 할 수 있을까요? 하지만 제 생각으로는 부부는 모름지기 위험을 감수하면서 관심을 가져 달라고 요구할 수 있어야 한다고 봐요. 그리고 은밀하거나 모호하지 않고 분명한 태도로 요구를 해야겠지요. 당신이 추측해서 알아내기는 어려웠고, 당신 또한 거부되는 느낌을 받게 되었어요. (그녀가 동의하고 눈물을 보인다.) (인정) 존! 당신은 부인으로부터 안전감과 위안을 얻고, 부인이 당신과 함께 있고 싶어 하는

지 확인하기 위해서 부인의 포옹을 원한다고 말했어요. 맞나요?

존:　　맞아요. 우리는 해야 할 업무와 가사가 너무 많았고, 저녁에도 아내는 일했고, 하지만 가끔은 저와 시간을 보내고 싶은 신호…… 하지만 그때 이미 저는 심한 거리감을 느끼고 있었어요.

치료사: (다시 초점을 맞춘다.) 존! 다시 돌아가 볼 수 있을까요? 부인에게 안아 달라고 해 보시겠습니까? (그녀에게 다가가는 것은 그의 핵심 두려움을 유발하지만 유일한 길은 그것을 통과하는 것이다.)

존:　　힘들어요. 아내가 그렇게 하고 싶지 않을 수도 있잖아요? (그가 손사래를 친다.)

치료사: 그래도 한번 말해 보시겠어요? (치료사는 이제 대리 목소리를 사용하여 내담자가 말하는 것처럼 말한다. 이것은 강조의 강력한 방식이다.) "당신이 가까이 와서 나를 안아 달라고 요청하기가 무척 힘들어. 하지만 나는 그것의 가치를 느끼고 있어. 당신과 함께 위험을 감수하고 싶어. 나를 경멸할지 모르지만 나는 위험을 감수하고 싶어."라고 말할 수 있겠어요? (그의 태도를 환기적 반영/통합하고 재연을 준비한다.)

존:　　(그녀에게 힘 있는 목소리로) 내가 분명 차가운 얼굴을 보여 주고 무시하는 표정일 거라고 나 스스로에게 말하기도 했으니까 당신에게 요청하기 힘들었고 두려웠어. 그냥 내버려 두는 게 나았어.

치료사: (부드러운 목소리로) 만일 내가 요청하지 않아도 된다면야 내버려 두면 되지요. (모두 웃음) 아마도 그러는 것이 좋았겠지요……. 하지만…… (약간의 침묵) 그것에 대해서 부인에게 말하니까 어떤가요? (탱고 움직임 4 – 만남 처리, 환기적 질문)

존:　　네, 그렇게 힘들지도 않고…… 그다지 나쁘지 않았어요. (그가 웃는다.)

치료사: (베아트리체에게) 남편을 믿을 수 있나요? 왜냐하면 존이 위험을 감수하면서 말했을 때, 당신은 "나는 당신을 믿을 수 없어."라고 했어요. 맞

나요?

베아트리체: 그래요. 이제 정말로 믿을 수 있어요. 거절당할지도 모른다는 남편의 두려움을 알았어요. 지금까지 제가 남편에게 냉담했어요. 이제 이해했어요.

존: 맞아. 그래서 스스로에게 말했어. "왜 내가 노력해야 하지? 내가 왜 신호를 보내야 하는 거야?" 방금까지도 머릿속에서는 "잊어버려."라고 말했어요.

치료사: 아하! 흔히 우리가 다가갔는데 상대가 반응하지 않으면 더 약해지기 마련이죠. (존이 동의한다.) 그래서 당신을 보호하기 위해서 차단하는 것이 쉬웠고 위험을 감수하기가 어려웠네요. 집에 들어왔을 때 안아 달라고 요청하기가 힘들었군요. (인정) 위로와 위안을 아내에게 요청하기가 힘들었겠네요.

존: 지금은 할 수 있을 것 같아요.

치료사: 아하! 베아트리체! 지금 이 말을 들으면서 어땠나요? 지금 당신에게 "베아트리체! 당신에게 다가가기가 무척 힘들어. 이러한 갈등을 하루 종일 하고 있었어. 지금 당신이 다가와서 목을 끌어안고 나를 안아 주었으면 좋겠어."라고 말하는 존이 어떤가요? 남편이 당신을 매우 원하고 있고 요청하기 힘들다고 말할 때 어떤 기분이었나요? (그녀가 마루를 응시한다.) 베아트리체! 지금 남편을 바라보시겠습니까? (그가 눈물이 가득한 채로 그녀를 바라본다.) (존의 접근과 교감을 강조하고 환기시킨다. 환기적 질문)

베아트리체: (그를 바라보며 길게 머뭇거린다.) 슬퍼요, 아주 슬픈 마음이 들어요.

존: (아주 부드럽게) 베아트리체! 과거의 경험 때문에 지금의 두려움이 생겼어. 나는 지금까지 계속 거절만 당해 왔어.

베아트리체: (눈물을 보이며 아주 부드러운 목소리로) 맞아. 알겠어. 하지만 나도 버

려지고 무시당한 느낌이 들었어. 그래서 화가 나서 포기해 버린 거야. (이것이 지친 추적자의 고전적인 언급이다.)

존: (그녀의 손을 잡는다.) 알아, 이제 알겠어. 내가 이해하지 못했어.

치료사: 베아트리체! 당신은 자신이 남편에게 소중하지 않고 그의 인생에서 제외되어 있다는 느낌을 가졌네요. 그래서 남편이 당신을 필요로 한다는 신호가 약하면, 당신은 상처받고 속이 상했고, 그 신호를 알아채지 못했고 신뢰할 수도 없어서 반응하지 못했네요. 그럴 때 존! 당신은 거절감을 느꼈네요. (이전 회기에 있었던 거절에 대한 작은 고리를 인정하고 반영한다.) 그래서 지금 남편이 요청했을 때 당신은 슬펐어요. 남편이 당신에게 지금 요구하기를 바라고 있지요? (반영, 환기적 질문)

베아트리체: 맞아요. 남편이 입을 닫지 않고 말해 주면 좋겠어요.

치료사: 당신의 말은 "당신이 위험을 무릅쓰고 말하면 내가 반응을 보일 수 있지만, 무시당하는 느낌이 들면 나 스스로를 보호하게 되고 냉담해져."라는 것이군요. 제가 맞게 이해하고 있나요? (과정―애착 동작의 움직임―을 반영한다.)

베아트리체: 정확해요. 바로 그것이 제 자신에게서 발견한 거예요.

치료사: 남편이 당신에게 "당신을 필요로 하지만 당신에게 다가가는 것이 두려웠어."라고 말할 때 느꼈던 슬픔을 남편에게 말해 줄 수 있겠습니까? (환기적 반응, 재연 준비)

베아트리체: (존을 향한다.) 슬펐어. 아주 슬펐어. 당신이 내게 다가오는 것을 두려워했고, 그래서 나도 당신을 위로할 수 없었어. 당신도 알다시피 나도 그것이 필요했어.

존: (그녀에게 웃음 짓고 몸을 숙이며) 맞아. 우리는 그렇게 하지 못했어. 아마 지금은······.

치료사: (베아트리체에게) 당신은 남편을 위로하고 싶었군요. (그녀가 동의한다.)

위로하기 위해서 남편에게 다가가고 싶네요. 맞나요? (그녀가 동의하고 그에게 웃음을 보인다.) 우울증과 적성에 맞지 않는 직장 업무, 불확실한 관계 속에 빠져 두 사람은 서로를 잠시 잃어버린 것 같아요. 그 때문에 모두 두려웠고, 그래서 다투었고, 이후 당신은 말문을 닫고 자신을 보호하려 했지요. (반영하고, 구체적 현실로 통합하고, 문제 상황과 정서 반응을 요약한다.)

베아트리체: 맞아요. 마치 제 등 뒤로 벌레가 기어가고 공중에 붕 떠 있는 느낌이었어요. 제 마음대로 움직일 수도 없었어요. 어떻게 행동해야 할지 몰랐어요.

치료사: 맞아요. 존, 당신이 그녀를 찔러 보기도 했고 요청도 하고 더 가까이 가기 위해서 위험을 감수했어요. 그리고 부인을 가볍게 만지려고 했고, 움직일 수 있도록 부인을 도와주려 했어요. 맞나요? (상호작용의 드라마를 강조하기 위해서 이미지를 사용한다. 미래의 회기를 위해 이미지에 주목한다.) (두 사람이 웃는다.) 하지만 당신은 이러한 고리에서 느낀 이미지는 절망과 갇힌 느낌이었어요, 맞나요?

베아트리체: 저도 행동으로 보여야 했어요.

치료사: 이러한 고리에서 벗어나기 위해서 두 사람이 어떻게 하는 것이 좋을지 이야기하고 있습니다. 당신을 슬프고 외롭게 만들었던 고리에서 벗어나기 위해서 말이에요. 베아트리체! 당신은 (대리 목소리) "내 등 뒤에 서서 나를 외로움과 절망감 속에 내버려 두지 말아 줘. 나에게 냉담하거나 꼼짝 못하게 만들지 말고 나에게 다가와 줘."라고 말하고 있어요. 그리고 존! 당신은 "내가 힘들 때 당신에게 다가가서 위로받고 싶어."라고 말하고 있네요. (두 사람이 동의한다.) 두 사람은 서로의 위로와 위안이 필요했어요. (일차/핵심 정서의 목소리가 들리면, 태도를 환기적으로 요약해 준다.)

베아트리체: 그래요. 네, 맞아요. 남편이 요구할 수 없게끔 제가 차단했어요. 그

래서 직접적으로 공격하지는 않았지만 남편은 제가 자기를 공격하는 것
으로 봤어요. 저는 더 이상 요구하지 않았어요. 그래서 제 생각에는 우
리 둘 다 외로움에 빠져 버렸어요.

치료사: 맞아요. 모두 방어적이었어요. 만약 존이 "오늘 너무 힘들었어. 당신이
필요하고 당신과 포옹하고 싶어."라고 말할 수 있는지 당신이 물어보면
도움이 되었을 거예요. 남편이 요청하면 당신은 남편에게 특별한 느낌
을 받고 기분이 좋아지고 위로가 된다는 말을 하고 있네요. 맞나요? (안
정적 연결을 가능하게 만드는 시나리오를 반영하고 그녀의 감정을 인정하고
반영한다.)

베아트리체: 그래요. 서로 마음을 더 열어 주면 좋겠어요. 정서적 친밀을 원해요.

존: 이제 우리 두 사람이 그렇게 되고 있는 것 같아요.

치료사: (탱고 움직임 5 – 통합과 인정) 그래요. 두 사람이 이미 만들고 있어요. 첫
회기 때보다 정말 많이 다가가고 있네요. 당신들은 서로에게 개방하고
부드러워졌어요.

존: 아내가 자주 웃어요.

베아트리체: (그를 보며 웃으며) 맞아요. 가까워진 느낌이 들면 남편을 더 많이 안
아 줄 수 있어요. 하지만 남자들은 먼저 껴안기를 바라고, 그런 다음 친
밀감을 원하는 것 같아요. 하지만…….

존: 그래서 서로 양보하면서 중간 지점을 찾으면 좋겠어.

치료사: 우리는 지금 매우 특별한 포옹에 대해서 말하고 있는데, 포옹을 통해 두
사람은 안정감을 느끼고 서로 신뢰하기 시작했어요. 존은 당신이 손을
감싸서 안아 주면 좋겠다고 말하고 있네요.

존: 맞아요. 제가 외로울 때 그렇게 하면 우울한 기분이 사라져요. (사실 볼
비와 현대 애착에 대한 연구가 이에 동의한다.)

치료사: 그래서 존! 당신은 부인에게 "내가 집에 들어왔을 때 당신을 만지고 포

옹하면서 가까워지고 싶어."라고 말하고 있어요. (그가 끄덕인다.) 부인에게 한번 직접 말해 보시겠습니까? (낯선 것에 친숙해지고 할 수 있게 만들어 주기 위한 반복, 재연 준비)

존: (베아트리체에게) 나는 집에 돌아왔을 때 당신과 가까워지고 싶어. 나에게는 그것이 간절하고 큰 도움이 돼. (그가 운다.) (나는 그가 이렇게 할 때마다 그의 편도체가 덜 흥분될 것이라고 가정한다.)

치료사: 베아트리체! 남편의 말을 들었나요?

베아트리체: 맞아요. 마치 두꺼운 껍질을 깨뜨리는 것 같아요. 남편이 자신과 저에게 마음의 문을 열고 있어요. (그녀는 사랑스러운 이미지를 사용하고, 나는 그것을 기록하고 계속 사용한다.)

치료사: 그것은 대단히 용기가 필요했어요. (인정)

베아트리체: 네. 그래서 남편이 직장문제에 직면할 수 있게 되었고, 그것이 우리에게 도움이 되었어요.

치료사: 당신은 남편의 개방과 위험감수를 존중하는군요? 남편에게 말해 줄 수 있겠어요?

베아트리체: 나는 아주 자랑스럽게 생각해. 당신이 자신을 돌아보고 위험을 감수한 것이 대단하다는 생각이 들어. 요구할 수 있는 것은 중요해. 그리고 자신의 결점과 직업적으로 부족한 부분을 이겨 내려는 모습이 대단해 보여. (그녀는 존중을 표하는데, 이는 그녀의 비난으로 생긴 극도의 두려움에 대한 자연 해독제다.)

치료사: 두 사람 모두 아주 잘하고 있어요. 잠시 멈추어 보겠습니다. 두 사람이 가능하면 일주일에 최소한 20분, 두 번 정도 지금의 치료에 대해 서로 대화했으면 좋겠어요. 두 분 모두 열심히 노력하고 있고, 이번 회기에 제가 개입할 수 있도록 허락해 준 점 훌륭하게 생각해요. 두 분 모두 헌신적이었고 용기가 돋보였습니다. 함께 열심히 노력해 준 점 감사해요.

변화의 계기, 즉 위축자의 재개입은 EFT에서 가장 중요한 회기이며, 가장 지시 적으로 진행된다. 일반적으로 많은 재연을 하고, 그것의 의미가 아주 높다. 처음 방문했을 당시에 심한 불화를 보였던 부부는 치료사와 강한 동맹을 맺었고, 결 혼으로 인한 상실을 막으려는 동기가 있었다.

하지만 이번 회기 후에 베아트리체는 존을 진심으로 신뢰하기는 어렵다고 생 각했다. 그녀는 "제가 흥분해서 남편 앞에서 문을 쾅 닫았고, 남편이 노크해도 반응하지 않은 것을 알아요. 하지만 친해지려는 남편의 노력을 아직은 믿을 수 가 없어요."라고 언급했다. 존은 "총알을 다시 피해야 했어요."라고 말했지만 이 제 부인에게 "베아트리체! 우리 관계를 포기하지 않았으면 좋겠어. 나는 관계 개 선을 위해 노력하고 있어."라고 말할 수 있게 되었다. 점차 베아트리체는 EFT의 2기를 통해서 자신에 대한 여행을 시작했고, 신뢰의 위기를 통과하기 시작했다. 그녀는 다시 상처받는 위험을 감수하였고, 원가족에게 받은 상처가 지금의 괴로 움과 경멸감의 원인이라는 것을 인식하게 되었다. 그녀는 마침내 남편에게 위로 를 요청하게 되었다.

부부로서 발전하면서 존은 직장에서도 몇 가지 중요한 결정을 했고, 편안하게 직장 업무를 수행할 수 있는 다른 방안을 생각하게 되었다. 베아트리체는 원가 족과의 애착불안을 탐색하였고, 사랑이 행동과 어떻게 연관되는지 알아 가기 시 작했다. 이후 그녀는 자신이 비판적이며, 지나치게 높았던 존과 자기 자신에 대 한 목표를 알았다. 그녀가 애착이 부족했던 어린 시절에 대해서 고통스러워하 면 존이 그녀에게 힘이 되고 위로해 주었다. 하지만 남편을 받아들이는 것이 그 녀에게는 결코 쉽지 않았다. 존은 강력하고 단순하고 중요한 애착 메시지(이것 을 구체화하는 것이 치료사의 일이다), 즉 "당신의 고통이 나의 고통이야. 내가 당신 을 지지하고 위로할 수 있도록 허락해 줘. 나를 받아 주기를 바라고 당신을 보살 펴 주고 싶어."를 말할 수 있게 되었다. 부인은 "하지만 당신에 대한 방어를 제거 하기는 힘들어. 방어막 없이 어떻게 살아야 할지 막막해."라고 대답했다. (사실 이러한 방어 없이 살기 위해서 사람은 자기 자신에게 위안이 되는 다른 긍정적인 교정적 정서경험을 해야만 한다. 다른 방도가 없다.) 중요한 '순화'과정을 이끌어 준 계기는 그녀가 존의 접근을 막기 위해서 '조심스러운 목소리'로 말할 때 찾아왔다. 치료사는 그때 부인이 과거에 안정애착을 맺었던 사랑의 경험이 있는지 질문했고, 남편에 대한 반응을 확대했다. 부인은 '천사' 같던 할머니와 있었던 짧은 시간 동안의 경험을 말했다. 이후 그러한 경험이 현실에서 드러날 수 있도록 할머니, 그녀와 베아트리체의 관계에 대해 말했다. 치료사는 만약 할머니의 목소리를 들을 수 있으면, 지금 존을 신뢰해야 할지 고민하는 베아트리체에게 어떤 조언을 해 줄 것 같은지 물어보았다. [이는 정서중심 개인치료(EFIT)에서 광범위하게 사용되는 고전적인 EFT 개입이다(Johnson, 2019a). 치료사는 긍정적인 자원과 정서 균형에 접근하기 위해서 내재된 모델/이미지와의 만남을 사용한다.] 원가족과 모든 문화적 규범을 거역하면서 남편과 친해지고 의지해야 하는 베아트리체에게 할머니가 어떤 말을 해 줄 것 같은지 물어보았다. 베아트리체는 감정이 풍성한 목소리로 "할머니는 '남편을 믿고, 믿으려 노력하고, 그는 부드럽고 너에게 상처를 주거나 이용하지 않을 거야.'라고 말하고 있어요."라고 했다. 이것이 그녀가 순화되는 결정적인 계기가 되었다.

다음 회기에 부부는 밤중에 서로 안아 주었고, '안정감과 친밀감'을 느낀다는 이야기를 하면서 시작했다. 그들은 서로에게 접근할 수 있고, 확신을 가지고 친밀감을 요구하게 되었다고 말했다. 치료사는 과거에 경험했던 '부정적 기록(negative blip)'에 대해서 말할 때 EFT의 강화기(consolidation phase)로 들어갔다고 확신했다. 존은 갑작스럽게 '냉담해지고 요구하는' 베아트리체를 경험했고, 위축되기보다는 무시하려 했지만 자신의 비난받은 마음과 두려움을 표현하기로 마음먹었다. 남편은 처음에는 이메일로 표현했고, 점차 대면해서 직접 말했다. 처음에 베아트리체는 남편의 변화에 대해 '남편은 자신의 권리를 찾기 위해 권력투쟁을 하고 있고, 진지하지 못하며, 나에게는 무관심하고 나를 다시 무시하는 느낌이 든다.'라고 생각했다. 하지만 이후 이러한 태도에서 벗어나 남편의 혼란과 절망에 귀 기울여 듣기 시작했고, 이것이 그녀의 불안을 유발한 것을 인식하게 되었다. 그녀는 자신이 '두려웠다'고 남편에게 말할 수 있었다. 이를 확대시켜 그녀는 남편이 다시 우울증에 빠져서 위축되어 마침내 관계를 개선하려는 노력을 포기하게 될까 두렵다고 분명하게 표현했다.

그녀는 이후 존에게 다가가서 두려움을 표현("나는 남편에게 두렵다고 말했어요.")했던 순간이 '모든 것을 변화시켰던 전환점'이었다고 말했다. 그는 비로소 그녀를 위로하고 진정시켜 주고, 무슨 일이 일어났고 어떻게 친밀해질 수 있었는지 말할 수 있었다. 그녀는 이 경험을 '기적'이라 표현했다. 그녀는 "남편이 무장 해제되었고 부드러워졌어요."라고 말했다. 존은 아내의 두려움을 보면서 자신의 불안이 사라졌고, 그녀를 보호하고 보살펴 주고 싶은 희망이 생겼다고 했다. 그들은 현재의 행동은 과거 다른 사람에게 약한 모습을 보이지 말라는 원가족 문화의 가르침과 다르다는 것을 알게 되었다. 자신의 약점을 표현하고 파트너를 가까이 당길 수 있는 힘에 대해서 말했다.

치료사는 이후 애착 두려움을 새로운 방식으로 다루었고, 예전의 고리에서 벗어날 수 있었던 부부의 능력을 인정해 주었다. 우리는 아주 사소한 사건이 전체 모습을 대변할 수도 있고, 이러한 사건이 불안, 위험에 대한 예민성, 부정 고리에 갇히게 되면서 확대되는 것을 알아 갔다. 치료사는 또한 고리에서 벗어나 그들이 서로 연결하기 위해 접근할 수 있는 능력을 강조하고 인정했다. 부부는 지속적이고 적극적으로 안정된 관계를 형성했고, 서로 안아 주고 연결되는 순간이나 낮에 각자가 느꼈던 두려운 순간을 털어놓기도 했다. 그들 사이의 안정과 결합이 강해졌고, 이후 몇 회기의 강화기를 통해 성장해 갔다.

이 부부는 치료를 시작하기 힘들었지만 매우 집중하는 태도를 보였다. 앞의 과정은 12회기 내용이다. 이것은 모든 부부에게 가능하지 않고, 어떤 부부는 서서히 산만하게 진행되기도 한다. 이들 부부는 궁지에 몰린 관계가 강한 동기가 되었다. 남편의 우울증과 직업상의 문제는 부부문제를 가중시킨 동시에 치료받으려는 동기가 되었다. 두 사람은 안정애착 형성과는 대조적인 가치를 지닌 전통적이고 권위적인 문화에서 자란 흥미로운 사례였으며, 이는 치료과정에서 밝혀지고 다뤄졌다. 베아트리체와 할머니와의 관계를 제외하면 부부에게 안정애착은 낯선 영역이었지만, 두 사람은 자녀들에게 민감하게 반응을 보이고, 새로운 관계 형성을 위해 자신들의 애착욕구와 두려움에 접근할 수 있었다. 존의 우울증도 개선되었다. 앞서 제시한 회기는 초점이 잘 맞추어지고 EFT 변화사건에서 재연을 사용한 좋은 사례가 되었다.

만일 당신이 EFT에 유연해지고 싶다면, 다음에 제시된 연습의 유용성을 이해할 수 있을 것이다.

① 앞의 대본에서 당신이 다른 식으로 접근할 수 있는 2개 혹은 3개의 장소를 찾아보라. 무엇을 할 것인가? 이렇게 개입하려는 근거를 제시하라.

② 이 책에서 언급된 변화 원리의 이해가 묘사된 개입 장소 세 군데와 애착 두려움과 욕구가 전면에 드러난 세 군데를 찾아보라.

③ 만일 당신이 이 부부를 의뢰받았다면, 상담하는 데 무엇이 가장 어려울 것 같은가? 어디서 막히게 될 것 같은가?

만일 당신이 EFT에 유연해지고 싶다면 다음에 제시된 것을 연습하면 좋다.

거절의 쓰나미

♥ 사건

전남편 댄(여전히 펀과 교류하는)은 그의 가족과의 모임 참석을 거절하는 펀을 비난했다. 이러한 사건에 대해 그녀는 치료사에게 '이기적 간통자'라고 딱지를 붙이고 싶어 했고, '나쁜 부인'으로 보이게 만든다고 말했다. 그녀에게 이것은 '사자 우리'였다. 펀은 "하지만 그가 맞을 수도 있어요. 저는 그럴 만해요. 저는 그저 끔찍한 인간이에요."라고 말했다. 그녀의 얼굴은 고통으로 일그러졌다. 그녀는 초조해졌고 주제를 급히 바꾸었으며, 이 가족원이 어떻게 외도했는지에 대해 말하면서 시시콜콜한 얘기로 빠져 버렸다.

♥ 움직임 1 - 현재 과정의 반영

여기서 무엇이 일어났는가? 반영과 인정 등을 사용하라. 당신은 무슨 말을 해 줄 것인가?

♥ 움직임 2 - 정서 조합과 심화

이후 펀은 다음과 같이 말했다.

"저의 행동이 모든 사람을 파괴했다는 메시지를 받아요. 제 가족, 그의 가족과 그의 자녀들에게서 말이에요. 함께 살 때 그들은 저와는 거의 말하지 않았고, 아빠에게 모국어로 말했어요. 제가 영어로 말하라고 했지만…… 지금 그는 가족에게 돌아오길 거절하는 사람이 바로 저라며 손가락질하면서 말했어요. 제가 멍청했어요. 저는 다른 사람에게 상처를 줬어요. 그가 옳아요. 제가 도망을 가긴 했죠. 하지만 그가 이렇게 말할 때 어지럽고 이상해요. 너무 심하게 그랬어요. 아무도 모르죠. 저 또한 이해할 수 없었으니까요. 제가 왜 이렇게 했겠어요? 그들은 늘 저를 탐탁지 않게 생각했어요. 모두가 그랬어요. 그리고 늘 저는 그곳에 있었어요. 그리고 댄이 화를 내며 그들에게 말했고, 항상 이런 식이었어요. 외도한 제가 추잡한 사람이죠. 하지만 그는 저를 원하는 것처럼 행동했어요, 그거 알아요? 그가 저에게 웃어 줬어요. 제가 어떻게 가족에게 말을 할 수 있겠어요? 그들은 절 원치 않았어요. 가족에게 다가간다고 생각하면 전 좋지 않은 느낌이 들었어요. (그녀의 배를 만진다.) 그래서 댄은 저에게 일장 연설과 훈계를 했고, 저는 자리를 떠버렸어요. 단순히 자리를 뜬 것이 아니라 할 일이 많았어요. 그리고 당신이 말했듯이 저 자신에게 빠져서 스스로를 비난했어요. 저는 이러한 어떤 것도 이해할 수 없고, 오랫동안 이렇게 살았어요."

정서요소를 찾고 그것들을 조합하라.

촉발요인-지각-신체반응-의미-행동경향

슬픔, 두려움, 수치—자신에 대한 두려움— 등의 내재된 취약성에 접근하라. 여기서 그녀의 핵심 실존 현실은 무엇인가?
어떻게 말해 주고 싶은가?

♥ 움직임 3 – 새로운 만남 안무

댄, 치료사, 자기의 한 부분, 자극을 하거나 자원이 되는 적절한 애착대상과 함께.
치료사는 "그에게 _____라고 말할 수 있겠어요?"라고 말한다.
그다음에 무슨 말을 할 것인가? (고통을 내포하고 타인의 반응을 유발할 수 있는 단순한 언어로 그녀의 취약성을 드러내라.)
지금 이러한 안무의 상호작용에 대해 단순하고 긍정적인 만남을 그려 보라.

♥ 움직임 4 – 만남 처리

방금 재연한 드라마에 대해 편에게 어떻게 반영할 것인가? 뭐라고 말해 줄 것인가?

♥ 움직임 5 – 통합과 인정

편이 방금 한 것을 인정하고 자신감과 확신을 심어 주기 위해서 무엇을 말해 줄 수 있는가?

맺는 말

이 책의 초판은 '부부와 가족 치료 분야의 발전에 기여'할 수 있었으면 하는 희망에서 출간되었다. 그리고 이 분야는 괄목할 만한 발전을 했고, 특히 부부개입의 활용은 지난 20년 동안 엄청나게 높아졌으며, 많은 치료사가 임상에서 부부치료를 시행하고 있다. 초판의 희망이 생각한 것보다 더 많이 달성되었음이 분명하다. EFT는 부부개입을 이끄는 주 모델이 되었고, 결과와 과정 변화 연구 및 높은 수준의 체계적 개입과 훈련으로 이 분야의 표본으로 자리 잡았다. 나는 변화 매개체로 정서를 체계적으로 사용하고, 성인 사랑의 이해와 형성의 토대로 가장 중심에 애착 과학을 사용함으로써 이 분야의 지평을 넓혔다고 믿는다 (Johnson, 2019a, 2019b).

재판이 발간되고 15년 동안 애착 과학, 현상으로서의 정서 작업, 개입모델로서의 EFT는 엄청난 속도록 발전했다. 성장에 대한 요점은 다음과 같다.

■ EFT는 지속적으로 발전해 온 성인 애착의 과학을 점점 통합하게 되었다. 내면과 대인관계 현실을 통합하는 포괄적이고 풍부한 성격발달이론에 기반한 치료모델, 즉 변화를 일으키는 방법으로 삼는 치료모델의 힘은 아무리 강조해도 지나치지 않다. 인간이 누구이고 타인과의 관계방식에 대해 구체적이고 경험에 근거한 기반을 둔 임상 시야와 변화기법은 정확한 목표를 설정하

고 적절한 개입을 할 수 있게 해 준다. 사랑의 관계를 변화시키려면 사랑의 본질을 이해해야 한다. 이 주제에 관한 나의 두 권의 책 『날 꼬옥 안아 줘요』 (2008)와 『우리는 사랑에 대해 얼마나 알고 있을까』(2013)는 EFT가 성장했고, 그렇게 되는 방식을 반영한다. 어디에선가 논쟁했듯이(Johnson, 2019a), 나에게 애착 과학은 심리치료의 성배(holy grail)가 분명하고 그것이 수년간 부부의 연결, 정서결합 혹은 상호 양육을 돕는 것에 초점을 두지 않고 무시해 왔던 부부치료 분야를 확실하게 바꾸고 있다. 그것은 부부 및 가족 치료사에게 내적 정서인 음악과 대인관계 패턴인 춤에 대한 지도를 제공하며, 그것이 친밀한 관계를 만든다. 그것은 관계에서 무엇이 잘못되었고, 고치기 위해서 무엇이 필요한지를 알려 준다. 그것은 또한 개인, 부부, 가족의 건강 및 행복과 직결되는 분명한 치료목표를 세우게 한다.

- EFT는 연구 근거를 계속 확장해 왔다. 애착안정과 성적 만족 등에서 긍정적 효과를 보여 주는 20여 개 이상의 결과 연구와 상호작용의 변화가 위협에 대처하는 뇌 영역의 변화를 보여 주는 기능적 자기공명영상법 연구(fMRI study)가 있다. 부부가 정서 접근, 반응, 교감의 특징을 가진 결합사건을 만들 때, 시간이 지나도 EFT로 만든 변화를 유지하는 데 긍정적인 추적연구 또한 있다. 이는 이런 사건이 실존과 생존에 소중함을 말해 준다. 연구는 어떻게 지속적으로 긍정적인 결과를 얻을 수 있는지를 알려 주기 때문에 EFT 치료사를 안심시켜 준다. 이런 연구는 단순히 EFT 개입의 증례만은 아니고, 우리가 시행하는 모든 임상연구에서 배움으로써 개입을 확대하고 개선한다.

- 일반화의 관점에서 EFT는 많고 다양한 인종과 문제에 적용되고 있다. 우울증(Wittenborn et al., 2018)과 PTSD 같은 불안을 겪는 부부에게 효과가 있다. EFT는 또한 성적 개방과 놀이를 강화시키는 성치료에서 시행되는 신체 연결과 성적 표현을 정서와 안정적 연결에 집중하고 통합한 부부 성문제 치료를 위해 사용한다(Johnson, Simakhodskaya, & Moran, 2018; Johnson, 2017a).

이는 질병으로 인한 신체 회복과 대처방식을 개선하고(다음의 설명 참조), 한 배우자가 사망한 부부의 지원을 위해 사용되고 있다(Mclean, Rodin, Esplen, & Jones, 2013). 애착모델로서 이는 성장과 건강을 자연스럽게 지원하는 개입을 만든다. 심리학에서 정의된 다른 어떤 변수도 애착안정처럼 긍정 기능을 예측하게 해 주는 인자는 없다.

■ EFT는 또한 정서와 애착의 보편성에 초점을 맞추기 때문에 많은 인구와 문화에서 사용된다. 임상에서 남녀 동성 커플과 이성 커플, 크리스천 커플, 유대와 이슬람 커플, 도움을 청하는 모든 부부 등 전통적이고 급진적인 부부에게 사용된다. EFT는 핀란드, 중국, 이란 등의 다양한 문화에서 성공적으로 사용되었다. 이는 나로 하여금 우리가 현대 사회 속의 가족을 너무 좁게 정의하고 있다는 마더 테레사의 의견을 떠올리게 한다.

■ 애착 과학의 안전기지 기반에 덧붙여 EFT는 변화에 대한 경험주의와 체계 수단을 통합한 개입의 모델들을 아우른다. 이 기법들은 여러 해에 걸쳐서 추가되고 개선되었다. 이 장 초반에서 언급했듯이 통합은 애착 과학의 뛰어난 진실(볼비와 로저스는 그들이 영혼의 동반자임을 알았을 것이다) 및 정서와 관계불화 본질에 대한 최신 연구에서 얻은 지혜를 반영한다. 이 점에서 EFT 개입은 분명하게 설계되고 복제될 수 있다[모든 연구는 구현검사(implementation check)를 한다]. 이들은 치료사로 하여금 탈병리화하고, 내담자가 자연스럽게 성장과 건강을 향한다고 믿고, 모두가 투쟁하는 실존 딜레마를 존중하도록 격려하는 심리치료의 인본주의 전통을 반영한다. EFT 관점에서 이러한 통합치료는 많은 심리치료 세계에서 몰입하고 있는 대처 기술과 증상 해소에 초점을 맞추기보다는 치료사와 내담자에게 더 많은 것을 제공한다.

■ ICEEFT 트레이너와의 EFT 훈련은 높은 수준이고, 표준화된 고질의 훈련이며, 이 모델을 신뢰하는 확실한 길이 된다. 다양한 훈련용 DVD 등의 자료가

있고, EFT를 지원하는 단체와 센터는 정신건강 전문가에게 협력적인 팀 분위기에서 이 모델을 배울 수 있게 한다. 치료사와 슈퍼바이저가 되기 위한 분명한 자격 절차가 갖춰져 있다(www.iceeft.com 참조).

■ 최근에 EFT는 베스트셀러『날 꼬옥 안아 줘요: 사랑을 지속하기 위한 7가지 대화법』(2008)에 근거한 관계교육 프로그램 영역으로 나아간다(이 프로그램의 목록은 뒤의 'EFT 학습자료' 참조). 인도자 안내와 관련 DVD로 구성된 이 프로그램은 대부분 EFT 기초교육과정을 마친 치료사에 의해서 시행된다. 여기서 가장 흥미로운 것은 건강 문제에 직면한 부부를 위한 안정결합을 만드는 교육 프로그램의 적용('EFT 학습자료'의 '함께 심장 회복하기' 참조)과『날 꼬옥 안아 줘요: 유대강화 프로그램』(www.holdmetightonline.com)의 온라인 형식으로의 발전이다. 고립이 대중의 건강 문제가 되고, 관계가 바쁜 삶 속에 관심 밖으로 물러난 세계에서 프로그램의 적용과 내담자를 프로그램으로 끌어들이는 것은 치료사가 사회 건강에 크게 기여하고 자신의 내담자에게 부가적 자원을 제공할 수 있는 핵심 방법이라고 보인다.

나는 부부와 가족을 다루고 열심과 열정을 가지고 그들을 상담하는 치료사에게 영감을 주고 격려해 줄 것이라는 희망으로 3판을 출간한다. 우리는 지금 많은 치료사가 탈진하였고, 부부 및 가족 치료모델이 얼마나 힘든지에 대한 글을 읽었다. 이 책은 편하게 느끼고 성장할 수 있는 모델을 찾는 젊은 치료사를 위해서 저술했다. ICEEFT와 EFT 트레이너 사이의 우리의 경험은 애착이론과 이 모델에 의해 제공된 안전기지가 훈련생과 경험 많은 치료사, 특히 예술과 과학을 회기 중에 녹이고 싶어 하는 치료사, 동료 인간으로 내담자에게 진정한 개입이 가능한 모델을 원하는 치료사, 내담자들이 집으로 돌아가는 길을 알려 줄 수 있는 상담사가 되기를 원하는 치료사들에게 동일한 영감을 줄 것이라 믿는다. EFT는 모델로 성장해 왔고, 이는 엄청난 연구기금이나 상업 광고가 아닌 임상가들의 열정에 의해서 가능했다. 이것은 지금도 그렇게 되고 있고 매년 증가하고 있다.

이전 판을 마치면서 나는 '무엇이 EFT를 강력한 개입으로 만들었는가?'라는 질문을 했다. 지난 15년간 이것이 변화되었는가? 전혀 그렇지 않다. 나는 2004년에 우리가 만든 강력한 정서결합으로 생긴 문제에 초점을 둔 치료법에서 교정적 정서경험이 변화를 위해 일차적·직접적·구체적으로 가장 확실한 길이라는 인식을 갖고 있었다. 나는 사실 그것이 지속적인 변화와 차이를 만들 수 있는 유일한 길임을 그때와 마찬가지로 지금도 믿고 있다. 35년간 상담을 해 왔지만, 정서처리에 다가가는 힘과 새로운 내적 현실, 그리고 소중한 타인과의 교류방식을 만들기 위해서 정서를 사용하는 힘은 지금도 여전히 나를 놀라게 하고 매료시킨다. 사실 정서를 조절하고 다루고 무엇보다 체계적으로 사용하는 것은 변화를 위해서 가장 확실하고 절대적인 것임이 분명하다. 하지만 이러한 정서 초점은 정서를 단지 위험하거나 병의 원인요소로 보는 사람들에게 문제로 여겨진다. 일반적으로 정신건강 수련법과 치료 시행자가 서서히 정서의 변화를 일으키는 힘, 그리고 그것과 연관된 긍정적 힘과 지식에 호기심을 갖고 마음을 열고 있는 것은 다행이다.

EFT는 계속적으로 성장할 것이다. 사실 정서중심 가족치료(EFFT)와 정서중심 개인치료(EFIT)의 교육과 연구, 관계교육 프로그램의 발달뿐 아니라 성과 커플치료의 통합을 위한 EFT 사용은 새롭게 추진되고 있다(Johnson, 2017a). 나는 독자인 당신이 이 책이 유용하고 자극이 되길 원하고, 부부와 가족을 상담하고 새로운 확신과 열정으로 상담을 하는 당신에게 용기를 줄 수 있기를 희망한다. 나는 또한 당신이 EFT 전문가 가족으로 합류하기를 희망한다. 우리는 함께할 때 항상 발전한다.

EFT 학습자료

모든 훈련과정의 정보, 공인 EFT 치료사가 되는 것, EFT 공동체와 센터, 공인 치료사와 슈퍼바이저의 정보, 훈련 DVD, 모든 연구, 장, 논문, 책의 광범위한 목록은 국제정서중심치료센터의 웹사이트(www.iceeft.com)에서 볼 수 있다.

애착과 다양한 임상문제에 대한 다양한 정보 영상 또한 www.drsuejohnson. com에서 얻을 수 있다.

♥ 관계교육 프로그램

전문가용

다음의 집단교육 프로그램은 전문가가 대중에게 제공하기 위한 것이다. 이러한 프로그램은 치료과정에서 부가적으로 사용할 수 있다.

① 날 꼬옥 안아 줘요(HMT): 결합을 위한 대화법

② 연합하기: 크리스천 부부를 위한 HMT 프로그램

③ 함께 심장 회복하기(Healing Hearts Together): 심장질환을 겪는 부부를 위한 HMT 프로그램

④ HMT: 허용하기-10대와 함께하는 가족을 위한 HMT

더 많은 정보는 www.iceeft.com을 참조하라.

일반 인용

수잔 존슨 박사와 함께하는 HMT 온라인 프로그램은 8~12시간으로 구성되고, 부부의 영상과 전문가 강의, 만화, 교육, 실습이 포함된 관계교육을 위한 것이다.

더 많은 정보는 www.holdmetightonline.com을 참조하라.

참고문헌

Ainsworth, M. D. S., Blehar, M. C., Waters, E., & Wall, S. (1978). *Patterns of attachment: A study of the strange situation.* Hillsdale, NJ: Erlbaum.

Alexander, P. C. (1993). Application of attachment theory to the study of sexual abuse. *Journal of Consulting and Clinical Psychology, 60,* 185-195.

Allen, J. P. (2008). The attachment system in adolescence. In J. Cassidy & P. Shaver (Eds.), *Handbook of attachment: Theory, research and clinical applications* (pp. 419-435, 2nd ed.). New York: Guilford Press.

Allen, R., & Johnson, S. M. (2016). Conceptual and applications issues: Emotionally focused therapy with gay male couples. *Journal of Couple & Relationship Therapy: Innovations in Clinical and Educational Interventions, 16,* 286-305.

Anderson, H. (1997). *Conversation, language and possibilities.* New York: Basic Books.

Appell, E. (a.k.a. Lassie Benton) (1979). *John F. Kennedy University Class Schedule.*

Armstrong, J. G., & Roth, D. M. (1989). Attachment and separation difficulties: A preliminary investigation. *International Journal of Eating Disorders, 8,* 141-155.

Arnold, M. B. (1960). *Emotion and personality.* New York: Columbia Press.

Baker Miller, J., & Pierce Stiver, I. (1997). *The healing connection: How women form relationships in therapy and in life.* Boston: Beacon Press.

Barlow, D. H., Farshione, T., Fairholme, C., Ellard, K., Boisseau, C., Allen, L., et al. (2011). *Unified protocol for transdiagnostic treatment of emotional disorders.* New York: Oxford University Press.

Barrett, L. F. (2004). Feelings or words? Understanding the content in self-reported ratings of experienced emotion. *Journal of Personality and Social Psychology, 87,* 266–281.

Bartholomew, K., & Horowitz, L. (1991). Attachment styles among young adults. *Journal of Personality and Social Psychology, 61,* 226–244.

Baucom, D., Shoham, V., Mueser, K., Daiuto, A., & Stickle, T. (1998). Empirically supported couple and family interventions for marital distress and adult mental health problems. *Journal of Consulting and Clinical Psychology, 66,* 53–88.

Berger, P., & Luckmann, T. (1967). *The social construction of reality.* New York: Penguin Books.

Berscheid, E. (1999). The greening of relationship science. *American Psychologist, 54,* 260–266.

Bertalanffy, L. (1968). *General system theory.* New York: George Braziller.

Beutler, L. (2002). The dodo bird is extinct. *Clinical Psychology: Science and Practice, 9,* 30–34.

Bograd, M., & Mederos, F. (1999). Battering and couples therapy: Universal screening and selection of treatment modality. *Journal of Marital and Family Therapy, 25,* 291–312.

Bordin, E. (1994). Theory and research on the therapeutic working alliance: New directions. In A. O. Horvath & L. S. Greenberg (Eds.), *The working alliance: Theory research and practice* (pp. 13–37). New York: Wiley.

Bowlby, J. (1944). Forty-four juvenile thieves: Their characteristics and home life. *International Journal of Psychoanalysis, 25,* 19–52.

Bowlby, J. (1969). *Attachment and loss: Vol. 1: Attachment.* New York: Basic Books.

Bowlby, J. (1973). *Attachment and loss: Vol. 2: Separation.* New York: Basic Books.

Bowlby, J. (1979). *The making and breaking of affectional bonds.* London: Tavistock Publications.

Bowlby, J. (1980). *Attachment and loss: Vol. 3: Loss.* New York: Basic Books.

Bowlby, J. (1988). *A secure base.* New York: Basic Books.

Bradley, B., & Furrow, J. (2004). Toward a mini-theory of the blamer softening event: Tracking the moment by moment process. *Journal of Marital and Family Therapy, 30,* 233–246.

Bradley, J. M., & Palmer, G. (2003). Attachment in later life: Implications for intervention with older adults. In S. M. Johnson & V. Whiffen (Eds.), *Attachment processes in couple and family therapy* (pp. 281–299). New York: Guilford Press.

Brassad, A., & Johnson, S. (2016). Couple and family therapy: An attachment perspective. In J. Cassidy & P. Shaver (Eds.), *Handbook of attachment, 3rd edition: Theory, research and clinical applications.* New York: Guilford Press.

Brennen, K. A., & Shaver, P. R. (1995). Dimensions of adult attachment, affect regulation and romantic relationship functioning. *Personality and Social Psychology Bulletin, 21,* 267–283.

Bretherton, I., & Munholland, K. A. (1999). Internal working models in attachment relationships. In J. Cassidy & P. Shaver (Eds.), *Handbook of attachment: Theory, research and clinical applications* (pp. 89–111). New York: Guilford Press.

Brubacher, L. (in press). Attachment injury resolution model in emotionally focused couple therapy. In J. Lebow, A. Chambers, & D. Breunlin (Eds.), *Encyclopedia of couple and family therapy.* Cham, Switzerland: Springer.

Bruner, J. (1990). *Acts of meaning.* Cambridge, MA: Harvard University Press.

Burgess-Moser, M., Johnson, S. M., Dalgleish, T., LaFontaine, M., Wiebe, S., & Tasca, G. (2015). Changes in relationship specific attachment in emotionally focused couple therapy. *Journal of Marital and Family Therapy, 42,* 231–245.

Cain, D. (2002). Defining characteristics, history and evolution of humanistic psychotherapies. In D. Cain & J. Seeman (Eds.), *Humanistic psychotherapies* (pp. 3–54). Washington, DC: APA Press.

Cain, D., & Seeman, J. (2002). *Humanistic psychotherapies.* Washington, DC: APA Press.

Cassidy, J., & Shaver, P. R. (2016). *Handbook of attachment: Theory, research & clinical applications* (3rd ed.). New York: Guilford Press.

Castonguay, L. G., Goldfried, M. R., Wiser, S., Raue, P., & Hayes, A. (1996). Predicting the effect of cognitive therapy for depression: A study of unique and common factors. *Journal of Consulting and Clinical Psychology, 64,* 497-504.

Chang, J. (1993). Commentary. In S. Gilligan & R. Price (Eds.), *Therapeutic conversations* (pp. 304-306). New York: Norton.

Christensen, A., Atkins, D. C., Berns, S., Wheeler, J., Baucom, D. H., & Simpson, L. E. (2004). Traditional versus integrative behavioral couple therapy for significantly and chronically distressed married couples. *Journal of Consulting & Clinical Psychology, 72,* 176-191.

Christensen, A., & Heavey, C. L. (1990). Gender and social structure in the demand/withdraw pattern of marital conflict. *Journal of Personality and Social Psychology, 59,* 73-81.

Clothier, P., Manion, I., Gordon Walker, J., & Johnson, S. (2002). Emotionally focused interventions for couples with chronically ill children: A two year follow-up. *Journal of Marital and Family Therapy, 28,* 391-399.

Cohen, N. J., Muir, E., & Lojkasek, M. (2003). The first couple: Using wait, watch and wonder to change troubled infant-mother relationships. In S. M. Johnson & V. Whiffen (Eds.), *Attachment processes in couple and family therapy* (pp. 215-233). New York: Guilford Press.

Collins, N., & Read, S. (1994). Cognitive representations of attachment: The structure and function of working models. In K. Bartholomew & D. Perlman (Eds.), *Attachment processes in adulthood* (pp. 53-92). London, PA: Jessica Kingsley.

Conradi, H. J., Dingemanse, P., Noordhof, A., Finkenhauer, C., & Kamphuis, J. H. (2017). Effectiveness of the "Hold Me Tight" relationship enhancement program in a self-referred and a clinician-referred sample: An emotionally-focused couples therapy-based approach. *Family Process.* Published online September. doi: 10.1111/famp.12305/full

Coop Gordon, K., Baucom, D. S., & Snyder, D. K. (2000). The use of forgiveness in marital therapy. In M. McCullough, K. I. Pargament, & C. E. Thoresen (Eds.),

Forgiveness: Theory, research and practice (pp. 203-227). New York: Guilford Press.

Cordova, J. V., Jacobson, N. S., & Christensen, A. (1998). Acceptance versus change interventions in behavioral couple therapy: Impact on couples' in-session communication. *Journal of Marital and Family Therapy, 24,* 437-455.

Costello, P. (2013). *Attachment-based psychotherapy: Helping clients develop adaptive capacities.* Washington, DC: American Psychological Association.

Cummings, E. M., & Davis, P. (1994). *Children and marital conflict.* New York: Guilford Press.

Damasio, A. R. (1994). *Decartes' error: Emotion, reason and the human brain.* New York: Putnam.

Davila, J. (2001). Paths to unhappiness: Overlapping courses of depression and romantic dysfunction. In S. R. H. Beach (Ed.), *Marital and family processes in depression: A scientific foundation for clinical practice* (pp. 71-87). Washington, DC: APA Press.

Davila, J., Karney, B., & Bradbury, T. N. (1999). Attachment change processes in the early years of marriage. *Journal of Personality and Social Psychology, 76,* 783-802.

Denton, W., Burleson, B. R., Clark, T. E., Rodriguez, C. P., & Hobbs, B. V. (2000). A randomized trial of emotion-focused therapy for couples in a training clinic. *Journal of Marital and Family Therapy, 26*(1), 65-78.

Denton, W. H., Wittenborn, A. K., & Golden, R. N. (2012). Augmenting anti-depressant medication treatment of depressed women with emotionally focused therapy for couples: A randomized pilot study. *Journal of Marital and Family Therapy, 38,* 23-38.

Dessaulles, A., Johnson, S. M., & Denton, W. H. (2003). Emotion focused therapy for couples in the treatment of depression: A pilot study. *American Journal of Family Therapy, 31,* 345-353.

De Waal, F. (2009). *The age of empathy.* New York: McClelland Stewart.

Diamond, G., Russon, J., & Levy, S. (2016). Attachment based family therapy: A review of empirical support. *Family Process, 55,* 595-610.

Douherty, W. J. (2001). *Take back your marriage.* New York: Guilford Press.

Einstein, A. (1954). *Ideas and opinions*. New York: Crown Publishing Group.

Eisenberger, N., & Lieberman, M. (2004). Why rejection hurts: A common neural alarm system for physical and emotional pain. *Trends in Cognitive Science, 8,* 294-300.

Ekman, P. (1992). An argument for basic emotions. *Cognition and Emotion, 6,* 169-200.

Ekman, P., & Friesen, W. (1975). *Unmasking the face*. Englewood Cliffs, NJ: Prentice Hall.

Elliot, R. (2002). The effectiveness of humanistic therapies: A meta-analysis. In D. Cain & J. Seeman (Eds.), *Humanistic psychotherapies: Handbook of research and practice* (pp. 57-82). Washington, DC: APA Press.

Erdman, P., & Caffery, T. (Eds.) (2002). *Attachment and family systems: Conceptual, empirical and therapeutic relatedness*. New York: Brunner-Routledge.

Farber, B., Brink, D., & Raskin, P. (1996). *The psychotherapy of Carl Rogers: Cases and commentary*. New York: Guilford Press.

Feeney, J. A. (1994). Attachment style, communication patterns and satisfaction across the life cycle of marriage. *Personal Relationships, 4,* 333-348.

Fincham, F., & Beach, S. (1999). Conflict in marriage. *Annual Review of Psychology, 50,* 47-78.

Fishbane, M. (2001). Relational narratives of the self. *Family Process, 40,* 273-291.

Fisher, L., Nakell, L. L., Terry Howard, E., & Ransom, D. C. (1992). The California family health project: III. *Family Emotion Management and Adult Health Family Process, 31,* 269-287.

Fonagy, P., & Target, M. (1997). Attachment and reflective function: Their role in self-organization. *Development and Psychopathology, 9,* 679-700.

Fraley, R. C., & Waller, N. G. (1998). Adult attachment patterns: A test of the typographical model. In J. A. Simpson & W. S. Rholes (Eds.), *Attachment theory and close relationships* (pp. 77-114). New York: Guilford Press.

Fraley, R. C., Waller, N. G., & Brennan, K. A. (2000). An item response theory analysis of self-report measures of adult attachment. *Journal of Personality and Social Psychology, 78,* 350-365.

Frederickson, B. L., & Branigan, C. (2005). Positive emotions broaden the scope of attention and thought action repertoires. *Cognition and Emotion, 19,* 313-332.

Freud, S. (1930). *Civilization and its discontents.* Dover, UK: Courier Dover Publications.

Frijda, N. H. (1986). *The emotions.* Cambridge, UK: Cambridge University Press.

Funk, J. L., & Rogge, R. D. (2007). Testing the ruler with item response theory: Increasing precision of measurement for relationship satisfaction with the Couples Satisfaction Index. *Journal of Family Psychology, 21,* 572-583.

Furrow, J., Palmer, G., Johnson, S. M., Faller, G., & Palmer-Olsen, L. (in press). *Emotionally focused family therapy, restoring connection and promoting resilience.* New York: Brunner-Routledge.

Gendlin, E. T. (1996). *Focusing oriented psychotherapy.* New York: Guilford Press.

Goleman, D. (1995). *Emotional intelligence.* New York: Bantam Books.

Gottman, J. M. (1979). *Marital interaction: Experimental investigations.* New York: Academic Press.

Gottman, J. M. (1991). Predicting the longitudinal course of marriages. *Journal of Marital and Family Therapy, 17,* 3-7.

Gottman, J. M. (1994). An agenda for marital therapy. In S. M. Johnson & L. S. Greenberg (Eds.), *The heart of the matter: Perspectives on emotion in marital therapy* (pp. 256-296). New York: Brunner-Mazel.

Gottman, J. M. (1999). *The seven principles for making marriage work.* New York: Crown Publishing Group.

Gottman, J., Coan, J., Carrere, S., & Swanson, C. (1998). Predicting marital happiness and stability from newlywed interactions. *Journal of Marriage and the Family, 60,* 5-22.

Green, R., & Werner, P. D. (1996). Intrusiveness and closeness-caregiving: Rethinking the concept of family enmeshment. *Family Process, 35,* 115-136.

Greenberg, L. S., & Safran, J. D. (1987). *Emotion in psychotherapy: Affect and cognition in the process of change.* New York: Guilford Press.

Greenman, P., & Johnson, S. M. (2012). United we stand: Emotionally focused therapy for couples in the treatment of post-traumatic stress disorder. *Journal of Clinical Psychology: In Session, 68,* 561-569.

Greenman, P., & Johnson, S. M. (2013). Process research on EFT for couples: Linking theory to practice. *Family Process, Special Issue, Couple Therapy, 52,* 46-61.

Gross, J. J. (1998). Antecedent and response focused emotion regulation: Divergent consequences for experience, expression and physiology. *Journal of Personality and Social Psychology, 74,* 224-237.

Gross, J. L., & Levenson, R. W. (1993). Emotional suppression. *Journal of Personality and Social Psychology, 64,* 970-986.

Gross, J. J., Richards, J. M., & John, O. P. (2006). Emotion regulation in everyday life. In D. K. Snyder, J. A. Simpson, & J. N. Hughes (Eds.), *Emotion regulation in couples and families: Pathways to dysfunction and health* (pp. 13-35). Washington, DC: American Psychological Association.

Guerney, B. G. (1994). The role of emotion in relationship enhancement marital/ family therapy. In S. M. Johnson & L. S. Greenberg (Eds.), *The heart of the matter: Perspectives on emotion in marital therapy* (pp. 124-150). New York: Brunner-Mazel.

Guidano, V. F. (1991). Affective change events in a cognitive therapy system approach. In J. D. Safran & L. S. Greenberg (Eds.), *Emotion, psychotherapy, and change* (pp. 50-82). New York: Guilford Press.

Gurman, A. S., & Fraenkel, P. (2002). The history of couple therapy: A millennial review. *Family Process, 41*(2), 199-260.

Haddock, S., Schindler Zimmerman, T., & MacPhee, D. (2000). The power equity guide: Attending to gender in family therapy. *Journal of Marital and Family Therapy, 26,* 153-170.

Halchuk, R., Makinen, J., & Johnson, S. M. (2010). The resolution of attachment injuries in couples using emotionally focused therapy: A 3 year follow-up. *Journal of Couple and Relationship Therapy, 9,* 31-47.

Hammen, C. (1995). The social context of risk for depression. In K. Craig & K. Dobson

(Eds.), *Anxiety and depression in adults and children* (pp. 82-96). Los Angeles: Sage.

Hardtke, K. K., Armstrong, M. S., & Johnson, S. M. (2010). Emotionally focused couple therapy: A full treatment model well suited to the specific needs of lesbian couples. *Journal of Couple and Relationship Therapy, 9,* 312-326.

Herman, J. L. (1992). *Trauma and recovery.* New York: Basic Books.

Hesse, E. (1999). The adult attachment interview. In J. Cassidy & P. Shaver (Eds.), *Handbook of attachment* (pp. 395-433). New York: Guilford Press.

Hetherington, M. E., & Kelly, J. (2002). *For better or for worse: Divorce reconsidered.* New York: Norton.

Hoffman, L. (1981). *Foundations of family therapy.* New York: Basic Books.

Holmes, J. (1996). *Attachment, intimacy and autonomy: Using attachment theory in adult psychotherapy.* Northdale, NJ: Jason Aronson.

Holt-Lunstad, J., Robles, T. F., & Sbarra, D. A. (2017). Advancing social connection as a public health priority in the United States. *American Psychologist, 72,* 517-530.

House, J. S., Landis, K. R., & Umberson, D. (1988). Social relationships and health. *Science, 241*(4865), 540-545.

Hughes, D. (2007). *Attachment focused family therapy.* New York: Norton.

Huston, T. L., Caughlin, J. P., Houts, R. M., Smith, S. E., & George, L. J. (2001). The connubial crucible: Newlywed years as predictors of marital delight, distress and divorce. *Journal of Personality and Social Psychology, 80,* 237-252.

Izard, C. E. (1977). *Human emotions.* New York: Plenum Press.

Izard, C. E. (1992). Basic emotions, relations among emotions and emotion-cognition relations. *Psychological Review, 99,* 561-564.

Izard, C. E., & Youngstrom, E. A. (1996). The activation and regulation of fear. In D. A. Hope (Ed.), *Perspectives on anxiety, panic and fear: Current theory and research in motivation* (pp. 1-59). Lincoln: University of Nebraska Press.

Jacobson, N. S., & Addis, M. E. (1993). Research on couples and couples therapy: What do we know? Where are we going? *Journal of Consulting and Clinical Psychology,*

61, 85-93.

Jacobson, N. S., Christensen, A., Prince, S., Cordova, J., & Eldridge, K. (2000). Integrative behavioral couples therapy. *Journal of Consulting and Clinical Psychology, 68*, 351-355.

Jacobson, N. S., Follette, W. C., & Pagel, M. (1986). Predicting who will benefit from behavioral marital therapy. *Journal of Consulting and Clinical Psychology, 54*(4), 518-522.

Jacobson, N. S., Holtzworth-Munroe, A., & Schmaling, K. B. (1989). Marital therapy and spouse involvement in the treatment of depression, agoraphobia, and alcoholism. *Journal of Consulting and Clinical Psychology, 57*, 5-10.

James, P. (1991). Effects of a communication training component added to an emotionally focused couples therapy. *Journal of Marital and Family Therapy, 17*, 263-276.

Johnson, M. D., & Bradbury, T. N. (1999). Marital satisfaction and topographical assessment of marital interaction: A longitudinal analysis of newlywed couples. *Personal Relationships, 6*, 19-40.

Johnson, S. M. (2002). *Emotionally focused couple therapy with trauma survivors: Strengthening attachment bonds.* New York: Guilford Press.

Johnson, S. M. (2003a). The revolution in couple therapy: A practitioner-scientist perspective. *Journal of Marital and Family Therapy, 29*, 365-384.

Johnson, S. M. (2003b). Attachment theory: A guide for couples therapy. In S. M. Johnson & V. Whiffen (Eds.), *Attachment processes in couple and family therapy* (pp. 103-123). New York: Guilford Press.

Johnson, S. M. (2003c). Introduction to attachment: A therapist's guide to primary relationships and their renewal. In S. M. Johnson & V. Whiffen (Eds.), *Attachment processes in couple and family therapy* (pp. 3-17). New York: Guilford Press.

Johnson, S. M. (2003d). Emotionally focused therapy: Empiricism and art. In T. L. Sexton, G. Weeks, & M. Robbins (Eds.), *Handbook of family therapy* (pp. 263-280). New York: Brunner-Routledge.

Johnson, S. M. (2008). Attachment theory and emotionally focused therapy for individuals and couples: Perfect partners. In J. Obegi & Berant (Eds.), *Attachment theory and research in clinical work with adults* (pp. 410-433). New York: Guilford Press.

Johnson, S. M. (2013). *Love sense: The revolutionary science of romantic relationships.* New York: Little Brown.

Johnson, S. M. (2017a). An emotionally focused approach to sex therapy. In Z. Peterson (Ed.), *The Wiley-Blackwell handbook of sex therapy* (pp. 250-266). Oxford, UK: Wiley-Blackwell.

Johnson, S. M. (2017b). Training emotionally focused couples therapists. In J. Lebow, A. Chambers, & D. Breunlin (Eds.), *Encyclopedia of couple and family therapy.* Cham, Switzerland: Springer Science and Business Media.

Johnson, S. M. (2019a). *Attachment theory in practice—Emotionally Focused Therapy (EFT) for individuals, couples and families.* New York: Guilford Press.

Johnson, S. M. (2019b). Attachment in action—Changing the face of 21st century couple therapy. *Current Opinion in Psychotherapy, 25,* 101-104.

Johnson, S. M., & Best, M. (2003). A systemic approach to restructuring adult attachment: The EFT model of couples therapy. In P. Erdman & T. Caffery (Eds.), *Attachment and family systems: Conceptual, empirical and therapeutic relatedness* (pp. 165-192). New York: Brunner-Routledge.

Johnson, S. M., & Boisvert, C. (2002). Treating couples and families from the humanistic perspective: More than symptoms—more than solutions. In D. Cain & J. Seeman (Eds.), *Humanistic psychotherapies* (pp. 309-338). Washington, DC: APA Press.

Johnson, S. M., Bradley, B., Furrow, J., Lee, A., Palmer, G., Tilley, D., & Woolley, S. (2005). *Becoming an emotionally focused therapist: The workbook.* New York: Brunner-Routledge.

Johnson, S. M., Burgess-Moser, M., Becker, L., Smith, A., Dalgeish, T., Halchuck, R., Hasselmo, K., Greenman, P., Merali, Z., & Coan, J. (2013). Soothing the threatened brain: Leveraging contact comfort with emotionally focused therapy. *Plos One, 8,* e79314.

Johnson, S. M., & Denton, W. (2002). Emotionally focused couples therapy: Creating secure connections. In A. S. Gurman & N. Jacobson (Eds.), *Clinical handbook of marital therapy* (pp. 221-250, 3rd ed.). New York: Guilford Press.

Johnson, S. M., & Greenberg, L. S. (1985). The differential effects of experiential and problem solving interventions in resolving marital conflicts. *Journal of Consulting and Clinical Psychology, 53,* 175-184.

Johnson, S. M., Hunsley, J., Greenberg, L. S., & Schlinder, D. (1999). Emotionally focused couples therapy: Status and challenges. *Clinical Psychology Science and Practice, 6,* 67-79.

Johnson, S. M., LaFontaine, M., & Dalgleish, T. (2015). Attachment: A guide to a new era of couple interventions. In J. Simpson & W. S. Rholes (Eds.), *Attachment theory and research: New directions and emerging themes* (pp. 393-421). New York: Guilford Press.

Johnson, S. M., & Lebow, J. (2000). The coming of age of couple therapy: A decade review. *Journal of Marital and Family Therapy, 26*(1), 23-38.

Johnson, S. M., & Lee, A. (2000). Emotionally focused family therapy: Restructuring attachment. In C. E. Bailey (Ed.), *Children in therapy: Using the family as a resource* (pp. 112-136). New York: Guilford Press.

Johnson, S. M., Maddeaux, C., & Blouin, J. (1998). Emotionally focused family therapy for bulimia: Changing attachment patterns. *Psychotherapy, 35,* 238-247.

Johnson, S. M., Makinen, J., & Millikin, J. (2001). Attachment injuries in couple relationships: A new perspective on impasses in couples therapy. *Journal of Marital and Family Therapy, 27*(2), 145-155.

Johnson, S. M., & Sanderfer, K. (2016). *Created for connection: The Hold Me Tight guide for Christian couples.* New York: Brunner/Routledge.

Johnson, S. M., Simakhodskaya, Z., & Moran, M. (2018). Addressing issues of sexuality in couple therapy: EFT meets sex therapy. *Current Sexual Health Reports, 10,* 65-71.

Johnson, S. M., & Talitman, E. (1997). Predictors of success in emotionally focused couple therapy. *Journal of Marital and Family Therapy, 23,* 135–152.

Johnson, S. M., & Whiffen, V. (2003). *Attachment processes in couple and family therapy.* New York: Guilford Press.

Jong, E. (1973). *The fear of flying.* New York: Penguin Books.

Josephson, G. (2003). Using an attachment based intervention for same sex couples. In S. M. Johnson & V. Whiffen (Eds.), *Attachment processes in couple and family therapy* (pp. 300–320). New York: Guilford Press.

Keltner, D., & Haidt, J. (2001). Social functions of emotions. In T. Mayne & G. A. Bonanno (Eds.), *Emotions: Current issues and future directions* (pp. 192–213). New York: Guilford Press.

Kennedy, N. W., Johnson, S. M., Wiebe, S. A., & Tasca, G. A. (2018). Conversations for Connection: An outcome assessment of the Hold Me Tight relationship education program for couples, and recommendations for improving future research methodology in relationship education. *Journal of Marital and Family Therapy.* Published online 23 September. doi:10.1111/jmft12356

Kiecolt-Glaser, J. K., & Newton, T. L. (2001). Marriage & health: His and hers. *Psychological Bulletin, 127,* 472–503.

Kobak, R., & Duemmler, S. (1994). Attachment and conversation: Towards a discourse analysis of adolescent and adult security. In K. Bartholomew & D. Perlman (Eds.), *Attachment processes in adulthood* (pp. 121–150). London, PA: Jessica Kingsley.

Kobak, R., Ruckdeschel, K., & Hazan, C. (1994). From symptom to signal: An attachment view of emotion in marital therapy. In S. M. Johnson & L. S. Greenberg (Eds.), *The heart of the matter: Perspectives on emotion in marital therapy* (pp. 46–74). New York: Brunner-Mazel.

Kowal, J., Johnson, S. M., & Lee, A. (2003). Chronic illness in couples: A case for emotionally focused therapy. *Journal of Marital and Family Therapy, 29,* 299–310.

Krause, I. (1993). Family therapy and anthropology: Acase for emotions. *Journal of Family Therapy, 15,* 35–56.

Lazarus, R. S., & Lazarus, B. N. (1994). *Passion and reason.* New York: Oxford University Press.

Lewis, J. M., Beavers, W. R., Gossett, J. T., & Phillips, V. A. (1976). *No single thread: Psychological health in families.* New York: Brunner-Mazel.

Lewis, M., & Haviland-Jones, J. M. (2000). *Handbook of emotions* (2nd ed.). New York: Guilford Press.

Lewis, T., Amini, F., & Lannon, R. (2000). *A general theory of love.* New York: Random House.

Liddle, H., Dakof, G., & Diamond, G. (1991). Multidimensional family therapy with adolescent substance abuse. In E. Kaufman & P. Kaufman (Eds.), *Family therapy with drug and alcohol abuse* (pp. 120-178). Boston: Allyn & Bacon.

Lussier, Y., Sabourin, S., & Turgeon, C. (1997). Coping strategies as moderators of the relationship between attachment and marital adjustment. *Journal of Social and Personal Relationships, 14,* 777-791.

Mackay, S. K. (1996). Nurturance: A neglected dimension in family therapy with adolescents. *Journal of Marital and Family Therapy, 22,* 489-508.

Magnavita, J. J., & Anchin, J. C. (2014). *Unifying psychotherapy: Principles methods and evidence from clinical science.* New York: Springer.

Mahoney, M. J. (1991). *Human change processes: The scientific foundations of psychotherapy.* New York: Basic Books.

Main, M., Kaplan, N., & Cassidy, J. (1985). Security in infancy, childhood and adulthood: A move to the level of representation. In I. Bretherton & E. Waters (Eds.), *Growing points in attachment theory and research. Monographs of the Society for Research in Child Development* (Vol. 50, pp. 66-104). Chicago: University Of Chicago Press.

Makinen, J., & Johnson, S. M. (2006). Resolving attachment injuries in couples using EFT: Steps towards forgiveness and reconciliation. *Journal of Consulting and Clinical Psychology, 74,* 1055-1064.

McFarlane, A. C., & van der Kolk, B. (1996). Trauma and its challenge to society. In B. A.

van der Kolk, A. C. McFarlane, & L. Weisaeth (Eds.), *Traumatic stress* (pp. 211-215). New York: Guilford Press.

Mclean, L. M., Rodin, G., Esplen, M., & Jones, J. M. (2013). A couple based intervention for patients and care-givers facing end stage cancer: Outcomes of a randomized control trial. *Psycho-Oncology, 22,* 28-38.

Merkel, W. T., & Searight, H. R. (1992). Why families are not like swamps, solar systems or thermostats: Some limits of systems theory as applied to family therapy. *Contemporary Family Therapy, 14,* 33-50.

Mikulincer, M. (1995). Attachment style and the mental representation of self. *Journal of Personality and Social Psychology, 69,* 1203-1215.

Mikulincer, M. (1997). Adult attachment style and information processing: Individual differences in curiosity and cognitive closure. *Journal of Personality and Social Psychology, 72,* 1217-1230.

Mikulincer, M. (1998). Attachment working models and the sense of trust: An exploration of interaction goals and affect regulation. *Journal of Personality and Social Psychology, 74,* 1209-1224.

Mikulincer, M., Florian, V., & Wesler, A. (1993). Attachment styles, coping strategies and post traumatic psychological distress. *Journal of Personality and Social Psychology, 64,* 817-826.

Mikulincer, M., & Shaver, P. R. (2007). *Adult attachment: Structure, dynamics and change.* New York: Guilford Press.

Millon, T. (1994). Personality disorders and the 5 factor model of personality. In P. Costa & A. Widiger (Eds.), *Personality disorders* (pp. 279-301). Washington, DC: APA Press.

Minuchin, S., & Fishman, H. C. (1981). *Family therapy techniques.* Cambridge, MA: Harvard University Press.

Minuchin, S., & Nichols, M. P. (1993). *Family healing.* New York: The Free Press.

Montagno, M., Svatovic, M., & Levenson, H. (2011). Short-term and long-term effects of training in emotionally focused couple therapy: Professional and personal aspects. *Journal of Marital & Family Therapy, 37,* 380-392.

Moretti, M. M., & Holland, R. (2003). The journey of adolescence: Transitions in self within the context of attachment relationships. In S. M. Johnson & V. Whiffen (Eds.), *Attachment processes in couple and family therapy* (pp. 234-257). New York: Guilford Press.

Nichols, M. (1987). *The self in the system.* New York: Brunner-Mazel.

Palmer, G., & Johnson, S. M. (2002). Becoming an emotionally focused therapist. *Journal of Couple & Relationship Therapy, 1*(3), 1-20.

Panksepp, J. (2009). Brain emotion systems and qualities of mental life: From animal models of affect to implications for therapeutics. In D. Fosha, D. Siegel, & M. Solomon (Eds.), *The healing power of emotion: Affective neuroscience, development and clinical practice* (pp. 1-26). New York: W. W. Norton.

Parra-Cardona, J. R., Cordova, D., & Holtrop, K. (2009). Culturally informed emotionally focused therapy with Latino/immigrant couples. In M. Rastogi & V. Thomas (Eds.), *Multicultural couple therapy.* New York: Sage.

Pierce, R. A. (1994). Helping couples make authentic emotional contact. In S. M. Johnson & L. S. Greenberg, *The heart of the matter: Perspectives on emotion in marital therapy* (pp. 207-226, 75-107). New York: Brunner-Mazel.

Pietromonaco, P. R., & Collins, N. L. (2017). Interpersonal mechanisms linking close relationships to health. *American Psychologist, 72,* 531-542.

Plutchik, R. (2000). *Emotions in the practice of psychotherapy.* Washington, DC: APA Press.

Priest, J. B. (2013). Emotionally focused therapy as treatment for couples with generalized anxiety disorder and relationship distress. *Journal of Couple and Relationship Therapy, 12,* 22-37.

Putnam, R. D. (2000). *Bowling alone: The collapse and revival of American community.* New York: Simon & Schuster.

Rheem, K., & Campbell, L. (in press). Emotionally focused couple therapy and trauma. In J. Lebow, A Chambers, & D. Breunlin (Eds.), *Encyclopedia of couple and family therapy*. Cham, Switzerland: Springer.

Roberts, L. J., & Krokoff, L. J. (1990). A time-series analysis of withdrawal, hostility, and displeasure in satisfied and dissatisfied marriages. *Journal of Marriage and the Family, 52*, 95-105.

Roberts, L. J., & Greenberg, D. R. (2002). Observational "windows" to intimacy processes in marriage. In P. Noller & J. A. Feeney (Eds.), *Understanding marriage: Developments in the study of marital interaction* (pp. 118-149). New York: Cambridge University Press.

Roberts, T. W. (1992). Sexual attraction and romantic love: Forgotten variables in marital therapy. *Journal of Marital and Family Therapy, 18*, 357-364.

Rogers, C. (1951). *Client-centered therapy*. Boston: Houghton-Mifflin.

Rogers, C. (1961a). *On becoming a person*. Boston: Houghton-Mifflin.

Rogers, C. (1961b). *A way of being*. Boston, MA: Houghton-Mifflin.

Rogers, C. (1975). Empathy: An unappreciated way of being. *The Counseling Psychologist, 5*, 2-10.

Ruvolo, A. P., & Jobson Brennen, C. (1997). What's love got to do with it? Close relationships and perceived growth. *Personality and Social Psychology Bulletin, 23*, 814-823.

Salovey, P., Hsee, C., & Mayer, J. D. (1993). Emotional intelligence and the self regulation of affect. In D. Wegner & J. W. Pennebaker (Eds.), *Handbook of mental control*. Englewood Cliffs, NJ: Prentice Hall.

Sandberg, J., Knestel, A., & Cluff-Schade, L. (2013). From head to heart: A report on clinicians perceptions of the impact of learning emotionally focused couple therapy on their personal and professional lives. *Journal of Couple and Relationship Therapy, 12*, 38-57.

Sbarra, D. A., & Coan, J. A. (2018). Relationships and health: The critical role of affective science. *Emotion Review*, 1-15.

Schore, A. (1994). *Affect regulation and the organization of self*. Hillsdale, NJ: Erlbaum.

Sexton, T., Coop-Gordon, K., Gurman, A., Lebow, J., Holtzworth-Munroe, A., &

Johnson, S. M. (2011). Guidelines for classifying evidence based treatments in couple and family therapy. *Family Process, 50*, 377-392.

Shaver, P., & Clarke, C. L. (1994). The psychodynamics of adult romantic attachment. In J. Masling & R. Borstein (Eds.), *Empirical perspectives on object relations theory* (pp. 105-156). Washington, DC: American Psychological Association.

Shaver, P., Hazan, C., & Bradshaw, D. (1988). Love as attachment: The integration of three behavioral systems. In R. J. Pope (Ed.), *On love and loving* (pp. 68-99). New Haven: Yale University Press.

Shaver, P. R., & Mikulincer, M. (2002). Attachment-related psychodynamics. *Attachment and Human Development, 4*, 133-161.

Siegel, D. J. (1999). *The developing mind: How relationships and the brain interact to shape who we are.* New York: Guilford Press.

Siegel, D., & Hartzell, M. (2003). *Parenting from the inside out.* New York: Penguin Putnam.

Simpson, J. A., Rholes, W. S., & Nelligan, J. S. (1992). Support seeking and support giving within couples in an anxiety provoking situation: The role of attachment styles. *Journal of Personality and Social Psychology, 62*, 434-446.

Snyder, D. K., & Wills, R. M. (1989). Behavioral versus insight oriented marital therapy: Effects on individual and interspousal functioning. *Journal of Consulting and Clinical Psychology, 57*, 39-46.

Spanier, G. (1976). Measuring dyadic adjustment. *Journal of Marriage and Family, 13*, 113-126.

Sroufe, L. A. (1996). *Emotional development: The organization of emotional life in the early years.* New York: Cambridge University Press.

Stern, D. N. (1985). *The interpersonal world of the infant.* New York: Basic Books.

Taylor, S. E. (2002). *The tending instinct.* New York: Times Books: Holt & Co.

Taylor, S. E., Cousino Klein, L., Lewis, B. P., Gruenewald, T., Regan, A., Gurung, R., & Updegraff, J. A. (2000). Biobehavioral responses to stress in females: Tend and befriend, not fight and flight. *Psychological Review, 107*, 411-429.

Tulloch, H., Greenman, P., Dimidenko, N., & Johnson, S. M. (2017). *Healing hearts together relationship education program.* Ottawa, Canada: ICEEFT. Retrieved from www.iceeft.com.

Twenge, J. M. (2000). The age of anxiety? Birth cohort change in anxiety and neuroticism. *Journal of Personality and Social Psychology, 79,* 1007-1021.

Uchino, B. J., Cacioppo, J., & Kiecolt-Glaser, J. (1996). The relationship between social support and psychological processes. *Psychological Bulletin, 119,* 488-531.

Vanaerschot, G. (2001). Empathic resonance as a source of experiencing enhancing interventions. In A. Bohart & L. S. Greenberg (Eds.), *Empathy reconsidered* (pp. 141-166). Washington, DC: APA Press.

van der Kolk, B. A., McFarlane, A. C., & Weisaeth, L. (Eds.) (1996). *Traumatic stress.* New York: Guilford Press.

van Ijzendoorn, M. H., & Sagi, A. (1999). Cross cultural patterns of attachment: Universal and contextual dimensions. In J. Cassidy & P. Shaver (Eds.), *Handbook of attachment: Theory, research and clinical applications* (pp. 713-734). New York: Guilford Press.

Vatcher, C. A., & Bogo, M. (2001). The feminist/emotionally focused practice model: An integrated approach for couples therapy. *Journal of Marital and Family Therapy, 27,* 69-84.

Walker, J., Johnson, S., Manion, I., & Cloutier, P. (1996). Emotionally focused marital intervention for couples with chronically ill children. *Journal of Consulting and Clinical Psychology, 64*(5), 1029-1036.

Warner, M. S. (1997). Does empathy cure? Atheoretical consideration of empathy, processing and personal narrative. In A. Bohart & L. S. Greenberg (Eds.), *Empathy reconsidered* (pp. 125-140). Washington, DC: APA Press.

Watson, J. C. (2002). Revisioning empathy. In D. Cain & J. Seeman (Eds.), *Humanistic psychotherapies: Handbook of research and practice* (pp. 445-472). Washington, DC: APA Press.

Watzlawick, P., Weakland, J. H., & Fisch, R. (1974). *Change: Principles of problem formation and problem resolution.* New York: Norton.

Whiffen, V., & Johnson, S. M. (1998). An attachment theory framework for the treatment of childbearing depression. *Clinical Psychology: Science and Practice, 5,* 478-493.

Whisman, M. A. (1999). Martial dissatisfaction and psychiatric disorders: Results from the national co-morbidity study. *Journal of Abnormal Psychology, 108,* 701-706.

White, M., & Epston, D. (1990). *Narrative means to therapeutic ends.* New York: Norton.

Wiebe, S. A., Elliott, C., Johnson, S. M., Burgess Moser, M., Dalgleish, T. L., LaFontaine, M-F., & Tasca, G. A. (2019). Attachment change in emotionally focused couple therapy and sexual satisfaction outcomes in a two-year follow-up study. *Journal of Couple and Relationship Therapy, 18*(1), 1-21.

Wiebe, S., & Johnson, S. M. (2016). Areview of research in emotionally focused therapy for couples. *Family Process, 55,* 390-407.

Wile, D. (1981). *Couples therapy: A non-traditional approach.* New York: Wiley.

Wile, D. (2002). Collaborative couple therapy. In A. S. Gurman & N. S. Jacobson (Eds.), *Clinical handbook of couple therapy* (pp. 281-307). New York: Guilford Press.

Wile, D. B. (1994). The ego-analytic approach to emotion in couples therapy. In S. M. Johnson & L. S. Greenberg (Eds.), *The heart of the matter: Perspectives on emotion in marital therapy* (pp. 27-45). New York: Brunner-Mazel.

Wittenborn, A., Liu, T., Ridenour, T., Lachmar, E., Rouleau, E., & Seedall, R. B. (2018). Randomized control trial of emotionally focused couple therapy compared to therapy as usual for depression: Outcomes and mechanisms of change. *Journal of Marital and Family Therapy,* doi: 10.1111/jmft12350

Wong, T. Y., Greenman, P. S., & Beaudoin, V. (2017). "Hold Me Tight": The generalizability of an attachment based group intervention to Chinese Canadian couples. *Journal of Couple and Relationship Therapy—Innovations in Clinical and Educational Interventions, 17,* 42-60.

Worthington, E., & DiBlasio, F. A. (1990). Promoting mutual forgiveness within the fractured relationship. *Psychotherapy, 27,* 2219–2223.

Yalom, I. D. (1980). *Existential psychotherapy.* New York: Basic Books.

Yalom, I. D. (1989). *Love's executioner.* New York: Basic Books.

Yalom, I. D. (2000). *The gift of therapy.* New York: Harper Perennial.

Zuccarini, D., Johnson, S. M., Dalgleish, T., & Makinen, J. (2013). Forgiveness and reconciliation in emotionally focused couple therapy: The client change process and therapist interventions. *Journal of Marital and Family Therapy, 39,* 148–162.

추가 읽기자료

책

① Johnson, S. (2019). *Attachment theory in practice—Emotionally focused therapy (EFT) with individuals, couples and families.* New York: Guilford Press.

② Furrow, J., Palmer, G., Johnson, S. M., Faller, G., & Palmer-Olsen, L. (2019). *Emotionally focused family therapy: Restoring connection and promoting resilience.* New York: Brunner-Routledge.

③ Furrow, J., & Palmer, G. (2018). Emotionally focused family therapy. In J. Lebow, A. Chambers, & D. Breunlin (Eds.), *Encyclopedia of couple and family therapy.* Cham, Switzerland: Springer Science and Business Media.

④ Cassidy, J., & Shaver, P. R. (Eds.). (2016). *Handbook of attachment: Theory, research, and clinical applications* (3rd ed.). New York, NY: Guilford Press.

⑤ Mikulincer, M., & Shaver, P. R. (2016). *Attachment in adulthood: Structure, dynamics, and change* (2nd ed.). New York, NY: Guilford Press.

EFT에 대한 10년간의 결과 및 추적 연구

연구 결과

① Meagan, C., Alder, W., Dyer, J., Sandberg, J. G., Davis, S. Y., & Holt-Lundstad, J. (2019). Emotionally-focused therapy and treatment as usual comparison groups in decreasing depression: A clinical pilot study. *The American Journal of Family*

Therapy, *46*(5), 541-555.

② Wiebe, S. A., Elliott, C., Johnson, S. M., Burgess Moser, M., Dalgleish, T. L., LaFontaine, M-F., & Tasca, G. A. (2019). Attachment change in Emotionally Focused Couple Therapy and sexual satisfaction outcomes in a two-year follow-up study. *Journal of Couple and Relationship Therapy*, *18*(1), 1-21.

③ Wittenborn, A. K., Liu, T., Ridenour, T. A., Lachmar, E. M., Rouleau, E., & Seedall, R. B. (2018). Randomized controlled trial of Emotionally Focused Couple Therapy compared to treatment as usual for depression: Outcomes and mechanisms of change. *Journal of Marital and Family Therapy*, doi:10.1111/jmft.12350

④ Weissman, N., Batten, S. V., Rheem, K. D., Wiebe, S. A., Pasillas, R. M., Potts, W., … Dixon, L. B. (2017). The effectiveness of Emotionally Focused Couples Therapy with veterans with PTSD: A pilot study. *Journal of Couple & Relationship Therapy*, *17*(1), 25-41.

⑤ Lee, N. A., Furrow, J. L., & Bradley, B. A. (2017). Emotionally Focused Couple Therapy for parents raising a child with an autism spectrum disorder: A pilot study. *Journal of Marital and Family Therapy*, *43*(4), 662-673.

⑥ Wiebe, S., Johnson, S. M., Burgess-Moser, M., Dalgleish, T., LaFontaine, M., & Tasca, G. (2017). Predicting follow-up outcomes in Emotionally Focused Couple Therapy: The role of change in trust, relationshipspecific attachment, and emotional engagement. *Journal of Marital and Family Therapy*, *43*(2), 213-226.

⑦ Wiebe, S., Johnson, S. M., Burgess-Moser, M., Dalgleish, T., LaFontaine, M., & Tasca, G. (2016). Two-year follow-up outcomes in Emotionally Focused Couple Therapy: An investigation of relationship satisfaction and attachment trajectories. *Journal of Marital and Family Therapy*, *43*(2), 227-244.

⑧ Burgess-Moser, M., Johnson, S. M., Dalgleish, T., LaFontaine, M., Wiebe, S., & Tasca, G. (2015). Changes in relationship-specific attachment in Emotionally Focused Couple Therapy. *Journal of Marital and Family Therapy*, *42*(2), 231-245.

⑨ Dalgleish, T. L., Johnson, S. M., Burgess Moser, M., LaFontaine, M. F., Wiebe, S. A., & Tasca, G. A. (2015). Predicting change in marital satisfaction throughout

Emotionally Focused Couple Therapy. *Journal of Marital and Family Therapy, 41*(3), 276-291.

⑩ Johnson, S. M., Burgess Moser, M., Beckes, L., Smith, A., Dalgleish, T., Halchuk, R., ⋯ Coan, J. A. (2013). Soothing the threatened brain: Leveraging contact comfort with Emotionally Focused Therapy. *PLOS ONE, 8*(11), e79314.

⑪ Dalton, J., Greeman, P., Classen, C., & Johnson, S. M. (2013). Nurturing connections in the aftermath of childhood trauma: A randomized controlled trial of Emotionally Focused Couple Therapy (EFT) for female survivors of childhood abuse. *Couple and Family Psychology: Research and Practice, 2*(3), 209-221.

⑫ McLean, L. M., Walton, T., Rodin, G., Esplen, M. J., & Jones, J. M. (2013). A couple-based intervention for patients and caregivers facing end-stage cancer: Outcomes of a randomized controlled trial. *Psycho-Oncology, 22*(1), 28-38.

⑬ Denton, W. H., Wittenborn, A. K., & Golden, R. N. (2012). Augmenting antidepressant medication treatment of depressed women with emotionally focused therapy for couples: A randomized pilot study. *Journal of Marital and Family Therapy, 38*(S1), 23-38.

⑭ Halchuk, R., Makinen, J., & Johnson, S. M. (2010). Resolving attachment injuries in couples using Emotionally Focused Therapy: A 3 year follow-up. *Journal of Couple and Relationship Therapy, 9*, 31-47.

⑮ Honarparvaran, N., Tabrizy, M., & Navabinejad, S. (2010). The efficacy of Emotionally Focused Couple Therapy (EFT-C) training with regard to reducing sexual dissatisfaction among couples. *European Journal of Scientific Research, 43*(4), 538-545.

과정 및 예측 연구

① Burgess Moser, M., Johnson, S. M., Dalgleish, T. L., Wiebe, S. A., & Tasca, G. (2017). The impact of blamer-softening on romantic attachment in Emotionally Focused Couples Therapy. *Journal of Marital and Family Therapy, 44*(4), 640-654.

② Dalgleish, T. L., Johnson, S. M., Burgess Moser, M., Wiebe, S. A., & Tasca, G.

A. (2015). Predicting key change events in Emotionally Focused Couple Therapy. *Journal of Marital and Family Therapy*, *41*(3), 260-275.

③ Sandberg, J. G., Brown, A. P., Schade, L. C., Novak, J. R., Denton, W. H., & Holt-Lundstad, J. (2015). Measuring fidelity in Emotionally Focused Couples Therapy (EFT): A pilot test of the EFT therapist fidelity scale. *The American Journal of Family Therapy*, *43*(3), 251-268.

④ Schade, L. C., Sandberg, J. G., Bradford, A., Harper, J. M., Holt-Lunstad, J., & Miller, R. B. (2015). A longitudinal view of the association between therapist warmth and couples in-session process: An observational pilot study of Emotionally Focused Couples Therapy. *Journal of Marital and Family Therapy*, *41*(3), 292-307.

⑤ McRae, T. R., Dalgleish, T. L., Johnson, S. M., Burgess-Moser, M., & Killian, K. D. (2014). Emotion regulation and key change events in Emotionally Focused Couple Therapy. *Journal of Couple & Relationship Therapy*, *13*(1), 1-24.

⑥ Greenman, P., & Johnson, S. (2013). Process research on EFT for couples: Linking theory to practice. *Family Process, Special Issue on Couple Therapy*, *52*(1), 46-61.

⑦ Zuccarini, D. J., Johnson, S. M., Dalgleish, T., & Makinen, J. (2013). Forgiveness and reconciliation in Emotionally Focused Therapy for couples: The client change process and therapist interventions. *Journal of Marriage and Family Therapy*, *39*(2), 148-162.

⑧ Swank, L. E., & Wittenborn, A. K. (2013). Repairing alliance ruptures in Emotionally Focused Couple Therapy: A preliminary task analysis. *The American Journal of Family Therapy*, *41*(5), 389-402.

⑨ Furrow, J. L., Edwards, S. A., Choi, Y., & Bradley, B. (2012). Therapist presence in Emotionally Focused Couple Therapy blamer softening events: Promoting change through emotional experience. *Journal of Marital and Family Therapy*, *38*(Suppl 1), 39-49.

⑩ Wittenborn, A. K. (2012). Exploring the influence of the attachment organizations of novice therapists on their delivery of Emotionally Focused Therapy for Couples. *Journal of Marital and Family Therapy*, *38*(Suppl 1), 50-62.

⑪ Denton, W., Johnson, S., & Burleson, B. (2009). Emotion-Focused Therapy-Therapist Fidelity Scale (EFT-TFS): Conceptual development and content validity. *Journal of Couple and Relationship Therapy, 8*(3), 226–246.

EFT 관계교육 프로그램 연구

① Kennedy, N. W., Johnson, S. M., Wiebe, S. A., & Tasca, G. A. (2018). Conversations for connection: An outcome assessment of the hold-metight relationship-education program for couples, and recommendations for improving future research methodology in relationship education. *Journal of Marital and Family Therapy.* Published online 23 September, doi:10.1111/jmft12356

② Lesch, E., de Bruin, K., & Anderson, C. (2018). A pilot implementation of the Emotionally Focused Couple Therapy group psychoeducation program in a South African setting. *Journal of Couple & Relationship Therapy—Innovations in Clinical and Educational Interventions, 17*(4), 313–337.

③ Conradi, H. J., Dingemanse, P., Noordhof, A., Finkenauer, C., & Kamphuis, J. H. (2017). Effectiveness of the 'Hold Me Tight' relationship enhancement program in a self-referred and a clinician-referred sample: An Emotionally Focused Couples Therapy-based approach. *Family Process, 57*(3), 613–628.

④ Wong, T. Y., Greenman, P. S., & Beaudoin, V. (2017). 'Hold Me Tight': The generalizability of an attachment-based group intervention to Chinese Canadian couples. *Journal of Couple & Relationship Therapy—Innovations in Clinical and Educational Interventions, 17*(1), 42–60.

*비고

There was also a review of the research in Emotionally Focused Therapy for Couples by Stephanie Wiebe and Sue Johnson in *Family Process*, 2016, *55*(3), 390-407.

Comprehensive lists of EFT articles, chapters, books, and research studies can be found at www.iceeft.com.

찾아보기

정서중심 부부치료와 저자 소개

　1996년에 초판이 출간된 이후 정서중심 부부치료는 정서중심 부부치료를 시행하기 원하는 부부치료사, 슈퍼바이저, 학생들을 훌륭하게 인도해 왔다.

　최신 3판은 임상 기법과 연관된 새로운 연구결과와 정서 조절, 성인 애착과 신경과학에 대한 확장된 이해, 그리고 우울, 불안, 성장애, 외상 후 스트레스 장애(PTSD)와 같은 광범위한 주제에 대한 EFT의 역동적 적용을 포함한 부부치료 분야에서 최근의 변화를 주목한다. EFT 부부회기에서 사용되는 미시기법과 EFT 탱고라고 불리는 거시 개입 집합을 소개하는 장도 있다. 회기 과정에서 생생한 변화를 일으키는 임상사례를 전체적으로 소개했고 사례를 보여 주는 2개의 장은 EFT 회기의 1기와 2기에 대한 심층적인 해석을 제공했다.

　정서중심치료의 선두에 있는 권위자에 의해 기록된 3판은 모든 EFT 내용 및 부부와 결혼치료 분야 보건 전문가의 EFT 사용에 대한 필수적인 참고서다.

　수잔 존슨 박사(Susan M. Johnson, Ed.D.)는 정서중심치료 분야에서 가장 뛰어난 개발자다. 수잔 박사는 캐나다 오타와 대학교 임상심리학과의 명예교수이고, 미국 샌디에이고 얼라이언트 대학교에서 결혼과 가족치료의 저명한 연구교수이며, EFT 국제센터의 센터장이다(www.iceeft.com).

역자 소개

박성덕(Sungdeok Park, 정신건강의학과 전문의/정서중심 부부치료사, 슈퍼바이저)

　고려대학교 의과대학을 졸업하였고, 미국 뉴햄프셔 대학교 가족상담학과 및 상담연구소를 연수하였다. 현재 연리지가족부부연구소 소장 및 한국정서중심치료센터(EFTKorea) 센터장을 맡고 있다. 정서중심 부부치료 모델을 한국에 처음으로 도입하였고, 정서중심 부부치료 국제공인 치료사 및 슈퍼바이저. 연구소에서 부부, 개인, 가족 상담과 센터에서 전문가 교육을 진행하고 있다. EBS TV 프로그램 〈부부가 달라졌어요〉〈남편이 달라졌어요〉 등에 책임전문가로 출연하였고, 저서로는 『우리 다시 좋아질 수 있을까: 상처투성이 부부 관계를 되돌리는 감정테라피』(지식채널, 2011), 『당신, 내편이라서 고마워』(두란노서원, 2017), 『당신, 힘들었겠다: 외롭고 지친 부부를 위한 감정사용설명서』(21세기북스, 2017)가 있다. 역서로는 『정서중심적 부부치료: 부부관계의 회복』(학지사, 2006), 『날 꼬옥 안아 줘요』(이너북스, 2010)가 있고, 공역서로는 『우리는 사랑에 대해 얼마나 알고 있을까: 사랑을 지키기 위해 알아야 할 관계 심리학』(지식너머, 2015), 『변화 요인을 통해 본 정서중심 부부치료』(학지사, 2019), 『애착이론과 상담: 개인, 부부, 가족을 위한 정서중심치료』(학지사, 2021)가 있다.

정서중심 부부치료(원서 3판)
: 부부관계 회복

The Practice of Emotionally Focused Couple Therapy:
Creating Connection (3rd ed.)

2022년 3월 15일 1판 1쇄 인쇄
2022년 3월 20일 1판 1쇄 발행

지은이 • Susan M. Johnson
옮긴이 • 박성덕
펴낸이 • 김진환
펴낸곳 • (주) **학지사**

04031 서울특별시 마포구 양화로 15길 20 마인드월드빌딩
대표전화 • 02)330-5114   팩스 • 02)324-2345
등록번호 • 제313-2006-000265호

홈페이지 • http://www.hakjisa.co.kr
페이스북 • https://www.facebook.com/hakjisabook

ISBN 978-89-997-2608-8   93180

정가 23,000원

출판 · 교육 · 미디어기업 학지사

간호보건의학출판 **학지사메디컬** www.hakjisamd.co.kr
심리검사연구소 **인싸이트** www.inpsyt.co.kr
학술논문서비스 **뉴논문** www.newnonmun.com
교육연수원 **카운피아** www.counpia.com